"十四五"首批广西壮族自治区职业教育规划教材

高职学生核心素养培育系列教材

高等职业教育新形态一体化教材

副主编

主审

许涛　吕爽

康冰心　朱广超

许凤盼　李次春

何志祥

弱海燕　李向红

U0685103

机与创业教育

践手册）

中国教育出版传媒集团

高等教育出版社·北京

内容提要

本书是"十四五"首批广西壮族自治区职业教育规划教材、高等职业教育新形态一体化教材。

本书以体现职业教育类型特色、符合学生的学习特点和成长规律、坚持守正创新为基本编写原则，以新产品开发工作过程为导向，以"认知—启发—准备—实践—检验—提升"为逻辑主线，采用"任务驱动、项目贯穿，理论与实践嵌套"的编写模式，将教材主体内容分为走进创新创业、激发创新活力、提升创业本领、把握创业机会、建设创业团队、探索用户需求、锚定项目产品、确定商业模式、制订商业计划、开展路演活动、经受大赛历练和开启创业之旅12个模块、36个任务，每个模块按照"学习地图—学习目标—学习寄语—学习任务—学习讲堂—学习反馈"结构进行设计，其中每个任务又分为课前热身、课中解码、创客行动、创海撷英、课后拓展五个环节，并通过模拟真实创新创业情境增强大学生的创新精神、创业意识和创新创业能力，为培养高素质技术技能人才、能工巧匠、大国工匠增值赋能。

本书由校企、校校联合编写，配有《创新与创业教育实践手册》，并集融媒体资源与在线开放课程于一体，形成了基于"三教"改革的纸质教材与数字化资源有机融合的新形态一体化教材。

本书可作为不同层次职业院校和应用型本科院校创新创业教育课程教材，也可作为社会创业者的自学辅导用书。

本书配有教学课件等数字化资源，具体获取方式详见书后"郑重声明"页。

图书在版编目（CIP）数据

创新与创业教育：配实践手册 / 张海燕，李向红主编. -- 北京：高等教育出版社，2023.8（2024.8 重印）

ISBN 978-7-04-060830-4

Ⅰ.①创… Ⅱ.①张… ②李… Ⅲ.①大学生 - 创业 - 高等职业教育 - 教学参考资料 Ⅳ.①G647.38

中国国家版本馆 CIP 数据核字（2023）第 131243 号

Chuangxin yu Chuangye Jiaoyu

| 策划编辑 | 陈　磊 | 责任编辑 | 陈　磊 | 封面设计 | 贺雅馨 | 版式设计 | 杜微言 |
| 责任绘图 | 于　博 | 责任校对 | 高　歌 | 责任印制 | 高　峰 | | |

出版发行	高等教育出版社	网　　址	http://www.hep.edu.cn
社　　址	北京市西城区德外大街 4 号		http://www.hep.com.cn
邮政编码	100120	网上订购	http://www.hepmall.com.cn
印　　刷	廊坊十环印刷有限公司		http://www.hepmall.com
开　　本	787mm×1092mm 1/16		http://www.hepmall.cn
印　　张	18.75		
字　　数	410 千字	版　　次	2023 年 8 月第 1 版
购书热线	010-58581118	印　　次	2024 年 8 月第 4 次印刷
咨询电话	400-810-0598	总 定 价	54.80 元

当今世界正经历百年未有之大变局，新一轮科技革命和产业变革深入发展，创新创业已成为世界主要国家发展的重要战略。谁占领了创新发展的高地，谁就能成为时代的引领者，在激烈的国际竞争中占据优势。以习近平同志为核心的党中央审时度势，作出了把握新发展阶段、贯彻新发展理念、构建新发展格局的高质量发展战略决策，坚持创新驱动发展，将创新摆在了我国现代化建设全局中的核心地位。党的二十大报告指出："教育、科技、人才是全面建设社会主义现代化国家的基础性、战略性支撑。必须坚持科技是第一生产力、人才是第一资源、创新是第一动力，深入实施科教兴国战略、人才强国战略、创新驱动发展战略，开辟发展新领域新赛道，不断塑造发展新动能、新优势。"

几千年前，中华民族的先民们就秉持"周虽旧邦，其命维新"的精神，踔厉奋发，笃行不怠。进入新时代以来，科技创新引领经济社会发展取得巨大成就，载人航天、超级计算、深海探测、通信技术、生物医药等取得巨大成果，我国已顺利进入创新型国家行列。在深入实施创新驱动发展战略，全面建成社会主义现代化强国的伟大事业中，迫切需要一大批创新型高素质技术技能人才作为支撑。作为高素质技术技能人才培养的主要基地，职业院校深入贯彻中共中央办公厅、国务院办公厅印发的《关于深化现代职业教育体系建设改革的意见》精神，以服务人的全面发展为目标，探索"岗课赛证创"融合的人才培养模式，将创新思维和创业精神融入人才培养全过程，全面提升职业院校学生的创新创业能力，通过创新引领创业，以创业促进就业，赋能国家高质量发展。

本书立足大学生创新精神、创业意识和创新创业能力的培养，坚持落实立德树人根本任务，从理论到实践、从知识到技能，系统回答了为什么要创新创业、什么是创新创业，以及如何创新创业等问题，是"校企-校校"共建的"纸质教材+数字资源+活页式实践手册"的新形态立体化教材。概而述之，本书具有以下特点。

守正创新，思想领航

本书在守正创新总纲下，以学习寄语形式将创新创业的"六守"（守心、守信、守真、守业、守义、守规）思想融入本书的12个模块中，并将其细化成"坚守初心 笃行致远""与时俱进 开拓创新""筑梦青春 责任担当"等12个思政点，使学生树立"以人为本、人民至上"的理念，厚植学生家国情怀，培养学生"爱岗敬业、精益求精"的工匠精神和"艰苦奋斗、吃苦耐劳"的劳动品质，树立"创业报国、奉献社会"的鸿鹄之志。

体系完备，体例新颖

本书以培养学生的岗位创新和社会创业能力为目标，以模拟创业实践为脉络，对接企业开发新产品的工作过程，对标创新创业竞赛标准，按照"认知—启发—准备—实践—检验—提升"的逻辑，采用"学习地图、学习目标、学习寄语、学习任务、学习讲堂、学习反馈"的编写体例，以12个模块、36个任务系统阐述大学生创新创业的相关理论知识和实践经验。

能力本位，任务驱动

本书从新时代创新创业者的角色出发，将创新创业教育与社会需求紧密结合，配套开发了以互动式任务和多样化活动为特色的活页式实践手册，增强创新创业课程教学活动的实操性与趣味性，有效提高学生的学习积极性和主动性，培养学生目标确定、行动筹划、抉择制定、沟通合作、机遇把握、风险防范、逆境奋起的七大关键创新能力，同时引导学生将知识转化为行动，释放广大青年学生的创新潜力，激发创业活力，自觉将人生追求同国家发展进步紧密结合起来，在创新创业中展现才华、服务社会。

课赛融通，教学相长

本书引入中国国际"互联网+"大学生创新创业大赛展示交流中心的最新大学生创新创业竞赛金奖项目案例，为学生发散思维、发掘创意"输血供氧"。同时本书对"书-数"资源进行一体化设计开发，学生通过扫描书中"学习讲堂"二维码，即可学习由北京中关村软件园发展有限责任公司优秀创业导师团队录制的微课，获取全方位的专业指导，享受泛在学习的便捷性。教师则可依托现代信息技术，利用"学习反馈"栏目，及时掌握学情，以学定教，实现教学的有效性。

本书由广西电力职业技术学院张海燕、广西农业职业技术大学李向红担任主编，负责组织团队编写，提出修改意见，审定模块内容及全书定稿；由广西电力职业技术学院康冰心、北京中关村智酷双创人才服务股份有限公司朱广超、百色职业学院许凤盼、广西电力职业技术学院李次春、广西农业工程职业技术学院何志祥担任副主编。具体编写分工如下：模块一由百色职业学院许凤盼、李青遥，广西电力职业技术学院康冰心负责编写；模块二由广西电力职业技术学院张海燕、广西职业技术学院黄鸿锋、广西电力职业技术学院李静负责编写；模块三由广西电力职业技术学院韦柳丝、康冰心负责编写；模块四由广西工商职业技术学院王嘉玲、广西电力职业技术学院周勇燕负责编写；模块五由广西电力职业技术学院韦柳丝负责编写；模块六由广西电力职业技术学院李静负责编写；模块七由广西电力职业技术学院康冰心负责编写；模块八由广西电力职业技术学院周勇燕负责编写；模块九由广西电力职业技术学院周丽琴负责编写；模块十由北京中关村智酷双创人才服务股份有限公司朱广超负责编写；模块十一由广西电力职业技术学院潘知南负责编写；模块十二由广西工商职业技术学院黄玉丽、广西大学陈伟负责编写。全书的开篇寄语由广西电力职业技术学院李次春负责编写；附录由广西国际商务职业技术学院邓慧敏、北京中关村智酷双创人才服务股份有限公司朱广超、河池市职业教育中心学校张慧淳、南宁市第一职业技术学校覃瑜庆、广西农业工程职业技术学院何志祥负责编写。全书由广西电力职业技术学院张海燕协调，康冰心、潘知南统稿；由同济大学创新创业学院许涛、四川旅游学院创新创业学院吕爽担任主审；由河北工程大学科学技术研究院姜华、山东科技大学创新创业学院杨彬负责具体审阅。"学习讲堂"微课选自"中关村大讲堂"系列双创名师讲座，由北京中关村智酷双创人才服务股份有限公司授权使用。

感谢本书编写过程中参考的所有文献资料原作者，基于他们的研究成果，启迪了编者的编写思路，丰富了本书的内容。此外，感谢高等教育出版社在本书编写及出版过程中给予的支持与帮助。

本书虽然经过多次研讨修改，限于编者水平，难免存在疏漏，不当之处，敬请广大读者提出宝贵意见，以利于本书的进一步修订、补充和完善。

编　者

2023年3月

/ 目录 /

走进创新创业

创新是一个民族进步的灵魂，是一个国家兴旺发达的不竭动力，也是中华民族最深沉的民族禀赋。在激烈的国际竞争中，惟创新者进，惟创新者强，惟创新者胜。

——习近平

学习地图

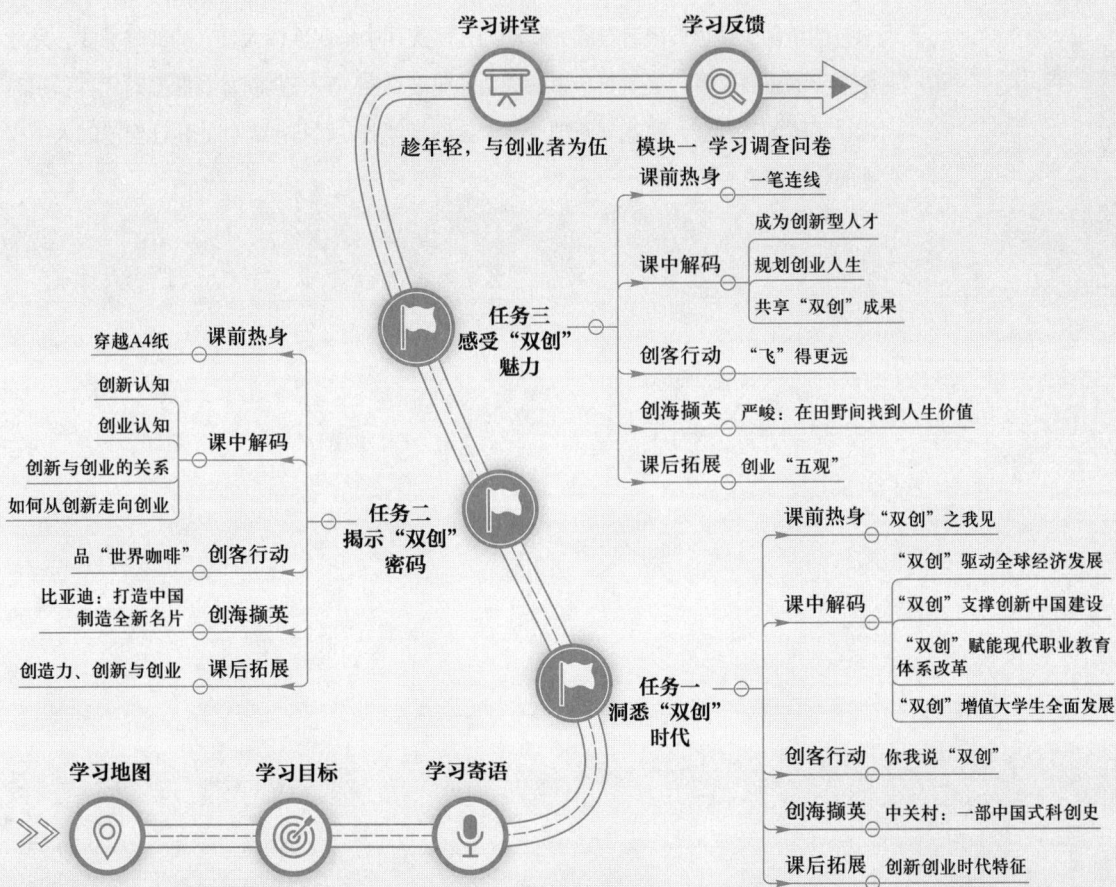

学习目标

>>知识目标

了解创新创业（"双创"）时代背景；认识创新创业及其关系；领悟创新创业与个人成长进步。

>>能力目标

提升洞察时代发展机遇的能力，初步形成将创新创业纳入个人发展规划的能力。

>>素养目标

激发创新创业兴趣，树立正确的创新创业观。

学习寄语

创新创业是世界经济发展的新动力，是实现中华民族伟大复兴的战略需要，是社会进步的重要引擎，更是青年事业成功的重要路径。只有创新才能把握时代，引领时代。了解创新创业、熟悉创新创业、学会创新创业、践行创新创业，让自己的人生在新时代呈现最美的色彩。

模块成果："传球发言"行动画布 "世界咖啡"行动画布 "折纸飞机"行动画布

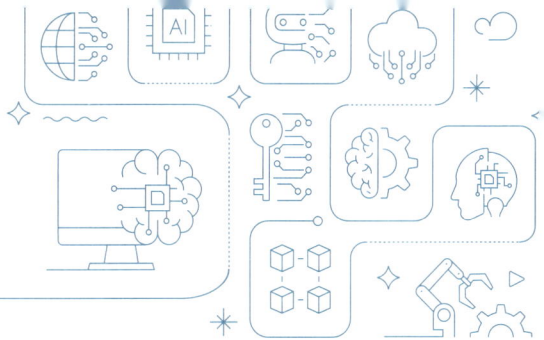

任务一　洞悉"双创"时代

【课前热身】

"双创"之我见

"大众创业、万众创新"已经成为社会经济发展的新态势，大学生则是实施创新驱动发展战略和推进"大众创业、万众创新"的生力军。作为当代大学生，既要认真扎实学习，掌握更多知识；也要投身创新创业，提高实践能力。但创业从来不是一件容易的事情，创新也并非信手拈来。开展创新创业教育就是要让大学生能顺应时代发展，培养创新精神和创业素质能力，同时树立正确的创新创业观念，找到自己人生出彩的舞台。

思考与探究：为什么要创新创业？请分享你身边成功的创新创业案例。

【课中解码】

随着新的科技革命和产业迅猛发展，全球经济呈现创新型发展新态势，科技创新已经成为大国竞争的重要战略。经过改革开放40多年的快速发展，我国正处在全面建设社会主义现代化国家开局起步的关键时期。面对新一轮科技革命和产业变革的历史机遇与挑战，党中央、国务院作出了深入实施科教兴国战略、人才强国战略、创新驱动发展战略，以及建设创新型国家的重要决策。无论对国家、社会还是个人，创新创业都已成为这个时代的主旋律。

一、"双创"驱动全球经济发展

当前国际经济情况不容乐观，世界经济发展放缓，国际经济和政治形势不稳定性增强，国际市场需求减弱并持续走低，传统产品国际竞争压力进一步增大。在这样的环境背景下，VUCA[①]时代的概念再度兴起。

在VUCA时代的发展浪潮及发展要求中，各国的产业结构发生高集中度向低集中度方向的变迁，经济增长的方式也随之发生变化，创业活动日益成为国家或地区经济活力的源泉。在全球新技术、新产业大发展的背景下，世界主要经济体的自主创业率不断上升，步入一个创新和创业的"峰聚期"。

---

① VUCA（乌卡）一词源于20世纪90年代，是volatility（易变性）、uncertainty（不确定性）、complexity（复杂性）、ambiguity（模糊性）的缩写，用来形容面对当前和未来前景的不确定状态。

面对新一轮技术浪潮的到来，创新创业成为国际科技竞争的新领域，特别是在最能体现国家实力的制造业，竞争空前激烈。作为西方工业化强国的德国敏锐地捕捉到了新机遇、新挑战，并于2013年的汉诺威工业博览会上率先提出"工业4.0"①战略，之后又发布了一系列相关战略，明确了其未来研究和创新政策标志性目标。美国在德国提出"工业4.0"之时，制造业巨擘通用电气公司提出了工业互联网概念，美国五家行业龙头企业联手组建了工业互联网联盟。随着"中国制造2025"概念首次出现在2015年政府工作报告中，中国版"工业4.0"蓝图出炉，中国由制造业大国向工业强国的发展路径清晰可见。"工业4.0"的竞争也推动了智能化产业的创立与创新发展。

党的十八大报告提出，科技创新是提高社会生产力和综合国力的战略支撑，必须摆在国家发展全局的核心位置，要坚持走中国特色自主创新道路，实施创新驱动发展战略。党的十九大吹响了加快建设创新型国家的强劲号角。党的二十大再次对"加快实施创新驱动发展战略"作出重要部署，以不断提升国家创新体系整体效能。时至今日，科技赋能成为我国经济高质量发展的重要标志，科技创新成为推动引领现代化发展的重要力量。

二、"双创"支撑创新中国建设

（一）国内创新创业发展历程

1. "个体户"创新创业潮

改革开放开启了中国巨变的历史进程，带来了巨大的制度红利，使全社会创新创业活力得到了充分释放。在这一阶段之初，创新创业主要是以农民、"草根"为主的、采用低端粗放方式进行的民间活动。随着世界新技术革命浪潮的汹涌前进，中国大地掀起了科技工作者创新创业的浪潮，科技工作者运用技术的创新进行创业，成为中国进行技术创新创业的先行者，并在时代的机遇中，成就了非凡的事业。任正非等人就是这一阶段通过技术进行创新创业的代表。

2. "下海"创新创业潮

以1992年邓小平视察南方并发表重要谈话和党的十四大的召开为转折点，全国上下刮起"下海"经商的热潮，这次创业的人群大多是素质相对较高的机关干部、教师、科研人员、国企骨干，他们在很多领域（如家电、皮具、鞋、食品、服装、小商品、电器、金属、五金、服务等）开创事业。这一阶段为中国从模仿创新到自主创新打下基础。

3. 互联网创新创业潮

1998年，中国拉开了互联网时代的序幕，国内的知识技术人员创建了中国的门户网

---

① 工业4.0（Industry 4.0）是基于工业发展的不同阶段做出的划分。按照共识，工业1.0是蒸汽机时代，工业2.0是电气化时代，工业3.0是信息化时代，工业4.0则是利用信息化技术促进产业变革的时代，也就是智能化时代。德国所谓的工业4.0是指利用物联信息系统（Cyber Physical System，CPS）将生产中的供应，制造，销售信息数据化、智慧化，最后达到快速有效、个人化的产品供应。

站如搜狐、新浪、腾讯和网易，打开了中国互联网市场的大门。随后建立的阿里巴巴、百度、腾讯等在国外商业模式的基础上进行了本土化接地气改造，使之适合中国市场的发展，并一举成为中国互联网三大头部企业。2007年，随着信息技术和智能手机的飞速发展，中国开始进入移动互联网时代，进而推动了新一轮互联网创新创业浪潮。

4. 全民创新创业潮

2014年，我国提出的"大众创业、万众创新"的号召给中国经济社会带来了一场全方位的变革，创业活动日益活跃，创业群体日趋多元，大学生、农民、失业者、海归人员等群体都加入创业中。国家统计局公布的最新数据显示，截至2022年年末，全国登记在册的市场主体达到了1.69亿户，其中个体工商户1.14亿户。总的来说，"大众创业、万众创新"加速了我国新技术、新产业、新业态、新模式的发展，也极大促进了经济发展新动能的成长，催生了多种灵活的就业形态。

（二）国内创新创业发展现状和战略部署

当前，我国经济已由高速增长阶段转向高质量发展阶段，然而我国创新、创业、创造的发展水平与推动经济高质量发展的要求还有一定距离，主要表现为"三多三少"：一是在商业模式方面体现较多，在技术方面，尤其是在颠覆性、原始性技术方面体现较少；二是在"互联网+"领域体现较多，在生物技术、先进制造等领域体现较少，尤其是紧密结合当地资源和实体经济开展的创新创业创造较少；三是创新创业创造集聚区较多，但有特色、高水平的较少，而且地区之间的差距较大。在此背景下，创新创业应向更大范围、更高层次和更深程度上发展，具体举措包括以下几个方面。

（1）大力推进科学技术的创新和创业。进一步完善科技成果产权管理制度，加快科研体制改革，让更多科研成果得到及时转化，让更多科研人员释放创新活力。

（2）加强对种子期、初创期和高速成长期创业企业的融资扶持，调动民间资本投资的积极性，支持金融机构开发适应创新创业的融资新产品，为创新创业者提供有力的资金支持。

（3）为创新创业者提供更多专业指导，推动创新创业创造服务平台向提升服务功能、增强造血能力转变。

（4）建立审慎包容、公平竞争的市场环境，加强知识产权保护，完善相关法律法规，切实保护好创新创业者的成果。

（5）加强高校、科研机构与企业的联系，打破创新创业创造的"孤岛"，大力推进高校、科研机构与企业间的技术要素流动。

（6）积极倡导敢为人先、宽容失败的创新文化，树立"崇尚创新、创业致富"的价值导向。

（7）加强国际交流与合作，按照优势互补、合作共赢原则，建设国际科技创新合作园区，推动重大技术的产业化示范和应用。

三、"双创"赋能现代职业教育体系改革

道路决定命运，特色基于国情。党的二十大明确了"教育、科技、人才是全面建设社会主义现代化国家的基础性、战略性支撑"，并为职业教育更好地融入科教兴国、人才强国和创新驱动发展战略指明了方向。党的二十大召开后，中共中央办公厅、国务院办公厅印发职业教育改革工作的首个指导性文件——《关于深化现代职业教育体系建设改革的意见》，提出职业教育在功能定位、改革重心、服务场域、发展路径和办学主体方面的"五个转向"，而创新创业教育在"五个转向"中发挥着重要作用，有力赋能现代职业教育体系深化改革。

（一）"双创"教育赋能职业教育"人本"功能新定位

深化现代职业教育体系改革，进一步丰富职业教育的功能定位，既要强调促进就业的重要功能，又要服务人的全面发展，并通过建立健全多形式衔接、多通道成长、可持续发展的梯度职业教育和培训体系，推动职普协调发展、相互融通，让不同禀赋和需要的学生能够多次选择、多样化成才。创新创业教育坚持育人为本，面向全体、分类施教、结合专业、强化实践，促进学生全面发展，造就"大众创业、万众创新"的生力军，高度契合职业教育"人本"功能新定位。

（二）"双创"教育赋能职业教育"产教"改革重心

产教融合是现代职业教育的基本特征。针对产教融合中的堵点，国家以建设市域产教联合体和行业产教融合共同体的制度设计来系统突破，将职业教育与行业进步、产业转型、区域发展捆绑在一起，充分发挥各自优势，创新良性互动机制，破解人才培养供给侧与产业需求侧匹配度不高等问题。创新创业教育坚持以产业发展需求为导向，以企业真实项目为载体，引导学生结合专业进行技术创新、方法创新、工艺创新、应用创新等，形成并转化创新成果，为企业所用，发挥社会效益，促进教育链、人才链与产业链、创新链有机衔接。

（三）"双创"教育赋能职业教育"全局"服务场域

现代职业教育必须立足新发展格局，在国内、国际两个场域谋划部署职业教育发展。必须从立足区域优势、发展战略、支柱产业和人才需求出发，建立健全职业教育国际合作机制，使我国职业教育从"单向引进借鉴"走向"双向共建共享"，逐步形成具有中国特色的职业教育国际化发展模式。创新创业教育融合了国际国内创新创业理论和大学生创新创业的实践经验，是面向人人的开放式教育。由教育部主办的中国国际"互联网＋"大学生创新创业大赛（现更名为中国国际大学生创新大赛）旨在深化创新创业教育国际交流合作，汇聚全球知名高校、企业和创业者，服务以国内大循环为主体、国内国际双循环相互促进的新发展格局，搭建全球性创新创业竞赛平台，提升中国教育的影响力。

（四）"双创"教育赋能职业教育"协同"发展路径

现代职业教育体系改革，必须在巩固职业教育类型特色、提升职业学校关键办学能力

的基础上，统筹职业教育、高等教育、继续教育协同创新，从"不同"走向"协同"，各种教育类型优势互补、交叉融合，为"办好人民满意的教育"这一共同目标服务，为全面建设社会主义现代化国家、全面推进中华民族伟大复兴这一共同伟大事业服务。创新创业教育主张"校校联合""校企联合""园校联合"。例如，中国国际"互联网＋"大学生创新创业大赛鼓励各学段学生积极参赛，形成创新创业教育在普通高等教育、职业教育、基础教育、留学生教育等各类各学段的全覆盖，打通创新创业人才培养各环节，提升高等教育新时代引领力。

（五）"双创"教育赋能职业教育"多元"办学主体

深化职业教育体系建设改革，是一项集成工程，核心力量是建立政府、行业、企业、学校协同合作的发展机制，核心目标是完成由政府举办为主向政府统筹管理、社会多元参与办学格局的转变。创新创业教育在培养创新型人才的过程中，坚持以"企业、社会、个人"发展需求为导向，通过多主体协同推进，集聚政府、行业、企业、园区、高校、协会、科研院所等多方力量的创新创业教育要素与资源，构建创新创业生态体系，实现多主体资源共享、事业共创、成长共荣的良好局面，是现代职业教育体系"多元"办学改革上的先行先试、率先突破的一个典型。

四、"双创"增值大学生全面发展

随着我国经济发展方式从"资源驱动"转向"创新驱动"，社会对具有创新意识、创业精神和创新创业能力的人才的需求更为迫切，创新创业既是大学生适应社会需求变化的必要准备，也是促进自身成长成才的现实需要。

（一）培养大学生的创新精神和报国情怀

在创新驱动发展战略背景下，大学生群体作为整个社会最具活力和创造力的高素质人力资源，代表着国家的未来和经济社会发展的不竭动力，培养大学生创新精神是进入创新型国家前列和建成教育强国、科技强国、人才强国的必然要求。创新创业教育是一种理念和精神教育，强调对大学生精神层次和价值观的引领，它从精神层面开启当代青年大学生的创新意识和创业报国情怀，培养大学生独立思考、锲而不舍、追求卓越、直面困难、敢于担当的精神品格。同时，创新创业教育引导并教会大学生在未来发展中学会与人合作，随时怀揣一颗感恩之心，为社会创造价值、回报社会。

（二）增强大学生的综合素质和核心竞争力

在经济全球化的形势下，国际竞争归根结底是科技与人才的竞争，相应地，我国人力资源市场竞争日益激烈，实践经验丰富程度和实践能力水平的高低成为用人单位选贤任能的重要标准之一。鉴于此，大学生可以通过接受创新创业教育并借助创新创业平台提高创新实践能力，积累更多的实践经验和社会经验，提升自身综合素质和核心竞争力，为毕业后岗位就业或社会创业打好基础。例如，大学生通过参加中国国际大学生创新大赛等创新创业实践活动，经历从创业想法提出到进行社会市场调查，从团队组建到团队有效管理，从商业计划书撰写到产品设计和推广，从项目路演展示到答辩应变寻求共识，积极面对参赛过程中的诸多不确定性、解决众多难题，锤炼目标感、意志力、创造力、执行力、协作力和沟通力，形成独特的创业人格品质，在就业创业的竞争中提升核心竞争力，赢得更好的发展机会。

（三）缓解大学生的就业压力

创新创业教育着重培养大学生的创新意识和创业精神，有利于帮助大学生树立正确的就业观、择业观。当前，大学生就业难的主要原因有：就业观念陈旧、就业期望值过高、职业规划缺乏和自我定位不明确、社会交往能力和自身实践能力不足、融入社会的心理承受力和团队协作精神不强、与企业所需技能难以匹配等。而大学生的就业短板和不足可以通过创新创业教育所聚焦的目标确定、行动筹划、抉择果断、沟通合作、机遇把握、风险防范、逆境奋起"七大关键"能力的培养加以弥补，帮助大学生转变就业观念，增强就业适应能力，使其顺利完成从学生到职业人的角色转变和心理调适，从而有效缓解大学生的就业压力。此外，创新创业教育还可引导大学生走创新创业之路，将就业压力转化为创业动力，以创业促进就业。解决自身就业难题的同时，为社会创造就业岗位，扩大就业倍增效应。

（四）促进大学生实现自我价值

创新创业教育不仅有利于促进大学生自身成长，还有利于帮助其实现自我价值。首先，大学生创新创业的过程，也是锤炼大学生意志品质的过程，会促进大学生更快成长和变得更加成熟。具体表现在：一方面，创新创业可以使大学生全方位地投入社会实践，获得宝贵的社会经验，弥补以往经验不足的缺陷；另一方面，创新创业可以提升大学生的自控力，锻炼自我管理能力，即使遭遇失败，带来的有益经验也能成为人生成长的重要财富。其次，创新创业教育会促使大学生自主创业，大学生可以选择自己最感兴趣、最愿意做且自己认为最有价值的事情，促使自己不断创新、超越自我、充分运用个人能力，将聪明才智最大限度地转化为社会的需要，从而获得成功，有效实现个人价值。

总之，创新创业是新时代的重要主题，创新创业在驱动全球经济发展、支撑创新中国建设、赋能现代职业教育体系改革和增值大学生全面发展等方面发挥着重要作用。大学生只有洞悉创新创业时代，才能更好地激发创新热情，培养创新精神和创新创业能力。

⚙ 创客行动

请完成《创新与创业教育实践手册》中模块一任务一"创客行动 你我说'双创'"，并线上提交行动画布作业。

创海撷英

中关村: 一部中国式科创史

中关村目前入驻有两万多家高新技术企业, 其中包括全国近半、全球近1/4的独角兽公司①。许多人把中关村称为 "中国科技的制高点" "创新文化的策源地", 提出 "20世纪80年代看深圳、90年代看浦东、21世纪看中关村"。中关村显然已经成为中国最靓丽的一个 "村" 名, 堪称 "天下第一村"。

中关村的第一个升级台阶, 是20世纪50年代初中国科学院的落户。

1952年, 政务院文化教育委员会考虑在北京建立中国科学院和研究基地, 竺可桢等认为应靠近1911年和1916年先后在中关村附近兴建的清华大学和燕京大学。1953年年底, 近代物理研究所大楼竣工, "原子能所" 成为中关村科学城振翅冲霄的起点。从那时起, 中关村已经成为科学城的别称, 一批批 "两弹一星" 的功勋和科学战线的栋梁, 从这里走进中华人民共和国的历史。

中关村的另一个台阶, 是1978年中国改革开放的开启。

1978年, 中国科学院物理所研究员陈春先在核聚变 "托卡马克" 项目上取得了巨大成功, 为探索新能源迈出了一大步。1978年6月, 陈春先访美考察。他看到旧金山硅谷和波士顿128公路新技术扩散区很受启发, 回国后在多种场合提出 "在中关村建立中国的硅谷"。他定下一个 "二不四自" 原则, 即不要国家拨款、不占国家编制, 自由组合、自筹资金、自主经营、自负盈亏。1980年10月23日, 陈春先带领纪世瀛等成立了中国第一个民营科技公司的雏形 "北京等离子体学会先进技术发展服务部", 播下了中关村的第一粒种子。历经挫折和坎坷, 在党中央的支持下, 带动了京海、科海、四通、联想等一批中关村的科技先锋, 掀起了中关村的创业热潮。

1978年既是中国改革开放的元年, 也是中关村创新发展的元年, 是中关村引领中国、影响世界的起始点。

此后, 中关村还有几个台阶: 1988年, 国务院在 "中关村电子一条街" 的基础上, 批复建立了 "北京新技术产业开发试验区"; 1999年, 国务院批复同意建立包括一区五园的 "中关村科技园区"; 2009年, 国务院第一个批复建立了中关村国家自主创新示范区。

数十年来, 中关村诞生了一批批领军企业和科技成果, 四通打字机、联想计算机、方正照排、王码五笔、用友软件、汉王电子书、新浪、百度、搜狐、小灵通、中国芯、紫光扫描、同方威视、神舟数码、小米手机和近年来人工智能及生物科技等领域的产品, 已经在中国百姓生活中不可或缺, 成为共和国一张张闪亮名片。正是一代代中关

---

① 独角兽公司, 是投资行业尤其是风险投资业的术语, 一般指成立时间不超过10年、估值超过10亿美元的未上市创业公司。

村人的奋斗足迹，叠铺起了中关村步步登高的创新台阶。

一片树叶能够知晓四季冷暖，一个村落可以反映时代兴衰。中关村，这座天下第一村的变迁史，反映了近代中国从愚昧走向光明、从羸弱走向富强的壮丽征程。

（案例来源：卫汉青.中关村的变迁史.参考网，2019-06-17.有删改.）

【课后拓展】

请扫描下方二维码，自主学习相关知识。

创新创业时代特征

任务二　揭示"双创"密码

【课前热身】

穿越A4纸

　　将全班学生分组（每组3～5人），每组发放一张A4纸（210毫米×297毫米）。在不使用任何工具的前提下，将A4纸撕成一个圆，不能将纸撕断，要求每一位组员都能从圆中穿过。用时最少的小组为优胜组。

　　思考与探究：如何打破固有的思维，最大限度地利用现有资源达成目标？

【课中解码】

　　随着社会经济的发展和科学技术的进步，创新创业已成为各国之间竞争的新领域，人们迫切需要了解何谓创新，何谓创业，创新与创业的关系，以及如何才能从创新走向创业等问题。

一、创新认知

（一）创新的概念

　　从目前已有的文献史料来看，在我国，"创新"一词最早见于三国时期的《魏书》："革弊创新者，先皇之志也。"《现代汉语词典》（第7版）对其的解释为"抛开旧的，创造新的"。在英文中，innovation（创新）一词起源于拉丁语innovare，其原意包含三层含义：一是更新；二是创造新的事物；三是改变。

　　创新是以新思维、新发明和新描述为特征的一种概念化过程。古今中外，有很多人都对创新有过界定，根据这些界定可以将创新概括为：基于现有的思维模式、利用现有的知识和物质，在特定的环境中本着理想化需要或为满足社会需求，通过提出有别于常规或常人思路的见解去改进或创造新的事物、方法、元素、路径、环境，并能获得一定有益效果的行为。

　　创新是人类特有的认识能力和实践能力，是人类主观能动性的高级表现，因此创新活动的主体只能是人。

（二）创新的特征

1. 发展性

　　创新是一个不断发展的过程，人的创新思维水平随着其知识水平的提高而不断提高。任何创新活动都不是一次性活动，都需要不断地改进完善，这样才能满足时代的发展需要。

2. 普遍性

创新普遍存在于人类活动的所有领域、贯穿人类活动的各个阶段，且人人都具备创新能力。

3. 目的性

创新活动总是围绕需要解决的问题和需要完成的任务进行的，这就是创新的目的性，它贯穿整个创新过程。例如，网购的出现，其目的便在于能让人们足不出户就能购买到世界各地的物品。

4. 新颖性

创新的本质是求异和求新，即摒弃现有的不合理事物、革除过时的内容，然后创立新事物。用新颖性来判断创新成果时，要注意区分绝对新颖和相对新颖。例如，电话被发明时，之前从未出现过这样的通信工具，因此它属于绝对创新；而手机是在电话的基础上增加了可移动通信和随身携带这些功能，因此它属于相对创新。当前，大学生所做的创新绝大部分都属于相对创新的范畴。

5. 价值性

创新的价值性是指创新得到的成果一定要具有价值，它可以是社会价值——有益于社会的发展，也可以是经济价值——能获取一定的收益，还可以是学术价值——能推动科学研究的发展。一般来说，创新成果满足人类社会需求的程度越高，其价值就越大。

6. 高风险性

创新的高风险性是由创新的不确定性所决定的，这种不确定性包括市场的不确定性、技术的不确定性和经济的不确定性等。一般而言，不确定性越大，风险性就越高。例如，阿尔茨海默病的研究仍是当前医学界的新兴研究领域，但由于受到当前技术等方面的影响，对该病的研究仍伴随付诸东流的高风险性。

（三）创新的类别

按照不同的角度，创新可以划分为不同的类别。

1. 根据创新的表现形式划分

（1）技术创新。技术创新是指技术和工艺的创新，包括新技术的开发和革新已有的技术。例如，百度开发的无人驾驶汽车技术、大疆无人机的悬停技术、比亚迪电动汽车的自动泊车技术、北斗三号系统的Ka频段星间链路技术都是技术创新的典型代表。

（2）方法创新。方法创新就是将现有方法的构成要素进行重新排列组合，是在已有的方法上进行改进或发明。例如，无人机加上摄像头组合成航拍无人机，"互联网+手机+音乐播放器+……"组合成了智能手机都属于方法创新。

（3）知识创新。知识创新既指将现有的知识构成要素进行重新整合，又指对现有的知识进行更新、改进和发展。例如，开普勒定律、万有引力定律及最小二乘估计理论都属于知识创新。

（4）服务创新。服务创新是指通过新设想、新技术实现新的服务方式，从而提升服务对象的体验感。例如，海底捞通过极致的个性化服务为客户带来完美的消费体验就是服务创新的典型案例。

（5）制度创新。制度创新是指人们在现有的生产和生活环境下，创设新的、更能有效激励人们行为的制度或规范体系来使人们创造更多的价值，以实现社会的持续发展和变革。例如，海南省开展省域"多规合一"改革试点、构建多元化国际商事纠纷解决工作机制、领事业务"一网通办"等制度创新案例被国务院向全国推广。

（6）管理创新。管理创新是指采用高效的方式来整合企业的资源。例如，海尔集团基于市场链的业务流程再造、招商银行以客户为中心的"流程银行"均属于管理创新。

2. 根据新颖性的类别划分

（1）原始创新。原始创新是指前所未有的重大科学发现、技术发明、原理性主导技术等创新成果，具有首创性、突破性和带动性三个特点。在研发上，尤其是在基础研究和高技术研究领域取得独有的发现或发明，并最终获得成功的就是原始创新。原始创新是最根本、最能体现智慧的创新，它是对人类文明进步作出贡献的重要体现。放眼全球，世界科技强国都是基础研究和原始创新强国，我国要建成科技强国，必须大力加强基础研究，大幅提升原始创新能力。 例如，自然科学的重大理论突破、新的科学仪器和装置的发明都属于原始创新。

（2）改进创新。改进创新是指在原有事物的基础上，通过对事物进行革新而使其发挥更大的作用，产生更大的价值。例如，哈罗共享电车在原有单车基础上进行改进，则属于改进创新。

3. 根据创新的自主性划分

（1）自主创新。自主创新是指拥有自主知识产权的独特核心技术，并在此基础上实现新产品价值的过程。自主创新的成果一般体现为新的科学发现及拥有自主知识产权的技术、产品等。例如，企业核心技术专利发明、产品迭代升级等均属于自主创新。

（2）模仿创新。模仿创新是指通过对先进者的理念、制度、管理、技术等进行模仿，再结合自身情况进行改进的创新活动。例如，达利园食品集团的发展，首先通过模仿韩国知名糕点品牌好丽友蛋黄派迅速占领国内市场，之后通过模仿乐事薯片推出可比克、模仿王老吉推出和其正；在模仿其他产品的同时通过销售模式的创新，如在销售渠道上重视培养一线到三线城市的经销商实现全国各地全覆盖，在定位上采取亲民的策略，在营销上利用明星效应推广产品一举成为国内食品公司的领头羊。

二、创业认知

（一）创业的概念

"创业"一词古已有之，最早出现于《孟子·梁惠王下》："君子创业垂统，为可继也。

若夫成功，则天也。"释义为：君子创建基业传之子孙，为其可以继承下去。至于能否成功，那就看天命所在了。这句话中的创业也是创建基业之意。创业学家杰弗里·蒂蒙斯在其所著的创业教育领域的经典教科书《创业创造》中，将创业（entrepreneurship）定义为"一种思考、推理结合运气的行为方式，它为运气带来的机会所驱动，需要在方法上全盘考虑并拥有和谐的领导能力"。

创业有狭义和广义之分。狭义的创业是指谋划、创建并运行新企业的过程；广义的创业不在于是否成立新组织，也不限于当前的资源约束，而是通过识别和寻求机会进行价值的行为过程，因此，除了强调行动外，更强调在创业行为中所体现创新创业精神的重要性。与狭义的创业相比，广义的创业更关注在资源有限的条件下发现问题、解决问题并创造价值的过程。本书所指的创业为狭义的创业。

（二）创业的基本特征

1. 创新性

创业的本质就是创新。创新是创业的组成要素，也是创业的前提，没有创新，创业就失去了其存在的意义。

2. 实践性

实践是创业的根本，任何创业活动都是在科学的理论指导下所进行的实践操作，创业只有通过实践与转化才有可能实现创业者自我价值与社会价值的统一。因此，创业要着重培养实践能力。

3. 时效性

创业是顺应社会发展到一定阶段出现的必然产物，当出现一定的商机时就会出现创业现象，这些现象是随机产生的，会因环境的变化而变化或消失。因此，创业具有时效性。

4. 规范性

创业活动是客观存在的社会实践活动，需要按照社会事物的客观发展规律、社会的规章制度来进行。

5. 社会性

创业是社会发展的必然产物，也是社会的一个组成要素。创业活动既受到诸多社会因素（如国家政策、经济发展水平、社会环境等）的影响，同时也能促进社会发展（如推动产业革新、技术变革等）。

（三）创业的基本要素

迄今为止，在人们对创业要素的认识和分析中，最为典型和公认的创业要素模型当属蒂蒙斯创业三要素模型（图1-2-1）。该模型提出了创业的三大关键要素，即商机、创业团队和资源，这三个核心要素都是创业活动中不可或缺的。

1. 商机

商机是指由创业者发现或创造的可以利用的商业机会，它是创业的起点，也是创业过程中的关键阶段。商机来源于市场的需求及变化，当某种有价值的创意能将潜在需求转化为显示价值时，这种创意就会转变为商机。因此，商机是创业过程的核心驱动力。

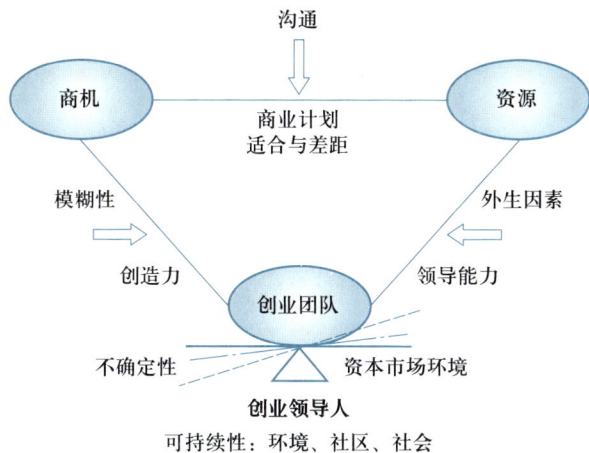

图 1-2-1　蒂蒙斯创业三要素模型

2. 创业团队

创业无法靠一个人完成，只有通过与有着共同创业目标的人组成团队，才能实现优势互补。

3. 资源

资源是创业活动中不可或缺的支撑要素，是企业创立和运营的必要条件。

（四）创业的类型

根据创业企业的性质，可以将创业划分为以下几种类型。

1. 生产型创业

生产型创业是指通过一定的技术生产产品，拓展产品的销售市场，并利用一定的管理方法运营企业的创业活动，其对创业者的综合素质要求较高，创业者要掌握某种生产技术、有团队合作意识并具备管理企业、处理危机的能力。例如，小米的创始团队掌握了一定的计算机软件技术和手机生产技术，通过这些技术研发出小米手机，并不断通过技术创新生产出新的产品。

2. 管理型创业

管理型创业是指具有工商管理等相关学科专业背景和社会经验的创业者所从事的为其他企业提供专业管理咨询服务的创业活动，如管理咨询公司等。

3. 商业型创业

商业型创业是指通过营销手段推广某个新品种的产品、创立某个品牌的创业活动，如喜茶、完美日记、三顿半等。

4. 科技型创业

科技型创业是指利用自己所掌握的科技手段，通过科技创新所进行的创业活动。此类创业者具有自己的专业优势、拥有某种专利技术或产权。例如，大疆创新是通过掌握先进的无人机技术和专利而创立的公司，它通过不断革新无人机的技术而占领市场。

5. 金融型创业

金融型创业是指从事金融相关的创业活动，如投融资公司、担保公司等。

6. 服务型创业

服务型创业是指通过提供市场所需的服务为主要业务的创业活动。当前，现代服务业是我国重点鼓励发展的行业，如咨询、翻译等服务机构等。

7. 网络型创业

网络型创业是指创业者利用自身的信息类或电子商务类专业背景知识从事有关互联网相关的创业活动，如网络销售、网络博主等。

8. 公益型创业

公益型创业是指创业者利用创新理念，同时兼顾社会效益、社会责任和自我价值实践所从事的创业活动。例如，上海NPI公益组织孵化器、劳动社会保障部在全国失业人群中开展的再就业公益培训和公益创业培训等。

三、创新与创业的关系

（一）创新是创业的手段和基础

创业的内在动力是创新，创新是通过把新的理念和设想转化成新产品、新流程及新服务方式服务市场需求，从而创造更大的价值或财富的过程。缺乏创新，就不会有新企业的诞生和小企业的成长壮大。无论是小企业还是初创企业，其安身立命的本质都是创新，只不过增加了不同的创新因素。例如，手机可能有不同的应用，从电话、短信到语音、视频聊天软件是不同功能的创新，从网购到团购是不同维度的创新，它们都可以满足不同群体或者同一群体的不同需求。

（二）创业是创新的载体

经济学家约瑟夫·熊彼特曾提出，创业包括创新和未曾尝试过的技术。因此，无论什么样的创新，都需要转化为实际的产品、技术或服务，这样才能真正被人们所利用。古今中外有很多创造性的思想，但真正流传下来的，往往是一些有实际意义的东西。因此，创业和创新都强调"以人为本"，以变化为本质，以应用为目的。只有要求创业者在创业过程中具备创新思维和创新意识，才可能创造出新技术、新产品及新服务，最终占领市场，从而获得创业成功。

（三）创新和创业相辅相成

创新与创业密不可分，两者相辅相成。创新推动创业，创业又促进创新。因此，创业者要不断提高资源配置，总结经验，使创新得到不断更新与升级。同时，创新又给创业带来新的生机与活力。

四、如何从创新走向创业

从创新走向创业往往包含一系列活动：首先根据市场需求和社会发展设计创新构思，然后对构思进行研究开发；其次对所研发的产品进行人员与技术的管理与组织；接着到产品的设计与制造，直至进入市场、用户参与、市场推广等。在从创新走向创业的过程中，这些活动相互关系、相互连接，有时又形成交叉或并行的操作。这些活动以不同的方式连接起来，就实现了从创新走向创业。

在"大众创业、万众创新"的新时代，创新的构思数不胜数，但真正实现创业转化的屈指可数。因此，要实现从创新走向创业，就要求大学生既要学习新的知识，不断探究、不断创新，在进行创新时要以满足社会需要为基础，又要勇于把创新的亮点转化为生产力，这样才能实现其应有的价值，为社会作出更大的贡献。

⚙ 创客行动

请完成《创新与创业教育实践手册》中模块一任务二"创客行动 品'世界咖啡'"，并线上提交行动画布作业。

☰ 创海撷英

比亚迪：打造中国制造全新名片

2022年9月，比亚迪（全称比亚迪股份有限公司）汽车销量再创历史新高，突破20万辆大关，同比增长幅度高达150%以上。不只销量，比亚迪2022年在多个维度的数字都很抢眼。在资本市场上，市值已经达到万亿级，位居全球前三；在企业福布斯排名上，成功跻身世界500强。

尽管有新能源的"爆火效应"，但是像比亚迪这样的爆发式成长壮大，在世界商业史上并不多见。那么，比亚迪成功的背后，是基于什么逻辑？

创造风口

伴随着小米的创业成功，雷军的"风口论"[①]一度在企业界非常流行，其内涵是要顺势而为，抢占行业发展红利。

从商业角度，这个逻辑确实非常务实。但风口是可遇而不可求的，翻开比亚迪的创业史，你会惊叹于其预见性。1995年，比亚迪在深圳成立，以生产二次充电电池起步，次年进入锂离子电池行业。2003年，比亚迪收购秦川汽车，正式切入汽车行业，成为国内继吉利之后第二家民营轿车生产企业。2007年，比亚迪高调宣布发展新能源

---

① "风口论"意为在互联网潮流下，人们的生活的各个方面因此改变，创业者可借助"风口"迅速积累财富。

车，并提出了"2025世界第一"的豪言壮语。

如果说比亚迪创业之初选择做电池是机缘巧合，进入汽车行业后则是"敢为天下先"，早在20世纪初就开始布局新能源车赛道，甚至不惜放弃一些眼前的利益。比亚迪早早布局新能源车，在国家能源安全、基于碳排放的国际博弈，以及新能源产业这三个维度，均让中国都掌握了主动权，可谓"一箭三雕"。

技术为王

新能源车赛道，比亚迪不仅是引领者，还是坚定的实践者，技术创新是其DNA。比亚迪自创业初期就追求全产业链，关键零部件均是自主研发和生产，拥有产业链纵向整合的能力。在深圳总部的专利墙上展现公司的核心技术成果。其中，授权专利约2.4万项，业内第一，是中国500强平均数值的8倍。

比亚迪把自己的技术储备比喻成"鱼池"，里面有各种各样的"大鱼"，即核心技术，在市场需要时，就捞一条来。大家熟悉的刀片电池、CTB（Constant Temperature Battery）技术、DM-i混动、e平台3.0等，只是比亚迪技术"鱼池"中的几条而已，而这几条"大鱼"引领了新能源车一个时代。

以电动车最核心的电池为例，这是比亚迪的王牌，技术储备丰厚，在面对消费者的续航焦虑和安全焦虑时，在自己的技术"鱼池"中捞出了刀片电池这条"大鱼"，一举解决了两大痛点。正因为如此，在电池原材料疯涨、电池成本居高不下、电动车大涨价的大背景下，比亚迪的新能源车可以在技术和质量更好的前提下，保持价格更有竞争力。

类似的情况还发生在芯片领域，比亚迪因为可以"芯片自由"，所以一直保持正常的生产节奏。在车规级芯片领域，比亚迪早在2004年就进行布局，成立了半导体公司，并且在MCU（Microcontroller Unit）和IGBT（Insulated Gate Bipolar Transistor）领域成果突出，其中IGBT芯片已经做到了第四代，打破了外资的垄断。

管中窥豹，可见一斑。从电池和芯片这两个关键的领域，可以看出比亚迪的技术"护城河"有多深，这也是比亚迪在新能源车市场后劲十足的根基。

在中国制造转型升级，逐渐向高端进军的大背景下，比亚迪无疑是重要的代表，是中国制造的一张全新名片。

（案例来源：三个司机.月销20万+背后的预见与执着，"比亚迪现象"解码.凤凰网，2022-10-19.有删改.）

【课后拓展】

请扫描下方二维码，自主学习相关知识。

创造力、创新与创业

任务三　感受"双创"魅力

【课前热身】

一 笔 连 线

请一笔连接图1-3-1中所有的点，看看谁连接出来的线最有特色。

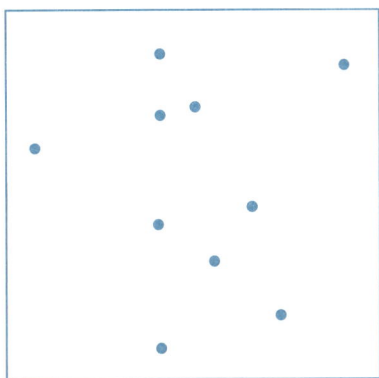

图 1-3-1　散点图

思考与探究： 在连线活动中能有哪些大胆的创新？

【课中解码】

在"大众创业、万众创新"的时代背景下，国家相继出台了一系列鼓励及扶持大学生创新创业的文件、政策，以支持和推动大学生敢于创新创业，勤于创新创业，善于创新创业，让更多的大学生通过创业报国实现个人价值。

一、成为创新型人才

习近平总书记在党的二十大报告中强调，"我们要坚持教育优先发展、科技自立自强、人才引领驱动，加快建设教育强国、科技强国、人才强国，坚持为党育人、为国育才，全面提高人才自主培养质量，着力造就拔尖创新人才，聚天下英才而用之。"富于开拓性、具有创造能力、能开创新局面的创新型人才，正以前所未有的受关注度和需求热度进入新时代创业洪流，他们通常应具备以下五个方面的人格魅力。

（一）储备丰富的深层次的创新知识

创新是对自己已有知识的扩展和对已掌握技能的提升，在人们知识越来越丰富和深奥的今天，社会对创新人才的知识深度和结构提出更高要求。创新人才必须博览群书，掌握海量信息，提高自身文化素养，开阔思路，不断创新，提升技能。

（二）具备难能可贵的创新品质

创新人才的创新品质包含善求真知、敢于尝试、勇于担当、能承担风险。创新人才能在自己原有的研究领域里突破各种设限，不断扩展研究领域，直至取得新成果，创造新价值。

（三）具有独到的观察能力和创新思维能力

在观察能力上，创新人才要洞悉事物，细致观察，得到独特的见解，历史上的科学发明和难点突破均来自创新的结果。在思维深度上，创新人才要有战略眼光、统筹全局能力，同时要具有前瞻性、独创性、灵活性的创新思维。

（四）具有坚韧的创新意志

创新就是对原有的事物进行改进，在探索新知的过程中，充满着各种风险、困难、阻力和挫折，可能会面临各种不理解、不支持、持反对意见等不利于创新的局面，甚至是失败的结果。因此，创新型人才要有坚韧不拔的意志，为了既定的目标，必须锲而不舍、坚定不移地努力，不达目的誓不罢休。只有具备这样的创新意志，才能实现既定目标的创新效果。

（五）开展科学严谨的创新实践

创新就是遵循事物的发展规律，根据事物发展规律进行探知和探索，推动事物朝更好方向发展的实践过程。因此，创新人才应具备实事求是、科学严谨的工作作风，从实际出发，以科学严谨的态度进行创新实践。

二、规划创业人生

对于一名创业者来说，职业生涯规划和创业规划应该是同向同行的。因此，创业者应该思考三个问题，即社会需要什么、自己能做什么和自己想成就什么成果，然后结合三个问题制定个人发展规划。

（一）了解自己，规划未来

职业生涯规划在创新创业教育中占有很重要的位置。大学生在进行职业生涯规划过程中，要全面剖析自己，识别自己的兴趣爱好，并结合当前发展的社会环境、薪资待遇、工作提升空间等外部因素，然后将自己的职业发展进行科学规划，进而制定适合自己的可行性创业方法，对创业进行更加科学的管理。

（二）认清现状，主动出击

（1）了解当前社会发展状况，抓住创业机会。作为一名创业者，要学会分析社会经济发展的形势和走势，要具有敏锐的市场分析能力，善于抓住商机，以确保企业在复杂的社会环境中保持可持续发展。

（2）团结协作，合力出击。古话讲得好，"君子用人如器，各取所长"。它的意思是任用人才要像使用器具一样，要善于发挥他人的特长。创业团队中的每个人的知识结构、能力素养和人际交往圈等均不一样，若能综合、合理利用每个人的优势，必势如破竹，无所不能。

（3）积极乐观，充满激情。积极和热情是大学生创业必须具备的品质。大学生应恪守职业道德，把职业当成信仰，常怀敬仰之心；还应正确处理学习和工作、付出和回报、下属和上级之间的关系，这样工作才能愉快发展，从而在工作中获得成就感和幸福感。

（三）勇于创新，追求卓越

创业者不能循规蹈矩、按部就班地工作，要勇于挑战和创新。因此，创业者必须不断学习新知识，调整自己的知识结构，敢于闯进新领域，激发自身的创新意识和创新思维，创造新成绩。

三、共享"双创"成果

在深入实施创新驱动发展战略的新时代，推动科技创新、产业创新、产品创新、市场创新、管理创新、业态创新，让创新发展理念深入人心，让创新驱动发展战略在中国大地生根、硕果累累。创新创业的主体是人，那些敢拼、敢闯、敢干的人，必将实现不一样的人生，创造新奇迹。

（一）以"双创"促国家发展

中国经济发展面临需求收缩、供给冲击、预期转弱三重压力，我们既要正视困难，事不避难，又要坚定发展信心。深入实施创新驱动发展战略，纵深推进大众创业、万众创新，是实现逆风飞扬的必然选择。2015年以来，我国的创新能力稳步提高，专利申请与授权数增长显著，在全球竞争中主导产业和核心技术的突破式创新及企业国际市场占有率不断提高。例如，我国自行研制的全球卫星导航系统——北斗卫星导航系统（Beidou Navigation Satellite System，BDS）成为继全球定位系统（Global Positioning System，GPS）和全球导航卫星系统（Globalnaya Navigatsionnaya Sputnikovaya Sistema，GLONASS）之后第三个成熟的卫星导航系统，是联合国全球卫星导航系统国际委员会已认定的供应商，在全球范围内已经有137个国家与北斗卫星导航系统签下了合作协议。北斗卫星导航系统的问世既有利于维护国家安全，也为国家创造了巨大的经济效益。华为5G技术的问世及推广商用，推动了5G驱动新应用的广泛出现，它不仅带来更高速、优质的网络体验，也为数字经济的发展"修好桥、铺好路"，更促进了工业系统向IP（Intellectual Property）化、扁平化、智能化方向发展，成为制造业转型升级的关键支撑。中国创造正逐步成为全球高质量、高品质的代名词，中国创造也为国家的转型与发展作出贡献，成为新时代经济社会高质量发展的永恒动力。

（二）以"双创"促社会进步

在经济全球化的发展趋势下，我国的经济结构还存在一些问题，主要表现在产业结构不合理、地区发展不协调、城镇化水平低。在产业结构方面，面对目前我国农业基础薄弱、工业素质不高、第三产业发展相对滞后的局面，我国产业结构调整的方针是：巩固和加强第一产业的基础地位，加速和提高第二产业，大力发展第三产业。这些目标的实现都需要大力推进创新创业活动方可完成。

创新创业是缓解就业的重要途径。就业是民生之本，是人民改善生活的基本前提和基本途径，我国人口众多，就业压力一直较大。推动创新创业有利于开辟新行业、新业态、新模式，带来就业岗位的增量，如"机器人工程技术人员""民宿管家""农业数字化技术员"等，抓住新经济带来的新机遇，就能在经济发展过程中创造更多"饭碗"。

（三）以"双创"促学业成长

大学生创新创业活动是创新创业教育的重要载体。系统设计职业院校的创新创业活动，将其实践成果纳入学业成绩认定体系，建立"专创融合"培育创业项目工作机制，促进大学生学业作品与创新创业成果的转换，让创新根植在专业实践中，让创业萌生于职业发展中，实现学业、就业和创新创业互为支持、互相成就。

1. 学业与创业双轨评价

新时代的创新创业教育，强调以培养学生的创新精神、创业意识和创新创业能力为核心，鼓励并支持学生投身内涵式创业实践。创新使创业教育转向了质量与内涵导向，而质量与内涵的获得要靠学业学习而得。可见，抓住创新这个核心，在追求创新的过程中主动吸收基础知识和专业知识，创业顺其自然成为创新的附加产品，这才是正确的创业教育思维，也能使学业与创业实现真正融合与共赢。

2. 学业与创业相互促进

大学生的创新创业活动，主要集中在专业学科与科研相关的领域中。因此，专业知识功底的深厚程度决定大学生创新创业活动成果的转化能力。反之，大学生参加创新创业活动获得的创新实验、发表的论文、获得的专利和参与的课题研究等成果是学业成果的展现。两者相辅相成、相互促进。

（四）以"双创"促人生理想实现

创新创业是实现人生理想的重要途径，包括个人理想与社会理想的实现。

1. 创新创业有助于实现个人理想

创新创业不是一件轻松容易的事，在创新创业的过程中难免会遭受失败的打击、竞争的压力，只有具有吃苦耐劳的品质、坚定不移的信念及积极乐观的态度，才能取得成功。当个人经过艰苦奋斗获得成功时，不但自身在物质方面的需求能得到满足，而且个人在精神上将变得更充实与富足，并在创新创业中实现个人理想。

2. 创新创业有助于实现社会理想

要想取得创新创业的成功，必须立足于社会发展的需要。个人在进行创新创业时必须"以人为本"、以社会的需要为本，勇于承担社会责任，在创新创业的过程中树立正确的人生观、价值观，这样才能在激烈的竞争中成就个人事业的同时去推动社会的发展并实现社会理想，而社会的发展又能促进个人事业的进一步发展，实现个人理想。例如，奇虎360

（全称北京奇虎科技有限公司）董事长兼CEO周鸿祎在打造中国自主品牌国际知名度、进行产品与技术的持续创新、营造互联网安全环境等方面作出了突出贡献，公司通过"免费安全"的商业模式、产品与技术的持续创新，改变了市场格局，迅速成长为中国规模巨大的互联网安全公司，旗下的"360"品牌已成为网络安全的代名词，提升了老百姓在数字化进程中的获得感、幸福感和安全感。

简而言之，在创新创业的过程中，大学生应该以社会发展的需要为基础，这样才能在推动个人事业发展的同时，实现自身的人生价值。反之，若以追求金钱、荣誉为导向来进行创新创业，不仅个人的事业无法屹立于时代的洪流，也会在社会发展的浪潮中迷失方向。

⚙ 创客行动

请完成《创新与创业教育实践手册》中模块一任务三"创客行动'飞'得更远"，并线上提交行动画布作业。

☰ 创海撷英

严峻：在田野间找到人生价值

"想尽一切办法，把商南出产的优质农副产品推销出去是我的梦想。"严峻说。

2021年，35岁的严峻是陕西省商南县一名大学生创业者。从西安邮电大学毕业后，严峻在全国各地跑，当过朝九晚五的打工人，也做过小买卖，结果赔了本。2018年，严峻回到商南，开始琢磨向外推销商南的各种农副产品。经过前期调研、准备，在政府的扶持下，他创办了商洛市丫环岩生态农业有限公司，主要销售当地的土特产品。公司成立以来，他时刻严格要求自己，带领公司职工顶烈日、冒严寒，使公司逐步成长壮大起来，把镇域特色产品远销广东、江苏、上海等地。

金丝峡镇是陕西省商南县产业大镇，苞谷酒、食用菌、土蜂蜜、核桃等产业发展迅速，但由于信息不畅、销售渠道单一，严重制约着群众致富。为了让当地丰富的农特产品走出去，鼓起农民的钱袋子，解决"农产品进城"难的问题，金丝峡镇党委、政府积极探索电商扶贫发展模式，大力开展电子商务进村入户、农村电子商务培训和农村商务信息服务工作。严峻乘着东风，全面升级改造丫环岩电商平台，将电子商务平台与合作社、建档立卡贫困户、产业发展、龙头企业相结合，采取"政府+农企+网络"的模式整合特色农产品，通过网络销售，促进农户增收致富。

2020年新冠疫情期间，根据农村电商发展新形势，为抢占农村电商发展先机，严峻积极对接金融机构和阿里巴巴，4月在脱贫地区农副产品网络销售平台开起网店，打造"丫环岩"品牌。4—9月，6个月销售额达650多万元，帮助当地贫困群众销售香菇5 000千克、木耳1万千克、米面粮油10多吨、其他农产品数万千克，带动40人就业，其中贫困劳动力占一半以上。

电子商务日渐成为扶农助农的重要载体和途径，严峻积极参加电商从业者培训，充分利用网络直播、微信朋友圈带货等多种形式，融合金丝峡旅游文化节、茶叶节等特色节日，大力宣传推广特色产品；持续构建"电子商务＋基地＋专业合作社＋农户""你种我销、你养我卖"模式，带动10多家专业合作社和近百户农户发展电子商务。

严峻用实际行动为家乡发展奉献智慧、贡献力量。在他的努力下，公司销售额从2018年的五六十万元增长到2019年的100万元左右，2020年更是发展到1 500万元左右。2020年，他被评为"商洛市脱贫攻坚先进个人"。

（案例来源：惠笑.回乡创业的大学生.学习强国，2021-03-26.有删改.）

【课后拓展】

请扫描下方二维码，自主学习相关知识。

创业"五观"

| 学习讲堂 | 趁年轻，与创业者为伍 | 学习反馈 | 模块一 学习调查问卷 |

激发创新活力

想象力比知识更重要，因为知识是有限的，而想象力概括着世界上的一切，推动着进步，并且是知识进化的源泉。

——爱因斯坦

学习地图

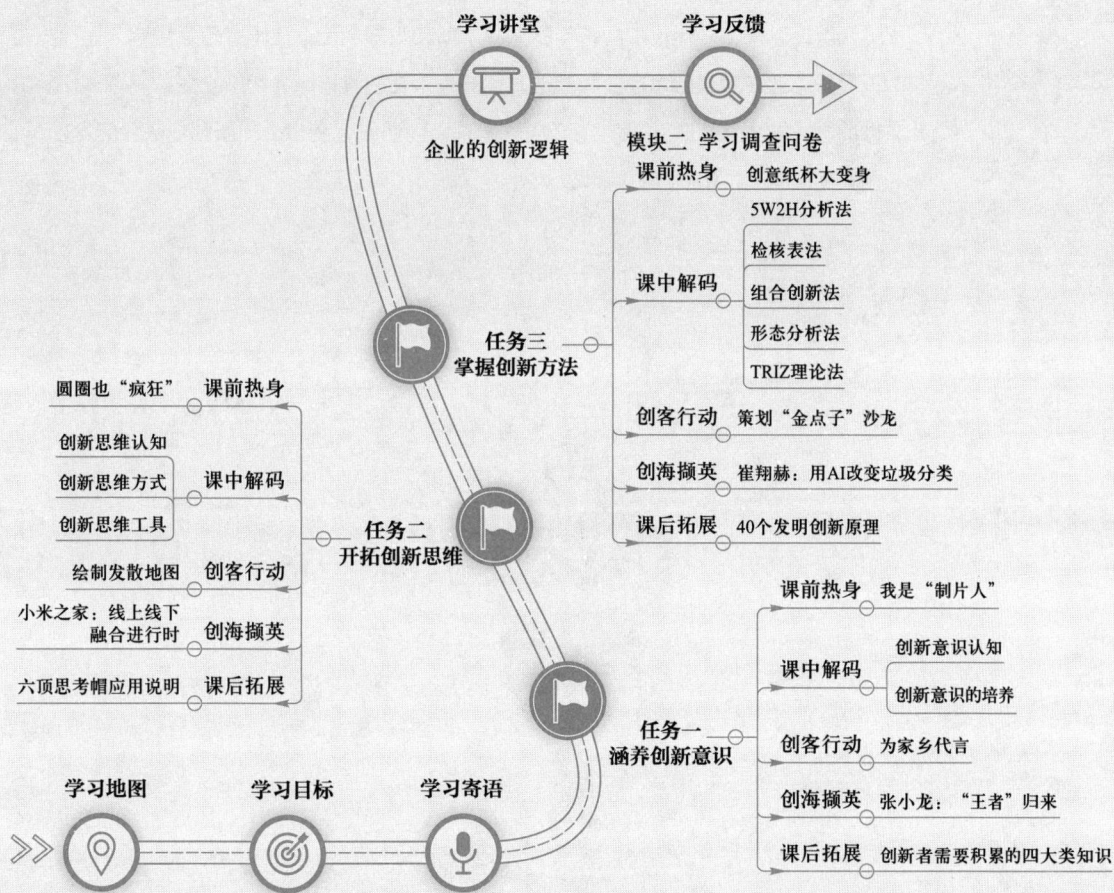

>>知识目标

了解创新意识的内涵和创新思维的概念；熟悉创新意识的类型和创新思维方式；掌握培养创新意识的方法和创新思维常用的训练工具及创新方法。

>>能力目标

能够运用创新思维方法认知事物和现象，灵活运用创新思维工具开展思维训练。

>>素养目标

培养新时代的创新意识和创新思维，提升新时代的创新素养。

学习寄语

近代以来，一代代中国青年的觉醒求新和艰辛创业，让国家日渐崛起，让民族走近复兴，让人民越感幸福。大数据时代方兴未艾的科技革命和产业变革浪潮，正深刻影响国家发展和人民生活。创新决胜未来，创业成就梦想，创新创业舞台无比宽阔，创新创业的活力和潜能亟待释放。

模块成果："为家乡代言"创新活动设计画布　发散地图　"金点子创客沙龙"活动策划画布

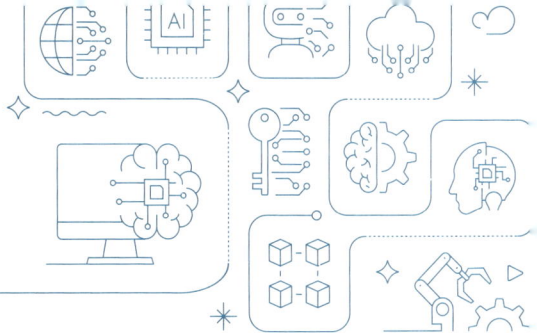

任务一　涵养创新意识

【课前热身】

我是"制片人"

每4人一组，每位组员按照顺序在卡纸上写出自己想要编写的故事，下一个人按照前面的故事继续编写。第一个人说出"在什么时候"，第二个人说出"在什么地方"，第三个人说出"谁"，第四个人说出"发生了什么事"。活动时间为5分钟，组员轮流给出设定，可以进行数轮，最后分享组内编写的最有意思、脑洞大开的小故事。

思考与探究： 本次活动能给予我们怎样的启示？

【课中解码】

大学生要想增强自身的创新能力，首先要培养自身的创新意识。没有创新意识，就无法有效开展创新活动。

一、创新意识认知

（一）创新意识的概念

为什么水烧开时，壶的盖子会被顶开？瓦特从中获得了灵感而其他人没有。为什么创新者能够发现问题？这是因为这些创新者具有创新意识，创新意识让创新者对创新的机会异常敏锐。那么什么是创新意识呢？

当有人发现了生活中大家都习以为常的问题，并且给出了出人意料的解决办法时，我们常会对其活跃而富有创造力的思维表示赞叹，称赞其具有创新意识，那么创新意识是如何定义的？

从客观上来说，创新意识就是人们对待创新的态度，它取决于个体对于创新及创新的价值性、重要性的认识程度。在个体认同创新、认为创新具有价值且非常重要的情况下，个体就会在生活中向往创新、注重创新，甚至通过调整自己的活动来追求创新。这样的个体被视为具有创新意识的。

从主观上来说，创新意识是指人们根据社会和个体生活的发展需求，引发创造前所未有的事物或观念的动机，并在创造活动中表现出的意向、愿望和设想，具体表现为主动识别发现问题，并以创造性的思维积极探索解决问题的方法。

27

（二）创新意识的内涵

创新意识包括以下四个方面的内容。

1. 创造动机

创造动机是创造活动的动力因素，它能推动、激励人们发动和维持创造性活动。这个动机可能是要解决某一问题，也可能是使某物变得更好，如瓦特改良蒸汽机。

2. 创造兴趣

创造兴趣能促进创造活动的成功，是促使人们积极追求新奇事物的一种心理倾向。兴趣常常能引发创新。例如，中国"95后"博士曹原，喜欢把东西拆开重装，他发现当两层平行石墨烯堆成约 1.1° 的角度时就会产生超导效应，开创了石墨烯超导研究的新领域。

3. 创造情感

创造情感是引起、推进乃至完成创造的心理因素，只有具有正确的创造情感，才能使创造成功。例如，享誉海内外的著名农业科学家袁隆平，正是被"让中国人民、世界人民不再挨饿"的悲悯天下情怀所感召，创立了杂交水稻事业。

4. 创造意志

创造意志是在创造中克服困难、冲破阻碍的心理因素，创造意志具有目的性、顽强性和自制性三个特征。例如，爱迪生在研究电灯时实验了超过 1 000 种灯丝材料，才选定了钨丝为灯丝材料，发明了电灯。

（三）创新意识的特征

创新意识具有以下五个特征。

1. 新颖性

新颖性是创新意识最显著的特征。创新意识的出发点要么是为了满足社会新的需求，要么是为了使用新的方式来更好地满足社会需求，无论如何都是不满足于现状，对现状进行突破。可以说创新意识就是求新意识。

2. 社会历史性

社会历史性是指创新是建立在社会现实之上的，创新意识是为了改善人们的物质生活或提高人们的精神境界而产生的。因此，以改善社会现实为目的的创新意识必然也受到社会现实的制约。从这一角度来看，创新的历史就是不断打破社会现实制约的历史。

3. 个体差异性

个体差异性是指不同的人类个体，在社会角色、生活环境、文化素养、兴趣爱好、情感志趣等方面有客观差异，因此会呈现出不同的创新意识。事实上绝大部分创新成果都是创新者在自己熟悉的领域取得的。

4. 价值指向性

价值指向性是指创新意识总是代表一定社会主体奋斗的目标和价值指向，如经济价值、社会价值、个人名声及自我价值实现等。人们之所以进行创新活动往往是因为解决问题能够产生价值。

5. 质疑性

质疑性是创新意识的重要特性，贯穿整个创新实践活动的始终。质疑是创新意识形成的逻辑起点和先决条件，创新实践的一般过程为：产生怀疑意识—提出问题—探求解决方法—解决问题产出新结果—完成创新实践。从中可以看出质疑意识的重要性，也验证了"科学研究始于问题"这一理念。

（四）创新意识的作用

创新意识是人们进行创造活动的出发点和内在动力，是创造性思维和创造力的前提，也是形成创新能力的基础。创新意识对社会发展及大学生创业都具有非常重要的作用。

1. 创新意识对社会发展的作用

创新意识不仅对大学生创业有巨大的作用，还可以在多个层面上推动社会的发展与进步。创新意识对社会发展的作用具体体现为以下三个方面。

（1）促进国家、民族创新能力的提高。创新意识是决定一个国家、一个民族创新能力的最直接的精神力量。创新能力作为重要的综合国力指标，实际上已经是国家、民族发展能力的代名词，成了衡量一个国家和民族解决自身生存、发展问题能力大小的客观和重要的指标。

（2）推动社会的全面进步。创新意识根源于社会生产方式，它的形成和发展必然进一步推动社会生产方式的进步，从而带动经济的飞速发展，促进人类意识的进步。一方面，创新意识可以推动人的思想解放，有利于人们形成开拓意识、领先意识等先进观念；另一方面，创新意识可以促进社会政治向更加民主、宽容的方向发展。

（3）提高人才综合素质。创新意识能促进人才素质结构的转变，提高人的综合素质，为社会输送更高素质的人才。创新型社会需要充满生机和活力的人才、有开拓精神的人才、有思想道德素质和现代科学文化素质的人才。创新意识能够激发人的主体性、能动性、创造性，引导人们通过不断通过提高自己的素质来适应社会的需要。

2. 创新意识对大学生创业的作用

创新意识对大学生群体，尤其是有意进行创业活动的大学生来说，具有非常重要的作用，主要体现在以下三个方面。

（1）创新意识能引导大学生进行创业。创新意识是大学生进行创业的精神指南，能够引导大学生选择创业道路。如果说创业实践是创业活动的外在形式，那么创新意识就是创业活动的精神内核。

（2）创新意识是创业策略的重要指向之一。任何创业都需要相应的策略进行指引，创新意识有益于大学生规划自己的创业策略。大学生在人生阅历、社会经验方面都有所欠缺，尤其需要培养自身的创新意识。

（3）创新意识能激发大学生的创业潜能。在大学生拥有自身的创新意识之后，很可能会基于自身能力和借助新颖的创意而形成明确的创业意向，从而走上创业道路，因此，创新意识是对大学生创业潜能的一种有意识开发。

（五）创新意识的类型

根据创新意识的基本特征和表现形式，可分为求新求异意识、求真务实意识、求变意识和问题意识四种类型。

1. 求新求异意识

求新求异意识是由创新意识的新颖性和个体差异性所决定的，人们的生活往往带有一种强大的惯性。例如，人们倾向于选择大多数人做过的选择，这就是从众心理。具有求新求异意识的创新者能够破除从众心理，敢于别出心裁地去追求新颖奇特的事物或方法等。求新求异意识是创新活动的前提和内部动力，它是创新意识的主要类型。

求新求异意识要求人们敢于突破思维的惯性，寻找新奇的角度来思考问题，而不局限于生活中的"理所当然"之中。例如，人们的直觉一般认为重物比轻物下落速度更快，而伽利略却换了一种思考方式：若质量越重的物体下落速度越快，则将一重物与一轻物绑在绳索两端，同时放下，应是重物下落速度快，轻物下落速度慢，轻物会拉扯重物，从而导致重物的下落速度将慢于重物单独下落的速度；而将两个物体与绳索视作一个整体，则重于重物本身，因此下落速度应当快过重物单独下落的速度，与前面的结论相悖。由此他提出了自由落体定律。

2. 求真务实意识

在创新活动中尊重客观规律，按规律办事，就是求真务实的内在含义。创新离不开求真务实，反之，求真务实本身又是不断创新的过程。创新者在突破惯性思维的过程中，不可一味偏激单纯地标新立异，应同时树立求真务实意识，要尊重客观规律，寻找事物的客观规律，按规律办事，这样才能得到有价值的创新成果。无论是我国古代的"炼丹术"，还是欧洲中世纪的"炼金术"，抑或是让一些科学家痴迷的"永动机"，其想要得到的产品脱离了实际，不符合客观规律，最后都将以失败告终。

同时，应看到求真务实本身所带来的创新成果。例如，我国古代的"炼丹"活动虽然没能炼出"长生不老药"，但是发明了豆腐、火药等副产品；"炼金术"没能点石成金，但是在"炼金"过程中人们发明了多种实验器具，也认识了许多天然矿物，炼金术在欧洲成为近代化学产生和发展的基础；"永动机"的实验宣告失败，但焦耳在研制"永动机"的过程中发现了热功当量定律。因此，这些"创新行为"虽然在主观上异常荒谬，但在客观上取得了一定的意外成果。

3. 求变意识

求变意识也是创新意识的重要类型，求变意识的"变"主要是指变革、革新，是对既有格局的突破，也是对已有事物的补充、重构和再发展。随着时代的发展和社会情况的变化，在原来的事物已不能够适应新环境的情况下，就需要运用求变意识来另寻出路。例如，室外电梯的诞生就是因为一家老牌饭店需要更换更大的电梯，而工程师们的方案需要进行较大的改造，预计饭店将会停业半年，这是饭店老板所不能接受的，正一筹莫展之际，路过的清洁工建议直接在屋子外面装上电梯，建筑史上首部室外电梯就这样诞生了。

求新求异意识和求变意识在思维方式上具有一定的相同之处，因此容易产生混淆。那么该如何区分求新求异意识与求变意识呢？求新求异意识是创新者主动地寻求创新，对可以通过惯常手段解决的问题，依然去思考和寻找更优化的解决方案；而求变意识则是创新者因为面临用惯常手段无法解决的问题，而不得不寻求改变来打破困局。要明确的是这两种创新意识不分高下，只是适用的条件不相同而已。

4. 问题意识

创新者的问题意识，首先表现在善于观察并找出问题。爱因斯坦曾说过"提出问题比解决问题更重要"，在找出问题后才能够解决问题。其次表现在当用现有的途径和手段无法有效地解决问题时，创新者要思考现有的途径和手段无效的原因，并由此寻求新的方法以解决问题。

历史上很多伟大的创新者都具有强烈的问题意识。例如，食物放置过久会腐烂是人们生活中常见的现象，后来人们发现使用腌制等手段以防止食物腐烂，就一直使用这种方法来处理食物，并对此习以为常。科学家路易斯·巴斯德却对"食物为什么会腐烂？腌制为什么能防腐？"这种常识产生了疑问，经过不懈研究，他发现了微生物对食物的影响，从而发明了巴氏灭菌法，使食物得以保鲜。

二、创新意识的培养

创新意识对创新者来说非常重要，既关系到创新者能否发现创新机会，开展创新活动，又会影响创新活动的成败、创新成果的产出。对立志要成为创新者的大学生而言，对创新意识的自我培养是重中之重。

（一）积累知识

创新往往需要以知识为支撑，不仅是高精尖的科技领域，生活中微小的创新也需要扎实的基础知识。大学时期是培养学习能力、高效获取知识、积极拓宽视野的黄金时期，大学生创新者应该抓紧时机，主动以多种方式来吸收、积累知识。

1. 知识与创新的关系

知识对创新者来说是不可或缺的，知识与创新之间具有非常密切的关系，具体体现在以下三个方面。

（1）知识是创新的前提。所有的创新都是建立在对既有知识的运用之上的，知识是人类对物质世界及精神世界探索的结果总和，所有的创新都是站在前人的研究基础上完成的，创新所使用的方法、理论、原理等都是知识。

（2）知识是创新的产物。知识同时也是创新的产物，创新行为的结果是得到解决问题或者优化对策的办法，其本质就是对人类认识的拓展，对物质世界及精神世界的探索，具有知识属性。现有的知识有相当一部分正是历史上通过人们不断创新和探索得到的。

（3）创新的过程就是生产知识的过程。从知识生产的角度来看，创新的过程就是运用旧知识来生产新知识的过程。创新就是在已掌握知识的基础上对知识进行解构、调整、重构，从而获得具有新价值的知识。

2. 培养创新学习的能力

从知识与创新的关系中可以看出，知识积累是培养、激发创新意识的必要条件。大学生在培养创新意识时，必须重视创新学习能力的培养，增强求知欲，使自己具备勤奋求知的精神。

创新学习是接受、优化和构建知识的过程，是进行创新思维和创新实践的基础；创新学习能力是获取、继承和重构知识的能力。只有拥有创新学习能力，掌握创新的基础知识和基本技能，了解科技发展和知识更新的动态，才能形成较强的思维能力，进而萌生创新意识。

（二）克服心理障碍

心理障碍是指个体因为心理和精神的异常而没有能力按社会认为适宜的方式行动，与社会不适应，在心理学上是一种严重症状。创新心理障碍是指人因为心理因素而无法进行创新活动，它虽然不像其他心理障碍一样影响人的正常生活，但是会干扰人进行创新活动，使人失去创新的欲望。

体现在大学生身上的创新心理障碍主要有以下方面。

1. 从众心理

从众心理是一种非常普遍的心理现象，人类是社会化的动物，具有共同行为的本能。但是从众心理让人放弃思考，思维会因此变得迟钝，无法发现创新机会，严重阻碍创新意识的培养。

2. 胆怯心理

胆怯心理是比较普遍的心理障碍，表现为虽然自己有不同的看法和方法，但胆怯于"与众不同""标新立异"所带来的压力，从而不敢自我表达、不敢行动，对创新意识有强烈的抑制作用。

3. 自卑心理

自卑心理体现为自我看轻，认为自己没有能力去完成某事，进而自我封闭，丧失想象力，极大地抑制创新的念头，进而无法培养创新意识。其实，人人都能创新，人人都具备创新的潜能。为了把这种创新潜能激发出来，使自己具备创新意识，大学生必须消除创新心理障碍。例如，可以通过辩论来获得自信，有意识地避免从众，走出自己的舒适区去"尝鲜"，给自己积极的心理暗示等。

（三）强化兴趣培养

创新机会的发现需要敏锐的思维，在仔细观察、探索和努力思考的时候，思维往往会迸发出更多的火花，从而茅塞顿开，解决许多本来很受困惑的问题。最容易使人专注的就是好奇心，对一个领域常常好奇，长时间保持好奇，这就是兴趣。兴趣使人们对某物、某事、某人充满好奇，好奇心促使人们想要去质疑、探索或是刨根问底。这时思维会变得特别活跃，人的潜能会在这个过程中得到释放，人的创造性也会随之空前高涨。

大学生可以通过下面这些途径来培养兴趣。

1. 广泛了解学科知识

很多大学生可能会觉得学科知识很枯燥、无聊，或者艰深、晦涩，但是入门的知识其实相对简单轻松。对学科知识的基本了解是产生好奇的前提，每个学科发展到今天，都有其独特的魅力。

2. 养成提问的习惯

提问就会产生困惑，而亲自去解决困惑就能收获畅快感和成就感，这种畅快感和成就感是兴趣养成及持续的重要促进因素。针对生活中的小事都可以提问，如"1+1"为什么等于"2"？这个问题看似简单，但至今没有数学家完成对"1+1=2"这一公式的证明。

3. 探索新的领域

新奇的、完全陌生的东西能够带给人新鲜感，有助于激发好奇心。尝试投身新的领域，特别是自己向往过的领域，如玩乐器、做手工等。

兴趣是人认识某种事物或从事某种活动的心理倾向，认识和探索外界事物的需要是产生兴趣的前提。如果失去了求知欲和探索欲，就无法养成兴趣，而求知欲和探索欲来源于人的好奇心，因此，保持对陌生事物的好奇心是培养兴趣的有效手段。

（四）参与创新实践

意识能够指导实践，实践也能培养意识，参与创新实践是建立长效意识最有效、最直接的方法。单凭知识和思维"闭门造车"式的创新远远不能满足当前社会环境的创新需要，大学生应该积极参与创新实践活动，实践活动可以是参加创新创业培训或是参加创新创业比赛。在创新实践中，大学生不要怕犯错误，而要进行大胆的尝试，这样才能培养自己的创新意识。

总体而言，人在一生中会经历许多的事，都会面对创新的机会，但是由于创新意识的不足，往往没能发掘创新机会或者没有把握住创新机会。培养创新意识，发现生活中的不足，并努力思考、积极实践，最终解决问题，能够给人带来精神上的满足甚至创造财富的机遇。

⚙ 创客行动

请完成《创新与创业教育实践手册》中模块二任务一"创客行动　为家乡代言"，并线上提交行动画布作业。

📚 创海撷英

张小龙："王者"归来

2010年年底，一向沉默寡言的张小龙给马化腾发出一封邮件，建议腾讯（全称深圳市腾讯计算机系统有限公司）开发移动社交软件。张小龙认为，移动互联网将来会有一个新的通信工具，而这种新的通信工具很可能会对QQ造成很大威胁。马化腾很快回复邮件，赞同张小龙的想法，并且让其作为负责人带领腾讯广州研发部开始这个项目。

2011年年初，微信ios版上线，但用户增长并不理想。张小龙突然意识到在微信功能设计上是否过于理性，增加一些文艺或者人性化的元素会不会更好？也许之前的微信过于功利主义和现实主义。从那时开始，张小龙放弃理性思维，开始武装成一个文艺青年。同时，微信开始增加一些更贴近人性化的功能，如查找附近的人、朋友圈、摇一摇……

2012年，张小龙提出一个新观点：微信是一种生活方式。自此，微信逐渐成为移动互联网领域的领头羊。

截至2022年9月，微信用户数已超12.6亿人，它已经融入人们生活的各个领域，并成为国民级应用。可以说，只要是智能手机，必然存在的应用软件肯定有微信。

（案例来源：创客海.微信之父——张小龙.百度网，2017-11-27.有删改.）

【课后拓展】

请扫描下方二维码，自主学习相关知识。

创新者需要积累的四大类知识

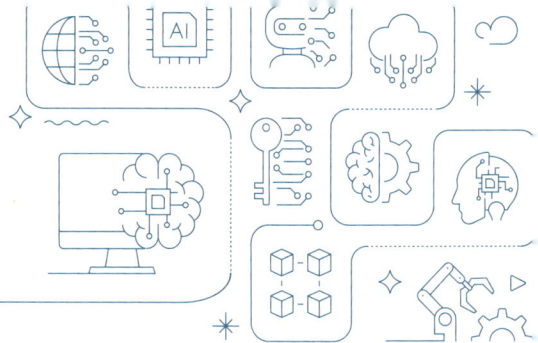

任务二　开拓创新思维

【课前热身】

圆圈也"疯狂"

将全班学生分组（每组3～5人），每组发放一张绘制有20个圆圈（横向4个、纵向5个有序排列）的A4纸，要求学生在5分钟内，尽可能在20个圆圈的基础上加上几笔，绘制成不同图案的简笔画。绘制数量最多的组为优胜组。

思考与探究：如何突破视野边界赋予圆圈新的内涵？

【课中解码】

通过发挥创新意识，人们可以察觉到创新的机会，但是要想把握住创新机会，产出创新成果，还需要人们解决一个个在创新活动中遇到的难题。

一、创新思维认知

（一）创新思维的概念

创新思维（或称创造性思维）是创新活动智能结构的关键，是创新能力的核心。创新思维是指以新颖独创的方法解决问题的思维过程，通过这种思维能突破常规思维的界限，以超常规甚至反常规的方法、视角去思考问题，提出与众不同的解决方案，从而产生新颖的、独到的、有社会价值的思维成果。

（二）创新思维的特征

创新思维作为一种思维活动，既有一般思维的共同特点，又有不同于一般思维的独特之处。一般来说，创新思维的特征可以归纳为以下几个方面。

1. 新颖性

无论是科技发明还是文艺创作，无论是理论研究还是实践研究，无论是制度改革还是产品革新，都不想拘泥于传统，不墨守成规，力求在某个方面另辟蹊径，推陈出新。

2. 跳跃性

创新思维非常注重事物之间的非逻辑关系，有时甚至是反逻辑关系。非逻辑性的典型表现有很多，如急中生智、灵机一动、计上心来等。

3. 灵活性

创新思维灵活性主要表现在善于变通，如在时间、空间、形状、功能等方面的改变，以及思维方向的变化。

4. 独特性

独特性主要表现为与他人观点不同、独具卓识，在思维方式、思想观念上能提出新的见解，找到新的思路，实现新的突破。

5. 综合性

创新思维是诸多因素结合在一起的综合性思考活动，它要求把事物各个方面综合为一个整体进行考虑，创新性思维的过程是一种综合性思维劳动创造的过程。

二、创新思维方式

（一）发散思维

发散思维又称辐射思维、放射思维、扩散思维或求异思维，是指大脑在思考问题时呈现的一种扩散状态的思维模式。发散思维对问题从不同角度进行探索，从不同层面进行分析，从正反两极进行比较，因而视野开阔，思维活跃，可以产生出大量的独特的新思想，思维呈现出多维发散状（图2-2-1）。

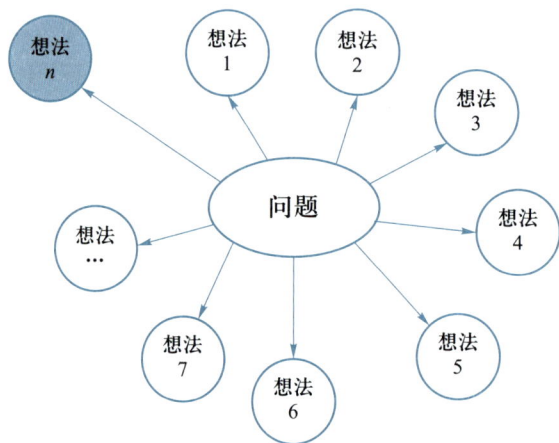

图 2-2-1　发散思维示意

发散思维的运用随处可见。例如，课堂上教师问砖头有哪些用处，有的学生说砖头可以造房子、垒鸡舍、砌围墙、修大桥，有的学生想到把砖刻成工艺品或者创意商品，有的学生想到可以用来垫桌脚……这些就是思维的发散。

（二）收敛思维

收敛思维也称聚合思维或集中思维，其特点是使思维始终集中于同一方向，使思维条理化、简明化、逻辑化、规律化，最终得出一个合乎逻辑规范的结论（图2-2-2）。

收敛思维还可以先发散再集中。发散得越充分越好，在发散思维的基础上再进行集中，最终选出一种最佳方案加以完善。洗衣机的发明就是如此。首先围绕"洗"这个关键问题，列出各种各样的洗涤方法，如用洗衣板搓洗、用刷子刷洗、用棒槌敲打、在河中漂洗、用流水冲洗、用脚踩洗等，然后运用收敛思维，对各种洗涤方法进行分析和综合，充分吸收各种方法的优点，结合现有的技术条件，制定出设计方案，然后不断改进，结果成功发明洗衣机。

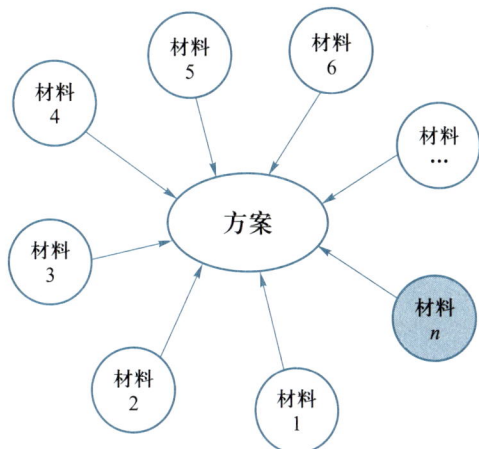

图 2-2-2　收敛思维示意

（三）变通思维

变通思维是指从一个方向思考问题容易陷入困境，如果变通一下思维，从另一个角度思考问题，则往往能够得到意外收获的思维方式。变通思维使人能以不同方式考虑问题，能从某种思想转换到另一种思想。古语道："不变不通，不变难通，小变小通，大变大通。"这些都是成功经验。例如，一群大学生原计划周末要到野外烧烤，材料都准备好了，去的路上突然下雨，于是换到了一个室内烧烤的地方进行烧烤，这就是常见的变通思维。

（四）逆向思维

逆向思维也称求异思维，它是对司空见惯的似乎已成定论的事物或观点反过来思考的一种思维方式。简单地说，逆向思维是从相反的方向思考问题，探寻解决问题的方法。逆向思维在现实生活中的运用十分广泛，是创造性思维中最重要的思维形式之一，它强调要从事物的反面或对立面来思考问题。例如，"司马光砸缸救人"的典故就是运用逆向思维的典型例子。

（五）形象思维

形象思维是一种加工处理形象信息的思维方式，它以生动、直观为主要特征，以想象、联想、整合为基本思维方法，在提高人们的认识与理解能力方面有着独特而重要的地位和作用。形象思维的核心是把概念类的东西以一种特例或类似的事物进行表达，是一种从一般到特殊的过程。形象思维不但以具体表象为材料，而且离不开鲜明生动语言的参与。例如，作家塑造一个典型的文学人物形象或画家创作一幅图画，都要在头脑里先构思出这个人物或这幅图画的画面，这种构思的过程是以人或物的形象为素材的，所以称之为形象思维。

（六）想象思维

想象思维是人体大脑通过形象化的概括作用，对脑内已有的记忆表象进行加工、改造或重组的思维活动。想象思维可以说是形象思维的具体化，是人脑借助表象进行加工操作的最主要形式，是人类进行创新及其活动的重要思维形式。例如，有人梦想过自己能和鸟儿一样自由地飞翔在天空，于是人类在一次次的想象和不断的努力学习实践中，才有了今天习以为常的飞机。

（七）联想思维

联想思维是由一事物的概念、方法、形象想到另一事物的概念、方法和形象的心理活动（图2-2-3）。例如，由此及彼、由表及里：从红铅笔到蓝铅笔；从写到画；从画圆到印圆点；从圆柱到筷子。研究和实践证明，人们的联想跨度是很大的，两个风马牛不相及的事物，只要在它们之间加上几个环节，就能实现联系起来的愿望。这种大跨度的联想往往具有很强的创造力，因此，联想对于人们拓展思路、寻求新对策、谋求新突破是大有帮助的。

图 2-2-3　联想思维举例

（八）灵感思维

灵感思维也称顿悟，是创造性思维的又一种表现形式，是指人们在科学研究、科学创造、产品开发或问题解决过程中突然涌现、瞬息即逝，使问题得到解决的思维过程。灵感思维有偶然性、突发性、创造性等特点。灵感的闪现来自突然的顿悟，也就是通常所说的"灵机一动"。它是人们借助直觉启示所猝然迸发的一种领悟或理解的思维形式。有关灵感思维的案例很多。例如，鲁班被山上的叶子划破手指，发明了锯子；阿基米德由洗澡得出浮力定律；等等。

三、创新思维工具

创新的核心是创新思维，而创新思维最重要的工具就是创新方法。为了达到创造性解决问题的目的，人们在进行具体的创新活动的时候，就需要借助各种创新方法克服思维障碍、增加信息刺激，从而提高思维效率。据不完全统计，目前已经出现了300多种创新方法，本书中主要介绍三种常用的创新工具。

（一）头脑风暴

头脑风暴（Brain Storming）是指由美国天联广告公司（Batten，Barton，Durstine & Osborn，BBDO）的亚历克斯·奥斯本于1939年首次提出、1953年正式发表的，用于激发创造性思维的一种方法。该方法主要通过小型会议的组织形式（图2-2-4），在正常融洽和不受任何限制的气氛中开会、讨论、座谈，打破常规，积极思考，畅所欲言，充分发表看法。一次成功的头脑风暴的要点必须包含自由畅谈、延迟评判、禁止批评、追求数量。

图 2-2-4　头脑风暴

头脑风暴法作为鼓励在小型会议中进行创造性思维最常用的方法，其通常的实施流程包括以下几个阶段。

1. 准备阶段

相关负责人应事先对所议问题进行一定的研究，弄清问题的实质，找到问题的关键，设定解决问题所要达到的目标。同时确定会议主题，选定参加会议人员，一般以5~10人为宜，不宜太多。然后将会议的时间、地点、所要解决的问题、可供参考的资料和设想、需要达到的目标等事宜一并提前通知与会人员，让大家做好充分的准备。

2. 热身阶段

主持人先创造一种自由、宽松、祥和的氛围，让大家得以放松，进入一种无拘无束的状态。主持人宣布开会后，先说明会议的规则，然后通过有趣的话题或问题引入，让大家的思维进入轻松和活跃的境界。

3. 导入阶段

主持人扼要地介绍有待解决的问题。介绍时须简洁、明确，不可过分周全，否则，过多的信息会限制人的思维，干扰思维创新的想象力。经过一段讨论后，大家对问题已经有了较深程度的理解。这时，为了使大家对问题的表述能够具有新角度、新思维，主持人或速记员要记录大家的发言，并对发言记录进行整理。通过对记录的整理和归纳，找出富有创意的见解，以及具有启发性的表述，供下一步畅谈时参考。

4. 畅谈阶段

畅谈是头脑风暴法的创意阶段。为了使大家能够畅所欲言，需要制定如下规则：一是不要私下交谈，以免分散注意力；二是不妨碍他人发言，不去评论他人发言，每人只谈自己的想法；三是发表见解时要简单明了，一次发言只谈一种见解。主持人首先要向大家宣布这些规则，随后导引大家自由发言、自由想象、自由发挥，使彼此相互启发、相互补充，真正做到知无不言、言无不尽、畅所欲言，然后将会议发言记录进行整理。

5. 筛选阶段

会议结束后的一两天内，由专门的负责人进行追踪和询问，并补充到会议记录中。经过多次反复比较和优中择优，最后确定 1 ~ 3 个最佳方案。这些最佳方案往往是多种创意的优势组合，是大家集体智慧综合作用的结果。

头脑风暴法的正确运用，可以有效地发挥集体的智慧，比一个人的设想更富有创意。

（二）思维导图

思维导图（The Mind Map）又称脑图、心智地图，有时候也称脑力激荡图、灵感触发图、概念地图、树状图、树枝图或思维地图，是表达发散性思维的有效图形思维工具 。它简单却有效，是一种实用性的思维工具。

思维导图可以应用在学习、生活、工作的任何领域中（图2-2-5），它的绘制方式有手绘和软件绘制两种。用软件绘制思维导图非常方便快捷，互联网上有很多思维导图制作软件，如微软的 Word、PowerPoint 和金山的 WPS 等都可以用来绘制思维导图。还有专门针对思维导图设计特点的软件，如 MindManager、XMind、FreeMind、iMindMap、Mindomo 等。

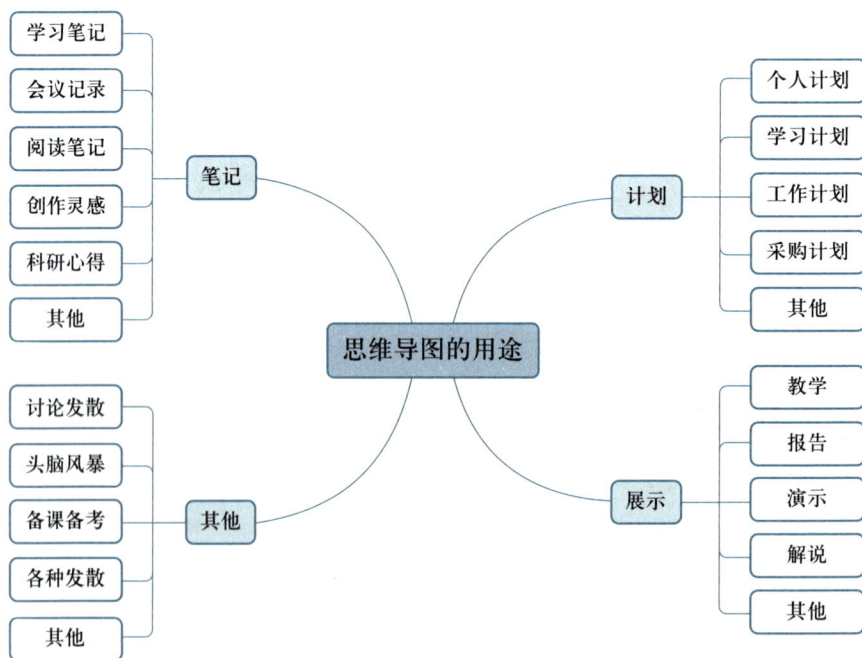

图 2-2-5　思维导图的用途举例

（三）六顶思考帽

六顶思考帽（Six Thinking Hats）是有"创新思维学之父"之称的爱德华·德·博诺开发的一种思维训练模式，或者说是一个全面思考问题的模型。它提供了"平行思维"的工具，避免将时间浪费在互相争执上。

1. 六顶思考帽的分类

六顶思考帽是指使用六种不同颜色的帽子代表六种不同的思维模式（图2-2-6）。

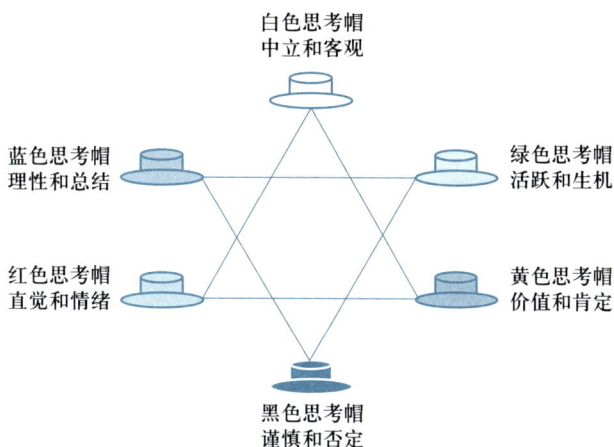

图 2-2-6　六顶思考帽

（1）白色思考帽。白色是中立而客观的。戴上白色思考帽，人们思考的是关注客观的事实和数据。

（2）绿色思考帽。绿色代表茵茵芳草，象征活跃和生机。绿色思考帽寓意创造力和想象力，具有创造性思考、头脑风暴、求异思维等功能。

（3）黄色思考帽。黄色代表价值和肯定。戴上黄色思考帽，人们从正面考虑问题，表达乐观的、满怀希望的、建设性的观点。

（4）黑色思考帽。戴上黑色思考帽，人们可以运用否定、怀疑、质疑的看法，合乎逻辑地进行批判，尽情发表负面的意见，找出逻辑上的错误。

（5）红色思考帽。红色是情感的色彩。戴上红色思考帽，人们可以表现自己的情绪，还可以表达直觉、感受、预感等方面的看法。

（6）蓝色思考帽。蓝色思考帽负责控制和调节思维过程，负责控制各种思考帽的使用顺序，规划和管理整个思考过程，并负责得出结论。

2. 六顶思考帽的应用流程

六顶思考帽典型的应用流程如表2-2-1所示。

表 2-2-1　六顶思考帽典型的应用流程

步骤	思考帽	说明
1	白帽	陈述问题事实
2	绿帽	提出解决问题的建议

续表

步骤	思考帽	说明
3	黄帽	评估建议的优点
4	黑帽	评估建议的缺点
5	红帽	对建议进行直觉判断
6	蓝帽	总结陈述，作出决策

六顶思考帽强调的是"能够成为什么"，而非"本身是什么"，是寻求一条向前发展的路，而不是争论谁对谁错。运用博诺的六顶思考帽，将会使混乱的思考变得更清晰，使团体中无意义的争论变成集思广益的创造，使每个人变得富有创造性。

⚙ 创客行动

请完成《创新与创业教育实践手册》中模块二任务二"创客行动 绘制发散地图"，并线上提交行动画布作业。

☰ 创海撷英

小米之家：线上线下融合进行时

新冠疫情期间，很多消费者居家隔离，导致购物非常不便，门店闪送的新模式应运而生。伴随着疫情反复，用户需求的逐渐增多，小米决定将闪送服务做大，扩大到更多的城市、更多的门店，触达更多的小米用户。小米新零售对线下小米之家门店进行了全要素的数字化升级，通过线上线下融合的方式为消费者带来全新的消费体验。小米新零售从诞生之初，就立足于用互联网思维改造传统零售业，打破线上线下的界限，做到线上线下融合。如今的小米之家已经不是传统的线下零售门店，它通过线上线下融合模式全面触网，帮助线上用户找到附近的小米之家门店。顾客除了去门店现场购物，还可以实现在线下单门店即时配送、在线下单到门店自提、门店下单大仓物流发货到家等多种购物和履约方式，小米之家多渠道融合助力门店全面升级消费场景，为用户带来极致的服务体验，也为门店带来销售增长。

2021年，小米之家完成了全要素数字化升级，升级后的小米之家具备了与各大流量平台的系统化对接能力。如今，小米之家门店不仅和小米商城实现了线上线下融合，还基于新零售系统实现了对美团外卖、美团App（手机软件）的对接，未来也将扩展到更多的平台。这将有效地满足消费者即时性消费需求，为消费者提供"4A级购物体验"。小米融合项目的最终使命是打破传统门店固有的时间和空间的限制，让消费者可以在任何渠道、任何时间、任何地点，通过多种支付和履约方式，更便捷地体验小米的产品和服务。

（案例来源：佚名.2022年度零售数字化转型及技术应用最佳实践案例.中国连锁经营协会网，2022－11－10.有删改.）

【课后拓展】

请扫描下方二维码，自主学习相关知识。

六顶思考帽应用说明

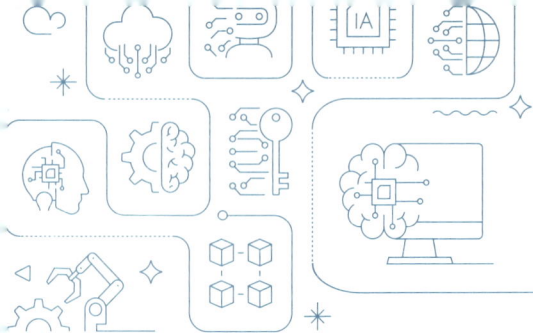

任务三 掌握创新方法

【课前热身】

创意纸杯大变身

每位学生在发放的白底一次性纸杯上至少添加一种创意元素，使之具备新的用途。对最具创意的纸杯进行投票（每位学生有3张选票），得票最多者胜出。

思考与探究：在本次创意活动中，你应用了哪些创新方法？还有哪些方法可以应用在现实生产生活的创新中？

【课中解码】

创新方法是指创新活动中带有普遍规律性的方法和技巧。它是通过研究一个个具体的创新过程，如创新的题目是怎样确定的、创新的设想是怎样提出的、设想如何变成现实等，从而揭示创新的一般规律和方法。本书将详细介绍五种常用的创新方法。

一、5W2H分析法

5W2H分析法又叫七问分析法，该法用5个以W开头和两个以H开头的英语单词进行设问，借以发现解决问题的线索，寻找发明思路，进行设计构思，从而搞出新的发明项目。它非常简单、方便，易于理解，特别实用，富有启发意义，广泛用于企业管理和技术活动，对决策和执行性的活动措施也非常有帮助。

提出疑问、发现问题和解决问题是极其重要的。创造力高的人都具有善于提问题的能力。因此，对一个问题刨根问底，就有可能发现新的知识和新的疑问。从根本上说，学会发明首先要学会提问，善于提问。发明者在设计新产品时，常常提出为什么（why）、做什么（what）、何人做（who）、何时（when）、何地（where）、如何做（how）、做多少（how much）。这就构成了5W2H分析法的总框架，如表2-3-1所示。如果问题中加上"假如……""如果……""是否……"这样的虚构，就是一种设问，设问需要更高的想象力。

表 2-3-1 5W2H 分析法

5W2H	基本含义	扩展含义
what	做什么	条件是什么？哪一部分工作要做？目的是什么？重点是什么？与什么有关系？功能是什么？规范是什么？工作对象是什么？等等

续表

5W2H	基本含义	扩展含义
when	何时	何时要完成？为何在别的时候做？可否在别的时候做？应该何时做？何时完成最为适宜？需要几天才算合理？等等
where	何地	在什么地方做？为何在那里做？可否在别处做？应该在哪里做？等等
why	为什么	为什么？为何那样做？有无别的方法？应该做什么？等等
who	何人做	谁做？由谁负责？为何那人做？可否由别人做？确定谁做？等等
how	如何做	现状如何？为什么？能否改善？要改善怎么办？等等
how much	做多少	要做多少？要多少费用？需要这么多吗？可否降低或减少费用？如何更省费用？等等

　　5W2H分析法既是一种系统的思维方式，也是一种应用工具，是对某个项目从概念、原因、地点、人员、时间、方法、成本这七个问题提出问题进行思维的构建，也是万事开始的基础。5W2H小到出门买菜，大到创新创业，通过这七步的拆解打开分析思路，精准定位问题，为企业及项目的良好发展奠定基础。

二、检核表法

　　检核表法同样是由奥斯本率先提出的一种创造技法。该法共有九项提问（表2-3-2）。对选定的研究对象，可逐项提问，也可在九项中有选择地提问，进行思考，产生相应的新信息、新设想。它几乎适用于任何类型和场合的创造活动，因此被称为"创造技法之母"。学会运用检核表法，思路会变得更加开阔。

表 2-3-2　检核表法提问

提问	内容	举例
能否他用	现有的发明有无其他的用途	灯泡，除照明外，还可用于烘箱
能否借用	现有的发明能否引入其他的创造性设想	方便米线、方便米饭、方便羊肉泡面都是受方便面的启发
能否改变	现有的发明可否改变形状、制作方法、颜色、音响、味道	由电炉丝制作低压电热毯
能否扩大	功能、时间、频度、强度、高度、长度、厚度、附加值、材料等能否增加？可添加或附加什么？使用范围可否扩大	牙膏添加药物
能否缩小	现有的发明可否缩小体积、减轻重量或者分割化小	台式计算机缩小成笔记本计算机
能否替代	现有的发明有无替代用品？可否利用其他材料、原理、方法、能源、成分等代替	竹筷可用木筷、塑料筷、金属筷代替
能否调整	现有的发明能否更换型号或顺序	汽车音响调音按钮原来装在中控台上，后来改装在方向盘上，方便操作
能否颠倒	现有的发明是否可以颠倒过来使用	全方位风向的电风扇
能否组合	现有的几种发明是否可以组合在一起	电灯和风扇组合成带灯电扇

三、组合创新法

组合创新法是指利用创新思维将已知的若干事物合并成一个新的事物，使其在性能和服务功能等方面发生变化，以产生新的价值。组合创新是一种极为常见的创新思维运用的方法，目前，很多创新的成果都是通过采用这种方法取得的。组合创新主要有以下几种形式。

1. 功能组合

功能组合就是把不同物品的不同功能、不同用途组合到一个新的物品上，使之具有多种功能和用途。例如，智能手机就是融电子书、照相机、通信设备、游戏机、微型计算机等于一体的功能组合而成的移动通信设备。

2. 意义组合

这种组合功能不变，但组合之后赋予了新的意义。例如，在文化衫上印上旅游景点的标志和名称，就变成了具有纪念意义的旅游商品；同样，一本著作有了作者的亲笔签名，其意义也会不同。

3. 构造组合

把两种东西组合在一起，它便有了新的结构并带来新的实用功能。例如，房车就是房屋与汽车的组合，它不仅可以作为交通工具，还可以作为居住的场所。

4. 成分组合

两种物品成分不相同，组合在一起后，就构成了一种新的产品。例如，巧克力和蛋糕组合在一起，就开发出了巧克力蛋糕；调酒师调制鸡尾酒采用的也是一种不同的成分组合。

5. 原理组合

把原理相同的两种物品组合在一起，产生一种新产品。例如，将几个相同的柜子组合在一起，就可构成一个多层柜子，从而达到充分利用空间的目的。

6. 材料组合

不同材料组合在一起，不仅可以改善原物品的功能，还能带来新的经济效益。例如，现在电力工业使用的远距离电缆，其芯用铁制造，而外层则用铜制造，由两种材料组合制成的新电缆，不仅保持了原有材料的优点（铜的导电性能好，铁硬不下垂），还大大降低了成本。

四、形态分析法

形态分析法由瑞士天文学家弗里茨·兹威基于1942年提出，其特点是将事物进行不断的分解，得到若干不可再分解的要素，然后将这些要素进行重新排列、组合，以产生新的功能、方法或装置。

1. 形态分析法的要义

形态分析法的要义在于对事物的分解，一定要将事物分解为不可再分的基本元素，再对每个细分元素都进行独立分析与构想，找出每个要素的可能形态。这些可能形态经过不断地组合就构成了解决问题的总方案，总方案的个数就是各要素形态的组合数。

这样的方法使总方案包含研究对象的每个要素的所有可能形态，是一个非常大的数量，任何一个要素或者其形态存在问题都会导致整个方案出现问题，因此需要分析每个方案的可行性。

2. 形态分析法的运用

形态分析法的具体运用包括五个步骤。

（1）明确对象。明确用形态分析法所要解决的问题（如发明、设计等）。

（2）要素分解。将要解决的问题，按重要功能等基本组成部分，分解为创造对象的主要组合要素。

（3）形态分析。对每一要素进行分析，列出其所有可能的形态。

（4）形态组合。按照研究目标，将各要素的不同形态进行组合，得到尽可能多的创新方案。

（5）方案选择。对得出的各个创新方案进行分析与比较，从中选出一个最佳的组合方案为最终方案。

五、TRIZ理论法

TRIZ（Teoriya Resheniya Izobreatatelskikh Zadatch）理论的中文名称为发明问题的解决理论，是苏联发明家、教育家根里奇·阿奇舒勒及其研究团队，通过分析大量专利和创新案例总结出来的一套完整的发明创新理论与方法，是目前世界上较先进、实用的发明创新方法之一。

1. TRIZ 理论概述

TRIZ理论是一套技术创新理论和方法，是解决各类工程技术问题的工具，其目标是在基于技术的发展演化规律基础上，研究整个设计与开发过程，从而最终完全解决发明创造活动中的矛盾，获得最终的理想方案。

技术系统进化理论是TRIZ理论的核心，该理论认为为了解决实际问题，技术系统一直在不断地更新和发展，如同生物进化。

TRIZ理论指出技术进化的过程就是不断解决矛盾的过程，而大量发明创造所包含的基本问题和矛盾是相同的，只要将已经发明的事物所涉及的相关知识进行提炼和重新组织，形成一种系统化的理论知识，就可以指导后来者的发明创造、创新和技术开发等工作，从而提高发明的成功率，缩短发明周期，促进技术的进化。TRIZ的基本理论体系框架如图2-3-1所示。

2. 技术系统进化法则

TRIZ理论包含许多系统的、科学的而又富有可操作性的创造性思维方法和发明问题的分析方法。技术系统的八大进化法则就是其中专门针对发明创造的发展进步所提出的八种规律，这八大进化法则使我们知道了技术系统是如何进化的，为技术创新指明了方向。

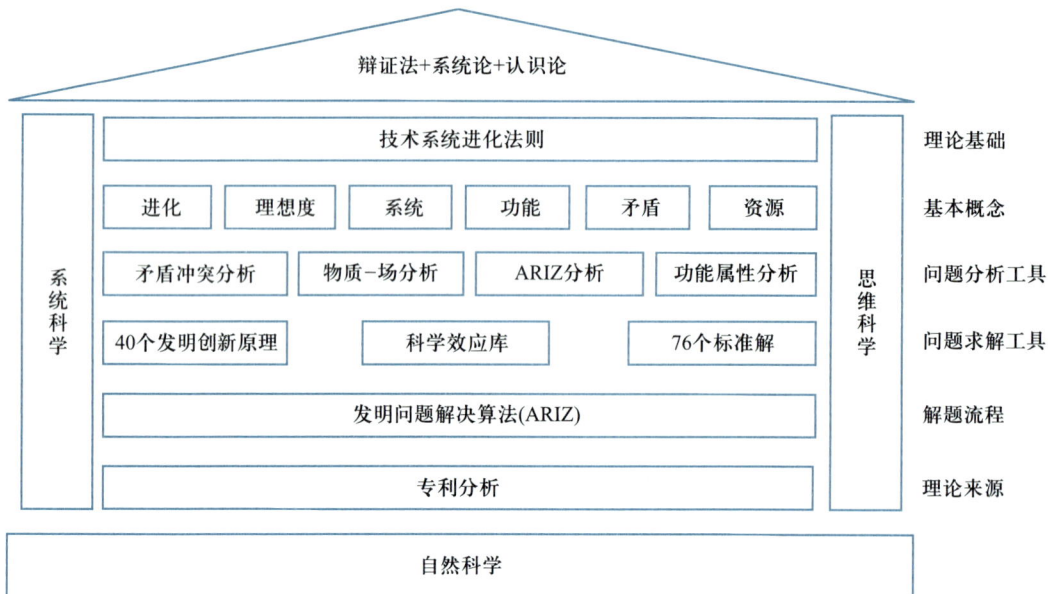

图 2-3-1 TRIZ 的基本理论体系框架

（1）S曲线进化法则。一个技术产品的技术生命周期通常会经历四个阶段，分别是婴儿期、成长期、成熟期和衰退期。系统的主要参数或性能的变化随着发展时期呈现类似S曲线形式进化。

（2）提高理想度法则。一个系统必然同时存在有害功能和有用功能，理想度是指有用功能和有害功能的比值。系统的改良就是提高其理想度的过程。

（3）子系统的不均衡进化法则。系统中的各个子系统都分别遵循S曲线进化法则，而不会均衡、同步地进化，因此，技术系统的进化程度往往取决于其中进化最差的子系统的进化程度。

（4）动态性和可控性进化法则。技术系统的进化应该沿着结构柔性、可移动性、可控性增强的方向发展，以适应环境状况或执行方式的变化。

（5）增加集成度再进行简化法则。技术系统趋向于首先向集成度增加的方向靠近，然后进行简化。

（6）子系统协调性进化法则。技术系统的各个元件之间只有均衡协调、彼此配合，才能充分发挥各自的功能。

（7）向微观级和场的应用进化法则。技术系统趋向于从宏观系统向微观系统进化，并使用不同的能量场来获得更佳的性能或控制性。

（8）减少人工介入的进化法则。系统的发展实现智能化，即使用机器来完成机械、重复的操作，以解放人们去完成更具有创造性的工作。

3. 用 TRIZ 理论解决问题

TRIZ 理论最有价值之处就是依靠其独特的问题分析工具和问题解决工具，能够将几乎所有在发明过程中遇到的问题都加以解决。

（1）问题分析工具。问题分析工具是 TRIZ 理论的重要理论工具，其作用是将某一个具体问题抽象为 TRIZ 理论定义范围内的问题。它主要包括矛盾冲突分析、物质-场分析、发明问题解决算法（Algorithm for Inventive Problem Solving，ARIZ）分析及功能属性分析四个部分。

第一，矛盾冲突分析。发明问题的核心是解决矛盾冲突。TRIZ 理论将矛盾分为物理矛盾和技术矛盾两类，物理矛盾指同一参数的相反需求，如床垫既要柔软又要对人体有足够的支撑，这就是软硬度的矛盾；技术矛盾指两个不同参数之间的矛盾，如汽车的时速和安全性之间的矛盾即是技术矛盾。明确了矛盾冲突就可以使用 TRIZ 理论来解决冲突。

第二，物质-场分析。TRIZ 理论认为，任何产品的所有功能都可以分解为两种物质和一个场，其中物质是指某种物体、系统或过程；场则指实现功能所需要的能量形式和所处环境，如电能场、热能场、化学能场、声场、光场等。

第三，ARIZ 分析。ARIZ 通过一套逻辑过程，将非标准问题转化为适用 TRIZ 理论标准的问题。

第四，功能属性分析。功能属性分析从完成功能的角度来分析系统、子系统或部件，是寻找创新切入点与简化现有系统最实用的工具。

（2）问题解决工具。问题解决工具是在收集、归纳人类创新经验和大量基础知识的基础上发展起来的，主要包含 40 个发明创新原理、效应知识库和 76 个标准解三种工具。

第一，40 个发明创新原理。TRIZ 理论提供了 40 个发明创新原理，以指导人们找出技术矛盾冲突的解决方案。每种解决方案都是一个合理化的建议，应用该建议可以使系统产生特定的变化，从而消除存在的技术矛盾冲突。

第二，效应知识库。效应知识库是 TRIZ 理论中较容易使用的一种工具，它集成了化学、几何学和物理学等方面的专利和技术成果。效应知识库中列出了各种效应，同时还列出了该效应所使用的专利和相应的专利号。创新者若想要实现某个特定功能，则可以在效应知识库中选择解决问题的办法。

第三，76 个标准解。TRIZ 理论同时提供了 76 个标准解，用于解决技术系统进化模式的标准问题。

（3）TRIZ 理论体系解决问题的流程。TRIZ 理论可以公式化地解决创新过程中遇到的一系列问题并提出规范的解决方法，使用 TRIZ 理论体系来解决问题的流程可归纳为以下四个步骤。

第一，识别并定义问题。

第二，使用问题分析工具转化问题，设定理想化最终结果并列出技术系统的可用资源。

第三，寻找系统矛盾，根据矛盾的具体类型寻找解决方案。

第四，将TRIZ的解决方案转化为实际问题的解决方案，并对方案进行理想化评价和系统特性评价。

⚙ 创客行动

请完成《创新与创业教育实践手册》中模块二任务三"创客行动 策划'金点子'沙龙"，并线上提交行动画布作业。

≣ 创海撷英

崔翔赫：用AI改变垃圾分类

为了推进垃圾分类，推动绿色发展，来自合肥大学的大学生崔翔赫和他的团队，利用人工智能技术（Artificial Intelligence，AI）发明了一种能够自动分类垃圾的垃圾桶，只要在扔某一种垃圾的同时，说出"回收"二字和垃圾名称，垃圾桶就会立即作出反应，将这种垃圾分门别类地投入桶内设置的"可回收垃圾""厨余垃圾""有害垃圾""其他垃圾"四个小格子中，非常方便。

据语音分类垃圾桶项目组成员崔翔赫介绍，他们用了一个多月的时间研制出了这个语音分类垃圾桶，整个垃圾桶分为四部分：最上层是一个压缩层，功能是将垃圾进行压缩，可将易拉罐压缩成薄片；第二层是垃圾分类层，主要部分是一个可以转动的投料孔，该装置可以识别不同种类的垃圾，然后转动投料孔到对应种类的垃圾箱上，打开阀门使垃圾掉进垃圾箱；第三层就是放四种垃圾箱的位置；最下层是一个储气的气罐，储存的气体是进行垃圾压缩的动力。垃圾投入垃圾桶后会被压缩成能穿过投料孔的体积，然后在分类层被系统自动识别类型并投入对应垃圾桶，这就达成了"一句话搞定垃圾分类"的目标。

目前，语音分类垃圾桶能准确识别用普通话说出的易拉罐、塑料瓶、废纸团等60多种生活垃圾名称，识别率可达100%。在垃圾桶顶部还有一个显示屏，在扔进垃圾之后，上面会显示垃圾的类型，并进行计数，如扔进一个易拉罐，就会显示可回收垃圾加一。如果垃圾桶满了，屏幕上会提示更换垃圾桶。在这些功能的加持下，这个语音分类垃圾桶体现出了良好的实用性和交互性，效率极高。

语音分类垃圾桶的发明过程让创新团队吃尽了苦头，崔翔赫表示为了研究这个项目，他和同学们自学了电路控制、传感器等，其中最艰难的要数压缩技术，团队一开始尝试了液压压缩，但是液压装置体积太大，后来又试验用电动推杆，但是电动推杆的压力不足，不能将垃圾压缩到理想的程度。项目在这里一度陷入僵局，整个项目组数次讨论、研究、试验，最终将目标转向气动压缩，为此又熬夜赶工，终于使压缩装置达到了体积小、力度大、速度快的要求。此项技术与AI结合助力项目团队斩获2019年金砖国家青年创客大赛一等奖。

（案例来源：姚波，吉家文.大学生创新创业基础［M］.北京：人民邮电出版社，2020.有删改.）

【课后拓展】

请扫描下方二维码，自主学习相关知识。

40 个发明创新原理

学习讲堂　企业的创新逻辑

学习反馈　模块二 学习调查问卷

提升创业本领

业精于勤，荒于嬉；行成于思，毁于随。

——韩愈

学习地图

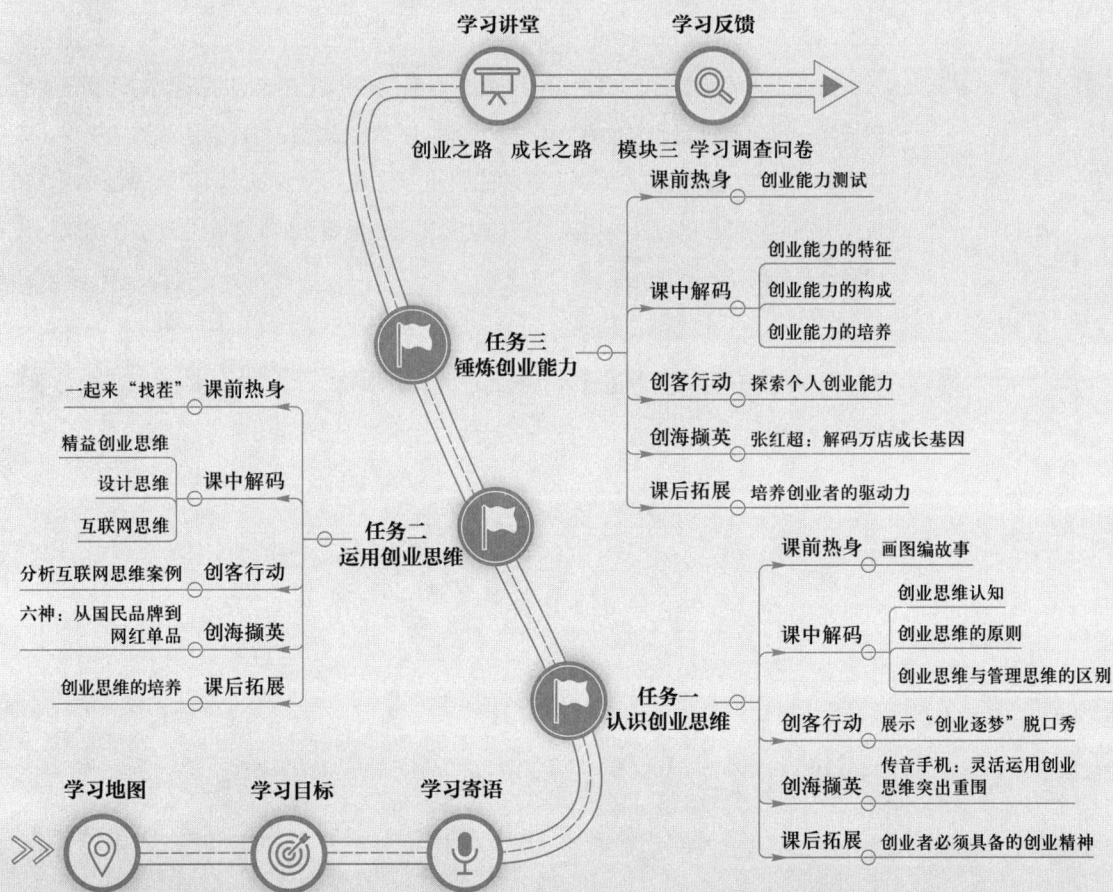

>>知识目标

了解创业思维的概念、特征；了解创业思维与管理思维的区别；熟悉创业思维的原则，以及常见的创业思维和创业能力的培养途径。

>>能力目标

能运用创业思维原则进行创业思维训练和创业案例可行性分析，初步形成个人的创业设想，能运用相关知识进行个人创业能力分析。

>>素养目标

培养创业意识和创业精神，养成以创造应对不确定性的思维习惯。

学习寄语

奋斗是青春最亮丽的底色，创新是青春最闪耀的光芒。回顾人类文明发展的历史长河，青年始终是引领时代创新的"弄潮儿"，始终是投身社会创业的急先锋。马克思17岁立志选择最能为人类谋幸福的职业，爱迪生21岁开始取得第一项发明专利权……在创新创业的征途中，无论是成功者还是失败者，他们都用生动故事激励一代代青年开拓创新，坚毅创业。

模块成果："创业逐梦"活动画布　互联网思维案例分析画布　个人创业能力探索画布

任务一 认识创业思维

画图编故事

以小组为单位，随机挑选一名组员用彩笔在A3（297毫米×420毫米）纸上画图，该组员一边画一边向其他组员讲述自己绘画的故事，其他组员依次在前一位组员的基础上作画并讲述故事，直到画满A3纸页面。

思考与探究：A3纸和彩笔意味着什么？故事从哪里开始？故事的结局和故事最初的设想是否一致？为什么？

【课中解码】

随着时代的变迁和发展，越来越多的人选择创业，创业思维是创业者在创业过程中必须具备的一种思维方式，创业者的创业思维决定了创业企业的每个决定和走向，进而影响企业的未来。

一、创业思维认知

（一）创业思维的概念

创业思维激发创业意识，决定创业成效。早在17世纪，法国经济学家理查德·坎蒂隆率先给出创业思维的定义：创业思维是指不确定环境下人们的应急商业判断。创业思维的定义可以分为广义和狭义两个方面。从广义上讲，创业思维是指运用商业的原理、方法和思维模式成就事业的一种思维方式；从狭义上讲，创业思维是指在不确定的环境下精准识别机会、创造商机，帮助创业者作出科学有效的商业决策、成就商业梦想的思维方式。

（二）创业思维的构成

创业思维一般包括创业意识、创业精神和创业能力三个方面，其中创业意识是创业思维的知识储备，创业精神是创业思维的意志支撑，创业能力是创业思维的显著表现。创业思维的变化依赖创业意识、创业精神和创业能力的发展，并会引发创业行为的改变。

1. 创业意识

创业意识是指创业者将自身的知识水平和实践能力相结合而产生的一种意识，通常包括独立性思维、多角度看待问题的思维及创造性思维。独立性思维是指创业者能够做到独立思考、不依赖他人，对创业相关事宜有着独到的见解，是创业意识的源泉；多角度看待问题的思维，顾名思义，是指创业者能够从多个维度看待问题，并从多个途径解决问题，该思维能够提高创业者的素质和能力，锻炼创业者的创业思维；创造性思维是指创业者将现有的知识经验进行重新整合，制定新的方案或程序，从而获得创新成果的思维活动，该思维是创业意识的最高境界。

2. 创业精神

创业精神是指在创业者的主观世界中，与创业息息相关的思想、观念、个性、意志、作风和品质等，是创业者对于创业的理性认识、心理基础和行为模式。具有创业精神的创业者具有创造能力、富于开拓性，往往具备激情、积极性、适应性、领导力和雄心壮志五种性格特征。创业精神一般分为个体的创业精神及组织的创业精神。所谓个体的创业精神，是指以个人力量，在个人愿景引导下，从事创新活动，并进而创造一个新企业；而组织的创业精神则是指在已存在的一个组织内部，以群体力量追求共同愿景，从事组织创新活动，进而创造组织的新面貌。

3. 创业能力

创业能力是创业意识和创业精神的一种显性表现，创业意识和创业精神在创业实践中则会转化为创业者的创业能力。创业能力分为"硬件"和"软件"。"硬件"就是身体素质和资金实力；"软件"则是创业者的个人能力，包括专业技能和创业素质。专业技能是指创业者所具备的专业技术水平及能力。创业素质包括创业热情、价值观、发现能力及创新能力等，在创业实践过程中，创业素质更具体表现为决策能力、管理能力、执行能力及对市场发展的判断能力。

（三）创业思维的特征

创业思维贯穿整个创业活动的始终，具有主动性、创新性、灵活性、超前性等特征。

1. 主动性

具备创业思维的人通常拥有较强的主动意识和自觉行动力。对他们而言，与其被动等待，不如主动出击，绝不会做思想上的"巨人"，行动上的"矮子"。他们在面对各种各样的难题时，会主动探寻解决问题的方案，积极采取行动，敢于实践。

2. 创新性

创新型创业本质上是一种以创新为驱动力的开拓性活动。具备创业思维的人善于打破常规，破旧立新。他们会摒弃照搬模仿或简单优化的行为，抛弃唾手可得或陈旧老套的方案，致力于寻找运用新的方式创造最大价值的路径，从而在创业道路上能够另辟蹊径，开辟新天地，实现新突破。

3. 灵活性

市场是动态发展、瞬息万变的，因此创业讲究随机应变，这就要求创业者做到随时灵活反应，以变制变。具备创业思维的人能够进行发散性的思考，从多个维度看待问题，提出多种设想，多方位试探解决问题的方法，并且能够灵活地转换思路，实现思维的跃迁。

4. 超前性

具备创业思维的人对市场具有敏锐的嗅觉和眼光，能够洞察先机。他们凭借超前思维，根据当前趋势分析预判未来的发展情况，赶在他人之前掌握商机，抓住市场空缺，提前涉足无人涉足的领域，做"第一个吃螃蟹的人"。多少成功的创业者正是因为具有识在人先的超前思维，才能准确把握制胜市场的契机，从而成就辉煌事业。

二、创业思维的原则

创业思维是一种行动导向的思维方式，体现了实用主义的哲学思想，强调创业团队中所有成员的共同创造。创业思维的理论基础是效果推理理论，该理论由创业学学者萨阿斯·萨阿斯瓦斯于2001年提出，他从创业专家的思维和行动出发开展观察研究，以跨行业、跨国家、跨年代的45位创业专家作为研究对象，总结出有助于创业取得成功的因素，形成效果推理理论，其逻辑框架如图3-1-1所示。效果推理理论强调即刻行动、立足资源、加强互动和不断迭代，认为管理者的视角是创造而非预测未来，企业往往没有明确的目标，需从拥有的资源出发即刻行动，在实践中不断学习和创造以降低风险。效果推理理论下的创业者依赖利益相关者，在环境变化中发现资源和约束资源，就管理过程而言是从"0"到"1"的过程，适用于中小企业和初创企业。

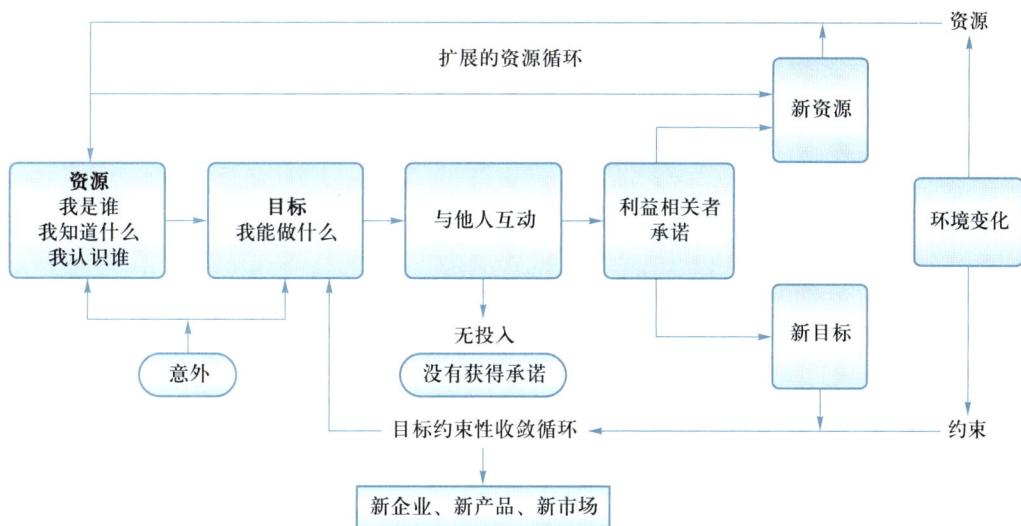

图 3-1-1 效果推理理论的逻辑框架

为降低创业风险，萨阿斯瓦斯基于效果推理理论提出创业思维五大原则，以指导创业者的关键行动和决策。

（一）手中鸟原则——从拥有的资源出发

手中鸟原则来自谚语"双鸟在林，不如一鸟在手"。对于创业者来说，自己拥有并可以控制的资源才是真正的资源。资源的发现可以从"我是谁""我知道什么""我认识谁"三个方面考虑，对资源的审视可以锻炼创业者创造性地发现和运用相对贫乏的资源——包括平时不重视的闲置资源，个人的性格特点、能力、专业、经验和人际网络都是可以利用的资源。立足资源，创业者应考虑可以创造些什么。

（二）可承受损失原则——从自己能做的事情做起

可承受损失原则是指创业者通过计算可以承受且愿意承担的损失来控制风险的方法。创业失败的例子比比皆是，创业者需要在创业开始时设置可承担损失的心理预期，并在创业过程中想方设法让损失不超出预期，这种损失可以是金钱，也可以是时间，还可以是有价值的其他资源。不同创业者的创业动机和强烈程度不一样，设置的可承担损失也会不一样。这个原则就是让创业者对损失有一个清醒的认识，依据可承担损失作出决策，将风险降到最低。

（三）柠檬水原则——拥抱不确定性

柠檬水原则来自谚语"当生活给了你柠檬，就做成柠檬汁吧"。柠檬又酸又苦，柠檬水却酸甜可口，这个原则是指要以乐观的心态面对生活中的艰难苦涩，主动接纳并巧妙利用，"生活以痛吻我，我却报之以歌"。创业过程中的不确定性不可避免会带来意外，创业者的核心技能就是相信任何事情都有积极的一面，将意外事件看作资源和机遇，以此培养自我效能感，对自己处理意外事件的能力充满信心。

（四）疯狂被子原则——生成团队和伙伴关系

疯狂被子原则源自"拼布被子"的消遣活动，意指生成和共创。创业初期资源匮乏，创业者要寻找利益相关者，结合自己的创业项目和创业想法同他们互动，吸引志同道合的伙伴和新的资源加入，再结合新资源同利益相关者一起来修正目标。运用疯狂被子原则可以带来更多的行动资源，同时有效分散风险，形成团队之后还可为项目提供更多的创造性，提升创业者的自信心和可信度。

（五）飞行员原则——非预测性控制、创造未来

飞行员原则是统领性原则，意为飞机中的飞行员掌控着前进方向，促使创业者专注于能够产生良好结果的个人行为并持续贯彻执行。根据飞行员原则，创业者应迅速评估可用资源和可承担损失，迅速采取行动，区分可控制、可影响和无法控制、无法影响的事件，控制可以控制的，影响可以影响的，对于无能为力的及时调整策略，顺应当前形势，让创业过程拥有更加牢固的根基。

三、创业思维与管理思维的区别

创业型人才一般也是投资型、经营型、管理型人才，创业者在具备创业思维的同时，往往也具有管理思维，但一般的管理者未必有创业思维。管理思维是一种追求稳步发展的思维，注重维护项目运营和企业运行，而不是开办企业。相比管理思维的循序渐进，创业

思维是一种快速发展的思维，它认为风险难以预测。创业过程中的不确定性因素要求创业者要作出快速且敏锐的反应，理性判断，快速决策，果敢执行。

创业思维与管理思维的主要区别如表3-1-1所示。

表 3-1-1 创业思维与管理思维的主要区别

视角	创业思维	管理思维
过程视角	应用于事物创建过程，解决从"0"到"1"的问题，即突破性问题。从"0"到"1"是一个质变过程，给出全新的解决方案或商业模式	应用于事物成长过程，解决从"1"到"n"的问题，即成长性问题。从"1"到"n"是一个量变过程，是对现有解决方案或商业模式的复制或优化
目标视角	在目标不确定、需要探索时应用。通过实验，可以降低目标实现的风险	在目标确定、需要执行时应用。通过计划，可以提高目标实现的效率
资源视角	从自己所拥有的资源开始行动。自己就是最大的资源，资源是创造性整合而来的	直到拥有资源时才开始行动。行动之前先做预算，储备资源，直到拥有执行计划所需要的资源时才开始行动
计划视角	采取小行动，小步快跑。行动在前，在行动中学习并逐步调整和改善	制订大计划，周密规划。在采取行动之前，要调研各种信息、制订周密的计划，然后采取行动
结果视角	创造新事物。创新是创业思维的核心，探索新的问题、给出不同的解决方案、找到新的商业模式等都属于创业思维	重复原有的事物或把原有的事情做得更好。复制或改良现有的产品或商业模式都属于管理思维

以探险活动和跟团旅游这两种不同的休闲活动为例，可以很好地诠释创业思维与管理思维的差异。探险活动是游客据自己感兴趣的探险地开始行动，在探险过程中，游客很难事先准备好所有的资源，整个过程充满不确定性，意外事件随时可能发生，游客需要根据情况实时调整旅行路线或作出新的选择——这体现的是创业思维。跟团旅游则是按照旅行社提前规划好的旅行方案做行程安排，旅游目的地、路线、食宿等都是确定的，游客只需要提前安排好时间、足够的团费，在旅游过程中按部就班做好各项工作即可——这体现的是管理思维。

创业思维和管理思维没有孰优孰劣之分，两者应用于不同的情境。两者之间并不是对立的关系，而是相互关联、相互依赖并相互转化的。创业思维适应不确定的环境，而管理思维对稳定的环境更有效。大多数人都习惯并受管理思维的影响，而我们已经处于一个变化的环境中，因此需要更多地强调和运用创业思维。

创业思维的起点是行动，但并不是盲目行动，在行动之前需要设计与假设，而这些假设正是来源于过去的经验及对未来的预判（管理思维）；同时，管理思维强调计划与执行，而在计划或执行过程中，总会遇到各种变化，这时就需要运用创业思维。

⚙ 创客行动

请完成《创新与创业教育实践手册》中模块三任务一"创客行动 展示'创业逐梦'脱口秀"，并线上提交行动画布作业。

📚 创海撷英

传音手机：灵活运用创业思维突出重围

近年来，随着品牌化和科技创新的持续深入推进，中国手机在海外市场的呼声越来越高，布局海外新兴市场的传音（全称深圳传音控股股份有限公司）就是其中之一。传音手机坚持技术创新，为海外消费者带来本土化产品。

在2020年全球智能手机遇冷的大背景下，传音手机依旧保持强劲增长。关键原因之一就是传音手机不断洞察消费者的核心需求，并且持续通过技术创新实力去满足这些需求。例如，非洲消费者喜爱拍照，并热衷于在社交媒体上进行分享。于是，传音手机收集了大量非洲人像样本，在此基础上建立数据库，用于深肤色人群面部特征点及人脸属性检测模型训练，并根据非洲用户的审美专门定制了一套美肤算法，让非洲消费者拍摄出更加满意的照片，而拍照功能的创新设计都是围绕满足用户需求产生的。

此外，针对非洲国家局部地区经常停电的情况，传音手机针对性地研制了低成本高压快充、超长待机等技术，产品待机时间可以长达20天。对于非洲运营商收费不一、跨网络话费贵、用户经常携带多家电信运营商SIM（用户身份识别模块）卡的情况，传音手机在非洲推出双卡双待甚至多卡多待的手机，赢得消费者喜爱。

深耕非洲多年，传音保持对市场需求的洞察和技术创新可靠性的执着追求，围绕需求展开产品设计。发展至今，传音手机已覆盖尼日利亚、肯尼亚、坦桑尼亚等70多个新兴市场国家。

传音以技术为支撑，持续性创新。需求驱动的背后，其实是技术在支撑，这需要企业不断创新，不断进化。传音手机凭借在深肤色影像领域的不断深入研究和应用，成为该细分领域的佼佼者。目前，传音手机已搭载多项人工智能影像技术成果，如智能场景感知、实时图像语义分割、深肤色人像检测和美颜、人像暗逆光增强拍摄等技术。此外，针对快速发展的移动互联业务，传音还自主研发了流量节省技术、客户端/服务端多级缓存技术、资源差异化配置等技术，给消费者带来更好的移动互联网使用体验。

（案例来源：佚名.传音手机增长策略：用户需求为核心，创新生产逻辑和客户关系.搜狐网，2021-05-14.有删改.）

【课后拓展】

请扫描下方二维码，自主学习相关知识。

创业者必须具备的创业精神

任务二 运用创业思维

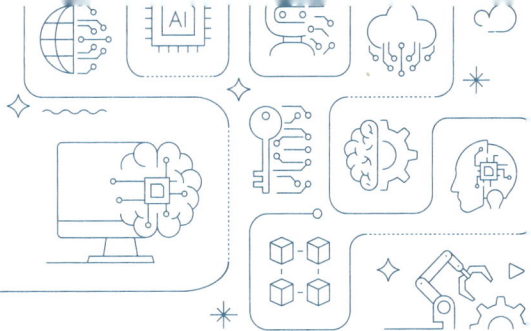

【课前热身】

一起来"找茬"

以小组为单位，对自己的手机"找茬"，看看手机存在什么缺陷或不足，在纸上记录手机的品牌、存在的问题，并对其提出改善建议。看看哪个小组的槽点最多、哪个小组的建议最受欢迎。

思考与探究：假设你是创业者，你该如何优化与完善目前手机存在的问题？

【课中解码】

随着近期我国经济社会的转型及就业形势变化，创业逐渐成为在校大学生和毕业大学生的一种职业选择方式。对于大学生创业者来说，只有有效运用创业思维工具去分析问题、寻找新的方案和解决办法，才能促使自己的创业活动获得成功。

一、精益创业思维

（一）精益创业思维的由来

"精益"一词起源于麻省理工学院詹姆斯 P.沃麦克对丰田生产系统研究的总结，最早出现在《改变世界的机器》一书中，"精"即少，少而精，要少投入、少消耗资源、少花时间，尤其是要减少不可再生资源的投入和耗费；"益"即效益，所有经营活动都要有益有效，追求高质量、精益求精，多产出经济效益，实现企业升级的目标。

精益创业是由硅谷创业家、IMVU公司的联合创始人兼首席技术官（Chief Technology Officer，CTO）埃里克·莱斯于2012年8月在其著作《精益创业》一书中首度提出，他提倡通过创建快速的产品原型来测试市场设想，并使用用户反馈来实现设想，其"精益创业"的理念一度风靡硅谷，被很多硅谷创业者、管理人员、产品和技术人员追捧，几乎成为硅谷默认的创业模式。

（二）精益创业思维的核心价值

精益创业思维的核心价值是以最低的成本、最简洁的方式获得最有效的客户反馈，即以客户为中心，在尊重客户价值的前提下降低成本，防止服务不足与服务过度，杜绝无价值的经济活动，并致力于持续改进、追求卓越、尽善尽美，不断优化投入产出。

在精益创业中，产品开发的每个版本可以被看作一个最小可行产品（Minimum Viable Product，MVP）。最小且可行是最小可行产品的关键。如果产品不够小，有太多非核心功能，则开发周期就会过长；如果产品不可行，没有完成核心功能开发，那么产品上线后并不能提供需要的数据和反馈来做下一个版本的迭代。

总之，精益创业的目标是提升效益，精益创业的手段是降低成本，精益创业的标准是有效价值，精益创业的导向是市场客户，精益创业的关键是细节管理。

（三）精益创业思维的五大原则

精益创业思维有五大原则，分别是用户导向原则、行动原则、试错原则、聚焦原则和迭代原则。

1. 用户导向原则

精益创业思维的核心是用户，创业者在创业过程中的行动、认知和迭代都要围绕用户而展开，以精准解决用户痛点、满足用户需求。例如，抖音从用户视角做内容，关注用户的需求、喜好及独特标签等。

2. 行动原则

精益创业强调行先于知，提倡从计划导向转为行动导向，通过实践行动来获取有效的用户反馈，并根据用户反馈不断调整实践行动，以最终达到创业目标。例如，美团在从事外卖业务时，并没有经历很长时间的准备工作，仅用一周的时间就推出了外卖业务。美团通过发现和收集项目存在的问题把业务流程全部走通，为后续外卖订单系统的开发积累了切实可行的运营经验和数据，从而成就了今天完善的美团外卖系统。

3. 试错原则

由于现在所处的时代是个飞速发展的时代，在高度不确定的环境中，创业者要获得成功就需要不断验证，勇于实践，敢于试错。精益创业主张从完美预测转向科学试错，通过科学试错减少人力、物力、财力方面的浪费。例如，小米利用米柚论坛把将要发布的手机放在论坛上，通过小米"粉丝"为手机挑错，这样的试错环境不但不会影响全局，而且试错成本很低。

4. 聚焦原则

精益创业思维的聚焦原则讲究的是以点破面。正如中国武术的发力讲求在于同一时间把全身的力量集中到一个点猛然爆发。聚焦原则就是单点突破，主动过滤市场中的部分噪声客户，聚焦在最关键的天使客户上。例如，淘鲜达在进军在线生鲜杂货行业时，采用单点切入的方式进入北京、上海等一线城市，通过与大润发、世纪联华等大型超市合作联营，筛选出天使用户。

5. 迭代原则

迭代是重复反馈过程的活动，其目的是逼近所需目标或结果。精益创业主张打破火箭式创业中的完美计划、完美执行，通过快速行动、单点突破获得用户反馈，并根据用户反馈实现高速迭代。例如，微信在产品开发初期，将核心的"即时通信"功能推出市场，根据用户反馈迅速迭代，后续又增加"摇一摇""朋友圈"等功能。

二、设计思维

（一）设计思维的历史沿革

设计思维诞生于20世纪50年代，其发展经历了参与式设计、用户体验设计和设计思维三个阶段。

1. 参与式设计阶段

设计思维的雏形是"参与性方法论"，最早存在于城市规划领域。随着城市规划领域的发展，学者们将这些方法论重新定义为"参与式设计"。后来，这一思维被运用到技术性领域，且参与的形式越来越多，主要体现为参与式设计和共创设计。在参与式设计阶段，设计思维被视为一种科学。

2. 用户体验设计阶段

20世纪80年代末，认知心理学家、计算机工程师、工业设计家唐纳德A.诺曼在《设计心理学》一书中重新定义了参与性设计，使其更多地偏向于用户的兴趣与需求，更少地偏向于"可用性"。相比参与式设计，用户体验设计以更人性化的方式让用户参与到产品或系统的设计中来。用户体验设计阶段，设计思维融合了认知心理学，并在认知反馈中不断探索。

3. 设计思维阶段

继用户体验设计后，学者们持续开展深入研究，提出设计思维的概念，其发展脉络如下：1969年，心理学家赫伯特·西蒙在《人工科学》一书中将设计作为一种思维方式的观念提出，他认为设计的一切都应该被视作是人为而不是自然的，并将设计分为七个步骤；1987年，哈佛设计学院院长彼得·罗在《设计思维》一书中首次使用设计思维这个概念，自此设计思维被正式采用；1991年，设计师大卫·凯利创立IDEO公司，将设计思维作为其核心思想，并贯彻到IDEO工作当中，使设计思维成功实现商业化；2005年，凯利在斯坦福大学工程学院成立了斯坦福大学哈索·普兰特纳设计研究院，向斯坦福大学所有研究生开放设计思维相关课程，目的是以设计思维为载体来深化各个专业学位教育深度，从而培养复合型、"以人为本"的创新设计师。

总之，设计思维是在参与式设计概念的基础上发展而来的，后形成一套科学方法论，被各行各业广泛借鉴和应用。

（二）设计思维的概念

设计思维是一种创新方法和思维方式。由于设计思维被应用在不同领域，所以关于设计思维的定义也尚未形成定论。最常见的设计思维定义如下：一个持续迭代的过程，一种理解和创造性地解决所谓棘手问题的"特殊方法"，获取用户同理心，一种协作工具，一套观念，一套做用户研究和激发团队创造力的工具箱，原型制作，一种创新文化。

基于以上定义，本书结合创新创业教育实际，将设计思维定义为：设计思维是"以人为本"，从用户的痛点或者需求出发，发现需要创新的机会或者挑战，提出解决问题的多种创意方案，快速设计原型，再进行迭代测试的一套创新思维方法和创新模式。

（三）设计思维的流程

关于设计思维的流程有很多种模型，本书主要依据斯坦福大学哈索·普兰特纳设计研究院的设计思维五阶段模型来具体阐释设计思维流程。

1. 建立共情

设计思维对于建立共情的方法主要有以下三个方面。

（1）观察。创业者要观察用户的行为，而且要把用户的行为当作生产的一部分来观察，需要了解用户"做得了什么""怎么做的""为什么""目的是什么"，以及用户行为所产生的连带效应。

（2）吸引。一方面，创业者可通过问卷、访谈等形式与用户建立联系，收集用户的想法、痛点等；另一方面，创业者可运用同理心将自己变成用户，尽可能地靠近用户的真实想法和感受。

（3）沉浸。创业者要体验用户所体验的。例如，如果要设计一款儿童玩具，就必须观察、互动、融入和理解儿童。

2. 定义问题

与用户建立共情后，就需要创业者对用户信息及存在问题进行分类整理和综合分析，鉴别用户的核心痛点，获得有价值的创意目标。在定义问题环节，本书提供用户要点聚焦（Point of View，POV）方法来帮助创业者梳理用户问题，以便打磨出一段内容明确、操作性强、符合创业者意愿的任务描述。例如，针对"我们需要将年轻女孩的食品市场份额提高5%"的任务，更好的定义问题的方式是，"十几岁的女孩需要摄入有营养的食物，才能保证健康茁壮成长"。具体制定POV的方法如表3-2-1所示。

表 3-2-1　POV 制定方法

方法	POV 句子 / 填写空白部分
我们可以如何	举例： （1）我们可以如何帮助_____（用户）达成_____（某个目标） （2）对_____（用户）来说，达成_____（某个目标）有多少种方法 参照： 我们可以如何帮助爱美的女性获得营养水果，并能在忙碌工作时快速获取到
标准 POV	举例： （1）_____（什么样的）的用户，他们需要_____（动词），因为_____（具体描述）对他们非常重要 （2）为了_____（需求满足），_____（谁）想要_____（什么），因为_____（动机） 参照： （1）一名少女需要方便获取营养水果，因为对她来说忙碌的工作之余，维生素对皮肤保养更重要 （2）为了在忙碌的工作之余保证皮肤红润有光泽，一名面黄多斑的职业女性想要方便获取营养水果，因为对她来说保持良好的外貌能让自己更加自信

3. 构思创意

在构思创意环节，需要结合建立共情阶段获得的灵感，围绕在定义问题阶段得出的核心判断，通过头脑风暴、思维导图等方法形成创业者特定的创意流程，同时组织成员在短时间内相互激发，输出各式各样的解决方案，并对解决方案加以整理优化，最终构思出创意。

4. 设计原型

通过构思创意，找到用户痛点解决方案后，就需要创业者设计产品原型。很多创业者希望设计出较为成型甚至是功能齐全的产品原型，但设计思维提倡用最短的时间和最低的成本设计产品原型，即最小可行产品原型，而后就最小可行产品原型对用户展开调研，并根据用户反馈结果不断优化、迭代，从而设计出让用户满意的产品原型。

5. 测试产品

完成产品原型设计后，需要测试产品原型。测试产品原型的方法便是制作最小可行产品。例如，制作一个简单的模型，将产品应用场景还原出来，或用表演的方法把服务产品表演出来。测试产品的主要目的是更好地审视产品，及时发现产品存在的问题，从而优化改进产品，为产品投入市场做好充分准备。

三、互联网思维

（一）互联网思维概述

"互联网思维"一词是在2011年的百度峰会上由李彦宏首次提出的。继李彦宏提出之后，以马化腾、雷军等为代表的企业家通过行动对于互联网思维进行了实践与发展。

1. 互联网思维的内涵

互联网思维是指以"互联网+"、云计算、大数据等科技创新为主要手段，以开放、平等、协作、分享的互联网精神为基础和出发点，对于资源配置的各个环节进行重新审视、配置的思维模式，以及由此产生的一系列实际行动的总称。

理解互联网思维，可以从以下四个要点进行把握。

（1）互联网思维是一种高度重视互联网的思维。倡导人们重视互联网，认真学习互联网知识，努力掌握互联网的特点，充分了解互联网的作用，清晰认识互联网给生产生活带来的变革。

（2）互联网思维是一种力求适应互联网的思维。互联网进入大规模应用时期以来，几乎对所有传统行业和管理模式都形成了巨大冲击。在互联网时代，每个人都要学会适应互联网。

（3）互联网思维是一种利用互联网的思维。它驱使人们积极主动地思考如何利用互联网作为新型工具服务于自己的创造性劳动。

（4）互联网思维是一种大数据思维。在互联网时代，数据就是资源、财富和竞争力。收集数据、积累数据、分析数据，据大数据思考，靠大数据决策，用大数据立业，就是大数据思维。例如，众包、众筹和共享经济都是大数据思维的产物。

2. 互联网思维的特点

（1）便捷

互联网的信息传递和获取比传统方式更快、更丰富，这也是为什么个人计算机（Personal Computer，PC）取代了传统的报纸、电视，而手机即将取代个人计算机一样，因为信息获取更为便捷。

（2）表达（参与）

互联网让人们表达、表现自己成为可能。每个人都有表达自己的愿望，都有参与到一件事情的创建过程中的愿望。让一个人付出比给予更能让其有参与感。

（3）免费

从没有哪个时代让我们享受如此之多的免费服务，因此免费必然是互联网思维中的一个。

（4）数据思维

互联网让数据的搜集和获取更加便捷，并且随着大数据时代的到来，数据分析预测对于提升用户体验有非常重要的价值。

（5）用户体验

用户体验就是让用户感觉舒服，无论是精神方面还是物质方面。也就是说，任何商业模式的基础都是用户，都是让用户满意。

（二）互联网九大思维

1. 用户思维

用户思维是互联网思维的核心，没有用户思维也就不可能领悟好其他思维。用户思维贯穿企业运营的始终，强调从市场定位、产品研发、生产销售乃至售后服务整个价值链的各个环节。建立起"以用户为中心"的企业文化，不能只是理解用户，而是要深度理解用户，只有深度理解用户才能生存。

用户思维有三大战术：首先是"得'草根者'得天下"，所谓"草根一族"是互联网经济时代的"长尾人群"，通过互联网聚合，"长尾人群"会产生强大的消费能力和影响力；其次是兜售参与感，一是让用户参与到产品研发与设计中，二是让用户参与到品牌传播中，（"粉丝"经济）；最后是用户体验至上，主要是指用户接触产品或服务的整个过程中形成的综合体验，并且这种体验超出了用户的预期，给用户带来了惊喜。例如，小米的成功得益于将用户化思维做到极致。

2. 简约思维

简约思维就是指在产品规划和品牌定位上力求专注、简单，在产品设计上力求简洁、简约。字节跳动这类互联网思维下的企业给人的感受往往就是极简元素。简约思维的两个重要法则是"专注，少即是多"和"简约即是美"，具体内容呈现如下。

（1）少即是多。专注是指少做点事或做一件事，而且为了做成这件事，必须在一定时期集中力量实现突破。在当今的互联网时代，效率与速度至关重要，谁能用最短的时间抓住关键点，并持续专注于这个关键点，谁就能在未来的竞争中赢得主动，谁就可以用较少的代价获得更多的收益。

（2）简约即是美。简约即是美要求企业在做产品设计时要做减法，产品的外观要简洁，内在的操作流程要简化，使产品具有简约之美。例如，百度首页界面体现的一直是清爽的简约风格。

3. 极致思维

极致思维体现的是一种匠人精神，其内核是追求极致，把产品和服务做到最好，超越用户预期。如果产品做得很好，但没有超越用户的想象，也不算做到极致。在互联网时代，企业只有将用户体验做到极致，打造让用户尖叫的产品，才能够真正赢得消费者，赢得人心。例如，秉持极致产品思维是大疆的成功之道。

用极致思维打造让用户尖叫的产品，需把握以下三个关键点。

（1）需求要抓得准，也就是要解决消费者的问题即痛点，满足消费者的欲望即痒点，高出消费者的期望即兴奋点。

（2）自己要逼得狠，要达到自己能力的极限，为用户提供超出预期的产品和服务。

（3）管理要盯得紧，要能够敏锐地发现和激活用户的需求，找到用户的刚需点，完成对产品的定义和规划，并且能够快速整合内部的资源去实现这个目标。

4. 迭代思维

迭代思维是在人类实践活动中已逐步发展为一种优化解决问题的方法、理念。在解决实际问题的过程中，人们很难一次性完美地完成任务，往往需要经过反复修正、完善才能得到更优化的解决方案，事物经过若干次迭代之后往往会蜕变成新的事物。

迭代思维具有目标的不确定性、行为的试探性、过程的周期性三大特征。应用迭代思维可以遵循两大法则：一是从小处着眼，微创新。微创新又可以称为渐进式创新，众多的微创新可以引起质变，形成变革式的创新。二是快速迭代。对互联网企业而言，速度就是生命。他们需要针对客户反馈意见以最快的速度进行调整，融合到新的版本中，从而使客户的黏性及活跃程度得到保障。例如，华为刚做某个新产品时，常常被批"没有干这个事的基因"，但华为秉承迭代思维，不断优化，最终取得巨大成功。

5. 流量思维

互联网企业中一个很重要的估值模式指标就是流量，包括注册用户数量、活跃用户数、用户访问频率等。当企业做流量达到一定规模的时候，也就意味着有了庞大的体量与足够的用户关注度，这时就有了更大的筹码与资本方博弈，也就有能力去学习相关的社会资源。

流量思维同样有两大法则：一是量变产生质变，任何一个互联网产品，只要用户活跃数量达到一定程度，就会开始产生质变，这种质变往往会给该公司或者产品带来新的"商机"或者"价值"。例如，QQ从一个聊天工具先是变成了一个社交平台，再成为一个媒体头部公司，然后变成了一个娱乐巨擘。二是免费是为了更好地收费，对于互联网产品来说，免费往往成了获取流量的首要策略，互联网产品大多不向用户直接收费，而是用免费策略极力争取用户、锁定用户。例如，百度、腾讯、奇虎360都是依托免费策略起家的。

6. 社会化思维

所谓社会化思维，是指组织利用社会化工具、社会化媒体和社会化网络重塑企业和用户的沟通关系，以及组织管理和商业运作模式的思维方式。在社会化商业时代，用户以网的形式存在，每个用户都是一个节点，任何信息都会在网中流通。利用社会化媒体，可以重塑企业和用户之间的沟通关系；利用社会化网络，可以重塑组织管理和商业运作模式。传统商业企业、社会化商业企业与消费者关系对比如图3-2-1所示。

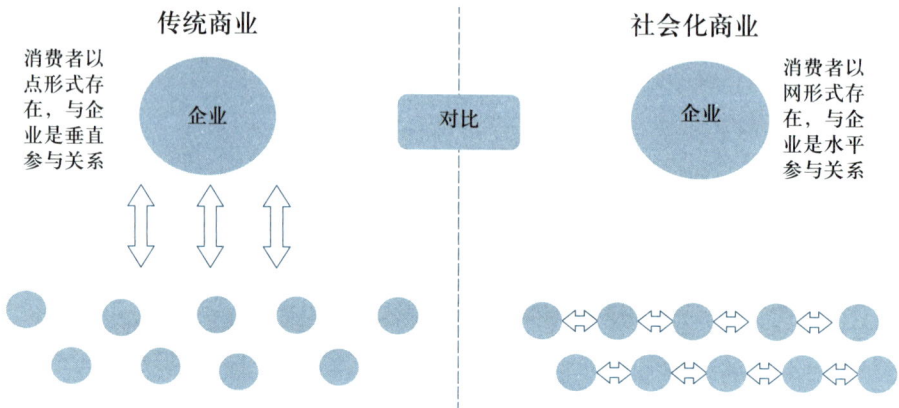

图 3-2-1　传统商业企业、社会化商业企业与消费者关系对比

7. 大数据思维

所谓大数据思维，是指在对大数据分析的基础上的思维，是对人类思考、研究和解决问题的途径方法产生重要影响的全新思维模式。大数据是计算机和互联网相结合的产物，计算机实现了数据的数字化，互联网实现了数据的网络化，两者结合赋予了大数据的生命力。在大数据时代，人和物的一切状态和行为都能量化和数据化，一切皆可数据化。企业要对数据加以善用，既能把数据变成闪闪发光的黄金，又能体现"以人为本"，使每个人都可以享受大数据带来的个性化服务。

8. 平台思维

互联网的平台思维就是开放、共享、共赢的思维。运用平台思维，首先要学会构建多方共赢的平台生态圈，提升系统竞争力。例如，我国三大互联网公司（百度、阿里巴巴、腾讯）围绕搜索、电商、社交各自构筑了强大的产业生态圈，后来者很难去撼动这三大领头的地位。其次要善用现有平台，当一个企业不具备构建平台及平台生态圈的能力时，应考虑如何充分利用现有的平台。初创企业在面临百度、阿里巴巴、腾讯等头部公司时，应学会借势，借其平台之势、善用平台之便，复制和升级头部公司的成功模式，也能成就一番大事业。

9. 跨界思维

互联网和新科技的发展，纯物理经济与纯虚拟经济开始融合，很多产业的边界变得模糊，互联网企业的触角已经无孔不入。掌握了用户和数据资产，可以参与到跨界竞争中。

跨界思维的特点是交叉和跨越，用好跨界思维有三大战术：首先是寻找低效点，打破利益分配格局。无论是互联网企业的逆袭，还是传统企业的自我革新，都需要重新审视所处产业和自身价值链条的低效环节，寻找提升的方法，并打破甚至颠覆现有利益分配格局，这样才有机会跨界制胜。其次是挟"用户"以令诸侯。跨界制胜的关键，一方面是要掌握用户数据，另一方面要从始至终关注用户的需求和用户体验，即以用户为中心，满足用户一切可以满足的需求。最后是敢于自我颠覆，主动跨界。互联网时代瞬息万变的市场环境下，无论是百度、阿里巴巴、腾讯，还是华为、小米，都必须不断地自我变革，主动适应动态发展的商业变化，这样才有可能持续成功。

⚙ 创客行动

请完成《创新与创业教育实践手册》中模块三任务二"创客行动 分析互联网思维案例"，并线上提交行动画布作业。

📚 创海撷英

六神：从国民品牌到网红单品

六神品牌创立于1990年，作为陪伴"90后""00后"成长的国民品牌，它承载着很多年轻人的童年夏日回忆。但是这个老字号品牌在年轻人心中的形象仿佛一成不变，容易导致品牌认知度与好感度失衡。为了应对年轻消费群体需求变化带来的挑战，六神从2012年起进行跨界转型，试图打破传统、过时的标签，扭转年轻人对六神的印象。

2018年，RIO鸡尾酒和六神花露水进行跨界合作，推出了一款"假装六神花露水的鸡尾酒"，5 000瓶17秒售空，空瓶子在网上售价一度高达368元。六神和RIO明明两个毫不相干的品牌，却将"花露水"与"鸡尾酒"相结合，联名推出了六神花露水口味的鸡尾酒，这种不走寻常路的产品，吸引了消费者的眼球。

继与RIO跨界打造六神花露水口味的鸡尾酒后，2020年六神与肯德基携手跨界，限时推出六神劲凉提神花露水（咖啡香型）与KFC六神青柠气泡冰咖啡这两款"脑洞"产品，为消费者带来神清气爽的新潮体验。2021年，六神主打的是"情怀牌"，复古瓶身与清甜的乐乐茶碰撞，推出一款"花露水奶茶"。2022年，六神则是与Super Plants超级植物合作，推出了mini植物罐头。

每年六神的跨界营销都推陈出新，在了解年轻群体的兴趣爱好上做到精准、有针对性地输出。当然，并不是所有的品牌都能跨界联合。只有找到品牌之间的结合点，融入跨界品牌元素或者经典IP，进行全新的产品开发，才可以发挥出"1+1>2"的效果。从老字号到"万年青"，六神顺应时代潮流，应用互联网思维，迎合年轻消费主力军，引领着花露水品类的创新变革，走出了一条属于自己的年轻化道路。

（案例来源：佚名.从经典国货到"新晋网红"，六神花露水如何走"花路".搜狐网，2021-07-30.有删改.）

【课后拓展】

请扫描下方二维码，自主学习相关知识。

创业思维的培养

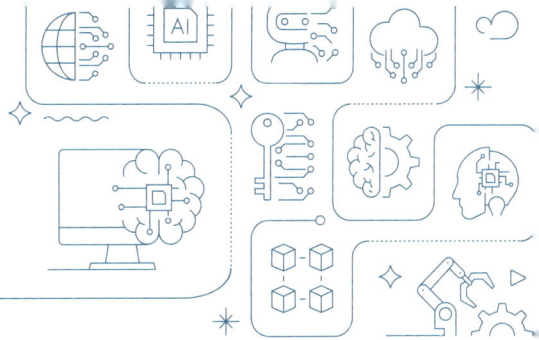

任务三 锤炼创业能力

【课前热身】

创业能力测试

假设你的公司在一座八层的大厦里，你希望自己的工作地点在（　　　）。

A. 一层或二层　　　B. 三层或四层　　　C. 五层或六层　　　D. 七层或八层

评测解析

思考与探究：作为大学生创业者，应具备哪些创业能力？

【课中解码】

创业不是单凭一股热血就开始蛮干盲干的事。创业能否成功，取决于创业者创业能力的高低，同样的环境下，创业能力越强的人抓住机遇、取得成功的可能性就越大。机会永远留给有准备的人，因此大学生如果想在毕业后加入创业大军，就必须在大学期间积极培养和提升自己的创业能力。

一、创业能力的特征

创业能力是保证创业者能够顺利实现创业目标的所有知识和技能的总称，它是在创业实践中体现出来的影响创业实践活动效率，促使创业实践活动顺利进行的主体心理条件。创业之路并不平坦，创业者可能会遇到众多需要解决的难题，这就要求创业者必须具备非凡的综合能力和创造能力。与其他能力相比，创业能力具有鲜明的特征。

（一）显著的创造性

显著的创造性是创业能力的首要特征，它贯穿创业实践活动的全过程，即从创业领域的选择到产品的销售，从宣传的方式到应对的竞争策略，都要求创业者能够创造性地提出问题和解决问题。实践证明，在市场经济不断发展、市场竞争日趋激烈的形势下获得创业实践圆满的，往往是那些具有创新思维和创造能力的人们。

（二）超强的实践性

知识来源于实践，创业能力的形成和发展与创业实践和社会实践紧密相连。只有在创业实践活动这一特定的时间与条件下，只有在创业实践活动提供的情境中，创业能力才能从无到有、从小到大、从弱到强地发展起来。同时，创业实践活动也为创业能力的表现和发挥提供了时间与空间相统一的社会舞台，通过这个社会舞台去评价和测度个体创业能力的大小与强弱。

（三）高度的综合性

创业能力是一种以智力为核心的具有较高综合性的能力，它包括专业职业能力、经营管理能力和综合性能力等多项能力。创业能力的最低层次是由一般操作能力组合形成的诸种特殊能力，主要是专业职业能力；中间层次是由智力操作的一般能力和特殊能力组合形成的经营管理能力；最高层次是由多种特殊能力和经营管理能力组合形成的各种综合性能力。由此可见，创业能力具有高度的综合性。

（四）鲜明的个性

创业能力是在个性制约下形成并发挥作用的，它与个性心理倾向和个性心理特征紧密联系在一起。不同性格的创业者，其使用能力和发挥能力的方式具有明显的不同特征：有的敢于冒险，有的长于谋划，有的勇于拼搏，有的巧于智取，有的直截了当，有的外柔内刚。人的个性直接关系到创业能力能否逐步形成并得到不断提高。

二、创业能力的构成

创业能力是由多种能力构成的，其中在创业实践中直接发挥作用的是专业技术能力、经营管理能力和综合性能力。

（一）专业技术能力

在创业能力中，专业技术能力是最基本的能力，它是人们从事某一特定社会职业所必须具备的能力和本领。创业者是以服务或产品为社会做贡献的，必须具有一技之长，也就是说必须具有专业技术能力。纵观古今中外的创业者，有相当一部分是能工巧匠、经营行家，他们均具有某一方面的专业知识和技能，有的甚至达到了精通的程度。专业技术能力作为一种创业能力具有以下功能：一是为创业者走向社会、投身于创业实践活动提供基本条件和手段；二是在一定条件下影响创业实践活动的效率；三是在一定的条件下，对高层次创业能力的有效发挥具有促进作用。

（二）经营管理能力

在创业能力中，经营管理能力是一种较高层次的能力。它从三个方面直接影响创业实践活动：一是涉及创业实践活动中资金的分配、使用、流动等环节，从而影响实践活动的规模和效益；二是涉及创业实践活动的各个环节，如规划、决策、实施、管理、评价、反馈，影响到创业实践活动的全过程；三是涉及创业实践活动中人的选择、使用、组合和优化，并涉及群体控制的各个方面（如群体目标、群体内聚力、群体规范和价值等）。

经营管理能力主要包括善于管理、善于经营、善于理财、善于用人这四个方面。善于管理就是要了解生产环节，精通经营核算，掌握管理方法，做好生产计划的编制、生产的调度、生产过程的组织、产品的质量控制等工作；善于经营就是要求创业者拥有敏锐的眼光，善于捕捉市场机遇，进行科学的决策并组织相应的生产活动，擅长灵活地运用各种经营策略，应对激烈的市场竞争；善于理财要求创业者所做事情能够使资金增值，把钱用在"刀刃"上；善于用人就是创业者要能慧眼识才、知人善任、因才施用，这是优秀创业者的标志。

（三）综合性能力

在创业能力中，综合性能力是一种最高层次的能力，具有很强的综合性特征。它是由多种特殊能力与经营管理能力综合而成的，这些特殊能力主要有信息接收和处理能力、市场洞察力、创造能力、分析与决策能力、控制和调节能力、人际交往能力、合作能力、自我约束能力、适应变化和承受挫折能力等。这些特殊能力一旦与经营管理能力结合，就从整体上全方位地影响和作用于创业实践活动，使创业实践活动的方式和效率、效益产生根本性变化。实践证明，仅有专业技术能力的人，可以完成某一职业岗位的职责，成为一名称职的从业者，也可以成为创业者的合作伙伴，但很难成为一个开创新事业的创业者。反观那些具有综合性能力的人，一旦客观条件成熟，他们中的一些人就会脱颖而出，成为引领时代新潮流的成功者。

三、创业能力的培养

创业能力的提升需要长时间的锻炼和积累。因此，创业者应该在日常生活中、工作实践中有意识地学习，使自己逐渐成长起来——机会总是留给有准备的人。对于大学生创业者来说，培养创业能力可以从以下几个方面努力。

（一）积累必要知识

知识可以促进能力的发展。任何能力的形成和提高都是在掌握和运用知识的过程中完成的，创业能力也不例外。创业者必须经过理论和实验的学习使自己成为 T · 型人才[①]。对于大学生来说，大学期间是积累知识的黄金期，大学是一个多学科融合的教育平台，在这个大平台上可以汲取各方面知识。对于创业者来说，学习能力是非常重要的，而学习能力的基础就是自身的知识结构。因此，在大学期间的首要任务就是积累更多的知识，成为通才。

（二）强化创业实践

实践是培养大学生创业意识、提升创业能力的具体途径。创业能力的形成和提高只有在创业实践中才能实现。创业者应根据自身和专业特点，在培养自己强烈的创业意识、成功意识，认真学习专业文化知识的基础上，积极参与创业实践活动。

1. 进行见习性的实践活动

可以参与家庭或他人的创业活动，也可以利用节假日、寒暑假进行创业实践训练，参加各种兼职，推销产品、发放传单、市场调研等。

2. 进行创业实践训练

在空闲时间或实习期间，可以独立或与家人、朋友或同学合伙投入一些资金进行经营

---

① T型人才是指按知识结构区分出来的一种新型人才类型。用字母"T"来表示他们的知识结构特点。"—"表示有广博的知识面，"|"表示知识的深度。两者的结合，既有较深的专业知识，又有广博的知识面，这类集知识结构深与博于一身的人才就是T型人才。

活动。例如，租赁或承包一家小店铺，或从事加工、修理或销售等，在真刀真枪的创业实践中提高自己的创业能力。

3. 积极参加创新创业大赛

大学生要主动参加校内外各种专业创新创业竞赛活动，如中国国际大学生创新大赛、"挑战杯"中国大学生创业计划竞赛等。通过参与这些比赛，大学生的创新创业意识可以得到激发，其还可以了解并亲自体验创新创业的过程，针对以后可能遇到的类似问题，自主提出解决方案，改进或突破前人的工作，一方面拓宽眼界、获取最新的资讯，另一方面锻炼自己的创新实践能力、知识转化能力和组织协调能力等。

（三）求教业内专家

求教业内专家是提升创业能力的一种好方法。业内专家不但学识渊博，而且对行业现状、现存问题都有深刻而独到的见解。通过求教业内专家，创业者往往可以获得"听君一席话，胜读十年书"的效果。在大学阶段，经常会有一些知名企业家、创业家、专家学者、各行各业的拔尖人才到校讲学，这是一个拓宽视野、了解创业实际的绝好机会。大学生应该抓住机遇、踊跃参加、联系实际、边听边想，或许演讲者的某一句话、某一个观点、某一个案例，就会打开自己创新的脑洞，叩开创业的大门。

（四）研学"双创"政策

国家及地方各级政府、各高校都相继出台一系列扶持大学生创新创业的政策与举措，既为大学生创新创业提供了制度保障，也为其提供了方向性指导。例如，有些地方政府对有创业需求的毕业生提供小额贷款、担保、贴息补息，设立中小企业担保基金，设立"高等毕业生创业资金"等，支持高校毕业生自主创业。另外，对自主创业和从事个体经营的，除国家限制的行业外，还有市场监督管理部门登记注册之日起免交登记类、管理类和证明类的各项行政事业性收费等，为毕业生自主创业提供了宽松的政策环境。大学生应该认真学习和领会创新创业的各类文件精神，了解具体的优惠政策与办法，把握创新创业的时代脉搏。

⚙ 创客行动

请完成《创新与创业教育实践手册》中模块三任务三"创客行动 探索个人创业能力"，并线上提交行动画布作业。

≡ 创海撷英

张红超：解码万店成长基因

不管是炎炎夏日，还是凛冽寒冬，蜜雪冰城门店的顾客总是络绎不绝。它以极高的性价比席卷全国市场，几乎每个县城都能看到它的踪迹。这一切都离不开它的创始人张红超。

张红超1977年出生在河南商丘，小时候家里并不富裕，父母常年务农。1996年，19岁的张红超通过自学，考上了郑州的河南财经政法大学的成人教育，一边上学，一边打工。他发现在郑州从未见过刨冰类饮品，这让张红超意识到可能会是一个好的发展机会。1997年暑假，在郑州金水路燕庄，一个叫"寒流刨冰"的冷饮摊正式出摊了。事与愿违的是他的首次创业以失败告终，随后他去了合肥卖糖葫芦同样铩羽而归，1999年春他回到郑州重操冷饮店旧业，店名改成了"蜜雪冰城"。20岁出头的张红超已经学会了开发产品，像圣代、奶昔、雪泡、奶茶等都出现在了他的店内。

2006年，一款造型像火炬的蛋筒冰激凌火爆郑州街头，20元一支的价格依然挡不住市场的热情。张红超嗅到了商机，立刻买来一台二手冰激淋机，一遍一遍地试做。功夫不负有心人，刚一入秋，这种火炬冰激淋在蜜雪冰城开卖，定价2元。"极致"的价格，让蜜雪冰城的蛋筒冰激淋在那个秋冬供不应求。直到2007年夏天，张红超几次添购机器扩充产能都满足不了客户需求，蜜雪冰城爆火。2008年，张红超注册蜜雪冰城商贸有限公司，在浙江、安徽、河北、陕西、山西、湖南等地开了180余家蜜雪冰城门店，正式从河南走向全国。

随着产品种类的多样化和高品低价的经营模式被消费者接受和认可，张红超的生意越做越红火。但是仅仅依靠自己制作配料已经无法满足实际销售，因此张红超开始寻找原材料供应商，张红超一再强调一定要注重质量。但是时间一长，供应商失信了，使得消费者对品牌产生了怀疑。这个时候，张红超知道自己不能一味依靠供应商了，于是他自建生产加工基地，将核心原材料的生产纳入自有工厂当中进行生产。针对每份食材他都会检测，确保原材料方面不会出现问题。同时，张红超还对公司的股权结构进行了重新设计，引入了专业管理人员，重新设计了公司LOGO，并建立官网和企业文化，让蜜雪冰城有了明确的企业文化和清晰的发展路线图，能够以现代化公司的模式快速发展。

就这样靠着诚信经营，蜜雪冰城的忠实顾客越来越多。2016—2022年，蜜雪冰城门店数量分别为2 500家、3 500家、5 000家、7 500家、1万家、1.8万家、2万家。

蜜雪冰城创始人张红超的故事告诉我们：创业，机会很重要，但机会往往青睐有准备的人，如果没有准备，当机会突然降临时，则很难把握住，因为把机会转变成财富，需要一定的能力，而能力不是短时间能得到的。创业，要做好市场调研和分析，明确目标、始终保有进取心。

（案例来源：吕爽，李欣怡，蒋超.创业基础［M］.北京：清华大学出版社，2022.）

【课后拓展】

请扫描下方二维码，自主学习相关知识。

培养创业者的驱动力

| 学习讲堂 | 创业之路　成长之路 | 学习反馈 | 模块三　学习调查问卷 |

模块四

把握创业机会

青年强，则国家强。当代中国青年生逢其时，施展才干的舞台无比广阔，实现梦想的前景无比光明。

——习近平

学习地图

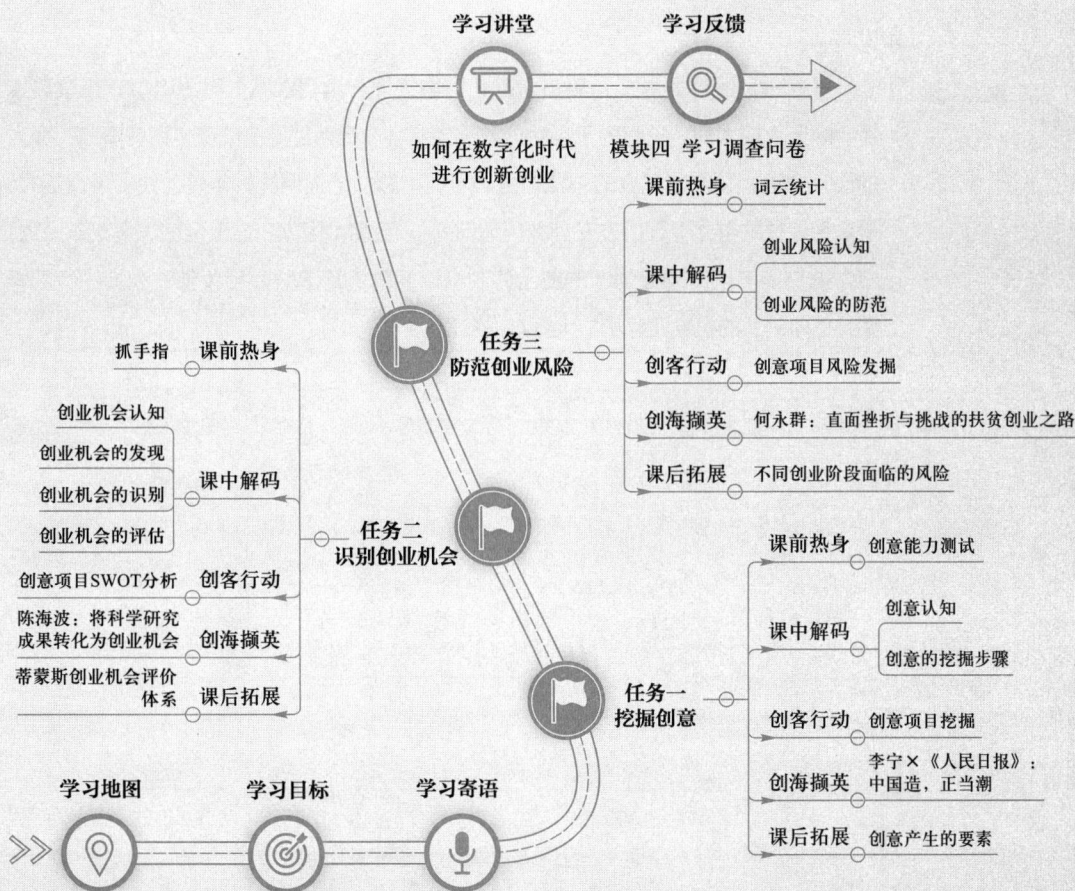

学习目标

>>知识目标

了解创意和创业风险的概念及创业机会的内涵；理解挖掘创意、识别创业机会和防范创业风险的方法。

>>能力目标

能运用本模块所学的知识，结合自身实际，开展有效的创意挖掘活动，识别生活中的一些创业机会，初步具备创业风险防范的能力。

>>素养目标

培养创意挖掘意识，科学有效识别并评估创业机会，树立风险防范意识。

学习寄语

幸福生活不能等靠要，自古以来，因循守旧、满足现状、不思进取、坐享其成者，必无大成大业。只有勇于创新，敢于创业，才会得到更多成功机遇的青睐，成为推动社会进步和时代发展的中坚力量。习近平总书记强调"青年是社会上最富活力、最具创造性的群体，理应走在创新创造前列"。当前，国家正通过全面深化改革开放，着力解决影响创新创业创造的突出体制机制问题，营造鼓励创新创业创造的社会氛围，创新创业的机会正等着广大青年去发现。

模块成果：创意项目挖掘行动画布　创意项目SWOT分析行动画布　创意项目风险发掘行动画布

任务一 挖掘创意

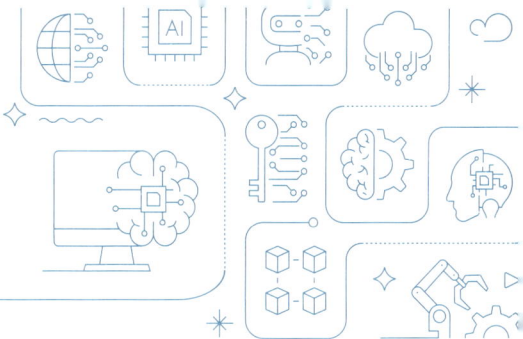

创意能力测试

首先，每个小组成员充分展开联想，将图4-1-1画完整；然后，给自己的两幅作品分别命名；最后，随机抽选1～3名成员代表进行分享（包括如何构思，命名的缘由，创作过程中的灵感、困惑等）。

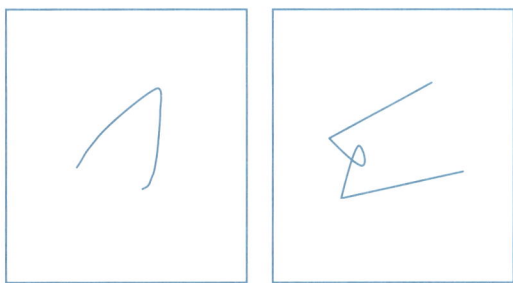

图 4-1-1　两张未完成的抽象图形

思考与探究： 高质量的创意从何而来？大学生如何有意识地挖掘创意？

【课中解码】

优质的创意在形成过程中往往不是"一锤定音"的天才之作，而是伴随着大量"平庸"的想法与奇思妙想而产生的。创意不是谁的专属，通过掌握一定的方法，人人都可能成为创意家。

一、创意认知

（一）创意的概念

所谓创意就是创造意识或创新意识，它是指通过对现实存在事物的理解或认知衍生出的一种新的抽象思维或行为潜能。其中，"创"是指创新、创作或创造；"意"是指意识、观念、智慧或思维。人们平常所说的"主意""点子""想法"等都可以理解为创意。简而言之，创意就是富于新颖性和创造性的想法。

（二）有价值潜力的创意的基本特征

好的创意是指有价值潜力的创意，有价值的创意一般具备以下特征。

1. 新颖性

创意的新颖性可以是新的技术或新的解决方案，可以是差异化的解决办法，也可以是更好的措施。新颖性往往意味着一定程度的领先性。不少创业者在选择创业机会时会关注国家政策优先支持的领域，这就是在寻找领先性的项目。不具有新颖性的想法不仅将来不会吸引投资者和消费者，对创业者本人也不会有激励作用。此外，新颖性还可以加大被模仿的难度。

2. 真实性

有价值的创意绝对不会是空想，而要有现实意义，具有实用价值。简单的判断标准是该创意有助于企业开发出可以有市场机会的产品或服务，而且市场上存在对产品或服务的真实需求，或可以找到让潜在消费者接受产品或服务的方法。

3. 价值性

创意的根本是价值特征。好的创意需要进行市场测试，也必须给创业者带来价值，这也是创业动机产生的前提。创意与点子不同，区别在于创意具有创业指向。进行创业的人在产生创意后，很快甚至同时就会把创意发展成可以在市场上进行检验的商业概念。商业概念既体现了顾客正在经历的，也是创业者试图解决的种种问题，也体现了解决问题所带来的顾客利益和获取利益的手段。例如，帮助高尔夫球手把打丢的球找回来是一个创意，容易把球打丢是实际存在的问题，而有人试图解决这个问题，在高尔夫球内安置一个电子小标签，开发手持装置搜索打丢的球则是解决问题的手段。

二、创意的挖掘步骤

通才杂学的广告大师詹姆斯·韦伯·扬认为，创意也是有规律可循的。他认为产生创意思维的过程经历以下六个步骤。

（一）搜集原始资料

一般来说，搜集的资料（信息）有以下两种类型。

1. 特定资料

特定资料主要是指与特定策划创意对象相关的资料，以及与特定策划创意对象相关的公众的资料。这类资料大多通过专业调查得到。

2. 一般资料

一般资料主要是指那些未必都与特定的策划创意对象相关，但一定会对特定的策划思维有所帮助的资料。因此，一般策划者应该对各方面的资料具有浓厚的兴趣，而且要善于了解各个学科的资讯。掌握的原始资料越多，就越容易产生创意。

（二）仔细整理、理解所搜集的资料

在搜集完资料后，就要对所搜集的资料进行认真的阅读和理解。这时的阅读不是一般的浏览，而是要认真地阅读，而且是要用宏观的思维方式去深入思考阅读。对搜集的全部资料，包括历史的资料、专业的资料、一般性的资料、实地调查资料，以及脑海中过去积

累的资料，都应逐一梳理，达到对资料的深度掌握。

（三）认真研究所有资料

研究是有一定技巧的，对同一事物需要用不同的方式去思考，还要通过不同的角度进行分析，然后尝试把相关的两个事物放在一起，研究其内在关系。

（四）放松身心

选取自己最喜欢的娱乐方式，如游泳、唱歌、打球、听音乐、看电影等，总之将精力转向任何能使自己身心轻松的、与材料研究高度集中截然相反的氛围中。不要以为这是一个毫无意义的过程，实质上，这个过程是转向刺激潜意识的创作过程。这些方式均是激发自己的想象力的极佳方式。

（五）创意出现

假如上述四个阶段做得非常好，几乎可以肯定会经历第五个阶段，即创意出现。创意往往会在策划人费尽心思、苦苦思索，经过一段停止思索的休息与放松之后出现。

（六）对萌发的创意进行细致的修改、补充、锤炼、提高

这是创意的最后一个阶段的工作，也是必须做的工作。一个创意的初期萌发，肯定不会很完善，因此要充分运用商务策划的专业知识予以完善。这时，重要的是要将自己的创意提交给创意小组，履行群体创意、集思广益、完善细化的程序。

创意遵循以上六个程序的同时，还要把握以下五个要点：一是努力挣脱思维定式的束缚；二是紧紧抓住思维对象的特点；三是尽量多角度地去思考问题；四是防止两个思考角度完全重合；五是努力克服思维惰性的影响。

⚙ 创客行动

请完成《创新与创业教育实践手册》中模块四任务一"创客行动 创意项目挖掘"，并线上提交行动画布作业。

📚 创海撷英

李宁 ×《人民日报》：中国造，正当潮

2019年5月，《人民日报》新媒体部门以记录过的运动员李宁体操生涯高光时刻为起点，联合中国李宁推出系列单品，服饰图案及文字都取自真实的文字报道和老照片，十分怀旧。

一个是传统媒体旗下新媒体，一个是国内知名运动品牌，看似不相关的两个品牌进行跨界联名营销。《人民日报》新媒体一改往日的严肃形象，向大众展示出其活力的一面，联合作为国产品牌代表的李宁，通过新颖、大胆的设计带来了连帽衫、T恤、挎

包等多款联名单品。在整体设计上，双方均展现了各自的品牌元素与 IP 精髓，把国潮独特的风格表达得一览无遗。

跨界营销是什么？韦伯·扬认为，创意就是旧元素的新组合。在品牌竞争愈发激烈的当下，跨界营销俨然已经成为常见的营销手段。越来越多的品牌，开始借助"跨界"营销，寻求强强联合的品牌协同效应，为品牌带来"1+1>2"的营销效果。

（案例来源：佚名.2019上半年十大 IP 授权案例新鲜出炉！CLE 中国授权展公众号，2019-07-03.有删改.）

【课后拓展】

请扫描下方二维码，自主学习相关知识。

创意产生的要素

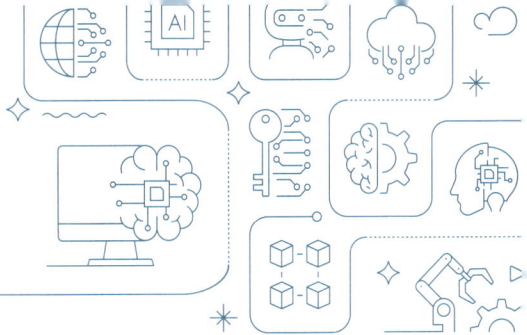

任务二 识别创业机会

【课前热身】

抓 手 指

首先，所有参加游戏的学生围成一圈（间距30厘米左右）；然后，每个人将左手掌朝下伸向左前方，右手食指伸出并朝上点在右侧同学伸出的左手掌心中，食指必须与掌心接触；接下来，主持人（教师）站在圈中有节奏地喊"一二一""一二一"……选择一个时刻点突然喊出"一二三"，此时，所有参加游戏的人员需要迅速地用左手抓住左侧人员的食指，同时也要迅速地将自己的右手食指缩回，不要被右侧的同学抓住；最后，宣布抓住别人手指的学生得奖，被抓住手指的学生要受罚。

抓住别人手指的学生获得的奖励是制定处罚规则（必须是有新意的且是善意的"点子"），教师可以根据临时制定的处罚规则的难易程度做适当调整。

思考与探究：

（1）在游戏过程中，你首先想到是抓住别人，还是不被抓，抑或是"一心二用"？

（2）游戏的结果与预想是否一致？为什么会这样？

（3）宣布奖惩后，你心里有哪些变化？行动策略是否要调整？为什么？

（4）如果抓别人手指代表机会，被抓代表风险，你会有哪些心得？

【课中解码】

寻找和识别创业机会能为创业者选择有价值的创业项目提供重要依据，创业者不仅要对可选的创业机会进行评估，还要把可参考的创业机会和自己的能力、团队、资源及创业目标进行匹配，这样才能最终选择有利的创业机会，达到理想的彼岸。

一、创业机会认知

（一）创业机会的概念

创业机会主要指在市场经济条件下，社会经济活动过程中产生的有利于企业经营成功的因素，是具有偶然性并能被经营者认识和利用的契机。

（二）创业机会的内涵

创业机会是一种具有较强吸引力、较为持久的商业机会，创业者可以据此为客户提供有价值的产品或服务，创业者自身也能获益。例如，短视频迅猛发展加上突如其来的新冠疫情，很多创业者敏锐地嗅到短视频直播带货的创业机会，纷纷利用抖音等短视频平台开启直播电商的创业之路。

二、创业机会的发现

（一）市场调研发现机会

此处的市场调研主要是指一手资料获取与二手资料获取两个方面：一手资料是通过与顾客、供应商、代理商等面对面沟通，获取鲜活的资料与信息；二手资料是通过各类媒体、出版物、数据库，获取通过面对面沟通形式可能无法触及的资料与信息。

（二）系统分析发现机会

在市场经济发展日渐成熟的当下，绝大多数的创业机会都需要通过系统分析才能够实现科学有效的发现。这就要求借助市场调研的方式，从企业的宏观环境（政治、社会、法律、技术、人口等）和微观环境（细分市场、顾客、竞争对手、供应商等）的变化中发现新的顾客需求或寻找新的市场机会，这是当今时代识别创业机会最常用、最有效的方法之一。

（三）问题导向发现机会

问题导向是指创业机会识别源于人们面临的某个问题或者明确的需求，这是创业机会识别最快速、最精准也是最有效的方法。在这个过程中，常用的方法就是通过不断与顾客沟通，不断收集顾客建议，从顾客的需求角度考虑，来创造性开发新的产品或者服务。问题导向识别机会要注意把控问题的难易度，不切实际地探寻问题解决方案只会徒劳无获。

（四）创新变革获得机会

通过创新变革获得创业机会的方式在高新技术、互联网行业中最为常见。在这种创业机会识别过程中，通常要针对目前明确的或者未来潜在的市场需求，探索相应的新技术、新方法、新知识或新模式，或者利用已有的技术发明、商业创意进行新的场景应用，从而实现商业价值。这些创业机会一旦成功，创业者凭借其新产品或者新服务的变革性和超额价值性，就很容易在市场中处于压倒性的主导地位。

三、创业机会的识别

无论是商机诱发型创业，还是创意推动型创业，创业机会的识别一般都需要经历以下五个环节。

（一）商机的价值性分析——商业价值

商机的商业价值分析是指分析特定商机所对应的市场需求规模与结构，特别是该商机形成之初的需求规模与结构（简称起始规模与结构），目标客户是什么样的群体，这个群体的数量大小等。成长性行业中的商机往往蕴含着较大的商业价值。萎缩性行业中的商机，市场需求则不会有很大的价值。

（二）商机的时效性分析——机会持续时间与市场成长性

适合创业的商机，一定要有持续性和成长性。商机的时效性分析，也就是分析特定商机的持续时间与市场需求的成长性。所谓商机的持续时间，即特定商机所对应的市场需求有可能持续多长时间。市场需求持续越久的商机，越值得新创企业去追逐。所谓商机的成长性，是指特定商机所对应的市场需求的成长性。存在持续成长性的市场容纳的企业较多，对于新创企业而言意味着较大的成长空间。

（三）机会要素的匹配性分析——商机、创意、资源、能力的匹配程度

创业机会是适当的商机、有价值的创意、可获得的资源、团队能力这四者的有机组合，当这四种要素处于匹配的状态时，相应的商机才能够被称为"创业机会"。因此，创业机会的识别，还需要对四类要素的匹配性进行分析。商机与创意之间的匹配是最基本的，只有这二者匹配，此时的商机才有可能被视为创业机会；接下来需要分析创业者所能获得的资源和团队能力是否与创意相匹配，只有团队能力、能获取的资源足以实施相应的创意，这时的商机才能成为创业机会。

（四）机会的风险收益性分析——机会是否值得冒险

多数机会都伴随着风险。若完成前述三个环节的考察、分析后，创业者都得到了肯定的判断（这是一个适合本团队的创业机会），这时就需要进行机会的风险收益分析，用以判断"这种机会是否好到值得自己冒险而为"的问题。当机会的收益达到某种程度时，创业者才冒险起步、启动创业。否则，就得回到第一个环节，以寻找、发现更具价值、更为恰当的商机。

四、创业机会的评估

创业者完成创业机会识别后，还需要对创业机会进行评估。对创业者而言，对市场机会的评估相当于对投资项目的评估，投资能否取得收益无疑是非常重要的；同时，评估创业机会也能帮助创业者从另一个角度分析其创意是否值得继续发展为一个创业项目。

（一）创业机会评估的内涵与准则

创业机会评估是指对创业机会的主要内容及配套条件进行分析和研究，并对创业项目的开展、运行和效益产出情况等进行预测。有60%～70%的创业计划还未真正投入实施就已经被否决，就是因为这些创业计划不能满足创业者的评估准则。创业机会的评估准则可以考虑市场和效益两个方面。

1. 市场评估准则

（1）市场定位。评估创业机会的时候，可从市场定位是否明确、顾客需求分析是否清晰、顾客接触通道是否流畅、产品是否能持续衍生等来判断创业机会可能创造的市场价值。创业带给顾客的价值越高，创业成功的机会也就越大。

（2）市场结构。针对创业机会的市场结构进行六项分析，具体包括：进入障碍、供货商、顾客、经销商的谈判力量、替代性竞争产品的威胁，以及市场内部竞争的激烈程度。由市场结构分析可以得知新企业未来在市场中的地位，以及可能遭遇竞争对手反击的程度。

（3）市场规模。市场规模大小与成长速度，也是影响新企业成败的重要因素。通常，市场规模大者进入障碍相对较低。成长中的市场，通常也会是一个充满商机的市场，正所谓水涨船高：进入时机正确，一般会有获利的空间。

（4）市场渗透力。对于一个具有巨大市场潜力的创业机会，市场渗透力（市场机会实现的过程）评估是一项非常重要的影响因素。优秀的创业家知道选择在市场需求即将大幅增长之际进入市场，做好准备，等待接单。

（5）市场占有率。创业机会预期可取得的市场占有率目标，可以显示这家新创公司未来的市场竞争力。例如，成为市场的领导者，需要拥有20%以上的市场占有率。如果低于5%的市场占有率，则说明这个新企业的市场竞争力不高，这也会影响未来企业上市的价值。

（6）产品的成本结构。产品的成本结构也可以反映新企业的前景是否光明。例如，从物料与人工成本所占比重、变动成本与固定成本的比重之高低，以及经济规模产量大小，可以判断伴随企业创造附加价值的幅度及未来可能的获利空间。

2. 效益评估准则

（1）合理的税后净利。通常，具有吸引力的创业机会需要能够创造15%以上的税后净利。如果创业预期的税后净利在5%以下，就说明不是一个好的投资机会。

（2）达到损益平衡所需的时间。合理的损益平衡时间应该在2年以内，如果3年还达不到，恐怕就不是一个值得投入的创业机会。不过有的创业机会确实需要经过比较长的耕耘时间，通过这些前期投入，创造进入障碍，保证后期的持续获利。在这种情况下，可以将前期投入视为一种投资，这样才能容忍较长的损益平衡时间。

（3）投资回报率。考虑创业可能面临的各项风险，合理的投资回报率应该在25%以上。通常，15%以下的投资回报率是不值得考虑的创业机会。

（4）资金需求。资金需求量较低的创业机会一般比较受到投资者的欢迎。事实上，许多案例显示，资金的需求量过大其实并不利于创业成功，有时还会带来稀释投资回报率的负面效果。通常，知识越密集的创业机会，对资金的需求量越低，投资回报反而会越高。在创业开始的时候不要募集太多资金，最好通过盈余积累的方式来创造资金。

（5）毛利率。毛利率高的创业机会，风险相对较低，也比较容易取得损益平衡；毛利率低的创业机会，风险则较高，遇到决策失误或市场产生较大变化的时候，企业很容易遭受损失。通常，理想的毛利率是40%。当毛利率低于20%的时候，这个创业机会就不值得再予以考虑。

（6）策略性价值。能否创造新企业在市场上的策略性价值，也是一项重要的评价指标。通常，策略性价值与产业网络规模、利益机制、竞争程度密切相关，而创业机会对产业价值链所能创造的价值效果，也与它所采取的经营策略和经营模式密切相关。

（7）资本市场活力。当新企业处于一个具有高度活力的资本市场时，它的获利回收机会相对也比较多。不过资本市场的变化幅度极大，在市场高点时投入，资金成本较低，筹资相对容易。但在资本市场低点时，投资新企业开发的诱因则较少，好的创业机会也相对较少。

（8）退出机制与策略。所有投资的目的都在于回收，退出机制与策略就成了一项评估创业机会的重要指标。退出的难度普遍要高于进入，因此，具有吸引力的创业机会，应该要为所有投资者考虑退出机制及退出的策略规划。

（二）创业机会的评估方法

SWOT分析法是一种简单易行的创业机会评估方法，很适合大学生创业者。

SWOT分析法是结合自身的优势（Strengths，S）、劣势（Weaknesses，W），以及外在的机会（Opportunities，O）和威胁（Threats，T）进行分析判断的方法（图4-2-1）。因为其兼顾内外部因素（S、W为内部因素，O、T为外部因素）的考量，所以能够较好地分析创业机会。

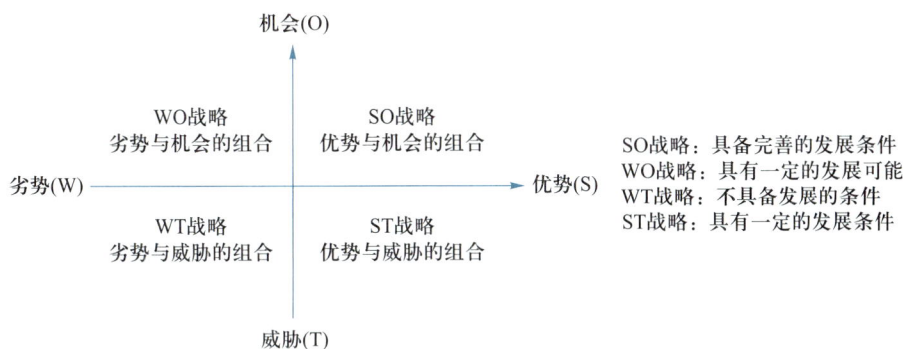

图4-2-1 SWOT分析法

1. SWOT分析法的四个维度

（1）优势（S）。优势是指对新创企业有利的因素，包括新创企业的资金充足、资源更丰富，以及价格比同行更低、员工素质和技术更好等。

（2）劣势（W）。劣势是指新创企业不利的因素，包括知名度不如竞争对手、创业者成功缺乏创业经历、促销方式不佳、产品类型少等。

（3）机会（O）。机会是指外部环境对新创企业有利的因素，包括行业政策扶持力度大、周边入驻了新小区、人流量增大等。

（4）威胁（T）。威胁是指外部环境对新创企业构成潜在威胁的因素，包括竞争企业数量增多、原材料价格上涨等。

2. SWOT分析法使用步骤

运用SWOT分析法可以对创业进行整体全面的分析，简单易行且有参考价值。运用SWOT分析法进行创业分析的程序主要有以下四个步骤。

（1）评估自身的优势和劣势。客观评估自身的优势和劣势是进行SWOT分析的基础，其完成度与准确度决定了分析结果的有效性。在评估优势和劣势时，创业者一定要全面而准确地列出尽可能多的优缺点。

（2）评估面临的机会和威胁。找出机会和威胁是对外部环境的考量，创业者应该将所有对创业有影响的因素都纳入考量范围，并找出有利条件与不利条件。

（3）评估创业的潜力。评估创业的潜力是指分析上面列出的各种条件，综合分析哪些劣势可以被扭转，各种威胁的应对方法，然后评估创业项目的投入、成功率、产出等具体情况，再来判断项目是否可行。

（4）制订工作计划。在评估创业机会可行的情况下，创业者就需要考虑如何开展创业项目，包括组织人员、调度资源、寻求投资等，优势越大、机会越多的创业项目越容易取得成功。

⚙ 创客行动

请完成《创新与创业教育实践手册》中模块四任务二"创客行动 创意项目SWOT分析"，并线上提交行动画布作业。

≣ 创海撷英

陈海波：将科学研究成果转化为创业机会

2019年，陈海波带领海声科技团队的"海声塑磁——新型稀土永磁材料开拓者"获得第五届中国"互联网+"大学生创新创业大赛（现更名为中国国际大学生创新大赛）高教主赛道金奖。

陈海波的创业机会来源于其所从事研究的磁材行业，磁性材料是一种在国防军工、汽车、家电等众多领域应用广泛的材料，在国民经济和产业中有着不可替代的重要作用。但是，当时中国的磁性材料产业却面临着大而不强的困境。例如，稀土永磁钐铁氮塑磁一旦实现工业化量产，稀土钐的附加值可以提高数十乃至上百倍，但是因为工艺难度非常大，仅有住友等3家日本企业实现了量产，并对中国实行技术和市场的封锁。陈海波的导师车声雷教授于2011年从海外回国，在浙江工业大学创立了磁电功能材料研究所。随后，陈海波和车教授开始了长达8年的技术攻关。2014年，陈海波参加浙江省"新苗人才计划"，并成功申报大学生科技成果推广项目——高性能钐铁氮稀土磁粉的制备与应用研究。随后，他还入选杭州市"131"人才计划和杭州市江干区"136"人才计划。回顾科技创业之路，他坦言，正是这些省级、校级、院级层面创新创业，使他萌发并实践了科技创业的想法。陈海波，2017年博士毕业时成立了海声科技。海声科技专业从事研发生产销售新型稀土永磁材料并提供全套技术解决方案。

陈海波团队以"十年磨一剑"精神在稀土永磁关键新材料的技术创新与产业化上实现重大突破，实现了该产品在国内的唯一量产，打破了国外对该产品的技术与市场封锁。

（案例来源：佚名.做新型稀土永磁材料开拓者——浙江工业大学陈海波事迹.学职平台，2022-12-06.有删改.）

【课后拓展】

请扫描下方二维码，自主学习相关知识。

蒂蒙斯创业机会评价体系

任务三　防范创业风险

词　云　统　计

首先，由教师发布头脑风暴任务——"大学生创业风险有哪些"；然后，学生自由发表意见，其中一名学生在白板上记录其他学生的看法；最后，教师将收集到的讨论意见进行词云统计，并展示统计结果。

思考与探究：创业最大的风险是什么？我们应该如何规避？

【课中解码】

一般而言，创业获得的回报往往高于就业，但创业所面临的风险也远高于就业。据统计，新创企业获得成功的概率不足1%。成功与失败之间，除了不可控制的随机因素，还有一些必然的因素在创业之初就已经注定未来成败的命运。如果在创业之初进行客观的评估，就能避免创业失败的发生，创业成功的概率自然会相应提高。机会风险越大，未来收益也可能越大，特别是当机会风险非常大时，多数创业者是不敢"冒险而为"的。这时，敢于破浪前行的创业者，如果行动方案理性且可实施性强，就有可能得到巨大的收益。

一、创业风险认知

（一）创业风险的概念

创业风险是指创业者在创业过程中由于主客观因素而遇到的风险。

（二）创业风险的特征

1. 客观必然性

创业风险是客观存在的，是不以人的主观意志为转移的，是市场波动、经济运转、供需变化等因素作用下产生的必然结果。每个创业者都要面对创业风险，每家企业都要应对创业风险。

2. 相对性

创业风险是必然会出现的，但是由于时间、空间、对象的差异，不同的企业承担的创业风险也不尽相同，而且随着外部条件的变化，创业风险自身也会随之增强或削减。因此，对于单独一个企业来说，创业风险是相对的。

3. 不确定性

因为影响创业活动进行及成功的因素很多，如资金、人力、技术、市场等，而这些因素都在不断地变化，所以创业风险也在不断地变化。各种不确定的因素都会导致创业风险的产生，因此，对于单独的一个企业来讲，创业风险是不确定的、不可预测的。

4. 机会性

创业风险往往还伴随着创业机会，呈现出损益一体的特点，在利用机会谋取利益时一定会冒风险，而扛过风险后则会获得收益。

（三）创业风险的分类

1. 系统风险

系统风险是指创业环境的不确定性所带来的风险，如商品市场需求及竞争的不确定性、生产要素市场供给的不确定性、国家法律及政府政策规制的不确定性等带来的风险。系统风险来自客观因素，创业者自身难以掌控，创业者只能加强监测和预警，进而努力规避这些风险。

（1）政治风险。由国家政治的稳定性、社会政策的连贯性等所产生的风险。

（2）法律风险。法律法规的制定和修改都会对企业产生影响。政府通常采取行政措施或法律手段，限制某些产品的生产、销售或使用。

（3）宏观经济风险。由国家宏观经济状况、产业政策、利率变动或汇率的稳定性等因素所带来的损失的风险。

2. 非系统风险

非系统风险是指创业者自身行为的不确定性带来的风险，如创意可实施性的不确定性、创业团队能力的不确定性带来的风险等。非系统风险来自主观因素，是创业者通过自身的努力，有可能防范甚至可以化解，以达到创业成功的风险。

（1）财务风险。财务风险是指创业者或创业企业在财务活动中存在的风险。企业难以及时筹措创业资金，创业企业财务结构不合理、融资不当、现金流管理不力等都可能会使创业企业丧失偿债能力，导致预期收益下降，形成一定的财务风险。一旦资金不足，企业日常运营就会非常困难，甚至会导致破产。

（2）竞争风险。如果创业者选择的行业是一个竞争非常激烈的领域，那么在创业之初极有可能受到同行的强烈排挤。一些大企业为了吞并或挤垮小企业，常会采用低价销售打压竞争对手的手段。对于大企业来说，由于其规模较大、实力雄厚，短时间的降价并不会对其造成致命的伤害，而对初创企业而言则可能意味着彻底毁灭的危险存在。

（3）技术风险。技术风险是指技术方面的问题及其变化的不确定性导致创业失败的可能性。技术成功的不确定性，技术前景、技术寿命、技术效果的不确定性，技术成果转化的不确定性等，都会带来技术风险。

（4）市场风险。市场风险是指市场情况的不确定性导致创业者或创业企业遭受损失的可能性。市场风险包括产品市场风险和资本市场风险两大类。市场供给和需求的变化、市场接受时间的不确定性、市场价格变化、市场战略失误等都可能给创业活动带来市场风险。

（5）团队风险。现代企业越来越重视团队的力量，优秀的创业团队能使新创企业迅速发展。一旦创业团队的核心成员在某些问题上产生分歧、不能达到统一，极有可能会对企业的运营造成强烈的冲击。另外，创业团队在面临与股权、利益相关联的问题时，也容易出现分歧和纷争。

无论是系统风险还是非系统风险，在创业机会识别阶段，创业者都应该尽可能预测相应的风险，进而理性地予以规避。

二、创业风险的防范

（一）系统风险的防范

1. 政治风险的防范

企业在创业过程中应该积极关注和预测国家的政策走向，如果预测到某一政策将对企业的发展有利或不利，企业可以及时转变运营方式，主动适应政策新变化。

2. 法律风险的防范

创业企业应该及时了解创业相关法律基础知识，熟悉创业操作流程及行为规范，识别企业创办和经营过程中的法律风险，掌握防范和化解法律风险的基本途径和措施。

3. 宏观经济风险的防范

企业经营活动要有意识地将宏观经济风险考虑在内，当这类风险将要或者已经出现时，快速响应，采取措施，从而规避风险。

（二）非系统风险的防范

1. 财务风险的防范

创业企业应当对创业所需资金进行合理估计，避免筹资不足影响企业的健康成长和后续发展；建立创业企业的信用，拓宽企业融资的渠道；设置合理的财务结构，从恰当的渠道获取资金；妥善管理创业企业的现金流，避免出现现金断流造成财务拮据甚至破产清算的局面。

2. 竞争风险的防范

创业企业可以考虑回归产品或服务本身，通过提供优质的产品或服务打造自己的护城河；关注竞争对手和用户需求，通过为用户提供差异化的产品价值等提高自身的竞争力。

3. 技术风险的防范

创业企业应当加强对技术创新方案的可行性论证，减少技术开发与技术选择的盲目性，通过建立灵敏的信息预警系统，及时预防技术风险；通过组建技术联合开发体或建立创新联盟等方式减少技术风险发生的可能性；提高创业企业技术创新与研发的活力；重视专利申请、技术标准申请等，通过法律手段减少损失出现的可能性。

4. 市场风险的防范

创业企业应当以市场及消费者的需求为生产的出发点；时刻关注市场变化，善于抓住机会；广泛收集市场信息，制定有效的市场营销策略；摸清竞争对手底细，研究其创业思路与弱点；拓宽符合自身产品特点的销售渠道网络；通过打造良好诚信的售后服务赢得顾客青睐。

5. 团队风险的防范

创业企业应当谨慎选择创业团队成员；形成团队的共同价值观和愿景，让所有团队成员对于"创业使命""共同目标"等关键命题达成共识，并用这些共识去指挥和引导整个团队成员的行为；建设良好的企业文化，凝聚企业员工；制定适宜的公司规章制度，用良好的规范和纪律来约束团队的成员。

⚙ 创客行动

请完成《创新与创业教育实践手册》中模块四任务三"创客行动 创意项目风险发掘"，并线上提交行动画布作业。

📚 创海撷英

何永群：直面挫折与挑战的扶贫创业之路

云南大学学生何永群在中国边疆少数民族深度贫困地区白手起家开展家畜养殖创业项目，并逐步打造家畜养殖品牌。自2015年至2019年年底，何永群团队共带动3 411户建档立卡贫困户发展家畜养殖业务，平均每户增收4 000元，带动了上游饲料种植业及下游加工产业的发展。何永群团队于2019年参加第五届中国国际"互联网＋"大学生创新创业大赛（现更名为中国国际大学生创新大赛）并荣获金奖。

然而，2020年受新冠疫情影响，家畜被限制养殖及出售。为了响应国家的政策，公司自行退出了家畜养殖，直接亏损100多万元。但是，"黑天鹅事件"并没有磨灭何永群带领乡亲脱贫致富的初心，创业团队迎难而上，踏上创业转型之路。结合云南天然优势，他们转向食用菌的精植，3年后种植面积逾上千亩（1亩≈666.67平方米），带动几千人实现就业。

何永群表示"希望通过自己的努力，改变家乡贫困的状况，帮助更多贫困的村民，这就是自己创业的初衷""对于未来，必须要有信心，我的母校云南大学非常支持和看好我们的项目，我的团队从创业初期特别困难时期，到公司再次遇到困难，团队一直都在，无论遇到什么困难与风险，我都会坚定地走下去，不辜负大家对我的信任和期待"。时至今日，我国脱贫攻坚战取得了全面胜利，何永群带着乡亲们走向更美好的未来。

（案例来源：中国国际"互联网＋"大学生创新创业大赛展示交流中心，有删改.）

【课后拓展】

请扫描下方二维码，自主学习相关知识。

不同创业阶段面临的风险

学习讲堂

如何在数字化时代
进行创新创业

学习反馈

模块四　学习调查问卷

建设创业团队

能用众力，则无敌于天下矣；能用众智，则无畏于圣人矣。

——《三国志·吴志·吴主传》

学习地图

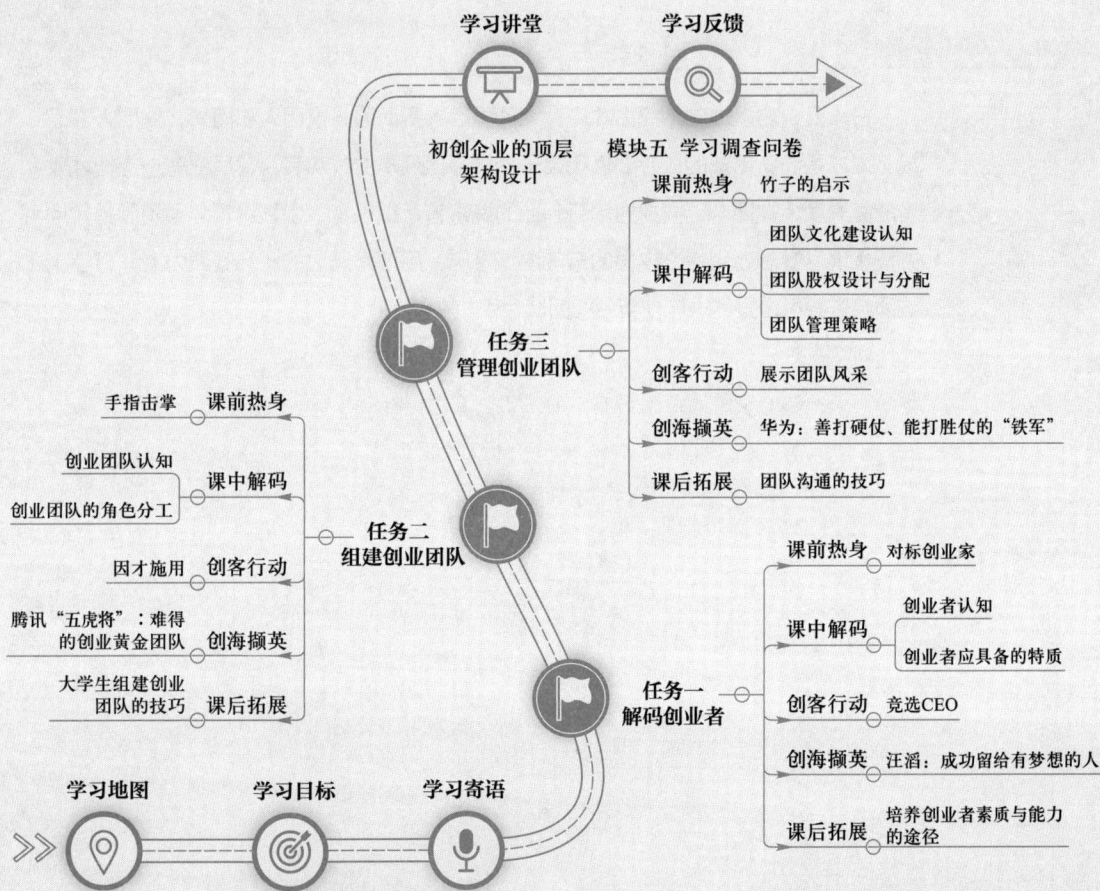

学习目标

>>知识目标

了解创业者、创新创业团队的概念和类型；熟悉创业者应具备的素质和能力、创业"领袖"特质；熟悉创新创业团队文化建设的内容及团队管理策略、创业团队的角色分工；理解团队股权设计和分配方法。

>>能力目标

能运用创新创业团队组建要点，组建一支合理的创新创业团队；能基于股权知识进行团队股权分配设计。

>>素养目标

培养良好的团队协作精神和团队担当意识，养成团队文化建设的自觉。

学习寄语

古人云：功以才成，业由才广。大凡国因人贤而治，家因人和而兴，业因人才而成。人才是创新创业的核心要素和第一资源，但凡事业成功者，背后都有一支德才兼备的高素质人才团队。要成为创新创业的探索者、组织者、引领者，必须用脚踏实地的汗水浇灌梦想，用持之以恒的奋斗磨炼意志，用博大无边的胸怀凝聚力量，打造精诚团结、踔厉奋发的一流创新创业团队。

模块成果：CEO竞选会行动画布　创业团队双选会行动画布　团队风采展示行动画布

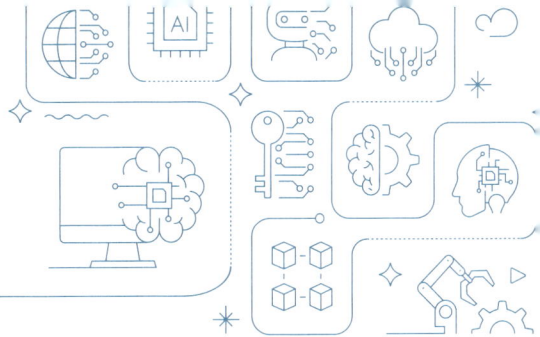

任务一　解码创业者

对标创业家

表5-1-1中有10道测试题目，如果符合你的实际情况，选择"是"，不符合选择"否"。填写各分项"得分"，并计算"总得分"。

表 5-1-1　创业特质测试

序号	问题	是	否	得分
1	对于设定的目标都会全力达成	1	0	
2	对于自己的目标，总觉得一定会成功	1	0	
3	不管他人怎么想，觉得自己的想法充满创意	1	0	
4	在压力大的工作环境中仍觉得自在	1	0	
5	能接受工作中稀奇古怪的想法与做法	1	0	
6	遇到困难时，会主动寻找解决方法	1	0	
7	处理事情时，常主动尝试新的解决方法	1	0	
8	非常喜欢与各行各业的人交朋友	1	0	
9	能在短时间内筹集到大量资金	1	0	
10	就算家人不支持，还是坚持自己的想法	1	0	
总得分				

思考与探究：创业家是天生的还是后天培养的？如何才能成为合格的创业家？

测评结果

【课中解码】

在国家深入实施创新驱动发展战略的时代背景下，创新创业为推进经济社会高质量发展提供新动能，许多的企业、雇主更加青睐员工的首创精神、冒险精神，创业和独立工作能力，以及技术、社交、管理技能等方面的素质和能力。越来越多的大学生主动把个人理想与国家命运紧密相连、将个人发展与社会需要紧密结合，努力培育创新创业精神，立志成为新时代"敢闯会创"的生力军。

一、创业者认知

（一）创业者的概念

创业者的概念经历了一个演变的过程。1755年，法国经济学家理查德·坎蒂隆在经济学领域首次引入创业者的概念。1880年，法国经济学家让·巴蒂斯特·萨伊首次给出创业者定义，他将创业者描述为"将经济资源从生产率较低的区域转移到生产率较高的区域的人"，并认为创业者是经济活动过程中的代理人。经济学家熊彼特则认为创业者应该是创新者，具有发现和引入新的更好能盈利的产品、服务和过程的能力。综合理论界和实业界的看法，我们给出如下定义：创业者是指某个人发现某种信息、资源、机会或掌握某种技术，利用或借用相应的平台或载体，将其发现的信息、资源、机会或掌握的技术，以一定的方式，转化、创造成更多的财富、价值，并实现某种追求或目标的过程的人。

创业者有狭义和广义之分。狭义的创业者是指参与创业活动的核心人员，简而言之就是创业活动的发起者、创新创业活动的推动者，是活跃在企业创立和新创企业成长阶段的企业经营者。广义的创业者是指参与创业活动的全部人员。通常情况下，在创业过程中，狭义的创业者会比广义的创业者承担更多的风险，也会获得更多的收益。但是创业者不等于企业家，创业者只有通过进一步的努力，带领团队取得商业上的成功，才能成为真正的企业家。

（二）创业者的类型

根据创业者的创业背景和动机，创业者可以划分为以下几种类型。

1. 生存型创业者

生存型创业者多是出于没有更好的选择而不得不参与创业，用以解决自身所面临的困难。他们多是以小额资金起步，凭借自己的辛勤劳动与节俭，不断积累财富、经验、人脉，然后做大做强，走上一条持久创业发展的道路，最终成就一番事业。

2. 投资型创业者

投资型创业者在创业前就已经拥有一定的经济基础、资源与实力，在时机适当的时候，自己抓住创业机会开公司、办企业。这类创业者的主要目标是获取更大的经济回报。

3. 主动型创业者

主动型创业者的成就意识非常强，他们将实现自己的人生梦想作为创业的目标，把创办的企业当作自己毕生的事业。他们不甘心为别人打工，希望通过自主创业这一途径来证明自己的能力，实现自我的价值，从而得到社会的认可。这类创业者一般拥有一定经济基础，经历了市场和社会的磨炼，最终更加明确了自己的人生追求。

二、创业者应具备的特质

（一）创业者素质

创业是实践性、专业性比较强的复杂活动，要求创业者具备极高的素质和能力。经验表明，创业成功的概率大小与创业者的综合素质成正比，创业者的素质往往决定着创业的方向、路径、过程、效率与结果。

有业界专家通过对大量成功创业者的素质及其行为表现的分析，并结合国内外领导力胜任特征的研究成果及相关资料，发现对于创业者而言，有成就特征、服务与助人特征、管理特征、认知特征、个人特征五大类共20项素质能力至关重要，详见表5-1-2。

表 5-1-2 成功创业者应具备的素质能力释义说明

素质特征	素质要素	素质释义
成就特征	成就导向及动力	有努力工作实现个人目标的渴望，并且表现得积极主动
	竞争意识	愿意参与竞争，主动接受挑战，并努力成为胜利者
	冒险精神	敢于冒险，又有勇气面对风险和失败
服务与助人特征	顾客服务能力	能够与顾客发展稳定的、相互信任的关系
	人际理解和体谅	了解别人言行、态度的原因，善于倾听并帮助别人
管理特征	决策力与个人视野	具有广阔的视野，能够在负责的、不确定的或者是极度危险的情况下及时作出决策，决策的结果从更深远、更长期的角度看有利于企业的成功
	组织能力	有能力安排好自己的工作和生活，且使工作任务与信息条理化，逻辑清晰
	团队协作能力	对于团队中的冲突和问题，能够采取有效的解决办法
认知特征	价值观引领	通常以价值观来引领和影响团队，其行为方式也集中体现组织所倡导的价值观
	说服能力	能够通过劝服别人，让其明白自己的观点，使对方对自己的观点感兴趣
	关系建立能力	保持经常的社会性接触，在工作之外经常与同事或顾客发展友好的个人关系，甚至家庭接触，扩大关系网
	专业知识及学习能力	熟练掌握与运用自己的专业知识，且不断地主动更新知识
	经验与技能	在业内具有卓越的声望和极具权威的专业技术技能
	创新与变革能力	能够预测5年甚至10年后的形势并创造问题或避开问题，并总是能够创造性地解决各种问题
	信息收集能力	通过比较独特的途径系统及时获取有用的信息或资料，并善于发现机会、抓住机会
个人特征	诚实正直	诚实守信并坚持实事求是，以诚待人，行为表现出高度的职业道德
	自信心	相信自己能够完成计划中的任务，能够通过分析自己的行为发现不足，并在工作中予以弥补
	纪律性	坚持自己的做事原则，严于律己，表现出具有较强的自控能力
	毅力	明确自己的目标，为之坚持不懈，即使遇到各种困难也不退缩
	适应能力	能够适应各种环境的变化，具备应对各种新情况的能力，且能够创造性地提出问题的解决方案

（二）创业领袖特质

创业领袖是为了实现创业团队关键的一致性目标，为团队其他成员提供指引和领导的人，是团队成员在合作共事过程中发自内心认可的，具有远见、威望、魄力和决断力的人。创业领袖是创业团队中的核心人物，在创业过程中占据重要地位和发挥主导作用，是引领团队发展的指南针，是驾驭团队大船的舵手。创业领袖身上有以下共同的特质。

1. 战略家眼光

战略家眼光是指能根据事物发展规律，对事物的轨迹作出前瞻性的正确判断。

2. 果断抉择

先发制人，后发制于人。果断是在冲突情境下明辨是非、作出正确抉择的能力。果断的内涵就是树立一个确定的目标，并围绕它把事物分出主次，迅速取舍，情愿对由此产生的输赢结果负全责。

3. 胸怀宽广

领导者要能容人、容事，眼中有别人，眼中有未来，心胸有超越性，人格有超脱性，这是领导者应有的内功。要坚持任人唯贤，必须拥有"不拘一格降人才"的宽广胸怀。

4. 百折不挠

"百折不挠"中的"挠"是弯曲的意思，比喻屈服。百折不挠的意思是无论遭受多少挫折都不动摇、不退缩、不屈服，形容意志坚强，品节刚毅，在重大原则问题上绝不改变自己意志的气概。

5. 冒险精神

冒险精神是一柄"双刃剑"，对任何一个领导人来说，刀锋绝不可能永远被藏起，事到临头必须有所决断。决断在很大程度上需要冒险精神。

6. 创新精神

"穷则变，变则通"，守旧失败，创新必胜，这已经成为时代的潮流。任何人、任何企业，如果停滞不前，不思进取，其结果必定是机失财尽，被时代淘汰出局。只有努力发展，寻求新起点，适应事物与时代发展的特点不断创新，才能立于不败之地。

党的二十大报告指出："坚持为党育人、为国育才，全面提高人才自主培养质量，着力造就拔尖创新人才，聚天下英才而用之。"新时代需要人才，依靠人才。一大批优秀企业家及其领导下的具有国际竞争力的企业，是我国经济持续发展、人民生活不断改善、全球影响力日益扩大的核心支撑与关键力量，是实现中华民族伟大复兴的重要基础。新时代的企业家、创业领袖要明确自身的社会角色与定位，坚定不移地走中国特色社会主义道路，创新拼搏、追求卓越，以技术进步塑造企业核心竞争力，以创新来提升综合竞争力，把企业发展融入中国特色社会主义现代化强国的建设中。

⚙ 创客行动

请完成《创新与创业教育实践手册》中模块五任务一"创客行动 竞选CEO",并线上提交行动画布作业。

☰ 创海撷英

汪滔：成功留给有梦想的人

汪滔,1980年出生于浙江杭州,香港科技大学毕业生,现任深圳市大疆创新科技有限公司(以下简称大疆)董事长,由他和他的团队研发的大疆无人机风靡全球。在一般人眼里,在一些高科技领域,中国企业历来都是扮演着"追赶者""跟跑者"的角色,而汪滔和大疆凭实力引领消费级无人机风向,充当着"领跑者"的角色。汪滔成功的背后源于他对梦想的执着追求。

梦想先行——让热爱当最好的老师

汪滔从小就喜欢直升机,希望遥控着直升机到他去不了的地方,拍摄到一般情况下看不到的风景。汪滔对天空的痴迷始于小学,有一天,他看了一本漫画书《动脑筋爷爷》,里面画着一个红色的直升机,讲述的是红色直升机探险的故事。当时还不到10岁的他就被深深吸引住了,从此对天空充满了想象,他希望自己能做一个一模一样的直升机,跟着它一起去旅行,想让直升机怎么停就怎么停。

孜孜求学——经历挫折仍不言弃

2001年,汪滔考上了华东师范大学电子系,在读大三那一年,他又选择进入香港科技大学电子工程系就读。本科期间,他继续沉迷于自己的航空梦,参加了两次机器人大赛,并取得了优异的成绩。虽然参赛中摔坏了好几台航模,旋转的螺旋桨叶还在他手上留下了一道疤痕,然而此时的汪滔愈挫愈勇,他内心深处时刻怀着"造自己的直升机"的梦想,于是,汪滔燃起斗志继续奋斗在该研究领域。

追求极致——不走寻常路

汪滔带领研发团队经过多年的努力,终于使高度集成、免安装免调试、世界首款一体化航拍无人机——大疆精灵在2013年问世。大疆精灵一入世就受到市场的热捧,大疆就此一举成名。高大上的无人机,从此飞入了寻常百姓家。

汪滔为大疆定下的座右铭是"激极尽志,求真品诚",要求不忽悠、不功利,始终专注创新和研发。截至2022年,大疆有1万多名员工,其中工程师占比近2/3,研发占比投入超15%,专利申请量超4 600项。汪滔希望通过技术创新和扩大市场降低成本,绝不为控制成本而折损品质。大疆把极致创新和独特创意视为发展的内在动力,在零件设计、外观造型甚至海报绘制的每处细节都致力于给人带来美感和享受。

　　只有心中有梦想，才能在面对险滩恶谷、崎岖小路时拥有披荆斩棘的能量。汪滔也曾经历挫折和失败，但凭借着心中对梦想的执着一路向前，最终在自己热爱的无人机领域干出了一番伟大的成就。汪滔说，"大疆就是自己追梦开始的地方，现在他有了一个更大的梦想，那就是和一群想做梦、能创新的年轻人一起在全球高科技领域打响'中国制造'的牌子！"

　　（案例来源：佚名.大疆创始人汪滔：成功留给有梦想的人.中国工业网，2020-11-19.有删改.）

【课后拓展】

　　请扫描下方二维码，自主学习相关知识。

培养创业者素质与能力的途径

任务二 　 组建创业团队

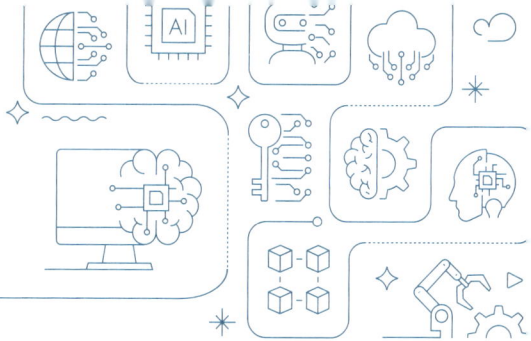

【课前热身】

手 指 击 掌

伸出自己的左手，掌心朝上，先用右手的一个手指去击打左手掌心，接着用两个手指击打，依次类推，一直到五个手指，乃至整个右手手掌去击打伸开的左手掌心。

思考与探究：不同手指数量打到左手掌心发出声音的响亮程度如何？从游戏中你收获了怎样的体会和感想？

【课中解码】

创业团队领袖非常重要，他就像阿拉伯数字中的"1"，有了这个"1"在最前面，带上一个"0"，就变成了"10"，带上两个"0"就变成了"100"……任何一项伟大的事业都不是一个人能创就的，而是需要找到志同道合的人组成团队才能实现。组建一支优秀的创新创业团队，对任何创业者而言，都是一项至关重要的工作。

一、创业团队认知

（一）创业团队的概念

团队是指由为了一个共同目标而在一起工作的一些人组成的协助单位。狭义的创业团队是指有着共同目的、共享创业收益、共担创业风险的一群创建新企业的人。广义的创业团队还包括与创业过程有关的各种利益相关者，如风险投资家、专家顾问等。虽然迄今为止创业团队尚无一个权威且统一的界定，但从总体上说，创新创业团队可以理解为由两个或两个以上具有一定利益关系，彼此通过分享认知和合作行动，共同承担创建新项目、新企业责任的人共同组建形成的工作团队，是创业者在创业过程中组建的，以实现创新创业目标、满足共同价值追求为共同目的的，甘愿共同承担创业风险和共享未来收益并紧密结合的工作团队。理解创业团队的内涵可以从以下四个方面入手。

1. 创业团队是一种特殊群体

创业团队首先是一种群体，团队成员都把创建新企业作为创业初期共同努力的目标。大多数企业是由两人或两人以上共同创立并拥有的，创业团队在创建新企业的过程中起着非常关键的作用。团队成员在集体创新、分享认知、共担风险、协作进取的过程中，形成了特殊的情感，创造出了高效的工作流程。

2. 创业团队工作绩效大于个体工作绩效之和

团队成员之间的知识、技能、经验、人脉等方面形成互补，个体间通过坦诚的意见沟通形成团队协作的行为风格，能够共同对拟创建的新企业负责，具有一定的凝聚力。

3. 创业团队对创业成功具有重要的价值

创业团队对创业成功具有重要的价值，主要体现在两个方面：一方面，团队创业有利于分散创业风险；另一方面，通过创业团队成员之间的技能互补可以提高企业家驾驭环境不确定性的能力，从而降低新创企业的失败风险。更为重要的是团队创业能够形成更强的资源整合能力，从多个融资渠道获得创业资金。

4. 创业团队是高层管理团队的基础和雏形

创业团队处在创建新企业的初期或小企业成长早期，而高层管理团队则是创业团队组织形式的继续。当然，在高层管理团队中既可能存在部分创业时期的成员，也可能所有的创业元老都不在其中。

（二）创业团队的构成要素

创业团队的组建需要具备目标、定位、职权、计划和人员五个要素，称为"5P"（图5-2-1）。

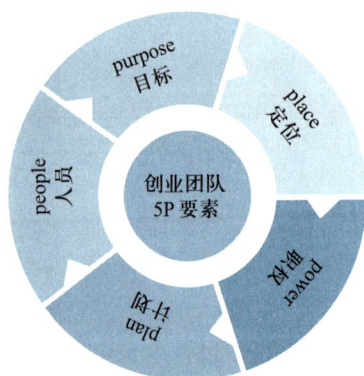

图 5-2-1　创业团队 5P 要素

1. 目标（purpose）

团队应该有一个既定的目标，为团队成员导航，知道要向何处去。没有目标，团队就没有存在的价值。一般来讲，团队的目标分为长期目标和短期目标，长期目标是愿景，短期目标是长期目标的分解，目标的实现需要团队成员共同努力和奋斗。

2. 定位（place）

团队定位包含以下两层意思。

（1）创业团队的定位。创业团队在企业中处于什么位置、由谁选择和决定团队的成员、创业团队最终应对谁负责、创业团队采取什么方式激励下属，这些问题的解答都需要明确创业团队的定位。

（2）个体（创业者）的定位。作为成员在创业团队中扮演什么角色，是制订计划还是具体实施或评估；是大家共同出资，委派某个人参与管理，还是大家共同出资，共同参与管理；或是共同出资，聘请第三方（职业经理人）管理；在创业实体的组织形式上，是合伙企业还是公司制企业。这些问题的解答也需要明确个体的定位。

3. 职权（power）

所谓职权，是指创业团队中职责权的划分与管理。创业团队中领导人的权力大小跟团队的发展阶段相关。一般来说，团队越成熟，领导者所拥有的权力相应越小，在团队发展的初期阶段领导权相对比较集中。高科技实体企业大部分实行民主的管理方式。

4. 计划（plan）

计划关系到每个团队的构成问题。一般来讲，计划有以下两层含义。

（1）目标最终的实现，需要一系列具体的行动方案，可以把计划理解成目标的具体工作的程序。

（2）按计划进行可以保证团队工作的顺利进度，只有在计划的指导下，创业团队才会一步一步贴近目标，从而最终实现目标。

5. 人员（people）

人员是构成创新创业团队最核心的力量，两个及其以上的人员就可以构成创业团队。任何创新创业团队都是由不同的人组成的，确定团队目标、定位、职权和计划，都只是为团队取得成功奠定基础，团队最终能否获取成功、达到目标还要取决于人员的表现。因为不同个体有不同的特点，团队成员之间的关系也是影响团队是否成功的因素，应充分调动创新创业人员的各种资源和能力，将人力资源进一步转化为人力资本。

（三）创业团队的类型

从不同的角度、层次和结构，可以将创业团队划分为不同的类型。依据创业团队的组成者来划分，创业团队有星状创业团队、网状创业团队和虚拟星状创业团队。

1. 星状创业团队

一般在星状创业团队中有一个核心人物，充当领队的角色。这种团队在形成之前，一般是核心人物有了创业的想法，然后根据自己的设想进行创业团队的组建。因此，在团队形成之前，核心人物已经就团队的组成进行过仔细思考，并根据自己的想法选择相应的人员加入团队。这些加入创业团队的成员也许是核心人物以前熟悉的人，也有可能是不熟悉的人，但这些团队成员在企业中更多时候是充当支持者的角色，如图5-2-2所示。

星状创业团队的特点如下。

（1）组织结构紧密，向心力强，核心人物在组织中的行为对其他个体影响巨大。

（2）决策程序相对简单，组织效率较高。

（3）容易形成权力过度集中的局面，从而使决策失误的风险加大。

（4）当其他团队成员与核心人物发生冲突时，因为核心人物的特殊权威，其他团队成员往往处于被动地位；在冲突较严重时，其他团队成员一般会选择离开团队，因而对组织的影响较大。

以任正非为核心的华为创业团队是星状创业团队的典型代表。

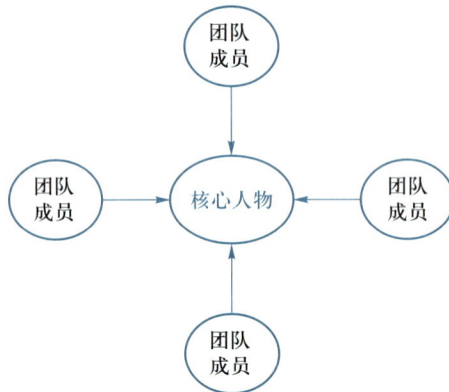

图 5-2-2 星状创业团队示意图

2. 网状创业团队

网状创业团队的成员一般在创业之前有密切的关系，如同学、亲戚、同事、朋友等，一般在交往的过程中，共同认可某一创业想法，并就创意达成共识后开始共同创业。在创业团队组成时，没有明确的核心人物，大家根据各自的特点进行自发的组织角色定位。因此，在企业创立之初，各位成员扮演的是协作者或者伙伴的角色，如图5-2-3所示。

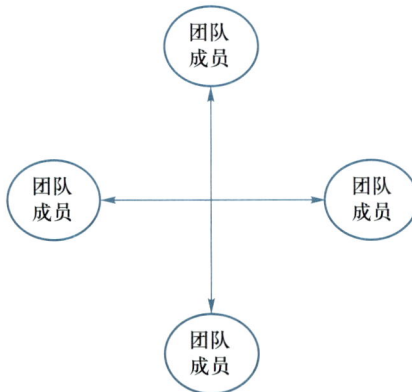

图 5-2-3 网状创业团队示意图

网状创业团队的特点如下。

（1）团队没有明显的核心，整体结构较为松散。

（2）组织在进行决策时，一般采取集体决策的方式，通过大量的沟通和讨论达成一致意见，因此组织的决策效率相对较低。

（3）团队成员在团队中的地位相似，因此容易在组织中形成多头领导的局面。

（4）当团队成员之间发生冲突时，一般采取平等协商、积极解决的态度来消除冲突。团队成员不会轻易离开。但是一旦团队成员间的冲突升级，使某些团队成员撤出团队，就容易导致整个团队的涣散。

携程"四君子"（梁建章、季琦、沈南鹏、范敏）创业团队是网状创业团队的典型代表。

3. 虚拟星状创业团队

虚拟星状创业团队是由网状创业团队演化而来的。在这种团队中有一个核心人物，但是该人物核心地位的确立是团队成员集体协商的结果，因此该核心人物不是主导型人物，而是团队的代言人，他在团队中的行为必须充分考虑其他成员的意见，不像星状创业团队中的核心主导人物那样有权威。可以视虚拟星状创业团队为星状创业团队和网状创业团队的中间形态，称其为核心型创业团队，如图5-2-4所示。

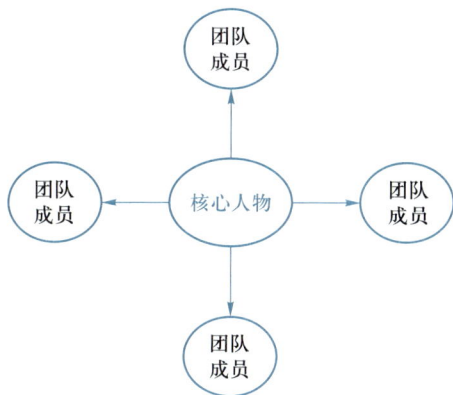

图 5-2-4　虚拟星状创业团队示意图

虚拟星状创业团队的特点如下。

（1）团队成员对权力进行横向分配，但不像网状创业团队那样权力比较分散。团队核心人物具有一定的权威，但又不集权，会充分考虑其他团队成员的意见。

（2）团队成员保持相对平等的地位。同时由于团队具有核心人物，组织结构相比网状创业团队更加紧密，能避免多头领导的局面。

（3）在集体沟通的基础上，由核心人物主导决策，既保证了决策的科学性，又提高了决策的效率。

（4）当团队其他成员之间发生冲突时，核心人物可以进行仲裁和协调；当团队其他成员和核心人物发生冲突时，核心人物的权威容易受到影响，并有可能导致核心地位的丧失。不论是哪种类型的冲突，一旦成员间既有的信任关系被破坏，团队成员就会选择离开团队，从而给组织的稳定带来冲击。

腾讯"五虎将"（马化腾、曾李青、陈一丹、张志东、许晨晔）创业团队属于虚拟星状创业团队的典型代表。

（四）创业团队的特征

许多研究和实践表明，良好的团队工作方式能够有效提高企业绩效。一名成功的创业者，必须建立一支高效的创业团队，而一支成功的创业团队需要具备共同性和互补性两项基本特征（图5-2-5）。

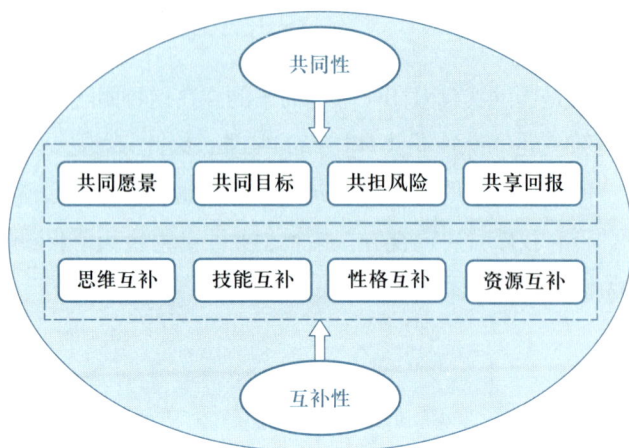

图 5-2-5　创业团队的共同性和互补性特征

1. 共同性

团队是企业凝聚力的基础，创业是一项事业，相比个人单打独斗，组建一支团结、高效的团队，吸纳志趣相投的合伙人加入更容易实现资源的整合配置，促进创业活动全面展开。团队成员能够走到一起，务必满足某些共性，如共同愿景、共同目标、共担风险和共享回报。

（1）共同愿景。创业团队要长久保持，就需要团队中的成员有相同的初衷、共同的愿景，大家有想要努力的相同的方向，或者受团队领导者的影响走到共同的方向。

（2）共同目标。创业成员的思维可以是多元化的、相互碰撞的，但组织层面的目标必须是一致的，在同一目标的引导下，创业活动更容易获得具体的结果与产出，并获得持续的发展。

（3）共担风险。创业是一个不确定的过程，有可能成功，也有可能失败，共担风险对于创业团队而言很重要。如果各个成员只想着享受成功的成果，而不愿意承受失败的损失，那么这支团队难以真正获得成功，反之则可能走得更远。

（4）共享回报。只有共担风险，才有机会共享回报，这也是各个成员为创业付出后应获得的利益。创业回报涉及精神和物质两个层面，精神方面主要是个人成就感、经验的积累和自我价值的提高，物质方面则包括薪酬、股份、期权及其他福利等。

2. 互补性

建立优势互补的团队是创业成功的关键。创业者寻求团队合作的目的就在于弥补自身能力与创业目标之间的差距。只有当团队成员之间在知识、技能、经验等方面实现互补时，才有可能通过相互协作发挥出"1+1>2"的协同效应。选择创业合伙人，应当充分考虑每个成员的优缺点，实现优势互补。大学生创业者要善于选人，从互补的角度来看，创业团队各成员之间要尽量做到思维互补、技能互补、性格互补和资源互补。

另外，在选择人员时，大学生创业者还应注意以下事项：一是要选最合适的人，而不是选学历最高或工作经验最丰富的人；二是要选有团队精神的人，不要选喜欢单打独斗的人；三是要选诚信务实的人，不要选夸夸其谈的人；四是尽可能选择价值趋同、性格和能力互补的成员。

二、创业团队的角色分工

创业团队由很多成员组成，不同的成员在团队里"扮演什么角色""发挥什么作用"必须界定清楚。大学生创业者可以利用角色理论挑选和配置成员，这样才能做到优势互补、用人之长。因为创业的成功不仅是自身资源的合理配置，更是各种资源调动、聚集、整合的过程。

（一）贝尔宾团队角色分工

被誉为"团队角色理论之父"的英国团队管理专家梅雷迪思·贝尔宾观察与分析成功团队时发现，一支结构合理的团队应该由三大类、九种不同的角色组成，依据成员所表现出来的个性及行为特征来划分，这九种角色分别是完成者、执行者、塑造者、协调者、资源调查者、协作者、创新者、专家、监控评估者，他们分别负责行动导向、人际导向、谋略导向三类任务活动，这就是著名的贝尔宾团队角色理论。该理论可以帮助创业者在建构团队时，确保每个职位的逻辑性与完整性，并让团队成员正确分析自我能力与特质，找准自己在团队中的定位，同时不断优化自己的能力，形成优势互补，从而塑造一支完美的创业团队。贝尔宾九种团队角色描述如表5-2-1所示。

表 5-2-1　贝尔宾九种团队角色描述

类型	职责	角色	作用及个性特征
行动导向型（Action）	执行团队任务活动	完成者（Completer Finisher）	为团队带来严谨和担当，其个性特征是勤勤恳恳、尽职尽责、积极投入，能找出差错与遗漏，准时完成任务
		执行者（Implementer）	为团队带来稳健和信誉，其个性特征是执行力强、纪律性强、办事高效利索、值得信赖
		塑造者（Shaper）	为团队带来动力和韧性，其个性特征是极强的成就导向，充满活力，能激发人心，有克服困难的动力和勇气
人际导向型（Social）	协调团队内外部人际关系	协调者（Co-ordinator）	为团队带来成熟，掌舵支柱，其个性特征是自信，能够阐明目标、促使决策、合理分工，受成员信任与认同
		资源调查者（Resource Investigator）	为团队带来热情和发展机会，其个性特征是外向、热情、健谈，善于发掘机会、谈判、构建关系网络、获取外部资源
		协作者（Teamworker）	为团队带来高效合作和凝聚力，其个性特征是善于倾听、性格温和、感觉敏锐，能够防止摩擦、平息争端、趋利避害，促使团队融洽，保持振奋向上的团队精神

续表

类型	职责	角色	作用及个性特征
谋略导向型（Thinking）	负责发现创意与提供专家智慧	创新者（Plant）	为团队带来创新和变革力，其个性特征是高智商，富有创造力和想象力，不墨守成规，敢想敢干，能够解决难题
		专家（Specialist）	为团队带来特殊技能和专业性，其个性特征是目标专一，提供专业的知识与技能，同时高度内向、自我鞭策、甘于奉献
		监控评估者（Monitor Evaluator）	为团队带来客观评判和明智决策，其个性特征是明智、谨慎、聪明，遇事沉稳冷静，具有战略眼光与远见卓识，在重大决策上往往能够作出正确的评估与判断

（二）互联网时代团队角色分工

大学生在创业过程中可参考互联网时代的团队角色进行合理分工，常见的团队角色分工有以下几种。

1. 首席执行官（Chief Executive Officer，CEO）

CEO 是在一个企业中负责日常事务的最高行政官员，又称行政总裁、总经理或最高执行长，负责企业战略规划、执行等工作。CEO 对公司的董事会负责，而且往往就是董事会的成员之一，在公司或组织内部拥有最终的执行权力。

2. 首席技术官（Chief Technology Officer，CTO）

CTO 是企业内负责技术的最高负责人，负责企业产品战略规划、研发与标准化建设。CTO 的主要责任是将科学研究成果成为盈利产品，具体为长期技术方向（战略性）、短期技术方向（战术性）、管理研究对公司经营活动和营利的影响、公司中使用的软件等。

3. 首席市场官（Chief Marketing Officer，CMO）

CMO 是企业中负责市场运营工作的高级管理人员，也可称市场总监、主营市场的副总经理或副总裁等，具体负责企业营销战略规划与目标达成。

4. 首席运营官（Chief Operation Officer，COO）

COO 是负责企业的日常运作并向 CEO 报告的二把手。如果说 CEO 是部长、市长，则 COO 就是常务副部长、常务副市长等。

5. 首席财务官（Chief Finance Officer，CFO）

CFO 是企业治理结构发展到一个新阶段的必然产物。当然，从本质上讲，CFO 在现代治理结构中的真正含义，不是其名称的改变、官位的授予，而是其职责权限的取得，在管理中作用的真正发挥。CFO 负责企业钱、税、账等财务安全与利益平衡的管理。

6. 首席品牌官（Chief Brand Officer，CBO）

CBO 是现代组织（包括企业、政府或其他组织）中设置的专门负责品牌战略管理与运营的高级官员，代表 CEO 就企业形象、品牌及文化进行内外部沟通。CBO 不仅是一种专业人才，更是一种特殊人才。因为他不再仅仅是一个传播者，更是一个企业价值设计的参与者和企业品牌资产经营的责任者。

7. 首席信息官（Chief Information Officer，CIO）

CIO负责制定公司信息化的政策与标准，并确定实施程序与方法，统一领导企业内部信息系统建设，制定总体规划，并协调各部门之间的关系，保证信息流通畅通。

8. 首席行政官（Chief Administrative Officer，CAO）

CAO是在一个企业中负责日常事务的最高行政官员，也是企业里的行政部门长官。

在创新创业初期，一个创新创业团队不可能有那么多人，我们可以参考以上成功团队的组合结构，通过角色之间的能力互补，一个人可以兼任不同的角色，成员之间还可以轮换角色，同样会取得较好的团队成效。等到队伍壮大、时机成熟，可以组建结构更合理、成员更多元、运行更高效的完美团队。

⚙ 创客行动

请完成《创新与创业教育实践手册》中模块五任务二"创客行动 因才施用"，并线上提交行动画布作业。

≋ 创海撷英

腾讯"五虎将"：难得的创业黄金团队

QQ和微信是我们生活中离不开的社交软件，作为中国知名的互联网公司之一，腾讯创始人马化腾的名字也被大众所熟知，但腾讯的创始人实际上可不止马化腾一个，而是五个人。马化腾在创立腾讯之初就和四个伙伴约定了基本原则：各展所长，各管一摊。马化腾是CEO，张志东是CTO，曾李青是COO，许晨晔是CIO，陈一丹是CAO。他们都为腾讯的发展作出自己的贡献，为腾讯"开疆扩土"。

搭档之间的"合理组合"是保持稳定的关键因素。互联网观察家林军认为，马化腾非常聪明，但非常固执，注重用户体验，愿意从普通用户的角度去看产品。张志东是个脑袋非常活跃、对技术很沉迷的人。马化腾技术上也非常好，但是他的长处是能够把很多事情简单化，而张志东更多地把一件事情做得完美化。

许晨晔和马化腾、张志东同为深圳大学计算机系的同学，他是一个非常随和而有自己的观点，但不轻易表达的人，是有名的"好好先生"。陈一丹是马化腾在深圳中学时的同学，后来也就读深圳大学，他十分严谨，同时又是个非常张扬的人，他能在不同的状态下激起大家的激情。

如果说，其他几位合作者都只是"搭档级人物"，只有毕业于西安电子科技大学的曾李青是腾讯五个创始人中最开放、最具激情和感召力的一个，与温和的马化腾、爱好技术的张志东相比，曾李青是另类的，其大开大合的性格，比马化腾更具备攻击性，更像拿主意的人。

在曾李青开拓市场的时候，QQ这个腾讯的核心诞生于技术天才张志东的手上；接着在腾讯发展壮大的时候，"大内总管"陈一丹默默地为腾讯的内部管理制定了一套管理制度，为腾讯稳定了大后方。不过现在只有许晨晔作为腾讯的CIO继续留在马化腾的身边，陪着他继续走下去。其他三位曾经为腾讯立下赫赫功劳的创始人都功成身退离开了腾讯，而他们选择离开，只为给后来者让路，让出生在他们手里的"小企鹅"跟着时代和年轻人的步伐一路走下去，让腾讯这家企业永远保持活力。

（案例来源：王文利，许丽洁.创业大讲堂：大学生创业的八堂必修课［M］.2版.西安：西安电子科技大学出版社，2019.）

【课后拓展】

请扫描下方二维码，自主学习相关知识。

大学生组建创业团队的技巧

任务三　管理创业团队

【课前热身】

竹子的启示

竹子有三大特点：首先，竹子是群生植物，你会看见一棵树、一棵草，但你无法看见一根竹；其次，竹子是空心的，可以容得下其他东西；最后，竹子是一节节的，生长一段，就结一个箍，再生长一段，再结一个箍。

思考与探究：根据上述关于竹子的三大特点描述，思考在创业团队协作方面，我们可以获得哪些启示。

【课中解码】

创业初建团队由于各种资源和条件的限制，很难在一开始就显得特别具有竞争力和协作力，但是可以通过有效的管理打造高效的创业团队。因此，团队管理十分重要，管理好创业团队是一项贯穿创业过程始终的长期性工作。

一、团队文化建设认知

（一）团队文化的概念

团队文化是指团队成员在相互合作的过程中，为实现各自的人生价值，并为完成团队共同目标而形成的一种意识文化。优秀的团队文化，是团队制胜对手的前提，也是一支团队战无不胜、攻无不克的内因，是可以传承和沿袭的内在精神和气质。团队文化的核心是强调协作，只有团结协作才能成就共同事业，从而才能实现和满足团队成员的各自需求，因而有效的团队文化是组织获得成功的切实保障。

（二）团队文化建设的意义

高效的创业团队非常重视团队文化的建设，通过团队文化建设，可以凝聚、规范和指导团队成员的日常行为，助推团队发展。

1. 引导团队发展方向

团队的创业文化作为企业价值观和企业利益共同的表现形式，在一定程度上决定了新创项目或企业的未来发展方向，并制约和规定着新创项目或企业的行动目标。

2. 凝聚团队成员力量

团队文化是新创项目或企业成功的黏合剂，团队成员之所以能够合作共同创建新的项目或企业，是因为团队成员有着共同的价值观、理想信念及利益追求，这些共同的东西把团队成员凝聚在一起，进一步强化团队文化，增强团队凝聚力。

3. 规范团队成员行为

团队文化是团队管理制度无形的表现形式，团队成员在有形的规章制度及无形的内在约束作用下，自觉自愿规范个人行为，并愿意在团队文化引领下协作一致，为团队发展献计献策，从而达到促进团队健康发展的目的。

（三）团队文化建设的内容

1. 团队愿景

团队愿景是指"我们要成为什么"，是团队在未来所能达到的一种状态的蓝图，是其努力经营想要达到的长期目标，体现团队永恒的追求。愿景的作用是指明企业发展方向，影响战略目标的设定，凝聚企业内部共识，影响内部整合和资源分配，赋予企业未来憧憬，激发主动追求的意愿。

2. 团队使命

团队使命是指"团队的任务是什么"，描述一个组织在社会中生产产品和提供服务的基本功能，是企业经营管理的全部意义，是企业形象的一个颇为直接的描述。使命的作用是获得社会生存的合法性，获得更多外界理解和支持，赋予工作以价值和意义，强化内在激励，强化企业的使命感和责任感，升华发展团队成员的精神境界。

3. 团队价值观

团队价值观是团队所倡导、反对、赞赏和批判的基本原则，是团队要实现自身愿景、使命所必须遵循的基本价值标准和价值信仰。价值观的作用是提供工作的价值顺序，利于达成内部共识；提供行为判断标准，利于形成一致的行为；蕴含了成功经验和思维，利于作出促进成功的决策；固化了企业的成功思维，利于企业智慧的传承。

二、团队股权设计与分配

（一）股权的概念及作用

1. 股权的概念

股权又称为股东权，有广义和狭义之分。广义的股权，泛指股东得以向公司主张的各种权利；狭义的股权，则仅指股东基于股东资格而享有的、从公司获取经济利益并参与公司经营管理的权利。作为股权质押标的股权，仅为狭义的股权。从这个意义上讲，所谓股权，是指股东因出资而取得的、依法定或者公司章程的规定和程序参与事务并在公司中享受财产利益的、具有可转让性的权利。

2. 股权的作用

创业团队股权架构设计是影响创业公司能否持续良好发展的重要因素，大学生创业者务必重视股权问题。股权架构设计的作用体现在：明晰合伙人的责权利，股权、股比是创新创业合伙人利益和价值的重要体现；有助于创新创业企业稳定发展，事先设计做好预防，好过出现问题再争论；明确企业的控制权，避免纠纷和决策的效率低下；方便融资，投资人关注项目时，也关心项目的股权架构；为进入资本市场奠定基础，资本市场需要明晰、合理的股权架构。

（二）股权的设计原则

股权设计是企业成功的第一要素，每个成功的企业家和成功的创业者都会在对的时机做对的股权设计安排。大学生创业团队通常属于初创型企业，就初创型企业而言，股权设计需遵循以下基本原则。

1. 合理分配原则

企业在初创阶段，面临风险较大，企业团队人员需根据投入资金价值，进行量化分配。具体而言，即为承担风险较大且投入资金较多的人员，应持有较大比例的股权。在创始人股权分配的基础上，对股权整体架构设计，需将预留股权及合伙人动态股权调整机制全面考量，且对合伙人进、退机制予以约定。

2. 坚守控制权原则

倘若股权较为分散，在企业实际经营进程中，如果发生意见分歧等，则没有人对相关风险进行承担。因此，为避免上述问题，创始人需要拥有绝对的控股权。

3. 坚持公平原则

针对初创型企业而言，在分批进行股权分配过程中，切勿实施平均主义，需将各个成员入资类型（如技术型、资金型、能力型等）、金额等予以考量。不同类型股东，其承担风险及责任不一，因此股权分配需遵循权责匹配的公平原则。

4. 遵循效率及动态原则

创业企业合伙人通过长期为企业服务，获得股权激励，核心标准为价值理念统一，如此，才能提升企业治理效率。当市场环境处于变动中时，表明企业发展、经营处于动态过程。企业不断发展，并不表明企业股权结构保持不变，经营者需根据企业发展速度及规模，将股权结构设计是否合理予以考量。

（三）团队股权的分配

1. 股权分配对象

股权分配对象由创始人、合伙人、投资人、核心员工组成，其中创始人股权分配旨在掌控公司的发展方向，需要保障创始人的控制权；合伙人股权分配旨在凝聚合伙人团队，需要保证合伙人的经营权与话语权；投资人股权分配旨在促进投资者进入，需要保证投资人的优先权；核心员工股权分配旨在激发员工的创造力，保证核心员工的分利权。创始人、合伙人、投资人、核心员工这四类人对于公司的发展方向、资金和管理、执行起到了重要作用，在分配股权时，务必照顾到这些人的利益，给予其一定比例的股份。

2. 股权分配的核心和关键

股权分配的核心是要让各创始人在分配和讨论的过程中，感受到合理、公平，从而能够集中精力将公司做大做强。

股权分配有两个关键点。

（1）保证创业者拥有对公司的控制权。创始人最好具有绝对控股权，能达到67%以上的股权，若达不到这个比例，也得超过50%，因为公司需要有一个能够拍板的领导者，这样才能更好地把握公司的发展方向，也能激发团队做大企业的信心和动力。

（2）实现股权价值的最大化，吸引合伙人、融资和人才。俗话说"财散人聚"，股权就代表着未来的财，只有散一部分股权，才能聚起来优秀的合伙人和人才。因为相较于固定的薪资，股权更具有长远的投资价值。一般来说，随着公司的发展壮大，合伙人手中的股权很有可能会翻好几倍，远不是固定薪资可以比拟的，创业者可以以此来说服和吸引优秀人才。

3. 股权生命九条线

在股权分配中，普遍遵循"股权生命九条线"法则，值得大学生创业团队认识和把握。

（1）绝对控制权（67%），相当于100%的权力，修改公司章程/分立、合并、变更主营项目、重大决策。

（2）相对控制权（51%），即控制线，绝对控制公司。

（3）安全控制权（34%），一票否决权。

（4）上市公司要约收购线（30%）。

（5）重大同业竞争警示线（20%）。

（6）临时会议权（10%），可提出"质询—调查—起诉—清算—解散"公司。

（7）重大股权变动警示线（5%）。

（8）临时提案权（3%），提前开小会。

（9）代位诉讼权（1%），亦称派生诉讼权，可以间接地调查和起诉权（提起监事会或董事会调查）。

4. 股权分配管理

创业团队合伙人的得权期、退出机制、回购权，这三点是对股权的完整管理，对于股权的得权、退出和回购都得提前约定好，避免日后不必要的纠纷。

（1）得权期。得权期设置为4年，也就是约定了员工只有在公司工作4年，才能拿到全部的股权，以此来吸引、留住和激励优秀员工。

（2）退出机制。创业公司的股权价值是所有合伙人持续长期地服务于公司赚取的，当合伙人退出公司后，其所持有的股权应该按照一定的形式退出。提前约定退出机制的好处是：一方面，对于继续在公司里做事的其他合伙人更公平；另一方面，便于公司的持续稳定发展。

（3）回购权。当股东中途退出、转让或出售部分股份时，公司可以按照当时公司估值的百分比折扣价、原始购股价的倍数溢价或参照公司净资产，回购该股东手中的股份。

三、团队管理策略

（一）建立信任

信任是一支高素质团队的基础。如果能在团队内部建立起坚实的信任基础，就可以降低管理成本，推动团队的发展。团队合作是以相互信任为前提的，没有信任，就难以产生合作的基础。可以说，信任是一支高效团队成功的关键因素。信任即彼此独立，有效率，有吸引力，共同承担责任，相互鼓励和信赖。在现实中，团队的失败大多被归纳为内部缺乏信任，团队成员对领导的不信任是团队失败的主要原因。

在建立团队信任的过程中，管理者起到了非常关键的作用。管理者可以从三个方面建立团队信任：一是要"行言一致"，这里把"行"放在了"言"的前面，团队成员通常会非常关注管理者的行为，如果管理者自己都不能"行言一致"，那么团队成员就不会相信管理者的所言所行；二是要把整个团队的共赢作为重要目标，这样团队成员才愿意为整个团队付出努力；三是管理者应该采用公开透明的方式与团队成员进行互动，这样才能与团队成员建立信任，信息和沟通不透明、不公开，很多时候只会引来大家的猜忌，而不是信任。

（二）明确目标

明确界定的目标就像一座灯塔，永远照亮团队前行的方向与道路，并激励着团队不畏艰难险阻地去实现预期目标。团队中各种角色的个性、能力有所不同，但是明确的发展目标可以将成员的个人发展升华为团队的共同成长。因此，管理者一定要在带领团队的过程中坚持以目标为导向。

目标的设定需要遵循SMART原则[①]，要有长远的战略目标与切实可行的短期目标，同时要制订具体的行动计划，并按人员分工、时间进度对目标进行合理的分解。这样更容易让团队成员对目标有一个清晰的认识，方便后期的执行。另外，目标要取得团队共识，只有整个团队都对目标达成了共识，整个团队才能在后期执行的过程中更加主动。

（三）健全制度

"无规矩不成方圆"，一支初创团队，如果没有严格的规章制度作为运转保障，就会成为一盘散沙。海尔有个著名的斜坡球理论：企业如同一个爬坡的球，受到来自市场竞争和内部职工惰性的压力，如果没有一个制动力，它就会下滑，这个制动力就是基础管理。依据这个理念，海尔创造了全方位优化（Overall Every Control and Clear，OEC）管理模式，这个模式就是制度管理。

规章制度的最大好处是团队中的每个人都处在相同的行为准则约束下，朝着共同的目标前进。因此，管理者在最初创业时就应该把话说到位、该立的规矩制定好，明确团队成员的责权利，使每个人都能恪尽职守、各司其职。健全管理制度，特别是实现管理制度的

---

① 目标设定的SMART原则来源于管理大师彼得·德鲁克的《管理的实践》，包括五个基本的原则：目标必须是具体的（Specific），目标必须是可以衡量的（Measurable），目标必须是可以达到的（Attainable），目标必须和其他目标具有相关性（Relevant），目标必须具有明确的截止期限（Time-based）。

创新和突破，是一项较为复杂的系统工作。如果不重视制度的导向性和严格性，制度的副作用就极易形成聚集、放大效应，最终可能越管越乱，导致创业走向失败。

（四）高效沟通

未来学家约翰·奈斯比特指出：未来的竞争是管理的竞争，竞争的焦点在于每个组织内部成员之间及其与外部组织的有效沟通上。沟通是有效管理团队的最重要的内容之一，顺畅的沟通是企业不断前进的命脉。没有沟通，团队就无法运转。团队的管理者必须重视、理解和创造一种良好的团队沟通方式，团队冲突中很多是因沟通不通畅或不对位而引起的，只有有效沟通才能促成团队紧密的合作，提高团队的绩效水平。

团队能否高效沟通，关键看三个方面：一是有话愿说，是指团队成员愿意表达自己的观点看法，既体现了成员觉得团队氛围良好，也便于管理者了解一线情况，便于收集有效信息进行决策；二是有话直说，是指团队的沟通效率很高，团队成员说话、做事不兜圈子，很快能谈到问题的核心点，提高团队解决问题的速度和效率；三是有话好好说，是指团队成员有良好的沟通技巧，既能把问题说清楚，又不伤害彼此的关系，管理者要给团队提供沟通技巧培训来帮助团队成员掌握这一技能。

（五）注重学习与创新

学习与创新是创新创业团队实现自我成长、适应不确定性环境并最终达成未来目标的有效途径。一方面，团队内部应该提倡学习型组织建设，加强内部学习、认知共享，同时注重向外界汲取新的知识，不断提升组织的学习能力。每个成员的学习、每次团队的讨论，就是团队成员思想不断交流、智慧火花不断碰撞的过程。如果团队中每个成员都能把自己掌握的新知识、新技术、新思想与其他团队成员分享，集体的智慧势必大增。另一方面，团队应重视创新氛围的营造，鼓励通过学习来促进创新能力的提升，鼓励团队成员的创新意见与创新思维。创新创业团队并不是一群散兵游勇式成员的简单集合体，只有在团队成员普遍具有集体创新意识时，团队才能够积极地参与到共同分析创新创业机会、共同探讨创新创业资源获取、共同研究化解团队成长危机的创造性方案，并能够共同采取创造性行动方案来寻求快速成长。

⚙ **创客行动**

请完成《创新与创业教育实践手册》中模块五任务三"创客行动 展示团队风采"，并线上提交行动画布作业。

☰ **创海撷英**

华为：善打硬仗、能打胜仗的"铁军"

华为（全称华为技术有限公司）创立于1987年，是全球领先的信息与通信

（Information and Communications Technology，ICT）基础设施和智能终端提供商，也是中国最大的民营科技跨国公司之一，业务遍及170多个国家和地区，服务全球30多亿人口。华为之所以能成为世界上一流企业，缘于其拥有一支优秀的团队，企业通过先进的文化理念来指导企业管理，从而提升了企业的核心竞争力。

"以人为本"——吸引凝聚员工

华为重视人力资源的挖掘，不惜一切代价广揽高素质、开拓型、敬业型人才，并创造一种吸引人才、留住人才、用好人才的机制。"我们绝不让雷锋吃亏，奉献者定当得到合理的回报。"华为实行员工持股制度，通过股权和股金的分配来实现知识资本化。良好的激励机制是团队精神形成与维系的内在动力。

"艰苦奋斗"——华为企业精髓

创业初期，华为几乎每个研发人员都有一张床垫，平时不用的时候就收起来放在办公桌底下，一旦遇到任务，需要研发新产品，就自动加班到深夜，困了就在床垫上休息，有时甚至几个月才回家一趟。这就是华为著名的"床垫文化"。华为一位员工曾说："过去，垫子是努力工作的象征，这一理念今天已经演变为将每项工作都做到极致的奋斗精神。""床垫文化"并不仅仅是华为人艰苦奋斗的工作态度，更是华为的一种精神象征，正是这种流传下来的文化精神激励着每一代华为人艰苦奋斗、自强不息的工作态度和对企业的奉献精神。

"制度建设"——华为指导纲领

企业的管理不可能只靠领导人的带动和约束就能实现，必须有完善的规章制度做保证。《华为基本法》在1998年正式公布，以内部法规的模式，在市场、研发、服务、供应、监控审计、财经管理等方面都作出了比较具体明确的规定，在员工的思想教育培训方面强调爱国、爱民和敬业、齐家。这更强化了制度的权威性和严肃性，更能振奋全体员工的奋斗精神。这部根本大法既是华为人的指导思想和共同纲领，又是一部规范全体员工的法典。

"客户中心"——华为文化核心

华为创始人、CEO任正非曾说，"华为走到今天，就是靠着对客户需求宗教般的信仰和敬畏，坚持把对客户的诚信做到极致。"华为员工被明确告知，客户利益高于其他一切群体的利益，这是每个员工的行为准则，是每个新员工入职学习的第一课。"把功劳让给客户，问题留给自己""客户之事，即华为之事""离客户越近，心里就越踏实""以优质的服务赢得市场""站在客户角度把控质量"是华为客户服务文化的具体体现，也是支撑华为生存和发展的法宝。

（案例来源：来丽梅.领导风格［M］.北京：研究出版社，2017.有删改.）

【课后拓展】

请扫描下方二维码，自主学习相关知识。

团队沟通的技巧

学习讲堂

初创企业的顶层架构设计

学习反馈

模块五　学习调查问卷

模块六

探索用户需求

客户需求是一个哲学问题，而不是与客户沟通的问题，不是客户提到的就是需求。

——任正非

学习地图

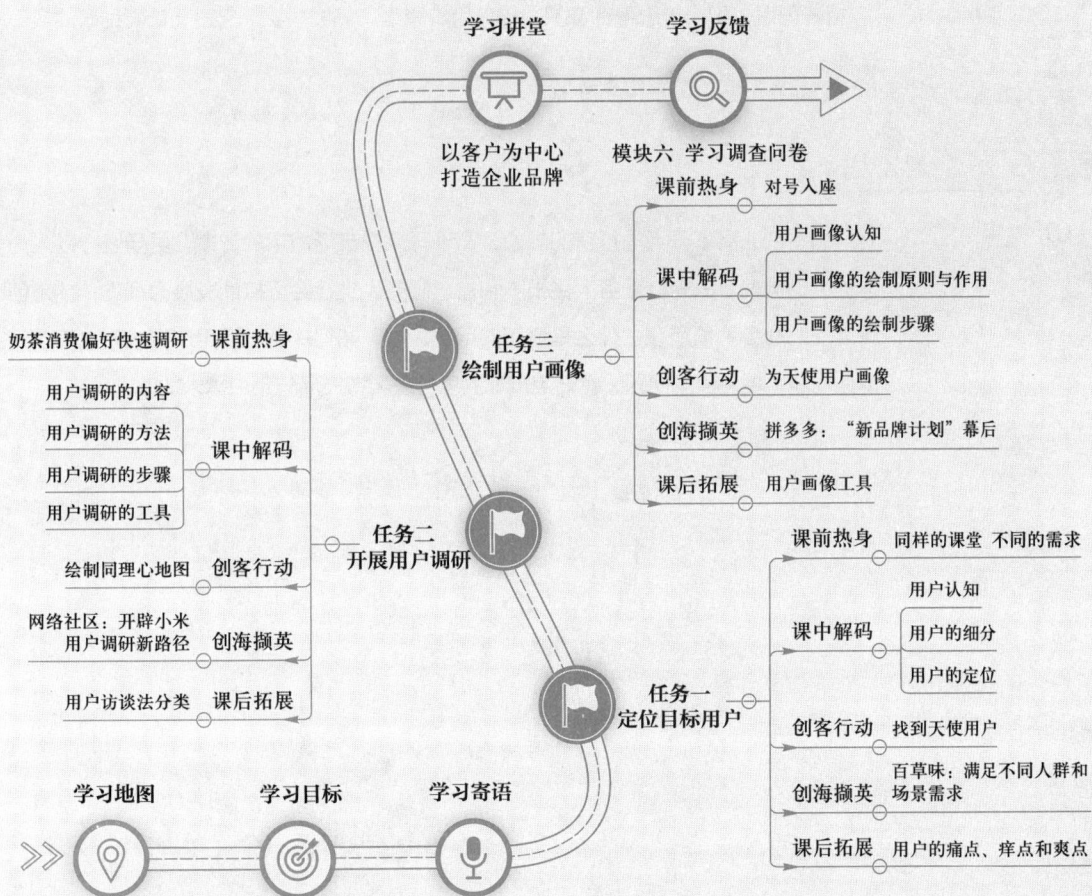

>>知识目标

了解用户、用户细分、用户定位、用户调研、用户画像等概念；理解用户的分类、用户细分的方法、用户调研的方法和用户调研的步骤等知识点；掌握用户调研的工具，以及用户画像的绘制步骤。

>>能力目标

能运用用户细分方法和用户定位发掘并确定项目的目标用户；能运用用户调研方法和步骤设计并实施调研，并根据调研结果绘制同理心地图；能根据用户画像的基本要素和绘制步骤绘制出用户画像。

>>素养目标

培养同理心和换位思考的意识，培养用户思维，养成从实际出发、认真钻研的实干精神。

学习寄语

创新创业离不开天马行空的想象，离不开用户市场需求的支撑，更要坚守以人为本的价值灵魂。只有以服务人民根本利益、服务人类社会可持续发展为根本，才是创新创业的社会价值所在。什么是真正的用户需求？如何探索发现用户需求？这不仅是商业问题，更是哲学问题，需要用辩证的思维去看待产品与用户需求的双向关系。

模块成果："找到天使用户"行动画布　同理心地图　天使用户画像

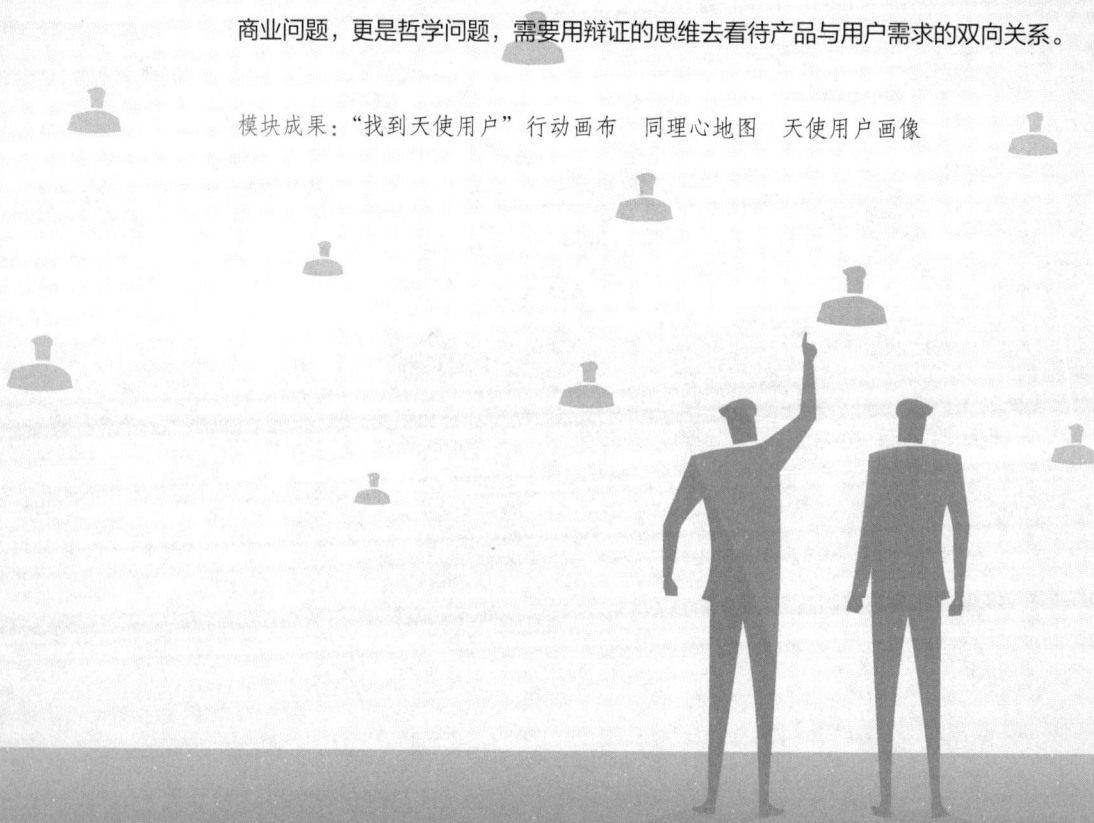

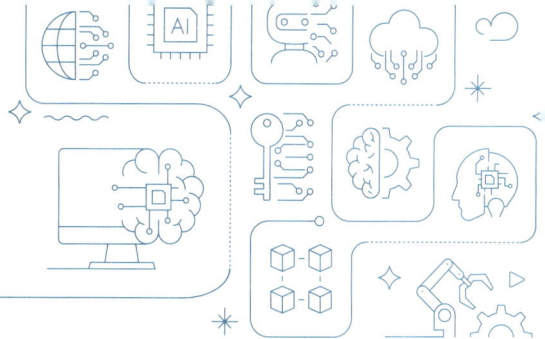

任务一　定位目标用户

【课前热身】

同样的课堂　不同的需求

请翻到本书的目录，快速浏览，选出三个你最感兴趣的任务，将其写在便利贴上，教师随机从每个小组挑选一位同学的便利贴，展示在黑板上，找出他们的共性与个性需求。

思考与探究：在相同的学习环境和共同的学习目标中，为什么会有不同的需求？

【课中解码】

进行用户探索、发现用户痛点是一切商业的起点。在商业领域的创新创业中，首先要理解和定义用户需求，以用户为中心，以需求为导向，深入发掘用户痛点，并在此基础上进行创意构思，这样才能提供能够满足用户需求、解决用户痛点的产品或服务。

一、用户认知

（一）用户的概念

用户概念源自互联网，是指产品或服务的使用者。客户则是指通过购买产品或服务满足其某种需求的群体。通过两者的定义可以看出，用户是产品的最终使用者，而客户是产品的买单者。用户与客户并非绝对，当产品购买者与使用者不同时，用户与客户是分离的。当产品符合用户的使用需求时，用户对产品发生购买行为，用户将同时兼具客户身份。

在过去，人们常常会听到"客户"和"客户永远是对的"等说法，强调以为产品付费的客户为中心。在互联网时代，人们更多提及"用户"和"用户至上"。其实，用户和客户并不是传统时代和互联网时代的专属。随着互联网时代乃至移动互联时代的到来，互联网开放、透明、共享的特点加剧了竞争态势，让企业更加重视尚未成为客户的用户。企业做产品和服务不仅要有客户思维，更要有用户思维，要以用户为中心深入发掘并满足用户需求，进一步把用户发展为客户。

（二）用户的分类

任何产品或服务都会面向多种多样的用户，但有主次之分。根据用户对产品的熟悉程度、用户价值和用户创利能力、用户与产品或服务的关系程度等不同的标准和维度，可对用户进行分类。本书以用户与产品或服务的关系程度来对用户进行划分，主要有以下四种类型。

1. 潜在用户

潜在用户是指那些对产品所提供的功能有所需求，有购买能力、购买决策权但还没有使用产品或服务的人，通俗易懂的说法就是想买又不想买的人。

2. 目标用户

目标用户就是指现在与产品发生关系的用户群体，换而言之，正在使用某一产品或服务的这部分用户就是该产品或服务的目标用户。

3. 核心用户

核心用户是指产品或服务最为核心的目标用户群体，通常，这个用户群体对于产品的发展、盈利的规模会有巨大的帮助，因此具有核心地位。

4. 种子用户

种子用户是核心用户中最早期的一批用户，他们对产品或服务有很高的黏度，愿意提供有价值的信息并对产品或服务进行免费传播。在种子用户中有一群更为小众的特定人群，被称为天使用户，他们像天使投资一样，对产品和企业有着至关重要的意义。天使用户痛点迫切，急需解决，愿意尝试不成熟、不完美甚至有一定缺陷的产品，并积极反馈和推广。

用户与产品或服务的关系程度如图6-1-1所示。

图6-1-1　用户与产品或服务的关系程度

（三）以用户为中心的理念

用户是使用产品和服务的人，俗话说"鞋合不合适，只有脚知道"，同理，"产品好不好用，只有用户知道"。无论是传统企业还是互联网企业，以用户为中心都是企业进行产品和服务设计时首要考虑的重点。

以用户为中心，就要求把人放在首位，完全站在用户的角度考虑问题。商业创新机会的发现，都不是因为创造者自身的需求，而是因为要满足用户的需求。很多情况下，要想真正了解人们的需求并不是一件容易的事情，因为有时候人们自己都不清楚自己的真实需求是什么。例如，人们抱怨写字楼里的电梯太慢，表面的需求是人们需要一部更快的电梯，但如果经过进一步的用户访谈和观察，会发现可能人们的真实需求是觉得等电梯的时间很无聊，不想浪费时间。曾生产出世界上第一辆T型车的福特汽车公司创始人亨利·福特曾说过："如果我最初问消费者他们想要什么，他们会告诉我要一匹更快的'马'！"

需求就像浮在海面上的冰山，通常能看到的只是露出海面的一小部分（表面的需求），而海面以下的绝大部分可能才是被隐藏起来的真实需求。以用户为中心，要感受并理解消费者未表达出来的潜在需求，"急用户之所急，想用户之所想"，通过挖掘用户需求来准确定位用户的痛点，找到正确的前进方向。只有能够解决和改善人们的真实需求的产品和服务，才能经得起市场和消费者的检验。

二、用户的细分

用户细分是选择目标用户的基础，在每个细分领域中，用户拥有相同的需求、相同的行为和一些其他相同的属性，这些信息影响着渠道、定价、沟通方式和产品形态。

（一）用户细分的概念

用户细分是指通过分析用户的属性、行为、需求等，寻求用户之间的个性与共性特征，对用户进行划分与归类，从而形成不同的用户集合。

（二）用户细分的理论依据

（1）用户需求的异质性。只要存在两个以上的用户，需求就会不同。由于用户需求、欲望及购买行为是多元的，所以用户需求满足呈现差异。

（2）企业有限的资源和有效的市场竞争。任何企业都不能单凭自己的人力、财力和物力来满足整个市场的所有需求。因此，企业应该分辨出它能有效为之服务的最具吸引力的细分市场，然后集中企业资源，制定科学的竞争策略，以取得和增强竞争优势。

（三）用户细分的方法

目标用户呈现得越清晰，越能辅助产品的决策和设计。本书将介绍一种从地理、人口、心理、行为和场景五个维度对用户进行细分的工具——属性细分法，其可以直观地描述并呈现产品的目标用户。

1. 地理维度细分

地理维度包括国家、地区、省及城市等级级别等因素。各地区由于自然气候、传统文化、经济发展水平等因素的影响，形成了不同的消费习惯和偏好，并有不同的需求特点。因经纬跨度广带来的气候环境、风土人情的地域性差别就是天然的地理细分结果。就像中国美食八大菜系一样，因地理、气候、习俗、特产的不同，发展出各式各样具有地方风味和特色的菜肴，以满足不同地域人们的不同口味需求。

2. 人口维度细分

人口维度包括年龄、性别、家庭、收入、职业、教育程度等因素。用户需求、偏好与人口统计变量有着密切的关系，人口统计变量相对容易衡量和获取，通常作为企业进行用户细分的依据。例如，上海宝格丽酒店主要针对的是高收入人群，每晚住宿价格在4 000元左右；深圳格兰云天大酒店主要针对的是中等收入人群，每晚住宿价格在1 000元左右；锦江酒店旗下7天连锁酒店主要针对的是低收入人群，每晚住宿价格在200元左右。

3. 心理维度细分

心理维度包括生活方式、个性特点、个人偏好等心理因素，不同人群对产品有着较大的不同偏好，人们追求的生活方式不同，消费倾向不同，需要的商品也不一样。例如，农夫山泉打造的东方树叶茶饮品牌，定位无糖茶饮，打出"零糖零脂零卡零香精零防腐剂"的口号。在年轻人追求健康的诉求下，农夫山泉再次发力，推出新口味——青柑普洱、玄米茶。东方树叶无糖茶饮的成功在于关注年轻人群体去糖化、低热量和养生的需求。

4. 行为维度细分

行为维度包括购买时机、产品使用率、忠诚程度、态度等因素，行为变量能更直接地反映用户的需求差异，因而成为用户细分的最佳起点。例如，网红产品喜茶会推出季节性的芒果芝士奶盖茶、芝士莓莓等，每当一款季节性茶饮下市后，喜茶还要为其举行一个特别文艺范的告别仪式，很能吸引消费者。

5. 场景维度细分

所谓场景，就是用户在具体过程中面临的人物、用途、场合、目的的总称。消费者在不同的场景下会呈现出不同的需求，产品只有结合消费场景才能更精准地击中用户。例如，就车辆使用而言，我们可以把全家人长途出行作为一个场景，也可以把上下班代步作为一个场景。我们会发现只要场景穷举得足够细，那么每个场景的产品要求就会更独特。

当然，用户细分并非越细越好，最好基于业务需求、产品目的，否则会增加不必要的成本。用户细分也不是一劳永逸，由于消费者需求多变，基于历史数据分析，不能有效预测未来。用户细分只是帮助了解用户类型，但是如果想要更有效地营销，还需要更详细地了解用户，这需要靠市场调研和构建用户画像来完成。

三、用户的定位

一个产品要取得成功，必须准确选择合适的目标用户。越精准的用户定位对品牌和企业越有优势。用户定位越精准，产品和服务就会越精准，从而将自己的企业和产品与竞品区隔开，建立自己独有的品牌"护城河"。

（一）用户定位的意义

用户定位是指企业或产品发掘和确定向什么人提供服务的过程。用户定位对企业十分重要，对市场、销售乃至整个公司战略都有价值，具体体现在以下几个方面。

1. 有利于精准营销

用户定位做好后，就能准确找到目标用户群体，通过对特定人群的分析，就能够准确知晓用户的消费习惯甚至分析出用户的思维历程，为精准营销提供基础。

2. 有利于减少成本

大而全的产品背后，往往需要高额的推广营销成本。精准的用户定位可以明晰产品是为哪些特定目标人群服务的，进而可以有针对性进行产品设计和营销推广，减少成本。

3. 有利于节省资源

用户定位可以确定产品的目标用户，通过对目标用户开展访谈、问卷调查等可以快速和直接获取目标用户的真实需求，发掘目标用户的痛点问题，有针对性地进行产品的定位和设计，可以较大程度上节约时间和资源。

（二）用户定位的切入点

1. 根据用户细分属性来定位用户群

不同群体的生活环境、教育程度、支付能力等差别明显，形成了不同的需求差异，这些需求的差异实际上意味着目标用户定位的精确化和产品的细分。例如，同样是服装需求，不同的消费层级人群实际上是不同的用户群，需要的产品在档次上是完全不同的。

2. 根据企业自身优势来定位用户群

每家企业都会有自己的优势和特点。例如，有的公司主营业务是做高端网站定制，那么其目标用户就是那些想做定制高端网站的群体。

3. 根据新技术带来的新能力来定位用户群

每项新技术的出现，都可能使原有产品增加新的功能。例如，卫星定位技术的出现和商用芯片的成熟，使得智能手机本身具备了定位功能，进而激活了有导航需求的用户群体。密切关注相关领域的技术进步，就可以敏锐发现新的目标用户。

4. 根据社会环境变化来定位用户群

随着生活水平的不断提高，人们对食品、服装、车辆、住宅及其他消费品的要求不断提高。在此过程中，具有相同需求的人们就成为潜在的用户群。例如，有些人愿意为吃到环保、无公害的食品支付更高费用，那么这些人就构成了绿色食品、有机食品的目标用户群。

⚙ 创客行动

请完成《创新与创业教育实践手册》中模块六任务一"创客行动　找到天使用户"，并线上提交行动画布作业。

≋ 创海撷英

百草味：满足不同人群和场景需求

近年来，百草味聚焦"多元"品牌战略，从针对春节场景的"年的味道"系列礼盒，到切入日常伴手礼场景的"一个礼由"、健身人群的"今日能量"，再到定位"美食轻负"的人造肉系列等，通过深挖人群及场景的各类细分需求，百草味将品牌触角延伸至更宽的领域。

2020年10月，百草味上线了全新子品牌"一个礼由"系列新品，包含日常祝福礼、爱情甜蜜礼、人群祝福礼系列产品，分别满足Z世代（互联网世代）人群在日常社交、恋爱及孝敬长辈的生活场景需求。在"新消费主义"背景下，20～30岁的Z世代人群普遍追求存在感、仪式感、参与感与幸福感，人人都在寻求更有温度的社交方式，因而送礼也不再局限于节日节点。针对这个稳增的市场，百草味经过多方调研深挖用户痛点，切入这类社交场景，设计出极具创意的"一个礼由"子品牌系列产品，针对不同的社交、对象及场景，为消费者提供了多样化的选择，如初次见面礼"如晤花帖"、情人热恋礼"闪闪爱"、长辈问安礼"美丽常开"等，成为Z世代表达不同情绪的载体。

2019年6月，百草味确定人造肉系列研发项目，并于2020年1月推出"新肉时代"。不同于其他人造肉产品，百草味人造肉系列定位于解馋无罪恶感的新型植物肉零食，倾向于18～35岁、追求无负担健康生活的年轻人群打造比素肉零食更美味、比真肉零食更轻负担的"新肉"零食。

2020年5月，百草味发布正式上线儿童食品"童安安小朋友"。这是继"新肉时代"后，百草味又上新的一个重磅系列，也是百草味面向细分人群、细分场景落地多元战略的重要布局之一。此外，针对儿童零食细分领域，百草味还联合洪恩识字（儿童识字App）共同推出了童安安虾片，针对儿童零食健康化、趣味化的需求，童安安虾片采用非油炸、非膨化的制作方式，零添加蔗糖、香精、味精和酱油，同时，包装中还包含一本百草味洪恩识字的定制绘本，让小朋友们能边吃边识字，寓教于乐，符合众多精致妈妈追求的健康美味和童心童趣。

同年，百草味也在每日坚果的基础上进行细分人群的创新，推出了适合孕妇及降糖人群的全坚果版每日坚果。针对3～12岁儿童健康成长的营养需求，百草味特别推出了益生菌每日坚果，满足家庭消费场景下所有家庭成员的营养健康需求。

在后续的产品创新中，百草味还将在"全品类、全人群、全渠道、全场景、多品牌"的发展战略下持续深化不同人群、不同场景的解决方案系列子品牌及产品，为消费者的美好生活提案。

（案例来源：佚名.加码细分人群布局，百草味推出儿童系列食品.联商网，2020-05-25.有删改.）

【课后拓展】

请扫描下方二维码，自主学习相关知识。

用户的痛点、痒点和爽点

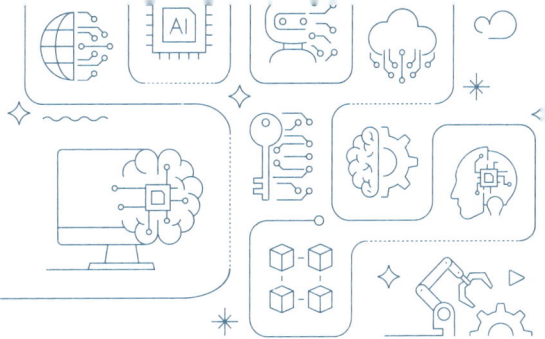

任务二　开展用户调研

【课前热身】

奶茶消费偏好快速调研

全班以小组为单位选择一个主题，快速开展奶茶消费偏好调研。调研主题包括：奶茶购买来源——校内还是校外；一周喝奶茶的频次——三次及以上的人数占比；奶茶口味分类——全糖和少糖的比例。哪个小组最快完成调查并获取有效数据即为获胜方。

思考与探究：有哪些调研形式和方法可以快速、准确地获取调研数据？

【课中解码】

深入了解实际，真正掌握全面、真实、丰富、生动的第一手材料是进行科学决策的前提和基础。因而，用户调研是挖掘用户需求和了解用户特征的有效方式。产品上线前，做用户调研是为了收集目标用户的相关信息，从而分析出产品核心用户的需求，再通过需求鉴别产品可行性。产品上线后，通过用户调研获取到的用户反馈可以判断产品的内容或功能是否能满足用户需求，以及接下来该如何对产品进行更新和迭代。因此，开展用户调研可以更明确、清晰地理解目标用户，从而为产品设计或改进提供指引和导向。

一、用户调研的内容

用户调研是一种对用户进行调查与分析的方法。简单来说，就是通过各种方式来收集用户资料、了解用户想法、收集用户意见。用户调研主要涉及两方面内容，一是调研用户需求，二是调研购买意向。

（一）用户需求调研

好的产品（服务）要能够解决用户的痛点，或是激起用户购买欲望的痒点，抑或是具有自己独特的卖点。在商业经营中，如果产品（服务）不能切实解决用户的问题，又不能满足用户心中的欲望，就很难使其产生购买的想法。因此，企业需要深入开展用户需求调研，使其产品（服务）能够从以上三点出发，分别满足用户的不同需求，即使不能同时满足，也至少要满足其中一方面，否则构建的产品（服务）很难得到市场认可。

（二）购买意向调研

产品（服务）市场定位是否准确，是否满足用户需求，更进一步的检验是对用户购买意向的调研。购买意向调查表调研对象是产品（服务）的目标用户，问题设计要尽量短小、简单、容易回答。例如，可以通过"这个产品（服务）是否满足您对产品功能的期望？""您愿意购买这个产品（服务）吗？""您愿意为此产品（服务）支付多少钱？"等几个简单的问题了解用户的真实看法和购买意向。

二、用户调研的方法

以用户为中心，持续为用户创造价值是众多企业的生存之本。因此，不断找到用户的需求，满足用户的需求，是可持续发展的必经之路。要获取用户的真实需求，必须开展全面深入的调查，刻舟求剑不行，闭门造车也不行，异想天开更不行。如今，交通通信手段越来越发达，获取信息的渠道越来越多，但都不能代替亲力亲为的调查研究。常见的用户调研方法主要有观察法、用户访谈法、问卷调查法和电话调查法。

（一）观察法

观察法是调研人员到活动现场或借助一定设备对调研对象进行观察并如实记录的方法。观察法的主要应用如下。

（1）消费环境。在开发新产品前，了解消费环境可以提高产品的适应性。

（2）用户需求和购买习惯。调研人员跟踪和记录用户的购买过程，用户的性别、年龄、观察商品的顺序、停留时间、行进路线等，这有助于企业改进服务。

（3）商品使用情况。使用情况不但反映用户对商品的态度、消费习惯（用量、次数），而且有助于发现产品的新用途，对于企业改进产品、宣传产品都有帮助。

（二）用户访谈法

用户访谈就是找到目标用户并联系用户，通过面对面直接交流的形式去了解用户对于产品的一些想法。用户访谈是最直接、最有效的方式，在访谈中可以与用户进行更长时间、更深入的交流，较容易获得用户真实的想法及潜在因素等，通常用于解决特定的问题。用户访谈效率较低，但搜集的信息可信度较高。

（三）问卷调查法

问卷调查是大家普遍比较熟悉的调研方法，可以通过线上或者线下的问卷形式收集。问卷调研的优势在于调查面广、能够获得更多人的反馈以进行数据统计和分析；缺点是不够深入，并且问卷在设计上很大程度会左右用户的回答，因此设计一份合理的问卷直接决定了调研的质量。

（四）电话调查法

电话调查法是指市场调研人员通过电话向被调研者进行问询，了解市场情况的一种调查方法。使用电话调研，提问方式可以是人工式，也可以是计算机控制的自动式，还可以是人工智能式。其中，人工式电话调查法需要动用很多调研员，调研员边提问、边做记录，数据记录过程容易出现误差，是市场调查行业初期采用的方法。电话调查法的优点是时效快、费用低、统一性高，易控制调研到不易接触的对象。缺点是难以包含总体，样本的代表性难以判断；时间受限制，内容难以深入，回答率比用户访谈法低，还可能存在语言障碍。

三、用户调研的步骤

开展用户调研工作通常有以下六个步骤。

（一）确定调研目的

调研之前需要明确调研的背景和目的。对于一个新产品，调研的目的是找出用户使用产品的真正诉求，找出用户在没有使用产品时是如何解决痛点的。对于一个已存在的产品，调研的目的是了解用户的行为特征和偏好，找到存量用户使用产品时的痛点，如何留住存量用户、同时获取新用户。

同一个产品在不同时期的用户调研目的也是不同的，产品初期侧重研究用户的需求、特征、行为，理解现象、发掘行动背后的动机；产品中期偏向于收集用户的反馈以改进功能、业务流程或用户体验；产品后期则更多开展定量调研，通过用户的行为和过程数据来针对性地迭代产品。

（二）确定调研对象

确定好调研的背景和目的之后就要选取调研对象。首先基于背景和目的挑出大量符合行为的用户，然后选定部分目标用户，做针对性分析（用户画像），再根据时间、地点、感兴趣程度等最终确定调研对象。

（三）选择调研方法

除了本书中介绍的几种常见用户调研方法，还有其他许多的用户调研方法。每种方法各有优缺点，可以结合调研的目的和调研对象实际来选择相应合适的调研方法。

（四）设计调研问题

用户调研不管是哪种类型，本质上用户都是通过回答问题的方式参与的，因此重点就在于问题的设计上。可以从用户可能遇到的问题和解决方案角度去设计调研问题大纲，针对已知的问题重点了解原因，可针对性设计用户操作、消费习惯、用户直观使用感受和本竞品差异等方面问题；针对未知问题主要是给方案、看反馈，可针对用户痛点、购买意愿及本竞品移入移出关键因素进行调研问题设计。

调研问题的设置原则上遵循由浅入深的方式，但并不是一成不变的，可以根据调研目的和被调查者的特点灵活调整。问卷调查尽量都是选择题，开放性问题可以在最后设置 1 ～ 2 个，不能超过 2 个，问题总数不要超过 15 个；如果是电话调研，则问题不要超过 10 个，开放性问题不要超过 3 个；采用用户访谈进行调研需要准备开放性问题，数量不宜超过 10 个，访谈时间不宜超过 1 小时。

（五）实施调研

在正式调研的环节，一般遵循开场介绍、暖场预热、一般问题、深入问题、回顾总结、结束感谢六大部分逐一进行，必要时可以通过录屏、录音、记笔记等方式做好记录。

（六）总结分析

通过用户调研，得到数据后，形成一份涵盖"调研背景介绍、调研方法描述、调研问题汇总、调研结果分析、调研结果发现、调研效果评估"六大部分的调研报告，对数据进行汇总和可视化展示，将用户的数据进行分析，找到产品优化、更新迭代的方向。

我们通过用户调研可以收集需求、理解需求和解决需求，任何用户调研方法都有优缺点，必要时可采取不同调研方法组合的方式展开用户调研。另外，需要强调的是，从用户处获取需求，除了调研的方法和相关注意事项，我们还需要了解用户，因为有些需求属于显性需求，用户是知道并能够提出来的，我们只做收集、分析、实现即可。但有些需求属于隐性需求，这种需求用户并不知道，但又是用户真实需要的，这种隐性需求就需要通过对用户的了解及对用户提出需求进行问题本质的深挖。

四、用户调研的工具

用户调研获取到的信息辅以一定的研究工具可以更好地呈现调研的结果，帮助人们了解和捕捉用户的想法。用户调研常用的呈现结果的工具有很多，如同理心地图、用户旅程图、用户体验地图、故事板等，下面只重点介绍前面两种。

（一）同理心地图

1. 同理心地图简介

同理心地图（移情图）是由电气计算机辅助设计时代的先锋——XPLANE公司开发的工具，它帮助创新者分析用户问题。从目标客户中，挑选特别突出的代表性人物作为主角，描述被观察者的环境、行为、关切事项与内心渴望。同理心是一种更好地站在用户生活和内心世界去体验用户问题的方法。可以通俗地将移情理解为"善解人意"。关联、了解和理解他人的情感是人类的本能，通过移情能更好地感受到用户内心的真正需求，从而能给出有效的解决方案。

移情映射被分成四个象限——看、听、说与做、想法与感受（图6-2-1），在用户调研过程中尝试记录以下情况。

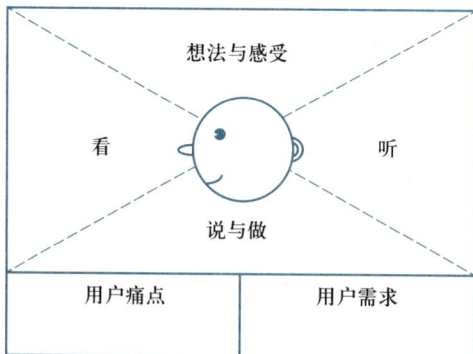

图 6-2-1　同理心地图

（1）看，即用户看到什么。叙述用户在环境中所看到的事物。

（2）听，即用户听到什么。叙述环境如何影响用户。

（3）说与做，即用户说什么及做什么。包含用户在访谈或其他可用性研究中强调的内容。理想情况下，它包含来自用户直接说的话。

（4）想法与感受，即用户内心真实的想法与感受。试着勾勒出用户的内心状态。

（5）用户痛点，即用户的痛苦。描述用户最大的挫折、阻碍、恐惧。

（6）用户需求，即用户的渴望。描述用户真正的愿望与需要、成功的标准、达成目标的策略。

同理心地图可以帮助人们与终端用户建立同理心。当基于真实数据并结合其他映射方法时，同理心地图可以帮助人们站在不同的角度进行思考，也更全面地掌握目标人群的特质，甚至发现用户自己都不知道的用户需求。

2. 创建同理心地图步骤

通常可以采用以下步骤创建同理心地图。

（1）确定目标用户。同理心地图总是从单用户开始做起的，如果有多个用户，则每个用户都应该有一个同理心地图。

（2）收集用户数据。确定好目标用户及特定场景，通过用户访谈等形式进行用户调研，收集用户数据。

（3）整理用户数据。将用户调研收集到的数据进行整理和分析，提取关键信息。

（4）绘制同理心地图。移情到目标用户身份描述目标用户的经验和经历，将用户调研中提取到的关键信息和在调研中观察到、感受到的信息对应填入四个象限。综合所有信息推理出目标用户的痛点和用户需求。

3. 同理心地图示例

这里以同理心地图在改进学生服务大厅业务管理和服务水平中的应用为例（图6-2-2）。通过对学生服务大厅目标用户的调研可以获取到学生反馈的关键信息，并对应填入四个象限，综合分析可得出学生在使用与体验学生服务中心业务和服务方面存在"工作人员服务态度不好、交费不方便、上班时间与学生上课时间相冲突"等痛点，进而发掘出学生存在需要快捷支付交费、线上充值交费、微笑服务等需求。

（二）用户旅程图

1. 用户旅程图简介

用户旅程图，从用户角度出发，以叙述故事的方式描述用户使用产品或接受服务的体验情况，以可视化图形的方式展示，从中发现用户在整个使用过程中的痛点和满意点，最后提炼出产品或服务中的优化点、设计的机会点。用户旅程图可以帮助创业者以用户的视角观察和评估体验，洞悉用户需求，找到服务中的痛点和机会点。

同理心地图和用户旅程图虽然都以用户为中心，但用户旅程图是对整个体验的可视化，概述了用户所做的一切接触、思考及与品牌接触点上的互动。而同理心地图则是提供了一种目标用户的集中视角，而不是设计整个用户体验的广阔视角。

2. 用户旅程图组成

（1）角色。这个角色要具体且细分，将当前任务的相关角色都列举出来，将代表性的用户都过一遍流程。

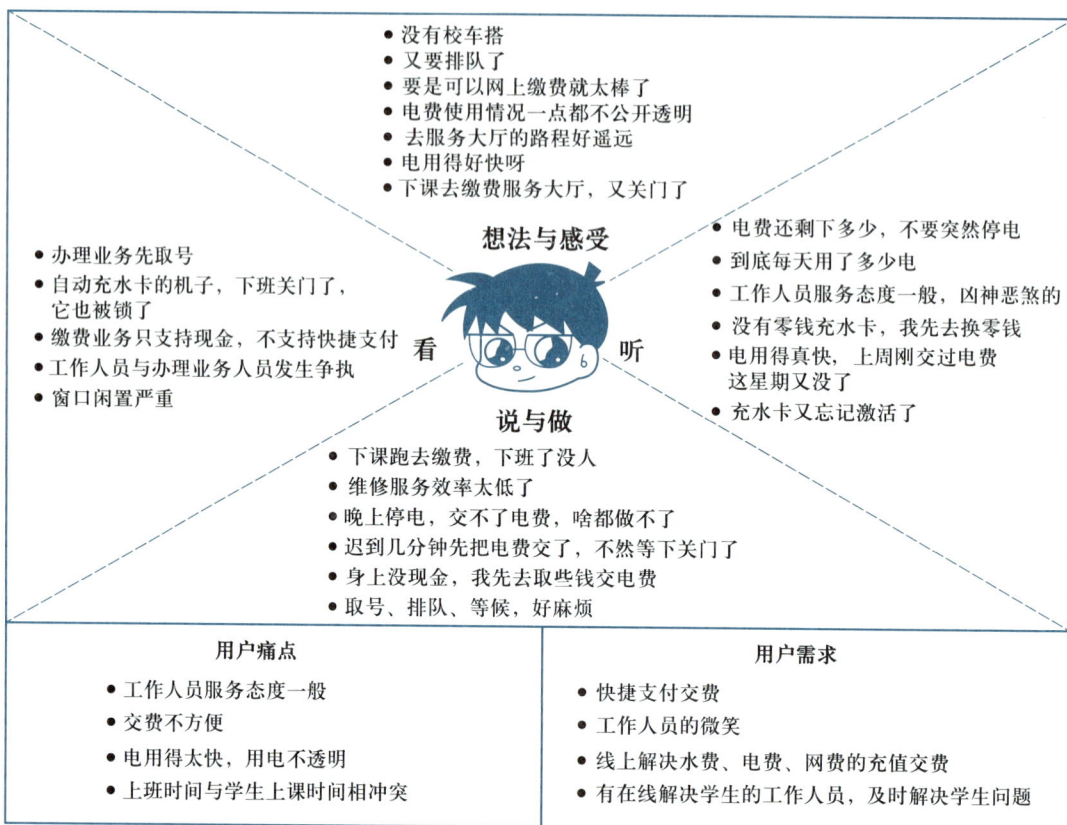

图 6-2-2 同理心地图示例

（2）情景。特定用户的特定场景，这里要具体到某一项任务流程。

（3）期望。要解决什么问题。

（4）其他。可以延续使用体验地图的行为、想法、情绪线、痛点和机会。

3. 创建用户旅程图步骤

通常可以采用以下步骤创建用户旅程图。

（1）根据时间顺序，在各体验阶段填入用户的任务目标和相应行为。

（2）写入用户的体验感受和想法。

（3）写入用户的痛点。

（4）分析设计机会点。

4. 用户旅程图示例

举个例子，这里以潜在用户小明为例（图6-2-3），其期望是送上一份能让女友开心的礼物。将小明买礼物送给女友整个过程画一个坐标图，横轴是小明从选礼物到买礼物再到送礼物的过程，纵轴是小明在这个过程中的行为、接触的人和物及他的心情，这样就能得到小明在买礼物给女友的过程中的一条情绪波动曲线。再分析各个阶段小明所遇到的痛点，进而分析出收获和可能的机会点，其结果就是一个完整的用户旅程图。

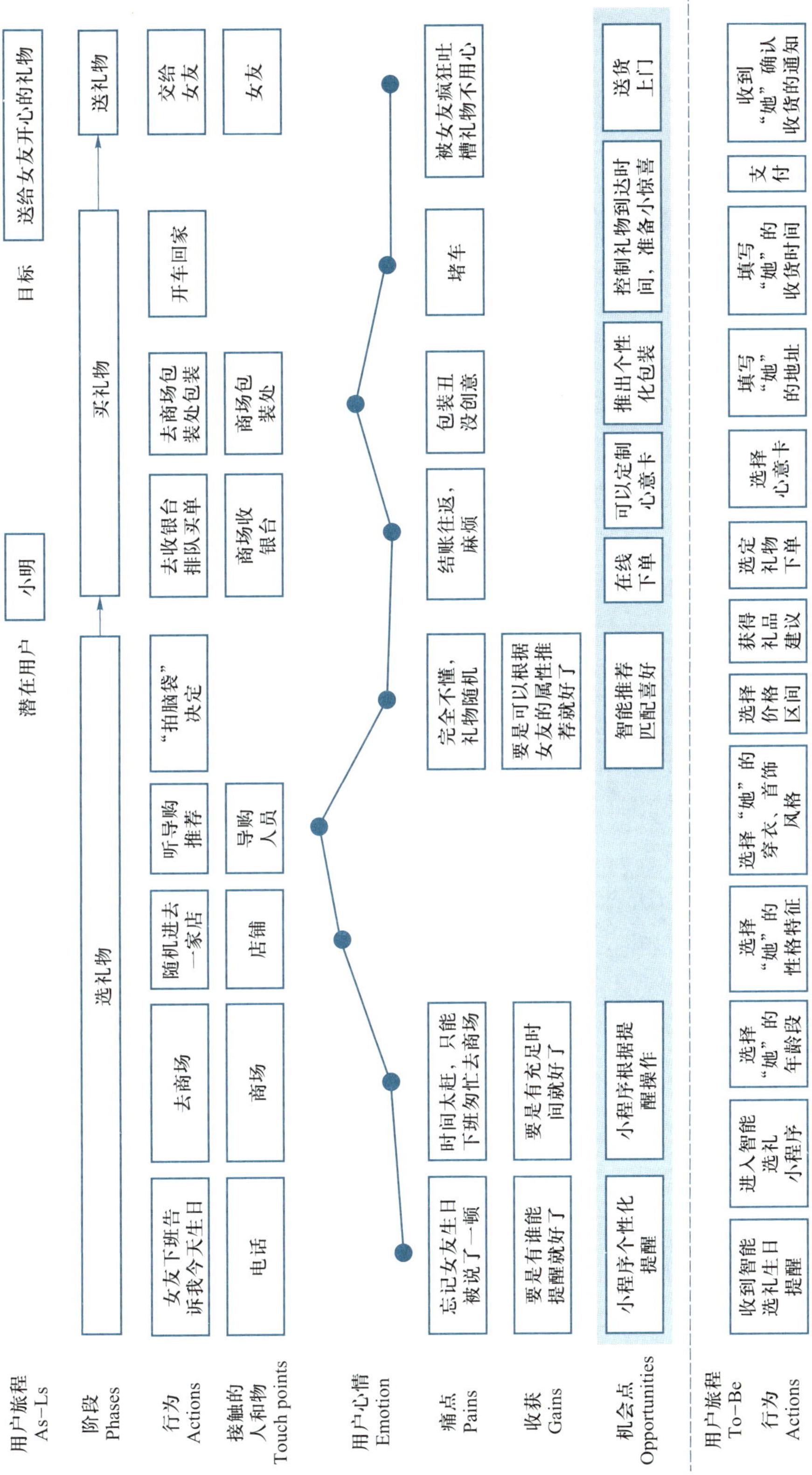

目标　送给女友开心的礼物

潜在用户　小明

用户旅程 As-Ls

阶段 Phases： 送礼物 → 选礼物 → 买礼物 → 送礼物

行为 Actions：
- 女友下班告诉我今天生日
- 去商场
- 随机进去一家店
- 听导购推荐
- "拍脑袋"决定
- 去收银台排队买单
- 去商场包装处
- 开车回家
- 交给女友

接触的人和物 Touch points：
- 电话
- 商场
- 店铺
- 导购人员
- 商场收银台
- 商场包装处
- 女友

用户心情 Emotion：（情绪曲线）

痛点 Pains：
- 忘记女友生日被说了一顿
- 时间太紧，只能下班匆忙去商场
- 完全不懂，礼物随机
- 结账往返，麻烦
- 包装丑没创意
- 堵车
- 被女友疯狂吐槽礼物不用心

收获 Gains：
- 要是有谁能提醒就好了
- 要是有充足时间就好了
- 要是可以根据女友的属性推荐就好了

机会点 Opportunities：
- 小程序个性化提醒
- 小程序根据提醒操作
- 智能推荐匹配喜好
- 在线下单
- 可以定制心意卡
- 推出个性化包装
- 控制礼物到达时间，准备小惊喜
- 送货上门

用户旅程 To-Be　行为 Actions：
- 收到智能选礼生日提醒
- 进入智能选礼小程序
- 选择"她"的年龄段
- 选择"她"的性格特征
- 选择"她"的穿衣、首饰风格
- 选择价格区间
- 获得礼品建议
- 选定礼物下单
- 选择心意卡
- 填写"她"的地址
- 填写"她"的收货时间
- 支付
- 收到"她"确认收货的通知

图6-2-3　用户旅程图示例

⚙ 创客行动

请完成《创新与创业教育实践手册》中模块六任务二"创客行动 绘制同理心地图",并线上提交行动画布作业。

☰ 创海撷英

网络社区：开辟小米用户调研新路径

2010年4月成立的小米科技有限责任公司（以下简称小米），是一家专注于高端智能手机自主研发的移动互联网公司。企业初创时期，随着MIUI社区、小米社区先后正式上线，这种先见式的网络社区建设让其走上了一条独特的发展道路。

小米自己开发的手机操作系统MIUI在Android系统基础上，针对中国用户进行了深度定制。而要完美地匹配中国用户的使用习惯就得做出深入的市场调查，此时小米的网络社区建设帮了大忙。

社区内的米粉们既有专业的极客（对技术有狂热的兴趣并投入大量时间钻研的人）和技术大佬，也有普通的小米用户。小米社区有大量小米手机发烧友发帖提供产品使用体验和反馈改进意见，他们的测评帖、吐槽帖等都可供小米开发者了解用户需求以不断改进产品的设计和功能，从而提高用户体验。社区内还有不同圈子，每个圈子下都有小米员工入驻。在这里小米客户可以讨论小米产品、参与趣味话题、交流玩机心得、测评体验新品、与开发组人员面对面交流。

做用户调查是为了了解客户的真实需求，并根据客户消费偏好完善自己的产品和品牌策略。传统的市场调查往往是企业由上到下进行调研，这种调查方式需要耗费大量的人力、物力和财力，而且有时会听不到消费者的"心里话"。而小米依托网络社区开展的用户调研，可谓反其道而行之。一方面让开发者较为低成本、方便地获取用户的真实需求。另一方面小米用户不用填写冗长的调查问卷或繁琐的反馈意见就可表达自己的真实需求并与开发者互动交流。

（案例来源：佚名.小米市场调研是如何脱颖而出的？营销眼界微信公众号，2022-04-30.有删改.）

【课后拓展】

请扫描下方二维码，自主学习相关知识。

用户访谈法分类

任务三　绘制用户画像

【课前热身】

对 号 入 座

用户王明、郑雷和李梅有着不同的消费理念。

王明：对自己的需求非常了解、非常清晰，没有忠诚度。喜欢搜索自己想要的物品，且爱比较价格。

郑雷：有大概的需求，但是还没有那么明确。

李梅：没有消费需求，就是为了打发时间。

思考与探究：针对携程、淘宝和小红书三款 App，请为王明、郑雷和李梅匹配最适合他们的那款。

【课中解码】

用户细分只是帮助了解用户类型，但是如果想要更有效地营销，还需要从更加细致的维度去了解用户，这就需要靠构建用户画像来完成。

一、用户画像认知

（一）用户画像的概念

用户画像的概念最早由软件开发者、交互设计师艾伦·库珀提出，他在研究中将用户画像定义为"基于用户真实数据的虚拟代表"。基于库珀的定义可将用户画像理解为用户信息标签化，是根据用户的社会属性、生活习惯和消费行为等信息抽象出的一个标签化的用户模型。

构建用户画像的核心工作即是给用户贴标签，而标签是通过对用户信息分析而来的高度精练的特征标识。用户画像可看作企业应用大数据的根基，是定向广告投放与个性化推荐的前置条件，为数据驱动运营奠定了基础。由此看来，从海量数据中挖掘出有价值的信息越发重要。

（二）用户画像的特征

市场环境在变化，消费者的心理和行为在变化，因此创建用户画像的工作并不是一劳永逸的。有效的用户画像具备如下五个特征。

（1）能再现核心用户。

（2）能表达、聚焦于核心用户的需求和期待。

（3）能清晰表达用户期待、用户最可能的产品使用方式。

（4）作为辅助工具，能揭示产品或服务的通用功能与特征。

（5）能用背景、目标、价值描述真实用户。

用户画像并不是一成不变的，创业者随着对用户了解的深入不断进行调整。例如，新手用户一开始关注的是产品的易用性，如操作界面是否简洁美观、是否具备足够的新手引导、每个功能的交互是否清晰易懂等。但随着不断地使用产品，逐渐从新手用户变为专家用户，这时候他关注的可能是产品的效率，如常用功能是否都有快捷键、操作步骤是否精简等。由此可见，一次性建立完美的用户画像几乎是不可能的。

（三）用户画像的基本要素

用户画像主要从静态属性、动态属性、消费属性和心理属性来描述。

（1）静态属性。静态属性是勾勒用户画像的基础，包括性别、年龄、居住地区、教育、婚姻情况、婚育情况、职业及行业等。

（2）动态属性。动态属性是指用户的娱乐偏好、社交习惯、出行方式及获取知识的方式等。

（3）消费属性。消费属性是指用户的消费水平、消费心理、消费嗜好等。

（4）心理属性。心理属性是指用户在生活、工作、情感、社交等方面所拥有的个人价值观。

二、用户画像的绘制原则与作用

（一）用户画像的绘制原则

创建用户画像是为了更好地把握商业机会和更精准地服务消费者，绘制用户画像需要遵循以下原则。

1. 数据真实可信

用户画像需要构建在真实的用户数据之上，重复的、虚假的数据在构建用户模型之前就需要去除，非真实用户和真实用户的数据也要根据情况加以区分。

2. 标签语义明确

标签的语义和内容传达明确，名称简短精练，针对产品的特性定义标签，不同的产品，用户标签各不相同。还要注意，同一个标签在不同的产品中应用的重要程度也不同。例如，电商类产品更关注的"复购率"，在社交类产品中就不那么重要。

3. 标签低交叉率

用户画像的目的是，用直观的标签对目标用户进行描述。用户画像中的每个标签都尽可能完整、独立，含义相同的标签要归类、合并，尽量做到低交叉率。

4. 画像持续优化

画像构建完成后，用户标签的维护往往最容易被忽视。用户画像并不是一成不变的，而应处在不断修正中。事实上，精细化的标签管理应该做到对每个标签都进行及时更新。

（二）用户画像的应用

用户在企业发展的过程中有举足轻重的作用，用户画像主要的应用包括以下几个方面。

1. 实现精准营销

通过用户画像分析用户属性，找出种子用户、核心用户、目标用户与潜在用户的偏好所在，为用户进阶制定优质的运营策略，实现从粗放式到精细化运营。

2. 帮助用户分析

用户画像也是了解用户的必要补充。产品早期通过用户调研和访谈的形式了解用户，在产品用户量扩大后，调研的效用降低，这时候就可以辅以用户画像配合研究，了解新增用户的特征、核心用户的属性变化等。

3. 辅助产品设计

用户画像能为产品设计过程中的关键决策提供依据，帮助产品设计达到符合核心用户群体的需求。

4. 个性化推荐

用户画像是许多数据产品的基础，如耳熟能详的推荐系统、广告系统，依托用户画像这些数据产品可进行个性化推荐。

5. 辅助业务决策

用户画像可以理解为业务层面的数据仓库，各类标签是多维分析的天然要素，数据查询平台会和数据打通，最后辅助业务决策。

三、用户画像的绘制步骤

绘制用户画像可以按照以下四个步骤进行。

（一）画像目标确认

确认画像目标是非常基础也是关键的一步，要明确用户画像处于什么阶段，根据所处阶段明晰画像目标，从而在标签体系构建和用户调研设计中对用户画像基本要素选取做到有的放矢，合理设计用户调研内容，确保底层设计科学合理。

（二）数据采集整理

只有建立在客观真实的数据基础上，生成的画像才有效。因此，创建用户画像的一项工作是收集用户数据。在用户细分时，创业者已经对目标市场中的消费者有初步的了解，对提供何种产品和服务到这一市场也已经有了基本的考量。但是，这种通过人口统计数据分析获得初步的了解和基本的考量对于指导具体的市场营销工作仍然宽泛，还需要掌握种子用户更加全面和深入的信息，最终指向"只为一个人而设计"的目标。收集用户数据的方法非常丰富，如通过行业大数据报告获取，通过用户访谈、问卷调查的方式获取，尽量多而全面地搜集。根据搜集到的信息剔除无效数据，进行整理和汇总。

（三）数据标签化

在这一步将得到的数据按照用户画像的静态属性、动态属性、消费属性和心理属性四类基本要素归类，映射到构建的标签中，赋予数据标签信息，并逐层逐级将标签细化，直至标签信息不重复、不交叉。

（四）用户画像生成

将前一步整理出来的标签分类罗列生成用户画像，并根据标签特点运用生动形象的语言描述画像，为用户画像命名。

⚙ 创客行动

请完成《创新与创业教育实践手册》中模块六任务三"创客行动　为天使用户画像"，并线上提交行动画布作业。

≋ 创海撷英

拼多多："新品牌计划"幕后

拼多多成立于2015年9月，是一家专注于C2B（Customer to Business）拼团的第三方社交电商平台。2020年10月22日，拼多多在上海举行发布会，宣布"新品牌计划"在推行一年半后将升级到"2.0版本"，其中包括增加新品牌计划的扶持对象和力度。此前的1 000家外贸代工厂，将扩大为5 000家制造企业，变成覆盖头部制造企业、外贸代工厂、腰部制造企业的整体，构建更大的生态体系。

事实上，拼多多通过"百亿补贴"迅速打开市场后，各种形式的补贴已经成为电商行业的保留节目。从客观上来说，嗅觉灵敏的消费者总是会被更实惠的价格吸引，但低廉的价格背后，考验的是平台对商品质量的把控、品牌培育、对消费者需求的理解程度，以及一整套供应链体系的作为。

拼多多高管曾表示，在新品牌计划最开始推出的时候就曾有一个理念，希望能打破传统的渠道决定品牌、渠道决定消费者的体系，真正以用户需求为导向来创造商品、创立品牌。其中，准确地了解用户需求是第一步。拼多多有一个专门从事数据挖掘工作和产业指导的新品牌实验室，这些数据专家和产业团队持续不断地将用户需求具象化、数据化，将准确的参数、功能、维度，以及定价策略等，给到合作企业，指导生产。例如纸巾，从理论上来说它的市场空间非常大，但在很长一段时间里，中国的纸巾行业都是品牌特别集中的行业，由跨国公司、港资企业成立，占绝对主导地位，因为只有这些企业才有足够的资本、足够的团队进行大量的广告投放，以及覆盖到乡镇级别的经销商体系，从而实现品牌化的效应。拼多多则采取了自己独有的打法，将归纳、收集的数据，精准地给到原来帮助一线纸巾品牌生产的代工厂，包括一张纸的长和宽，应该满足哪些基本功能，一包多少抽、定价多少，才能找到大概多少的用户，甚至会精确到一整箱的纸巾，长、宽、高各是多少，才能最大化利用车间，进一步摊薄成本。

也就是说，在"新品牌计划"里，通过以需定研、按需定产的模式，在满足消费者的同时，降低企业研发生产的不确定性。陈秋表示，拼多多曾经做过的一项调查显示，"新品牌计划"的研发费用相较于其他渠道降低了80%，同时订单增速相较于其他渠道，增速在400%以上。

下一步，则是如何把符合消费者画像和需求的商品，透明、快速地送到消费者手里。相比传统的供应链模式，分销、终端、品牌方、代运营等环节挤压价格空间，拉长了消费者收货的流程，拼多多的流通体系致力于让工厂直接对接消费者，让商品在过了最后一道安检、质检之后，直接由产区进入物流环节，然后送抵消费者。这样不仅能使拼多多降低支出和损耗，还能帮助生产者和消费者建立直接对接、更具信赖感的联系，可谓一举两得。

（案例来源：佚名.拼多多"新品牌计划"幕后：补贴之余，按用户画像定制生产.品玩微信公众号，2020-10-26.有删改.）

【课后拓展】

请扫描下方二维码，自主学习相关知识。

用户画像工具

学习讲堂 ▶

以客户为中心打造企业品牌

学习反馈 ▶

模块六 学习调查问卷

模块七

锚定项目产品

只要是大方向是对的，不是死胡同，你只要坚持下去，就会达到光明的彼岸的。

——袁隆平

学习地图

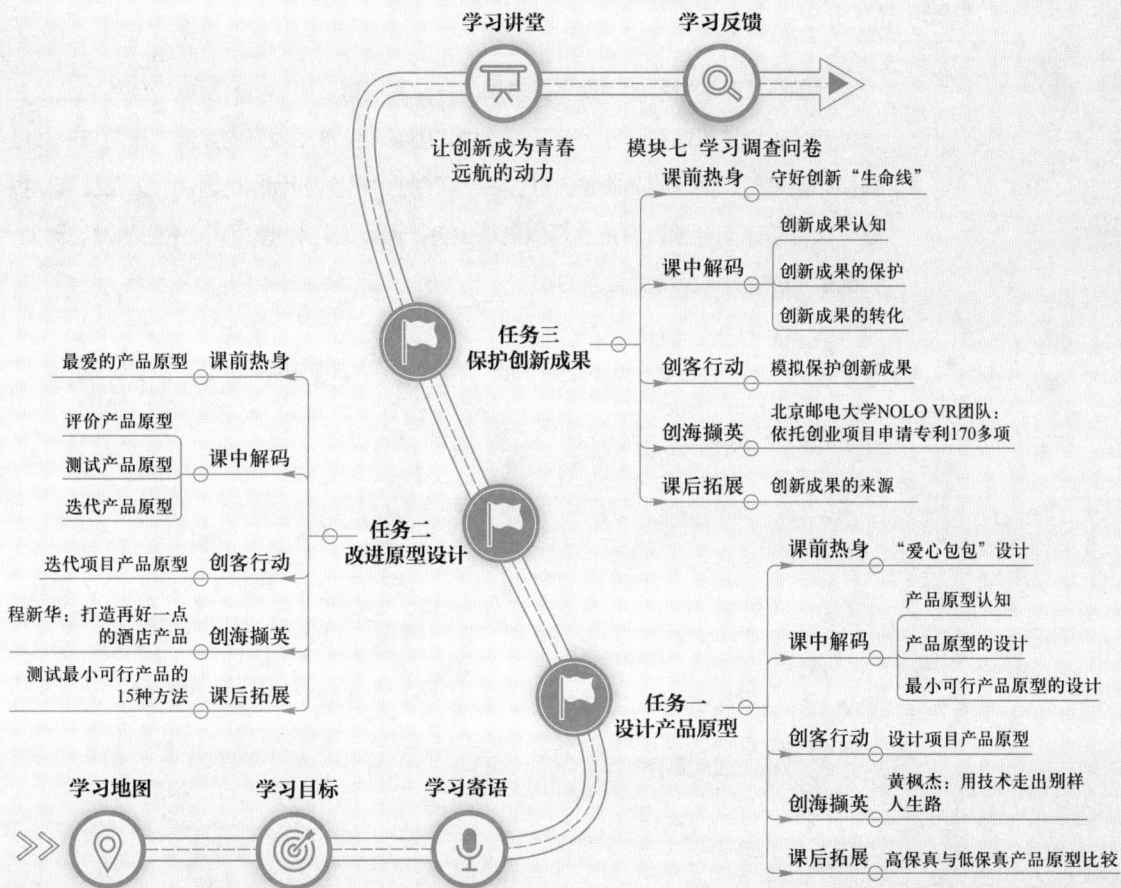

学习目标

>>知识目标

了解产品原型及创新成果保护与转化的相关理论知识；理解产品原型的设计流程；掌握最小可行产品原型设计步骤和产品原型评价的维度。

>>能力目标

通过设计和迭代产品原型，提升对产品原型的认知，培养动手绘制产品原型的能力。

>>素养目标

提升"勇于尝试、敢于创新"的创新创业素质，培养保护与转化创新成果的意识，学会使用法律知识维权。

学习寄语

我国已从高速发展转向高质量发展阶段，高质量发展需要高质量的创新创业，在全球新一轮科技革命和产业大变革潮流中，创新创业推动发展的效能不是简单的数量叠加，更是创新创业的高质量递进，在创新创业中引领创优，用创优为人民提高幸福感、获得感、安全感，为企业打造高精尖特产品，为社会提供源源不断的发展动力，为国家全面提升国际综合竞争力。

模块成果：项目产品原型设计行动画布　产品原型展示行动画布　模拟申请专利行动画布

任务一 设计产品原型

"爱心包包"设计

请分别为老人、孕妇、儿童等群体设计一款方便出行的"爱心包包"。活动时间为10分钟，要求独立完成，快速绘制完毕后与他人分享成果。

思考与探究：在设计"爱心包包"时应关注的因素有哪些？

【课中解码】

产品原型存在于我们工作、学习、生活的方方面面，所有真实产品的诞生都离不开产品原型设计，产品原型无时不在、无处不在。只有先认识产品原型，才能更好地设计、制作和迭代产品原型，为产品投入市场做好准备。

一、产品原型认知

（一）产品原型的概念

产品原型是产品的雏形，是针对用户需求进行的产品简单框架设计和可视化呈现，是产品设计方案的表达、产品设计界面的展示、功能与交互的示意，是介于创意和产品之间的满足用户需求最基本的产品形态，同时也是用户需求与真正产品间的关键节点。任何能够将想法从脑海中表示出来并让其他人看见的东西都可以是产品原型。例如，对于数字化软件产品，产品原型是指软件产品上线之前所依据的样图；对于建筑物，产品原型是建筑设计图稿；对于网站，产品原型主要是用户前端页面；等等。产品原型一般包含界面布局、简单交互及相关说明等元素，产品原型内含和所涉及的材料、部件、设计及装配方式必须与最终产品一致。

（二）产品原型的作用

在激烈的市场竞争中，产品投入市场的速度及产品的质量关系到企业的生存和发展。因此，产品投入市场前的产品原型尤为重要，创业者塑造产品原型的作用主要有以下三个方面。

1. 明确问题和方案

产品原型可以帮助创业者明确现有问题，发现其他隐含问题，找出更多解决问题的方法。在设计的早期阶段，创业者需要用探索性的研究和原型设计去发现问题，问题发现得越早，代价就越小，反之则越高；在设计的后期阶段，产品原型可以帮助创业者掌握整个业务流程及每个节点所要做的设计，明确用户界面及交互元素和内容等。

2. 高效沟通

产品原型可以帮助创业者在团队内部、客户及利益相关者之间展示自己的想法，并将想法转化为物理或数字的媒介，进而将模糊的、概括的想法转化为具体的对象。产品原型能够让团队内部、客户及利益相关者在短时间内保持聚焦，将注意力集中在实质性的产品沟通上，提高沟通效率。如果没有产品原型，团队内部、客户及利益相关者对于产品的期望和想法就很难达成一致，沟通成本将变大、工作效率将变低，进而影响产品投入市场的速度。

3. 验证和改进

创业者最初并不确定自己的想法是否值得花时间设计产品原型，这时，创业者可以凭直觉设计产品原型，不断地进行验证和改进（图7-1-1）。早期阶段，创业者需要了解和测试用户心智模型，了解用户思考和感知世界的方式。如果设计的产品过于复杂，则需要通过产品原型频繁地验证和改进。总的来说，通过产品原型设计，创业者可以与用户互动，洞察用户的实际需要，不断验证和改进产品原型，从而设计并制作出让用户满意的产品。

（三）产品原型的展现形式

产品原型的展现形式多种多样，所用材料也非常丰富。一般来讲，产品原型的展现形式有草图产品原型、实体产品原型、数字化产品原型、故事板产品原型等。

1. 草图产品原型

草图产品原型是创业者基于业务流程，用平面草图的方式描绘产品大致结构和核心功能的完整过程，充满了可以继续推敲的可能性和不确定性，但是能够表达创业者初期的想法。草图产品原型可以是白板草图、纸质草图，具有快速性、简洁性、概括性的特点。例如，扫地机器人的产品原型设计草图见图7-1-2。

图 7-1-1　产品原型设计持续迭代、螺旋上升

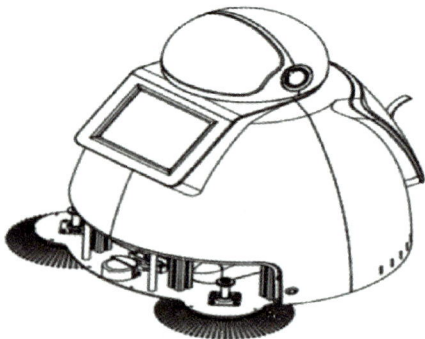

图 7-1-2　扫地机器人的产品原型设计草图

2. 实体产品原型

实体产品原型是利用彩纸、乐高、橡皮泥、炭料等材料和工具，将一个产品设计想法

变成直观立体模型的过程，此种产品原型具有精准立体化、耐用性强、情景交融等特点。例如，无人机的实体产品原型见图7-1-3。

图 7-1-3　无人机的实体产品原型

3. 数字化产品原型

数字化产品原型是指利用3D建模技术将产品的设计转化成数字化的产品原型。数字化产品原型允许不同产品设计人员建模，可实现设计数据的实时更新和快速修改，能够保证不同产品设计人员之间数据传输的准确性，提高产品设计效率。此外，数字化产品原型能够迅速将设计内容可视化，方便测试与迭代产品原型。相比实体产品原型，数字化产品原型开发时间短，更加省时省力。例如，机械臂的数字化产品原型见图7-1-4。

图 7-1-4　机械臂的数字化产品原型

4. 故事板产品原型

故事板产品原型是按照时间顺序以连环画或系列图片的形式直观地展示产品创意的方式，此种产品原型可以展示出各个角色、场景、事件及相互之间的串联关系，体现出产品创意的整体构思。故事板具有交互性、凸显关键任务和突出目标用户的特点。例如，折叠便携式拉杆车故事板产品原型见图7-1-5。

（四）产品原型的保真度

基于产品原型想要达到的目的，创业者需要选择合适的产品原型保真度。保真度即产品原型的外观和行为与最终产品的相似程度，产品原型保真度一般可分为低保真产品原型、中保真产品原型和高保真产品原型。产品原型的设计通常从低保真开始，并逐渐提高到高保真水平，直到大部分假设都经过验证和修正。

图 7-1-5 折叠便携式拉杆车故事板产品原型

1. 低保真产品原型

低保真产品原型是将高级设计概念转换为有形的、可视化的简便快捷方法，呈现的是初步的概念和想法，可以使用不同的媒介，拥有不同尺寸的原型界面。低保真产品原型具有设计成本低、节省时间、容易改动等优势，草图产品原型、故事板产品原型等都属于低保真产品原型。

低保真产品原型在视觉设计上仅呈现最终产品的一部分视觉属性，如元素的形状、基本视觉层次等；低保真产品原型在内容上仅包含内容的关键元素，如产品的核心功能、关键技术等；低保真产品原型还可以实现交互，可由设计师手动呈现设计页面，也可通过线框图的形式制作交互效果。

2. 中保真产品原型

中保真产品原型介于低保真产品原型和高保真产品原型之间，它将视觉、交互和展示媒介结合在一起，在成本和价值之间取得了平衡，在某些方面看起来像最终产品。例如，可点击的产品原型、编码产品原型等都属于中保真产品原型。

相比低保真产品原型，中保真产品原型更能详细地展示概念，用户也能够基于中保真产品原型完成一个任务的闭环，即通过与产品原型界面的交互完成工作任务。

3. 高保真产品原型

高保真产品原型经过视觉设计，与真实界面高度一致，数据高度仿真，用户能够与之进行交互，具有逼真视觉设计、类似真实内容和高度交互性三个基本特征。相比低保真产品原型和中保真产品原型，高保真产品原型的优势有：用户操作时有更真实的系统响应，能够确保产品测试工作流程和特定的用户界面部件，能够让创业者集中精力关注产品原型测试。值得注意的是，高保真产品原型虽然看起来像真的，但它仍然只是一个原型。

总之，不同保真度原型付出的成本和带来的效果是不同的，在产品原型设计中该如何选择原型保真度类型？如果原型保真度过高，用户就会以为设计已经完成，过分关注细节，而忽略整体方案；如果原型保真度太低，用户可能会迷失方向，不理解原型的目的是什么。创业者需要根据目标和产品所处的阶段来选择适当的保真度原型，在设计原型所花费的时间和验证原型带来的价值之间取得平衡。

二、产品原型的设计

（一）产品原型的设计流程

由于创业者选择的创业项目、产品特点等不尽相同，所以关于产品原型设计的流程也有所差异。本书从通用产品原型设计出发，将产品原型设计分为明确产品原型设计的目的、调查分析用户和可行性评估、产品功能重要性排序、产品原型图设计、产品原型呈现和验证五个流程。

1. 明确产品原型设计的目的

产品原型设计之前，创业者需要明确产品原型设计的目的。一般来讲，设计产品原型的目的主要有明确产品方向、探索解决方案和验证问题或假设。

（1）明确产品方向。创业者倘若不知如何下手设计产品，则可以采用最小可行产品原型的方法，用最小的工作量制作一个简易原型，模拟用户实际业务操作流程，让产品原型代替流程中每个环节的操作界面，最后将产品原型交付用户进行测试验证该产品是否为用户所需。

（2）探索解决方案。创业者设计产品原型的目的如果是为了找到问题和探索如何解决问题，就可以针对问题发散多个解决方案，并将类似的方案进行分类组合，对方案的优劣势和价值进行评估和排序，进而制作简易的产品原型，最后找出最佳的解决方案。

（3）验证问题或假设。创业者设计产品原型的目的如果是为了验证问题，则需要有针对性地找到有待优化的问题和修复问题，选择原型保真度，构建原型和测试原型，进而优化产品。

2. 调查分析用户和可行性评估

在产品原型设计初期，创业者需要建立目标用户群，并对其行为习惯与情感需求进行调研分析。在调查与分析的基础上，为产品用户的细分需求进行产品原型搭建，探索原型设计是否能不断满足用户需求。只有从市场情况和用户需求出发，才能不断深入思考产品原型如何更好地与用户需求结合。

调查分析用户后，可以从如下四个方面进行产品可行性评估。

（1）用户是否会因某项需求而使用该产品。

（2）用户能否清晰定位和判断产品用途。

（3）用户是否能够很快上手，学会使用该产品。

（4）在用户与产品发生交互的整个过程中，产品是否能够保证达到用户的各项要求。

3. 产品功能重要性排序

创业者可组织成员头脑风暴出很多产品功能，但产品设计初期同时实现多种功能难度较大，此时可运用优先级排序工具（图7-1-6）对产品功能进行排序，筛选出对用户价值大且可行性强的前三位功能，作为产品原型设计核心功能，以精准定位和满足用户需求。

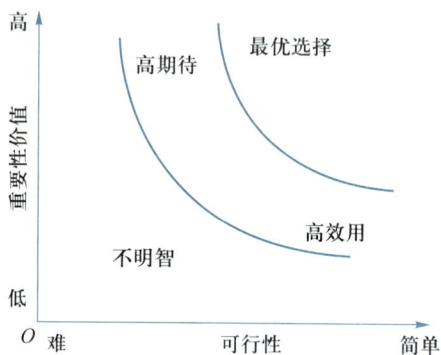

图 7-1-6　产品功能优先级排序

4. 产品原型图设计

对产品功能进行重要性排序后，创业者便可根据产品核心功能进行原型图设计，并基于产品受众和所处阶段选择何种保真度的产品原型，即是低保真产品原型、中保真产品原型，还是高保真产品原型。

对于大学生初创者来说，在产品设计初期一般要选择低保真产品原型图，即通过绘制草图的形式将产品创意方案表达出来，具体方法如下：运用产品原型设计思维导图（图7-1-7），拆分产品原型核心功能，并且对每个功能进行草图设计，然后综合所有核心功能设计出完整版的产品原型图。

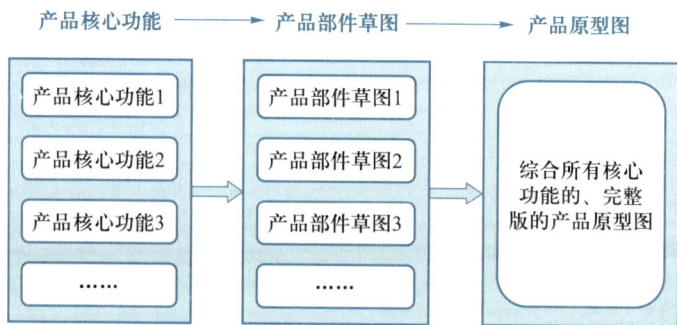

图 7-1-7　产品原型设计思维导图

5. 产品原型呈现和验证

产品原型呈现和验证是指将产品原型展示给创业团队、利益相关者及用户，征求创业团队、利益相关者及用户对产品原型图的意见和建议，分析总结共性问题和用户关注点，并进一步对产品原型图进行修改与完善。

（二）产品原型设计原则

每个优秀的产品原型都要遵循一定的设计原则，根据著名设计师罗宾·威廉姆斯的著作《写给大家看的设计书》，产品原型设计应遵循对比、重复、对齐和亲密性四大原则。

1. 对比

产品原型设计中要避免页面上的元素，如字体、颜色、大小、线宽、形状、空间等太过相似，应使元素之间有层次感和对比性，从而让页面引人注目，使产品原型设计更加一目了然。

2. 重复

产品原型设计中的关键视觉要素要重复出现，以增加产品原型设计的条理性和统一性。

3. 对齐

产品原型设计中的每个元素都应当与页面上的另一个元素有某种视觉联系，切勿随意安放，以便建立一种清晰、精巧且清爽的产品原型外观。

4. 亲密性

创业者应对产品原型中彼此相关的元素进行归组，增强元素与元素之间的亲密性，形成一个视觉单元，以便于组织信息、减少混乱和提供清晰的产品原型结构。

（三）产品原型设计误区

产品原型设计是一项标准化的流程，实际工作中背景不同、情况不同，往往并没有引起足够的重视，甚至存在一些误区。大学生创业者在进行产品原型设计时需注意规避以下误区。

（1）不需要信息架构，直接画原型。这种没有前期的信息组织和分类的过程，往往画出的原型不是用户最想要的，需要经过多轮的修改和调整。

（2）过分追求完美的原型。存在这种误区的创业者不注重产品阶段，不关注受众，花大力气将原型的细节都描绘得十分清楚，但是如果没有抓住用户需求，就是牵一发而动全身的调整，耗时耗力。

（3）画原型浪费时间。很多创业者认为要注重提高工作效率，但并不意味着可以省略原型，没了原型，创业者脑中的图和用户及利益相关者脑中的图未必一致，最后的结果是浪费时间和精力重新调整。

（4）原型随便画就行，不需要按规范来。有些创业者认为不需讲究产品原型规范性，绘制的产品原型保真度很低，这势必会影响产品原型制作及后期真实产品的研发。

三、最小可行产品原型的设计

（一）最小可行产品原型的概念

最小可行产品原型是一种产品思想，它以极低的成本、最快的速度，向用户交付产品的主要功能及特色，然后通过及早地接触用户，获取客户反馈和市场验证来改进产品和迭代升级。最小可行产品原型概念是由创业家莱斯提出的，他认为最小可行产品原型是创业者打造产品最行之有效的方法，能够让解决方案在最短时间内得到快速验证，从而让创业者迅速调整产品方向，解决用户痛点。事实上，设计最小可行产品原型是一种将减法做到极致再进行加法的产品设计模式。

（二）最小可行产品原型设计思维及理念

1. 最小可行产品原型设计思维

在设计最小可行产品原型过程中，首先要具有最小可行产品思维，具体体现在新产品开发过程的四个阶段，分别是用户需求匹配的发现阶段、解决方案匹配的方案阶段、产品市场匹配的最小可行产品阶段和渠道产品匹配的扩展阶段。

（1）用户需求匹配。根据市场细分锁定目标用户群体，建立用户画像，挖掘用户真实需求，并通过多维度分析需求度。

（2）解决方案匹配。结合用户需求场景，围绕用户核心诉求提供解决方案，产品创意要与用户需求场景匹配，可落地。

（3）产品市场匹配。根据解决方案开发产品，在产品上市过程中选择抢滩战略，降低试错成本，获取先发优势，以赢得市场竞争。

（4）渠道产品匹配。根据产品特点优选渠道或根据渠道流量定制产品，做到产品与渠道相匹配，疏通产品交付价值链。

2. 最小可行产品原型设计理念

有关最小可行产品原型设计理念，前人将其总结为七个字，即专注、极致、口碑和快，但这并不适用于所有产品，也不能完整表达最小可行产品原型的核心思想。因此，本书在前人"七字诀"的基础上，通过八个关键词——创新、最小、可行、快速、聚焦、专注、极致和口碑提炼出了新的最小可行产品原型设计理念，用于指导最小可行产品原型开发与设计。

（1）创新。深入细分市场，挖掘用户需求，以创新为驱动，为用户提供可感知价值的最优解决方案。

（2）最小。抓住用户核心诉求提供最优解决方案，控制需求范围和项目预算，降低产品创新的试错成本。

（3）可行。进行充分的市场调研，在产品开发过程中利用科学的方法工具，增加可行性和成功率。

（4）快速。"天下武功唯快不破"，需调整结构，建立新产品开发战略，快速推陈出新，赢得市场竞争。

（5）聚焦。少即是多，大道至简，需聚焦一个领域，从一个需求方向进行深度挖掘，不断打磨产品并做到极致。

（6）专注。保持高度集中专注，投入足够的耐力、时间、精力和智慧，打造出极致的产品。

（7）极致。不仅要满足用户的基础需求，还要满足用户的期望需求，甚至满足用户的兴奋型需求。

（8）口碑。能够让用户感知超出用户预期，让用户兴奋，忍不住地说好，自愿推荐给身边的人。

（三）最小可行产品原型设计步骤

设计一个最小可行产品原型需要经历以下三个步骤。

1. 明确用户需求并提出解决方案

为更好和快速完成最小可行产品原型设计，创业者可运用二手资料收集法、观察法、调查法等方法收集用户信息、了解用户行为和明确用户需求，并针对用户需求或痛点提出解决方案，为产品原型设计做好基础准备。例如，针对传统电力的人工巡检存在效率低、难度大、安全风险高、缺陷发现率低等问题，提出输电线路"空中卫士"解决方案，自主开发远程不间断智慧巡检系统。

2. 确定产品核心功能和整体结构

创业者在明晰用户需求和提出解决方案后，便可着手设计产品的核心功能和整体结构。确定核心功能的方法同样参照产品原型设计的一般流程，利用优先级排序工具筛选出可行性强、价值大的前三位产品功能，而后根据产品核心功能构思产品的整体结构。

3. 绘制产品原型草图

基于最小可行产品原型设计的前两个步骤，创业者可结合项目实际绘制产品原型草图，快速完成产品原型设计，并将其投放到天使用户中，不断地收集天使用户反馈的需求信息，然后根据用户反馈信息对产品原型进行修改与完善。

⚙ 创客行动

请完成《创新与创业教育实践手册》中模块七任务一"创客行动　设计项目产品原型"，并线上提交行动画布作业。

☰ 创海撷英

黄枫杰：用技术走出别样人生路

工匠精神的关键在于传承，只有将最精的工艺与经验传承下去，才能不断推向新高度。广州市技师学院黄枫杰刚刚毕业两年，就已经成为国家级技能大师。

1996年出生的雷州小伙黄枫杰受到爷爷和叔辈的影响，从小就喜欢动手操作。16岁那年，即将中考的他选择学习技术。"我想用技术走出一条不一样的路。"黄枫杰回忆当初选择学习技术时说，当年他的哥哥正备战高考，考虑到家里的现实条件和个人兴趣，他果断报考了技校。

2012年9月，黄枫杰进入广州市技师学院学习模具设计与制造，开始接触原型制作项目。原型制作涵盖设计、3D打印、铣床、车床、手工打磨、抛光、喷漆七大工序，属于企业产品批量生产的前期环节，这项技术的实际意义在于将图纸上概念性的产品转化为现实产品。黄枫杰表示，最初接触原型制作时，最好的技术在日本、韩国，但很快国内的技术水平就从不成熟迈向了领先水平。"原型制作最基本的东西在于不断地打磨、不断地改善，我们的技术精度随着制造水平发展不断提升。"得益于技术的发展，黄枫杰学到了越来越多的产品原型制作技能，更获得"黄一刀"的称号。

2017年，黄枫杰在第44届世界技能大赛（以下简称世赛）原型制作项目中斩获中国首金。2019年，广州市技师学院以黄枫杰名义申报成立国家级原型制作技能大师工作室，黄枫杰指导两名学生参加第45届世赛。2020年，黄枫杰又带领三名选手，包揽了第一届广东省技能大赛原型制作项目前三名。

习近平总书记曾说，广大青年要"立鸿鹄志，做奋斗者"。对黄枫杰来说，技工教育就是他奋斗的新场地，他将努力把自己的所学传授给学生，并持续不断地汲取更新、更强的技术，让自己变成名副其实的能工巧匠。

（案例来源：周聪，梁喻，付迎红.24岁国家级技能大师黄枫杰：工匠精神关键在于传承.南方网，2020-08-08.有删改.）

【课后拓展】

请扫描下方二维码，自主学习相关知识。

高保真与低保真产品原型比较

任务二　改进原型设计

最爱的产品原型

请对本模块任务一所完成的"爱心包包"产品原型设计进行投票，每人一票，选出最佳项目团队产品原型。活动时间为5分钟，可利用投票软件。要求注重第一印象，互不干扰，客观公正。

思考与探究：一个好的产品原型应具有哪些特点？

【课中解码】

一般来讲，产品原型设计完成后，需要对产品原型进行评价与验证，以便确定是否满足市场和用户需求，这对产品大有裨益。

一、评价产品原型

（一）产品原型评价的概念

所谓产品原型评价，是指创业团队、用户及利益相关者等主体对设计出的产品原型进行评价，评价内容一般包括产品的外观、功能、交互性、可行性、创新性等。

（二）产品原型评价的方式

关于产品原型评价的方式可分为主观评价和客观评价，其中主观评价是指创业团队、用户及利益相关者从个人的角度去评价产品原型，带有一定的个人感情色彩，有时是片面的、武断的；客观评价是指创业团队、用户及利益相关者依据一定的评价指标体系，对产品原型给出实事求是的、公正的评价。

此外，为保证产品原型评价的客观性与科学性，通常需要制定系统的评价指标体系，依据一定的评价标准开展产品原型评价。

（三）产品原型评价的原则

产品原型评价与其他评价相同，需要遵循一定的原则。本书结合"现代管理学之父"德鲁克提出的SMART原则及产品评价原则，提出产品原型评价的四个原则。

1. 科学性原则

产品原型评价指标体系具有清晰的层次结构，评价主体需依据现代统计理论，在科学分析和定量计算的基础上，形成对产品原型的直观结论。

2. 系统性原则

评价主体实施评价时，应把产品原型中的功能、外观、交互性等要素视为一个整体的大系统，通过产品原型评价指标体系客观反映各元素之间的内在联系。

3. 可比性原则

开展产品原型评价时应充分考虑评价指标，便于进行纵向比较和横向比较。所谓纵向比较，是指产品原型评价指标与历史数据具有可比性；所谓横向比较，是指产品原型评价指标与同行业之间具有可比性。

4. 延续性原则

产品原型是一个不断完善迭代的过程，因此产品原型评价在时间上需具有一定的延续性，一个产品原型可能要经过多次评价。

（四）产品原型评价的维度

本书参照中国国际大学生创新大赛规则，并在征求创新创业教育专家、大赛专家、企业家等意见的基础上形成适用于大学生的产品原型评价维度，具体如表7-2-1所示。

表 7-2-1　大学生的产品原型评价维度

序号	评价维度	说明	指标权重
1	产品的创新性	产品的创新性是指产品原型设计具有原始创意和创造性，鼓励面向职业和岗位的创意及创新，如加工工艺创新、实用技术创新、技术改良等	25%
2	用户的主体性	用户的主体性是指产品原型设计以用户为中心，关注用户想法，征求用户意见，设计出的产品原型能够很好地满足用户需求或解决用户痛点	20%
3	团队的协作性	团队的协作性是指产品原型设计团队成员是否具有支撑产品原型设计的知识、技术和经验，团队的人员配置、分工协作、能力结构、合作机制是否科学合理，团队协作效果是否良好	10%
4	功能的合理性	功能的合理性是指产品原型的功能广度和深度设计合理，产品核心功能既聚焦又不单一，既能解决用户的痛点，又能在落地实施上具有可行性	15%
5	视觉的美观性	视觉的美观性是指产品原型整体设计视觉效果好，大方美观、简洁明了，突出重点与特色，能够让创业团队、用户及其他利益相关者一目了然、心旷神怡	10%
6	市场的可行性	所有产品原型最终都要走向市场，接受市场的检验，因此市场的可行性是指产品原型设计符合市场需求，市场可行性好	20%

二、测试产品原型

产品原型形成后，需要在一定的用户群体及利益相关者中进行产品原型测试，以快速纠错、降低风险和提高效率。

（一）产品原型测试的原则与方法

产品原型测试应遵循一定的原则与方法，以保证产品原型测试的科学性。

1. 产品原型测试的原则

（1）讲究事实证据。在进行产品原型测试时，创业团队、用户及利益相关者都会各抒己见，但测试结果需遵循事实、讲证据，不能以某个重要人物的意见或想法为转移。

（2）允许试错和失败。产品原型测试不是一蹴而就的，在测试的过程中总会遭遇失败，此时应放平心态，允许低成本试错和失败，以降低产品投入市场的风险。

（3）注重数据量化。在产品测试过程中，要注重将产品测试指标进行量化，为下一步创业行动指引方向。

（4）实验不等于现实。产品原型测试从某种意义上来说是一种实验，创业者可透过这种实验了解事实，但由于现实中存在诸多不确定因素，即使产品原型测试获得了最佳数据或者效果，也并不意味着实际投入市场后的产品各项性能及指标与测试结果完全相同。

（5）测试访谈不等于推销。产品原型测试是与用户深度接触的宝贵机会，如果要得到真实的用户反馈，创业者切忌用推销产品的方式与其沟通，而应该用访谈的方式提问、观察、倾听，以获得真实有效的用户反馈，为产品原型迭代做好准备。

2. 产品原型测试的方法

（1）功能性测试。产品原型是根据用户痛点提出的解决方案，会承载一些具体的功能，功能性测试便是对产品原型的功能进行测试，观察用户是否能够理解和使用产品原型的功能。在进行产品原型功能性测试时，一般要分开进行，针对不同功能获得与之相对应的用户反馈。

（2）团队交叉测试。团队交叉测试是指创业团队间相互测试，并分享反馈结果。通常，在一个创业项目里会有两个或两个以上的小组，各个小组的关注点和理解视角会有所差异，因此在进行产品原型测试时要将小组间的成员互相作为测试对象，给出内部反馈，从而优化测试方案，提升产品原型质量。

（3）极端用户测试。所谓极端用户测试，是指在高频度使用该产品的用户群体中开展产品原型测试，以获得关于产品原型的新的启发。相比普通用户，极端用户对产品的需求更为迫切，更能捕捉到产品使用过程中遇到的问题，更容易提出因产品不足而采取的补救方法。

（4）专家测试。专家长期从事相关产品领域的研究工作，对产品相关的行业背景、政策背景及用户偏向较为了解。因此，在产品原型测试阶段，将产品原型呈现给专家，由专家给出专业性的反馈意见至关重要。

（二）产品原型测试前的准备工作

开展产品原型测试，其准备工作可以从以下几个方面进行。

1. 事先拟定测试内容

产品原型测试前需要拟定测试内容。例如，如果产品是电子邮件客户端，则用户要完成写邮件、读新邮件、归档邮件之类的操作。此外，在拟定测试内容时应将测试重点放在用户关注的主要项目或功能上。

2. 了解测试者的心理及行为方式

开展产品原型测试，有必要提前了解测试者的心理及行为方式。例如，创业者开发的产品原型是点评餐馆服务的网站，在产品原型测试前，创业者可提供空白的浏览器供测试者使用，观察测试者会访问哪些点评网站，以及如何获取相关信息，并及时记录测试者的心理及行为方式。

3. 观察测试者对产品原型的第一反应

开展产品原型测试时，创业者要注意观察测试者对产品原型的第一反应，如哪些地方最能吸引他们，哪些地方对他们有价值。一般从产品原型的外观或者首页更能观察出测试者对产品原型的第一反应。

4. 与测试者交谈并收集信息

在进行产品原型测试时，创业者要与测试者进行沟通交谈，通过交谈获取测试者对产品原型的评价或意见反馈。例如，创业者可询问测试者是否使用过同类产品或网站，对产品原型目前设计的功能是否满意，是否有可能向朋友或身边的人推荐此款产品。

5. 为解决方案打分

通常，创业者会针对用户痛点提出系列解决方案，因此产品原型测试前，可采取评分表的形式安排测试者为每个解决方案打分，以此记录测试者对每个阶段产品原型的表现，为后期完善产品原型提供参考。

6. 优先测试主要项目

产品原型测试需要分重点、分阶段进行，即创业者不必等产品原型全部完成开发后才开展测试，可以先测试产品的主要项目，再测试产品的次要项目。优先测试主要项目的优势是快速获得测试者的反馈，分析产品原型与测试者的期望是否一致，降低产品原型测试成本，提高产品原型测试效率。

（三）产品原型测试的程序

产品原型测试程序一般分为预测试、正式测试和结果分析三个环节。

1. 预测试

在时间充分的情况下，创业者可对产品原型进行预测试，即在正式测试之前对产品原型的主要流程和基本功能进行整体测试，其目的是及时调整产品原型的一些问题，保障正式产品原型测试的通畅性。

2. 正式测试

产品原型正式测试是将测试者（用户）置身于测试环境中，并按照写好的脚本执行，此环节创业者需做好相关用户记录及测试中发现的问题。具体来讲，正式测试是让创业者与用户面对面，创业者面对面观察用户的操作方式，面对面询问用户的评价和想法。针对每项测试任务，创业者可先向用户介绍新方案的想法，看对方是否接受，如果接受，则让用户将产品原型看作真实产品，并在产品原型上进行操作；如果不接受，则追问原因，以及用户有怎样的诉求或建议。此外，产品原型正式测试鼓励用户随时提出不清楚的地方和相关建议，以便用户更深入地参与到产品原型测试中，并把自己看作是新产品的真实用户，从而获取真实的用户反馈和需求。

3. 结果分析

产品原型测试的目的是以较低的成本快速获取用户反馈，验证产品是否具有良好的市场前景，因此，在进行产品原型正式测试后，创业者需要对测试结果进行分析。若测试结果可行，则继续进行原产品方案；若测试结果不可行，则要及时停止，转换尝试另外的产品方案。另外，为快速得知测试结果，每名用户完成测试后，则应立即输出该用户的测试结果，并将结果分析报告与产品设计、开发团队共享，这既有助于团队协作沟通，也有助于为最终结果输出做好铺垫，进而提高产品整体开发效率，抢占市场先机。

总的来讲，产品原型测试最终是要帮助创业者作出合理的决策，推动产品的优化和迭代，为产品顺利进入市场奠定基础。

三、迭代产品原型

继产品原型评价和测试之后，创业者便进入产品原型迭代阶段。

（一）产品原型迭代的概念

产品原型迭代是指创业者根据产品原型测试后的用户反馈或需求对产品原型进行不断优化完善的过程，具有快速性、持续性和高效性等特点。经迭代后的产品原型更加贴近用户实际需求，更容易获得市场的认可。例如，一个产品原型要求6个月完成，创业者会在第一个月设计出一个产品原型，当然这个产品原型仅是初版，整体设计比较粗糙，会有很多不完善的地方，功能设计也比较简单，但用户会针对初版产品原型提出自己的想法和修改意见，这样，创业者便会清楚得知用户的需求，以及初版产品原型与用户需求之间的差距。之后第二个月，创业者根据用户提出的建议，在第一个月所做的需求分析、框架设计、代码、测试等的基础上进一步改进，之后设计出一个更为完善的产品原型给用户，征求用户的深度需求和建议。如此循环往复，创业者最终设计的产品原型无论在功能上还是在质量上都能够满足甚至超越用户的需求，给用户制造意外的惊喜。

（二）产品原型迭代的原则

产品原型迭代要遵循以下几个原则。

1. 不违反产品定位

产品原型在迭代时要聚焦产品定位。创业者在进行产品原型迭代时，无论是增加还是修改产品功能，都应始终围绕产品定位，不能随意增加、减少或修改产品功能。任何违反产品定位逻辑的产品原型迭代内容都是不恰当的。

2. 遵循"开发—巩固—完善"路径

产品原型设计一般要经历一个先开发主要功能，再巩固细节功能，最后完善优化功能的过程，产品原型迭代同样如此。创业者要做好产品原型迭代，首先要把满足用户需求的功能开发出来，其次要完善部分功能的细节，最后要根据用户需求和反馈，将产品原型功能逐步改善和优化。

3. 重视产品原型文案

在产品原型迭代中，创业者需要重视产品原型文案，做到先文案、再状态、后交互。达意的文案是产品原型迭代的首要目的，产品原型中的文案应符合产品自身气质，表意清晰、没有歧义，能够辅助交互形式，共同营造产品氛围。一份好的产品原型文案能够很好地吸引用户注意力，引导用户在完成产品原型测试和体验后再考虑交互体验的效果，最后实现创业者和用户的情感共鸣。例如，现在许多App都会以拟人化的文案进行报错或弹层提示，如引导反馈时的"残忍拒绝"和"鼓励一下"，就是旨在引起用户情感共鸣，减少用户"残忍拒绝"的可能性。

4. 有把握地用"重锤"

对于创业者来说，在进行产品原型迭代时，对有把握的能够吸引大量用户的功能可以大范围地尝试和迭代，并在开发资源方面给予大力支持，而对没把握的产品功能可以小范围地尝试，以节约产品迭代成本。

5. 用数据说话

产品原型的迭代要用数据说话，要求创业者开放心态、多收集、少否定。例如，创业者需要关注用户的注册量、访问量、二次访问量、留存率、功能点击率等决定产品原型设计成败的重要指标，同时需要记录用户反馈数、同一产品功能的反馈数，以便为后续产品原型迭代提供重要参考。

（三）产品原型迭代的过程

早期"阶段性"的流程方式给产品原型设计带来了无尽的"返工"和低质量设计，因此具有产品更新快、迭代频繁、多团队协作等特性的产品原型迭代流程开始被采纳使用，具体内容如下。

1. 从0.0版本到1.0版本

一个产品原型从无到有，除了核心的不可或缺的功能，其他功能可以暂且搁置，即创业者要用最简单的方式获取首批目标用户，然后对用户的痛点、需求和喜好进行分析，从而将产品原型0.0版本规划过渡到产品原型1.0版本。

2. 从1.0版本到2.0版本

产品原型1.0版本出台后，创业者便能得到用户的初步反馈和修改建议。根据用户的初步反馈和修改意见，创业者便可对产品原型进行优化完善，完成产品原型的一次迭代，形成产品原型2.0版本。

3. 从2.0版本到3.0版本

此阶段创业者需要再次把产品原型2.0版本投放给用户，深度获取用户反馈和需求。根据用户反馈，创业者可将产品原型由2.0版本升级到3.0版本，产品原型3.0版本已经相对成熟，各大板块和功能已经不会再有很大的改变，不论用户多少，至少此时的产品都已经是一款用户认可的产品。

4. 从3.0版本到4.0版本

此阶段的产品原型迭代要基于数据进行设计和规划，即综合考虑开发的节奏、用户反馈、产品定位、产品开发前后的顺承关系及面对市场需要的策略和战术等多重因素进行迭代升级，最终形成产品原型4.0版本。

⚙ 创客行动

请完成《创新与创业教育实践手册》中模块七任务二"创客行动 迭代项目产品原型"，并线上提交行动画布作业。

☰ 创海撷英

程新华：打造再好一点的酒店产品

程新华开始创立城市便捷酒店的时候就注定了这个品牌的基调——产品要更好一点。这种"更好一点"表现在很多方面：为了找到一扇更加隔音的门，他们可以花费几年的时间去寻找供应商；房间内提供给客人使用的牙刷，有一个硬性标准，即使用时没有脱毛现象；与此匹配的是牙膏的分量要充足，一小管牙膏至少可满足刷牙两次的用量；一次性拖鞋做得很厚实，让人看不出这是一次性用品；浴室花洒的出水量很大，热水龙头5秒内必须出热水，接头处禁止漏水。这就是城市便捷酒店1.0时代的产品细节，虽然尚未形成特别系统化的产品标准，却充满了朴素的产品意识，试图呈现给顾客比其他酒店更大的房间、更时尚的视觉识别（Visual Identity，VI）系统、更有质感的产品体验。

第一次产品迭代大致始于2011年，当时程新华兵分两路，一路进军东南亚，一路进入湖北武汉。正是这一时期，他们开办了第一批明显有别于过去的城市便捷酒店。武汉第一家城市便捷酒店是黄浦店，也是自深圳春风路店之后，从广西南宁向国内其他市场进军的第一家店。该店的物业费用比南宁翻了一倍，直接决定了这家店不可能按照常见的经济型酒店去运营，甚至当时已经追求"更好一点"的城市便捷酒店也不适合，这种费用成本其实已经偏向于星级酒店了。与此同时，这家店波澜起伏的开办过程注定了它将成为城市便捷第一次产品升级的标志。武汉黄浦店最终向人们展示了一种令人印象深刻的变化——2.0时代的产品，相较从前，产品2.0已经有了很多明确的系统化标准。例如，为了达到更好的隔音效果，采用的是双层隔音玻璃窗；从取电器上取走房卡时，客房电源将断开，如需持续供电，可使用位于床头的不间断供电（Uninterruptible Power Supply，UPS）插座；写字台的电源和电线接口全部位于写字台上方墙面，方便客人使用；南方城市的客房卫生间内大多配有自动干衣机，客人的小件衣物洗涤后可迅速风干……

就是这样一家经济型酒店，在2012年3月29日正式开业之际向市场提供了偏向于星级酒店的产品，单房售价仅为139元。6年之后，单房售价为300元。整个湖北市场也以此为原点，目前已突破了300家店。

（案例来源：郭亮.再多一点［M］.北京：中国友谊出版公司，2019.有删改.）

【课后拓展】

请扫描下方二维码，自主学习相关知识。

测试最小可行产品的 15 种方法

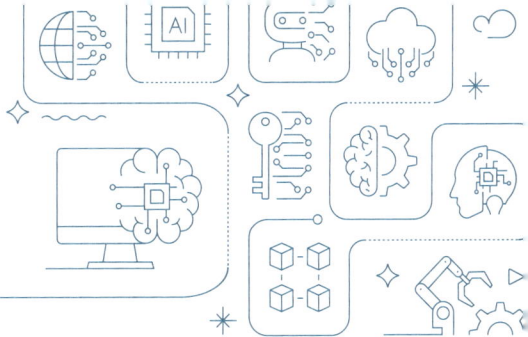

任务三　保护创新成果

【课前热身】

守好创新"生命线"

每位同学以"创新成果保护"为关键词，搜索与该关键词相关的热门词汇（不少于五个），用收敛法找出本组排位前三的高频词并写在便利贴上。教师将各组的高频词便利贴进行汇总后集中展示。

思考与探究：根据高频词思考创新成果保护有哪些方法和路径？

【课中解码】

创业者开展产品原型设计或其他创业活动取得的成果绝大部分是智力成果，而智力成果不容易被大众感知到它的价值，因此需要保护创新成果，并通过一定的程序将创新成果转化为生产力。

一、创新成果认知

（一）创新成果的概念

所谓创新成果，是指创业者或其他相关人员在开展创新创业活动时取得的创新成果。例如，创业者在产品设计过程中取得的第一次具有显著性变化的成效、成绩和成就，它可以是一种新的材料、新的技术、新的产品原型等。

（二）创新成果的内涵

创新成果不限于有形的产品和技术，无形的产品和方法（如计算机程序虚拟运作、在线预订等）也属于创新成果。

创新成果可能是个人研究的产物，也可能是团队合作的结果。对于大学生来说，大学生开展创新创业课程学习或参加创新创业大赛均以团队形式进行，形成的创新成果属于团队成果。例如，第五届中国国际"互联网＋"大学生创新创业大赛金奖项目形成的创新成果"交叉双旋翼复合推力尾桨无人直升机"就属于清华大学博士李京阳团队。

（三）创新成果的特征

创新成果是创新创业活动的产物，不同于一般劳动成果，具有新颖性、超前性、价值性、风险性、复杂性等特征。

1. 新颖性

新颖性是创新成果最鲜明、最根本的特征。创新是对现有的不合理事物的扬弃，是解决前人没有解决的问题，是在继承中有了新的突破。创新不是量的变化，而是质的变化。因而，创新的成果必然是新颖的，这正是创新成果不同于一般劳动成果之根本所在。

2. 超前性

创新是以求新为灵魂的，具有超前性。同样，创新成果是从实际出发的，实事求是地探索了或解决了前人尚未解决的问题，具有前瞻性和超前性。超前性是创新成果的一个必然特征。

3. 价值性

价值性是创新成果的基本特征。从社会效果看，创新成果都具有普遍的社会价值，它们或为经济价值，或为学术价值，或为艺术价值，或为实用价值。例如，蒸汽机、杂交水稻等都是创新成果具有巨大社会价值的体现。

4. 风险性

风险性是创新成果固有的特征。创新成果的风险主要体现在技术风险和市场风险两个方面，其中技术风险是指一项创新成果在技术上存在成功与否的不确定性，市场风险是指一项创新成果在技术上取得成功后，还存在其成果是否受市场欢迎这种不确定性。因此，大学生创业者要做好承担创新成果技术风险和市场风险的准备，尽早尽快控制或减小风险。

5. 复杂性

绝大多数创新成果需要不同领域不同专业背景的人共同完成，创新成果完成人的人员类型、技术水平、业务专长、综合素质等不尽相同甚至参差不齐，因此创新成果的形成具有复杂性特征。

（四）创新成果的分类

学者们关于创新成果的分类方式不一，从创新涵盖的领域来分，创新成果可以分为科技创新成果、文化创新成果、艺术创新成果、商业创新成果等。本书主要依据创新活动中创新对象的不同，将创新成果划分为知识创新成果、制度创新成果、技术创新成果、产品创新成果和服务创新成果。

1. 知识创新成果

知识创新成果是指通过各种研究获得的新的技术科学和基础科学知识，这种研究包括应用研究和基础研究。由于这类创新成果往往需要投入大量的财力、物力，而且需要群体针对某个领域进行深入的研究和实验才能够有所建树，所以这些成果往往由人类共同拥有。例如，微积分的发明、哥德巴赫猜想的证明等都属于知识创新成果。

2. 制度创新成果

制度创新成果是指人们在现有的生产和生活环境下，为实现社会的持续发展和变革而创设的更能有效激励人们行为的新制度，往往是社会制度及企业管理制度。社会制度是政府部门按照当时的社会形势而制定的，如社会养老保险制度、医疗保险制度、街道的公约等都属于制度创新成果，而企业的管理制度往往涉及本企业的文化及企业的商业秘密。

3. 技术创新成果

技术创新成果是指企业为占据市场并实现市场价值，将创新的知识、新技术、新工艺加以应用，在经营管理模式和生产方式上通过创新来提高产品质量，开发生产新的产品，提供新的服务。这方面的发明往往是要求保护的重点，绝大部分可以通过申请专利等来进行保护。例如，电话、手机、计算机的发明等都属于技术创新成果。

4. 产品创新成果

产品创新成果是指创造出前所未有的产品或将已有产品进行改良使其具备新的功能。产品创新成果是最直观的创新成果，现代人们使用的器物都属于产品创新成果。

5. 服务创新成果

服务创新成果是指通过对服务的改善，提高被服务者的体验。服务创新成果的表现比较隐晦，但现代人们所享受的一切服务都属于服务创新成果，如微信支付、信用卡网上还款等。

二、创新成果的保护

创新成果是创新者通过长时间努力，投入大量人力、物力、财力取得的成果，是创新创业者劳动和智慧的结晶。为防止创新成果被不法分子剽窃、盗用或者假冒，创新创业者需要用法律知识武装自己，通过法律法规维护自身权益。常见创新成果的法律保护具体包括以下内容。

（一）商标权保护

商标是用以区别商品和服务不同来源的商业性标志，由文字、图形、字母、数字、三维标志、颜色组合、声音或者上述要素的组合构成。商标权是指商标主管机关依法授予商标所有人对其注册商标受国家法律保护的专有权。商标注册人拥有依法支配其注册商标并禁止他人侵害的权利，包括商标注册人对其注册商标的排他使用权、收益权、处分权、续展权和禁止他人侵害的权利。

1. 商标权注册流程

（1）注册准备。商标注册前需要做好相关准备工作，如选择注册方式、查询商标、准备申请资料等。首先，选择注册方式。商标注册方式有两种：一种是自己到国家市场监督管理总局商标局申请注册，另一种是委托一家经验丰富的商标代理组织代理注册。其次，查询商标。查询商标的目的在于核查商标是否已被注册，避免商标无法申请成功的情况。最后，准备申请资料。若以个人的方式注册商标，则需准备个人身份证、个体户营业执照复印件、10张商标图样（彩色图样10张、黑白墨稿1张）、注册费等。若是企业申请商标，除准备商标图样和注册费外，还需准备企业营业执照副本、经发证机关签章的营业执照复印件、盖有单位公章和个人签字的填写完整的商标注册申请书。

（2）提出申请。目前，商品和服务项目共分为45类，其中商品34类，服务项目11类。申请注册时，应按商品与服务分类表的分类确定使用商标的商品或服务类别；同一申请人在不同类别的商品上使用同一商标的，应按不同类别提出注册申请。

（3）确定申请日。商标注册采用申请在先原则，一旦发生商标权的纠纷，申请日在先的将受法律保护。因此，确定申请日十分重要，申请日以商标局收到申请书的日期为准。

（4）审批。经过商标局审查通过，且在刊登公告3个月后无人提出异议即注册完成，该商标即受法律保护。

（5）领取商标注册证。商标完成注册后，商标局向注册人颁发证书。

商标注册流程简图见图7-3-1。

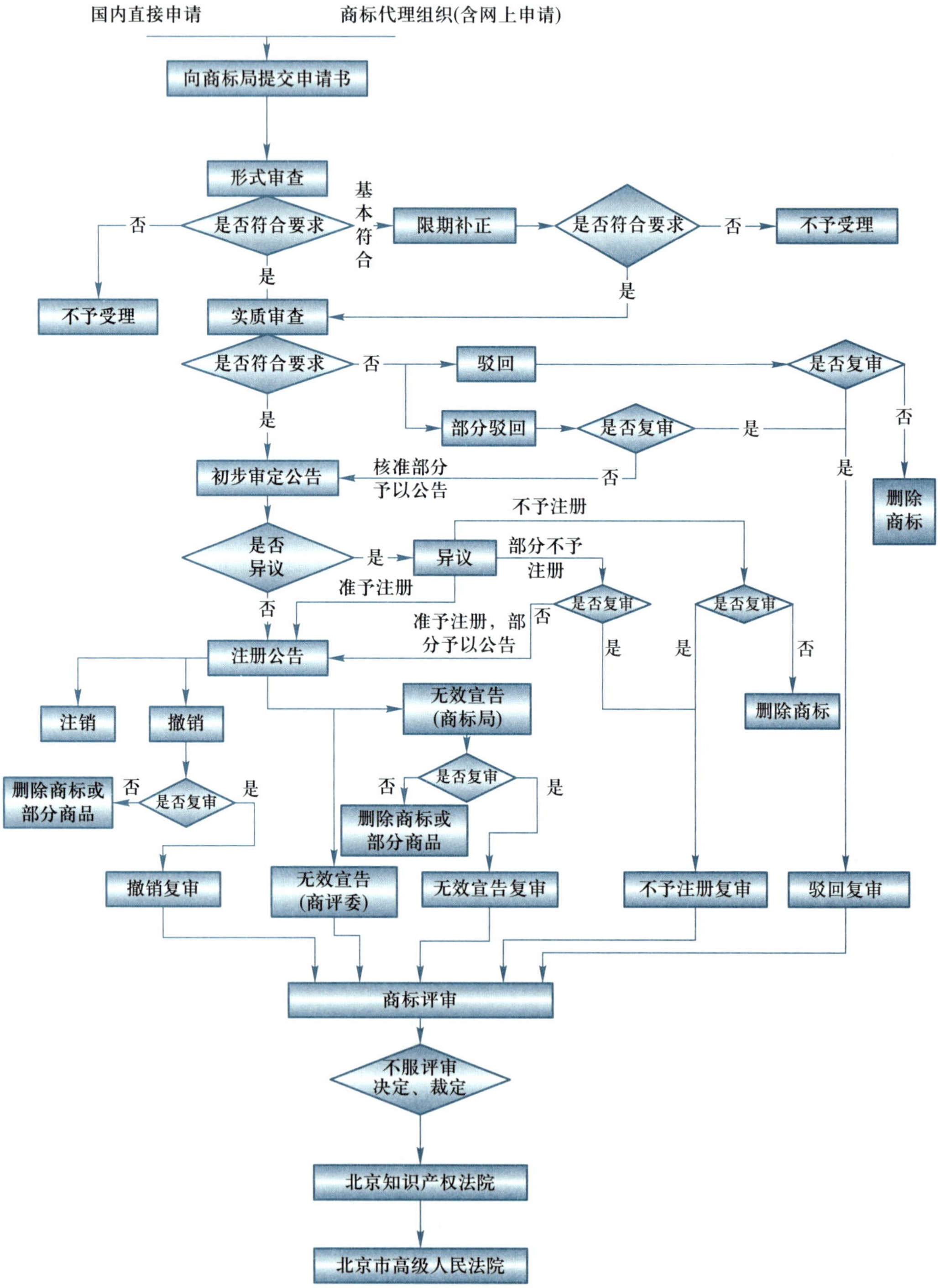

图7-3-1　商标注册流程简图

2. 商标权侵犯行为的判定

根据《中华人民共和国商标法》的相关规定，以下行为均属于商标权的侵犯行为。

（1）未经商标注册人的许可，在同一种商品上使用与其注册商标相同的商标的。

（2）未经商标注册人的许可，在同一种商品上使用与其注册商标近似的商标，或者在类似商品上使用与其注册商标相同或者近似的商标，容易导致混淆的。

（3）销售侵犯注册商标专用权的商品的。

（4）伪造、擅自制造他人注册商标标识或者销售伪造、擅自制造的注册商标标识的。

（5）未经商标注册人同意，更换其注册商标并将该更换商标的商品又投入市场的。

（6）故意为侵犯他人商标专用权行为提供便利条件，帮助他人实施侵犯商标专用权行为的。

（7）给他人的注册商标专用权造成其他损害的。

（二）著作权保护

著作权也称版权，是指作者对其创作的文学、艺术和科学作品依法享有的权利。著作权包括发表权、署名权、修改权、保护作品完整权、复制权、发行权、出租权、展览权、表演权、放映权、广播权、信息网络传播权、摄制权、改编权、翻译权、汇编权及应当由著作权人享有的其他权利共17项。

1. 著作权取得方式

著作权的取得，主要分为自动取得和注册取得两大类。

（1）自动取得。自动取得是指著作权自作品创作完成时自动产生，不需要履行任何批准或登记手续。

（2）注册取得。注册取得是指以登记注册为取得著作权的条件，作品只有登记注册或批准后才能取得著作权，而不是自动产生。根据《中华人民共和国著作权法》的规定，著作权是自作品创作完成之日起自动产生的，无须经过任何批准或登记手续。此外，无论作品是否发表，只要作品已经创作完成就能取得著作权的保护。

2. 作品著作权登记

根据《作品自愿登记试行办法》，作者可以自愿携带个人有效身份证明、作品样本等资料到版权局进行作品著作权登记，以明确权利归属，保护著作权人合法权益。

作品著作权登记需要准备以下材料。

（1）作品著作权登记申请表。

（2）版权图样（一式三份）。

（3）作品说明书（一式两份）。

（4）法人作品申明（一式两份）。

（5）代理委托书（一式两份）。

（6）申请人的主体资料正面，包括营业执照副本、身份证复印件等（一式两份）。

（三）专利权保护

专利权是指申请人就一项发明创造向国家专利局提出专利申请，经依法审查合格后，申请人在法定期限内所享有的独占权或专有权。

1. 专利权的类型与特征

《中华人民共和国专利法》规定，发明创造是指发明、实用新型和外观设计，其中发明是指对产品、方法或者其改进所提出的新的技术方案，实用新型是指对产品的形状、构造或者其结合所提出的适于实用的新的技术方案，外观设计是指对产品的整体或者局部形状、图案或者其结合及色彩与形状、图案的结合所做出的富有美感并适于工业应用的新设计。

专利权具有排他性、时间性和地域性特征，具体表现如下。

（1）排他性。排他性也称独占性或专有性。专利权所有人对其拥有的专利权享有独占或排他的权利，未经其许可或者出现法律规定的特殊情况，任何人不得使用，否则即构成侵权。

（2）时间性。时间性是指法律对专利权的保护不是无期限的，而是有时间限制的，超过这一时间限制则不再予以保护，专利随即成为人类共同财富，任何人都可以利用。

（3）地域性。地域性是指任何一项专利权，只有依一定地域内的法律才得以产生并在该地域内受到法律保护。

2. 专利权申请的流程

依据《中华人民共和国专利法》，专利申请的程序包括提交申请、受理、初审（初步审查）、公布、实审（实质审查）及授权六个阶段。其中，实用新型和外观设计的专利申请不进行公布和实审。

（1）提交申请。申请人向国家专利局提出专利申请，并提交相关文件。提交的文件必须采用书面形式，并按照规定的统一格式填写。申请发明或实用新型专利的，应当提交请求书、说明书及其摘要、权利要求书等文件；申请外观设计专利的，应当提交请求书及该外观设计的图片或照片等文件。

（2）受理。专利局收到专利申请后进行审查，如果符合受理条件，则专利局将确定申请日，给予申请号，并在核实过文件清单后，发出受理通知书，通知申请人。若不符合规定，则不予受理。

（3）初审。经受理后的专利申请按照规定缴纳申请费的，自动进入初审阶段。在初审时要对申请是否存在明显缺陷进行审查，初审合格的，将发给初审合格通知书。

（4）公布。发明专利申请从发出初审合格通知书起进入公布阶段。公布以后，申请人就获得了临时保护的权利。

（5）实审。在实审期间将对专利申请是否具有新颖性、创造性、实用性及专利法规定的其他实质性条件进行全面审查。

（6）授权。经实审未发现驳回理由的，由专利局做出授予发明专利权的决定，发给发明专利证书，同时予以登记和公告。发明专利权自公告之日起生效。

专利申请审查流程见图7-3-2。

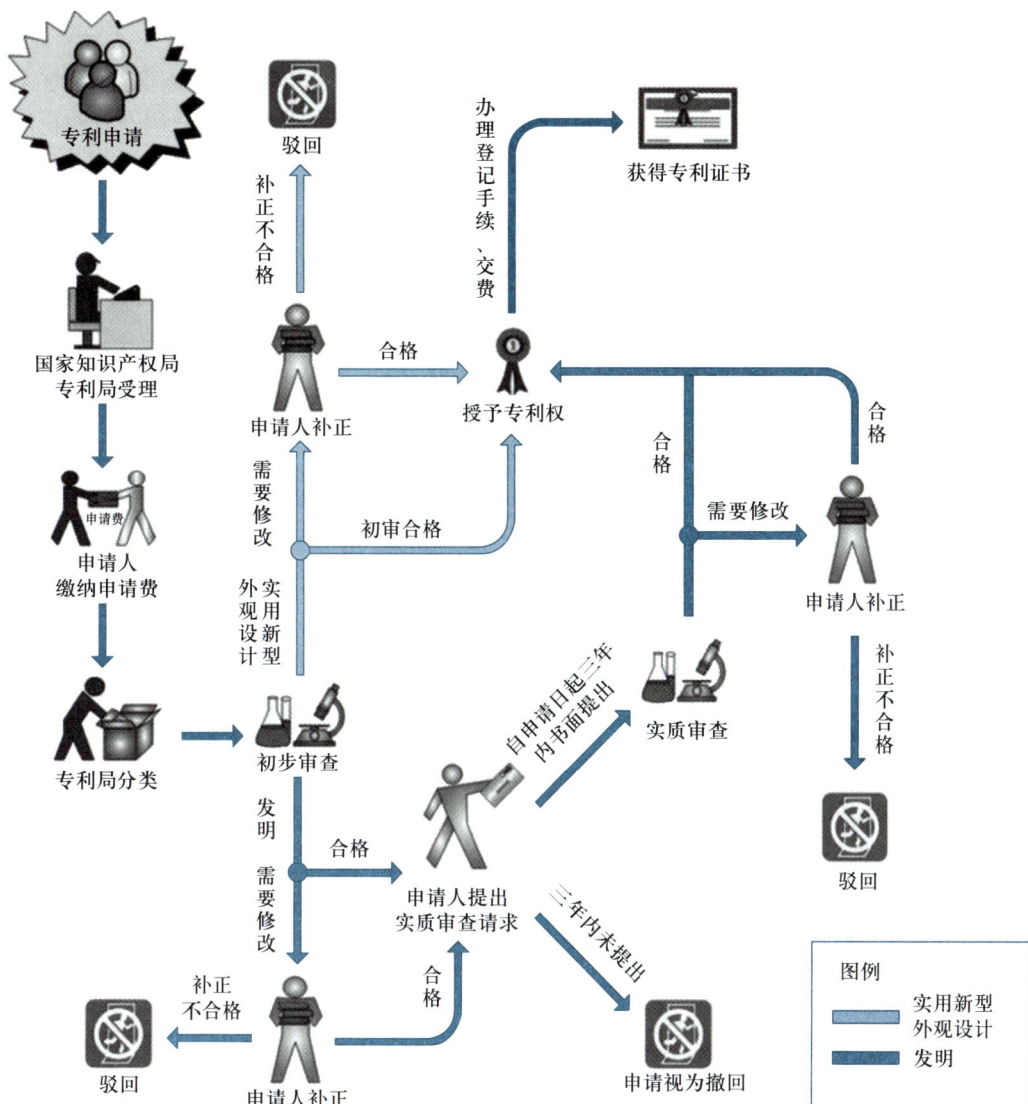

图 7-3-2　专利申请审查流程

三、创新成果的转化

所谓创新成果转化，是指创新成果知识产权人，通过自己使用、许可使用、转让、特许经营等方式行使创新成果知识产权的财产权利，实现创新成果知识产权的经济价值。

（一）创新成果转化的意义

创新成果转化是实现创新成果价值的重要方式，既为权利人实现其财产权利提供了渠道，又让社会大众分享创新成果的效用，其意义非凡。

（1）对权利人来说，权利人通过创新成果转化可以达到以下目的：一是可以将创新成果产业化，获得金钱报酬；二是可以在市场环境下检验创新成果，为之后的创新活动提供参考；三是创新成果的大范围生产运用可以吸引其他创新者或组织寻求合作交流，产出新的创新成果；四是权利人可以通过创新成果转化实现自我价值。

（2）对推广者而言，创新成果转化可以让推广者从以下方面受益：一是通过创新成果获得经济效益；二是通过使用创新成果取得市场竞争优势；三是凭借创新成果开辟出新兴市场，并在新兴市场上占据绝对优势；四是通过转化创新成果，开发新产品，扩大品牌影响力，提升品牌形象。

（3）对社会而言，创新成果转化有利于节约社会资源，提高社会生产力，改善人们的生活和改变人类的观念等。

（二）创新成果转化的方式

一般来讲，创新成果转化的方式有自主转化、授权许可、产权转让和技术入股与出资四种方式。

1. 自主转化

自主转化是指个人、科研院所、大专院校、企业等创新者的创新成果在内部进行的一种成果转化模式。其特点是创新成果的成果源与吸收体融为一体，将市场交易内部化，消除了中间环节，转化交易成本较低，转化效率较高。自主转化的优势是创新成果的所有收益都属于创新者；其劣势是需要投入人力、财力和其他资源，且需要独立承担市场风险。

2. 授权许可

授权许可是指产权人授权他人在一定时期和范围内，以一定的方式行使创新成果的使用权并获得相应报酬的行为。著作权、专利实施和商标都可以进行授权许可，但也有一些限制。例如，创新成果产权中的人身权利不得许可使用，许可使用不导致产权所有权的主体发生变化等。授权许可的优势在于产权人可以更改许可费用，撤回授权许可或者更换被授权方，也可以同时授权多方；其劣势是合同期内产权人只能享受固定收益，且许可费一般低于转让费用。

3. 产权转让

产权转让是指创新成果产权所有人依法将其享有的创新成果的产权中的财产权利全部或部分转让给他人的行为，包括著作权转让、专利权转让、注册商标转让等。产权转让的优势是产权人不用承担风险，获取固定的收益；其劣势是产权人只能得到转让费用，受让方后续取得的所有收益都与产权人无关。

4. 技术入股与出资

技术入股与出资是指产权人将创新成果转让给公司所有，将转让费转换为股权，成为公司股东。该转让方式的优势是产权人拥有股东身份，能够享受到公司发展的红利；其劣势是产权人需要承担公司经营失败的风险，收益不稳定。

⚙ 创客行动

请完成《创新与创业教育实践手册》中模块七任务三"创客行动 模拟保护创新成果"，并线上提交行动画布作业。

创海撷英

北京邮电大学NOLO VR团队：依托创业项目申请专利170多项

交互技术在虚拟现实（Virtual Reality，VR）沉浸感中起了很大作用，但目前在全球范围内仍然面临较大的问题，世界上现存的技术没有办法同时满足高精度、低成本、小体积、低功耗。针对这些痛点，以张道宁为核心的北京邮电大学创业团队刻苦钻研NOLO VR技术，并在第五届中国国际"互联网+"大学生创新创业大赛高教主赛道中获得金奖和最具商业价值奖。

NOLO VR着眼于整个移动VR生态，致力于在桌面级VR的优秀沉浸式体验与移动VR的便捷性之间架起一座桥梁，引领下一代VR硬件形态与交互标准。2015年成立北京凌宇智控科技有限公司。NOLO VR的硬件产品是可商用的6DoF交互设备，软件产品NOLO HOME在全球主流VR一体机终端上都有它的身影。项目用颠覆式的VR交互技术解决了困扰VR行业10多年的全球性技术难题，让沉浸式VR的价格门槛从一两万元变成一两千元，让设备从有线变成无线，从不便携到可随身携带。项目产品在全球VR终端上的覆盖程度已达到微信在人们手机里的覆盖程度。截至目前，NOLO VR已和中国移动、中国电信、中国联通、华为等行业领头公司深度合作。NOLO VR全球专利布局已基本完成，累计申请了170多项专利，陆续进入了12个5G应用国家。

NOLO VR项目创始人张道宁说："NOLO VR项目对产业的赋能效应很大，不仅产品广泛应用于VR游戏、教育、工业、医疗、娱乐、文旅、地产等各领域，还激活了很多内容创造者和VR方案商，带动了整个运营商的线下营业厅，促进了各行各业发展。""NOLO VR项目团队要做更多底层技术的创新，做出口替代，让全世界人民的美好生活、沉浸式的数字生活离不开中国技术。"

（案例来源：根据《2021中国国际"互联网+"大学生创新创业大赛项目成长力报告》改编.）

【课后拓展】

请扫描下方二维码，自主学习相关知识。

创新成果的来源

学习讲堂

让创新成为青春远航的动力

学习反馈

模块七 学习调查问卷

确定商业模式

当今企业之间的竞争，不是产品之间的竞争，而是商业模式之间的竞争。

——彼得·德鲁克

学习地图

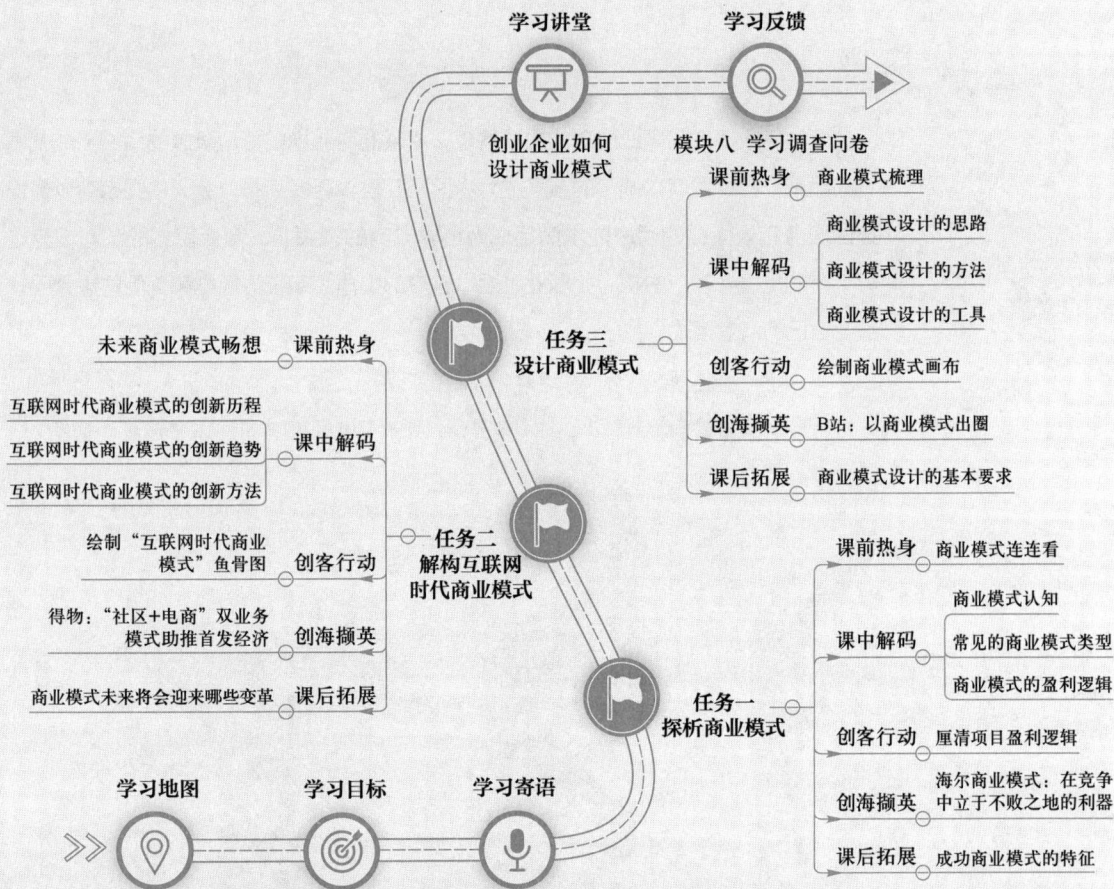

学习目标

>>知识目标

了解商业模式的内涵和盈利逻辑，了解互联网时代商业模式的创新方法；熟悉商业模式的类型和设计思路，熟悉互联网时代商业模式的创新历程和创新趋势；掌握商业模式设计的方法和工具。

>>能力目标

能应用商业模式的基本知识识别典型创业项目的商业模式，并初步具备为特定的创业项目设计合适商业模式的能力。

>>素养目标

培养商业思维，增强模式创新的意识，树立正确的商业价值观。

学习寄语

好的商业模式是事业成功的重要保障，卓越的商业模式打造卓越的商圈，成就卓越的品牌。曾经晋商以诚信的票号成为中国乃至世界著名商帮，今天中国电商以最快捷的服务和最大化的用户需求满足成为世界电商的领头羊。商业模式的创新没有边界，有的是服务客户的初心，创业者要以客户的视角、系统的思维和大胆的想象寻找适合自己的商业模式。

模块成果：项目盈利逻辑画布 "互联网时代商业模式"鱼骨图 商业模式画布

任务一 探析商业模式

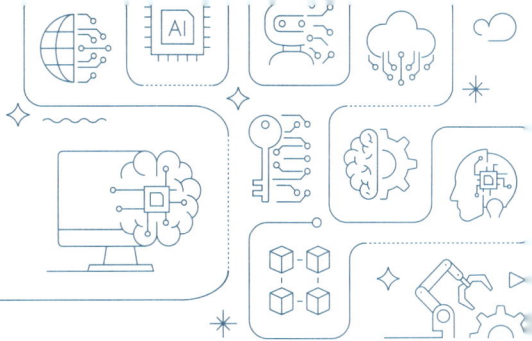

【课前热身】

商业模式连连看

以小组为单位，每个小组成员上网查找图8-1-1中所列举企业（或产品）的商业模式相关资料，并完成商业模式匹配连线。活动时间为5～6分钟。

比亚迪	长尾式商业模式
阿里巴巴(阿里云)	多边平台式商业模式
抖音	免费式商业模式
唯品会	非绑定式商业模式
腾讯(微信)	开放式商业模式

图 8-1-1 企业（或产品）商业模式匹配连线

思考与探究：为何不同企业的商业模式都不太一样？

【课中解码】

商业模式从20世纪90年代开始引起广泛的关注，关于商业模式的研究已成为理论界和实业界讨论的热点话题；在互联网时代，商业模式创新更是经常被提及。

一、商业模式认知

（一）商业模式的概念

尽管"商业模式"一词得到学术界和企业界的高度重视，但目前对它的定义并没有举世公认的标准版本。在各种定义版本中，哈佛商学院教授克莱顿·克里斯滕森的版本得到较多人的认同，即商业模式就是如何创造和传递客户价值及公司价值的系统。实际上，商业模式是一个相对宽泛的概念，它包括运营模式和盈利模式，企业与企业之间、企业的部门之间乃至与顾客之间、与渠道之间都存在各种各样的交易关系和联结方式，这些交易关系和联结方式都可以形成某种商业模式。通俗地讲，即只要有获取商业利润的途径和空间，就有商业模式存在。

（二）商业模式的内涵

商业模式是一个企业创造价值的核心逻辑，描述了企业如何创造价值、传递价值、获取价值的基本原理。价值的内涵不只是创造利润，还包括为客户、员工、合作伙伴、股东提供的有形和无形的利益，以及在此基础上形成的企业竞争力与持续发展力。

创造价值就是公司提供的产品或者服务为特定的消费群体带来的核心价值。例如，瑞幸咖啡的消费群体是咖啡爱好者和年轻的移动互联网都市白领，主打高性价比的现磨咖啡产品，那么，现磨咖啡的醇香就是带给咖啡爱好者的价值，为顾客提供高品质、高性价比、高便利性的服务就是带给消费者的价值。

传递价值就是通过各种渠道让目标消费群知道产品或服务的价值。例如，蒙牛、海信、vivo 等通过赞助 2022 年的卡塔尔世界杯，有效吸引了目标消费群的注意，成功获得了品牌传递的价值。

获得价值是指尽可能地从为客户创造的价值中获得最大的回报，包括利润回报。例如，吉列的剃须刀价格不贵，但需替换的一次性刀片价格不便宜；而购买吉列剃须刀的顾客必须持续购买特定的刀片，厂家因此可以获得持续的利益回报。

综上所述，商业模式是企业运营之"道"，是对企业战略定位、盈利模式、业务模式、渠道模式、组织模式、管理模式等内容的提炼升华，是企业运营的"法、术、器"的本源。

二、常见的商业模式类型

（一）长尾式商业模式

"长尾"这一概念最早由克里斯·安德森于 2004 年提出，用来描述诸如 Netlix 之类网站的商业和经济模式。过去，人们只能关注重要的人或重要的事，如果用正态分布曲线来描绘这些人或事，人们只能关注曲线的"头部"，而忽略处于曲线"尾部"、需要更多精力和成本才能关注到的大多数人或事。例如，在销售产品时，厂商关注的是少数的 VIP 客户，无暇顾及大多数的普通消费者。在网络时代，由于关注的成本大大降低，人们可以以很低的成本关注正态分布曲线的"尾部"，关注"尾部"产生的总体效益有时甚至会超过"头部"。安德森认为，网络时代是关注"长尾"、发挥长尾效益的时代。

长尾式商业模式的核心是多样少量。该模式关注为利基市场提供大量的产品，每种产品相对而言卖得都少。例如，专注品牌特卖的唯品会是一家专门经营大幅折扣名牌商品的 B2C 企业，执行的是闪购模式，核心就是帮助品牌商处理过季尾货，在互联网上利用限时特卖的方式刺激和调动消费者的消费激情。时尚的行业有两大特点：一是产品的个性化强；二是产品的时效性强。虽然基于时尚标签导致过时产品容易惨遭淘汰，但同时过时产品在质量过硬的条件下，让一些消费者对时尚零售折扣产品会产生极大的个性化需求。例如，唯品会定位于品牌特卖，不仅填补了为有时尚化个性需求的消费者提供集中打折商品的市场空白，同时还为众多时尚品牌商提供了一个体面地处理库存的平台。实质上，长尾所涉及的冷门产品涵盖了几乎更多人的需求，当有了需求后，会有更多的人意识到这种需求，从而使冷门不再冷门。

（二）多边平台式商业模式

多边平台被经济学家称为多边市场，是一个重要的经济现象。实际上，多边平台式商业模式是一种具有普遍性的商业模式，如传统的农贸市场就是典型的多边平台式商业模式。某个机构提供一个固定场所，为到这个场所交易的多个购买者和销售者提供相应的服务，以此获得利润。这个平台上至少有平台机构、销售者和购买者三方参与。在很长的时间里，这种模式并没有引起人们的过多关注。随着信息技术的发展，这种平台有了新的表现形式——基于互联网的交易平台，并得到了迅猛发展。多边平台式商业模式日益成为这个时代重要的商业模式。例如，知乎、小红书、抖音、淘宝、京东、拼多多、大众点评、微信等都是利用现代信息技术发展成功的多边平台经典案例。

多边平台将两个或两个以上有明显区别但又相互依赖的客户群体集合在一起，通过促进各方客户群体互动来为参与各方创造价值。多边平台是连接各方客户群体的中介，其成功的关键是必须能同时吸引和服务所有客户群体并以此来创造价值。例如，抖音连接了用户、商家、消费者、广告商、金融机构等多方参与者，能够同时满足这些参与者社交分享的需要、娱乐放松的需要、购物的需要、资金安全的需要，因而获得了巨大的成功。多边平台需要不断吸引更多用户的参与以使平台价值得到提升，从而吸引更多参与者加入，提升平台价值。

（三）免费式商业模式

近年来，免费模式成了一种非常流行的商业模式，各种免费模式让人眼花缭乱。免费模式正在颠覆人们传统的商业观念，让消费者获得了一种全新的商业体验。对企业来讲，免费模式也已经成了突破旧的发展模式、实现后来居上的赶超模式。例如，微信免费给用户提供了一个社交场所，迅速获得大量用户。

所谓免费式商业模式，就是在某个市场上，至少有一个庞大的客户群可以持续享受到免费产品或服务，通过交叉补贴（以其他细分客户付费的方式给免费客户提供补贴）支撑企业运营并实现盈利的商业模式。交叉补贴有很多方式：一是用付费产品补贴免费产品。例如，用昂贵的爆米花来补贴电影票，或者以免费或廉价的爆米花吸引观众来看电影。二是用日后付费补贴当前免费。例如，移动通信公司赠送手机，但用户必须使用两年以上该公司的通信服务。三是付费人群给不付费人群补贴。例如，用户可以在百度免费得到想要的信息，广告商会替用户支付相关费用。

（四）非绑定式商业模式

非绑定式商业模式认为，企业会因经济因素、竞争因素和文化因素的驱动而形成不同业务，这些业务包括产品创新型业务、客户关系型业务和基础设施型业务。这三种业务类型的职责各不相同：产品创新型业务的职责是开发新的、有吸引力的产品和业务；客户关系型业务的职责是搜寻和获取客户并与客户建立良好关系；基础设施型业务的职责是构建和管理平台，以支持大量重复性工作。

这三种业务类型受不同因素的驱动，在同一组织中这些业务类型彼此之间可能会发生冲突，或导致不利的权衡妥协，因而主张在一个企业内分离三种业务，一个企业的业务应该侧重于其中某一项。例如，汽车厂商、石油生产公司、钢铁厂家及大规模消耗品生产商主要集中于重资产型业务，其均有大规模的资产投入，并且通过标准化、流程化、精益管理等方式降低生产成本。电商平台企业一般会将其业务分拆，把物流配送服务外包，而重点专注新客户获取、老客户维护的客户关系业务。

（五）开放式商业模式

开放式商业模式就是企业为了最大化商业价值，打破组织的界限，整合企业利益相关者的所有知识和资源（创意、技术等），通过内外部资源的耦合，从而增强企业的价值创造和利益的一种商业模式。

在互联网时代，当企业的边界越来越模糊时，开放是企业进行商业模式创新所必备的战略。开放式商业模式则有助于企业通过与外在伙伴的合作共同创造价值。这种创造价值的方式主要有两种：企业内部尝试外来理念和资源，由外而内地创新；企业向外部合作伙伴输出公司理念和资源，由内而外地创新。前者是指将外部的创意引入公司内部。例如，宝洁公司将内部研发外部化，通过互联网平台，将自己研发中的难题暴露给全球的科学家，成功地开发了解决方案的可获得宝洁公司的现金奖励。后者是指将企业内部闲置的创意和资产提供给外部伙伴。例如，葛兰素史克建立对外开放的专利池，把公司弃用的开发疑难杂症的相关知识产权放在专利池，以供外部的研究者使用，以促进对疑难杂症的研究，产生更多的价值。

三、商业模式的盈利逻辑

（一）通过产品盈利

产品盈利是指在一个生意的日常经营管理中，经营者终以产品作为利润的生成和产出的载体，企业所有经营要素均是围绕产品差异化来进行培育和配置的。产品盈利的关键是要走专业化道路，专业化的意思就是专精——也就是俗话说的"一招鲜，吃遍天"。例如，梁伯强创建的圣雅伦指甲钳采用的商业模式就是典型的通过产品盈利。

（二）通过规模盈利

规模盈利是指在企业或者商业的发展过程中，把扩大市场空间或者经营范围作为对抗竞争、获取利润的基本保障的生意经营思路。例如，手机零售连锁经营即是规模盈利的一种。规模盈利主要依靠的是大进大出的产品分销，经销商通过规模降低经营成本，赚取大量的现金流。在规模盈利方式下，经销商将成本作为扩张的基础，把价格作为主要的扩张武器，通过经销产品的低价获取市场份额、争取下游客户，实现"快速放量"。在现实市场中，那些大卖场如国美、永辉及盒马等，相对于中小型商场的竞争，就是依靠规模盈利的。

（三）通过服务盈利

服务盈利是指通过提供顾客需求的服务，或在产品中增加或创新服务的方式来为产品增值，从而更有效地满足顾客利益的一种盈利方式。它是在产品出售以后对产品进行维护、更新、换代、疑难解答等过程中产生的盈利模式，主要是将产品当成一种载体，产品已经不是企业盈利的主要内容，后面的服务则可成就企业更大更持久的市场，形成服务依赖。例如，腾讯会议就是依靠提供会员服务实现盈利的。

（四）通过品牌盈利

品牌盈利是指依靠品牌的知名度及它的附加价值来获得盈利。品牌和产品是分开的，品牌本身就是独立的产品，做品牌就要脱离产品进行独立思考。品牌盈利模式是指企业采用各种手段方式逐步打造品牌，由此形成企业独有的品牌资本，并利用其品牌独有价值来培育消费者忠诚度和吸引新消费者的方式，不断提升企业的市场影响力，通过品牌溢价获取高额收益的盈利模式。不过与低价盈利模式相比，该盈利模式在品牌培育上需要较长时间的市场认同，短期内盈利不明显，需要时间的沉淀和积累才能达到想要的效果。例如，海尔的品牌产品在消费者心目中与同类其他相关品牌产品相比，品牌的认知度和辨识度是最高的。因此，海尔的品牌溢价基本上要高出同类的其他竞争品牌1/4以上，但溢价并未阻挡消费者对海尔产品的青睐，海尔由此获得高额收益。家喻户晓的海尔品牌就是海尔企业竞争力的最好体现。

（五）通过渠道盈利

渠道盈利是指企业不更换任何产品，只通过渠道自身的改变或者调整就能产生利润。渠道盈利模式具体可以分为以下三类。

（1）通过节省厂家的销售费用来实现盈利。

（2）通过渠道层级的减少降低企业费用来实现盈利。这里最具典型性的就是渠道扁平化。通过减少渠道里的经销商层级和数量，使每个经销商的利润得以增加，这样企业所付出的费用相应地就可以减少。

（3）通过厂商联盟来实现盈利，可以是同行业之间的联盟，也可以是上下游产业之间形成联盟，如宁德时代和新能源汽车厂商之间的关系。

⚙ 创客行动

请完成《创新与创业教育实践手册》中模块八任务一"创客行动　厘清项目盈利逻辑"，并线上提交行动画布作业。

🗐 创海撷英

海尔商业模式：在竞争中立于不败之地的利器

说起海尔，很多人都会不由自主地想到那次被奉为业界经典案例的"砸冰箱事件"。20世纪80年代，国内不少企业纷纷引进国外技术以丰富家电产品，家电市场呈现供不应求的局面。想方设法增加产能成为当时绝大部分企业的不二选择，然而海尔却依然保持着冷静的头脑，走上了一条坚守品质的道路。产量不是衡量标准，质量才是。因此，海尔在竞争激烈的国内家电企业中，势如破竹，迅速成长为中国家电龙头企业。

在国内市场打下扎实基础之后，张瑞敏又开始将目光转向国际。1993年，海尔生产的产品中有1/4进入了欧美地区；1995年，海尔空调在巴黎的权威空调展中大放异彩，从此彻底扬名国际。

2005年，海尔开始了从企业为中心向用户为中心的转型，致力发展互联网全球品牌。站在互联网的风口，海尔顺势更新了商业模式，跟上了时代的步伐。

2008年，海尔决定以订单模式取代仓库模式来降低大量库存给企业造成的压力，并因此在很大程度上避开了那一年金融危机带来的影响。从互联网到物联网，再到个性化定制，海尔已经把市场这盘棋下活。个性化定制说来简单，做起来难，因为标准化可以批量生产，个性化定制需要依托强大的制造能力和协调能力等，但一旦成功，便能拥有新的市场增长。

时至今日，海尔高瞻远瞩，全身心投入到生态品牌建设中，开始打造区块链和海尔的结合。海尔现在的定位是美好生活解决方案服务商，旗下海创汇也孵化出众多优秀品牌。

海尔以家电制造起家，依托基础，不断探索出与时代相匹配的模式，"海尔+""海尔+互联网""海尔+区块链"……可以说，置身"什么时代"，海尔就加什么，这正是传统企业最值得学习的地方。

（案例来源：佚名.海尔究竟拥有什么样的商业模式不败于市场.百度，2021-06-11.有删改.）

【课后拓展】

请扫描下方二维码，自主学习相关知识。

成功商业模式的特征

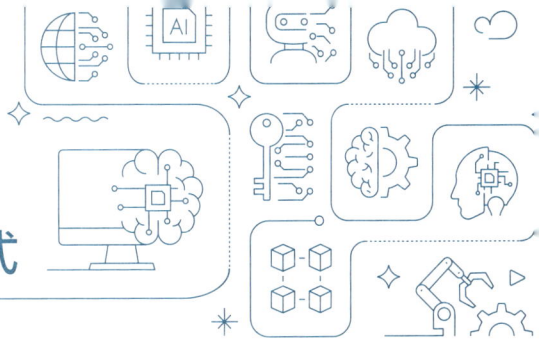

任务二 解构互联网时代商业模式

未来商业模式畅想

以小组为单位，大胆畅想在未来3～5年内，移动互联网技术还会给我们的生活带来哪些变革？哪些新的商业模式会随之出现？活动时间为5～10分钟。

思考与探究：商业模式是动态的吗？商业模式存在轮回模式吗？

【课中解码】

以信息技术为代表的新一轮科技革命愈演愈烈，互联网日益成为创新驱动发展的先导力量。其实随着信息网络技术迅猛发展和移动智能终端广泛普及，移动互联网以其泛在、连接、智能、普惠等突出优势，有力推动了互联网和经济社会深度融合，带来生产模式和组织模式变革，形成网络化、智能化、服务化、协同化的产业发展形态，使企业商业模式也产生了根本性变革。

一、互联网时代商业模式的创新历程

在互联网时代背景下，相关产业和领域都发生了重大改变，同时也催生出众多产业，使得传统的商业模式已经不再适应时代发展趋势和互联网时代发展要求。因此，在商业模式方面需要创新和改进，充分实现融合发展，进而使企业自身实现转型升级，不断创新，以此使传统企业打破生存僵局，在商业模式创新方面取得更加良好的实效。

（一）互联网1.0时代——"平台+免费"商业模式

所谓平台商业模式创新，即借助互联网平台，打造网络商务闭环，构建一体化的多边市场平台。平台价值在于通过互联网聚合客户群体，通过各种客户群体的互动创造最大商业价值。例如，腾讯QQ就是通过集结大量的QQ用户相互互动带来巨大的商业价值的。所谓免费商业模式创新，即在互联网上给予消费者免费的基础服务，其主要形式分为三种：一是基于双边或多边市场的免费服务或免费产品，借助第三方支付弥补产品与服务的成本；二是除了基础服务免费，对高级服务进行溢价收费；三是利用免费服务培养忠实客户，使其养成良好的使用习惯，进而采取后续收费模式。例如，奇虎360早在2007年异军突起，凭借着免费的杀毒服务，成功塑造了品牌形象，相继推出的安全卫士与软件管家等免费服务，为客户提供了优

181

质的服务体验。

（二）互联网2.0时代——"内容＋社区"商业模式

互联网商业模式有三个层次，最底层以产品为中心，其次以平台为中心，最高层以社区为中心。在"平台＋免费"商业模式创新快速发展过程中，"内容＋社区"商业模式创新的优势逐渐展现，以小米为代表的商业模式创新引起了社会广泛关注。"内容＋社区"商业模式的核心在于"媒体属性＋产品与社交属性"，通过媒体传播产品的内容将消费聚合，而后通过社区消费者的培养、沉淀，形成共同的价值观，进而开展商业活动。互联网2.0时代的内容，即全媒体化内容，企业借助媒体网络，更有针对性地吸引客户、提高消费者的忠诚度与黏性。伴随着微博、微信等自媒体的出现与快速发展，全媒体化的社会关系网络逐渐完善，企业能够与消费者产生内容互动链接，随时调整发展战略，拓宽销售渠道，提高口碑与品牌价值。互联网的社区化发展，打破了时间与空间的局限性，让人们可以在任何时间与地点购买商品，在网络社区进行沟通与交流。

（三）互联网3.0时代——"互联网O2O产业链"商业模式

随着移动4G网络的快速发展，互联网3.0时代的到来，各行各业与互联网的融合与渗透率不断提高，互联网产业链外延不断拓宽，O2O（Online to Offline）商业模式成为关键词。"互联网O2O产业链"商业模式创新的优势在于"流量至上"的商业逻辑，随着前期发展的流量积累，企业的竞争优势日趋明显，在大流量的堆积下，流量的变现功能凸显，如视频网站、旅游网站与购物网站，纵向的产业链发展趋势明显。

"互联网O2O产业链"商业模式创新的本质是借助互联网开展O2O深度融合发展，一方面提高传统产业链的物流、信息流、资金流效率，另一方面重塑传统产业链，打造新型商业模式与供需程序，拓宽市场空间。以美团外卖为例，美团覆盖了吃喝玩乐的所有范围，自与大众点评合作之后，美团的服务范围更是得到了进一步的扩张。因此美团成为国内比较大的本地化生活服务O2O平台，并形成了独特的核心竞争力。与互联网2.0时代相比，3.0时代的变现特征在于线上与线下共同变现。通过线上线下的融合，创新商业模式，遵循顾客导向，利用互联网技术解决传统供需矛盾，扩大供给与需求，提升产业资源利用率。例如，美团外卖、大众点评等餐饮商业模式就是借助互联网平台与技术，将传统产业与互联网相融合，开创出的新型商业模式。

（四）互联网4.0时代——"互联网跨界生态网络"商业模式

基于互联网生产力工具理论视域下，近年来跨界商业生态网络逐渐形成。相较于"互联网O2O产业链"商业模式创新，互联网4.0时代真正开启了全社会的资源整合模式，除了传统产业链的互联网发展，国内互联网头部凭借着流量优势、资源优势与经验优势，推动了"连接一切，跨界融合"的全产业链生态发展。在物联网、云计算与大数据等技术不断革新的趋势下，移动终端设备与互联智能终端设备层出不穷，为"互联网跨界生态网络"商业模式创新奠定了坚实基础，从后端数据支持到前端数据支持，再到基础设施支撑，多个方面协同发展共同缔造了互联网的新型跨界生态网络。

纵观BAT[①]，目前都在向着"互联网跨界生态网络"商业模式发展，一方面是云计算和大数据技术的对外开放，如百度医疗云与金融云、阿里巴巴政务云与电商云；另一方面是跨界与融合发展趋势明显，如京东与国美、百度与长安汽车等，多家大型互联网头部企业的联合，通过各种社会优质资源的整合，构建了更丰富、更健康也更庞大的新型跨界生态网络。除了互联网头部企业，传统产业巨擘也在积极转型升级，包括联想、海尔等，纷纷通过"互联网生态网络"的方式，拓宽了产品线与服务体系，不断提高用户的消费体验与附加值。

二、互联网时代商业模式的创新趋势

互联网时代，企业商业模式创新呈现出了大生态新要求、大数据新要素、大融合新战略的趋势。

（一）大生态新要求

开放共享是互联网的重要属性，有了互联网，企业面临的市场将不再受到空间地理的限制，而是可以面向全域全局。由于任何企业都不可能拥有能满足互联网条件下经营所需的资源，与外部企业合作、加强产业链合作，建立开放合作共享的生态系统就成为企业生产经营的重中之重，也是适应互联网开放共享属性的必然要求。例如，小米通过"投资＋孵化"的模式，让数百家制造业企业进入其生态，构建起涵盖手机周边、智能硬件、生活家居等强大的"小米生态圈"。

（二）大数据新要素

众所周知，数据已成为基础性战略资源，日益对生产、流通、分配、消费活动，以及经济运行机制、社会生活方式产生重要影响。以数据流引领技术流、物质流、资金流、人才流，深刻影响了社会分工协作的组织模式，促进了生产组织方式的集约和创新，推动了社会生产要素的网络化共享、集约化整合、协作化开发和高效化利用，改变了传统的生产方式和经济运行机制，成为提升企业核心价值的重要驱动力。

大数据的应用促进企业在生产经营上实现产品数据化、渠道数据化、营销数据化、研发数据化及管理数据化，将企业打造成为数据驱动型企业。以用户管理为例，利用大数据技术，企业可更迅速、更及时、更准确地把握客户需求，开展大数据分析，深入洞察客户需求，提升数据价值，为商业模式创新提供有效支撑。

（三）大融合新战略

互联网成为经济社会发展的基础设施，经济社会全面深度融合，从零售、物流等领域逐步向一二三产业全面渗透。

从范围来看，融合覆盖三大产业。与农业融合形成了智能化、网络化的农业生产经营体系；与工业融合形成了工业云、工业大数据、工业电子商务，催生了众包研发、众创

---

　　① BAT是指现在三家国内最大的互联网头部企业，即百度（Baidu）、阿里巴巴（Alibaba）和腾讯（Tencent）。

设计、网络众包、个性化定制、服务型制造、协同制造、精益管理、远程服务等一批新模式；与服务业融合推进了服务业网络化转型和信息化发展。

从形态上来看，融合呈现三大业态。首先是线上线下融合，互联网企业整合各种资源实现线上线下融合，传统企业主动顺应互联网发展趋势进行线下线上融合；其次是不同行业跨界融合，传统企业挟产品和服务主动触网跨界，互联网企业挟用户和"粉丝"积极延伸跨界，跨界融合成为企业竞争的常用策略；最后是实体虚拟相互融合，虚拟经济与实体经济在数字化的连接下，实现互利共生、相互依存，为我们的社会重新定义新价值、新方式、新习惯。例如，我们看到农产品通过网络直播实现了原产地到客户的直发。

三、互联网时代商业模式的创新方法

在互联网时代的背景下，商业模式创新对企业获得竞争优势变得更加重要、紧迫，掌握基本的创新方法成为企业发展的"必修课"。

（一）用大数据针对企业的商业模式进行改进和创新

在互联网时代背景下，要想体现出互联网思维的价值和作用，可以充分融入大数据技术的相关内容，对消费者的客观需求和需求结构等进行充分的分析和判断，做好全面细致的数据收集和整理工作，然后结合消费者的客观需求进一步改进和创新对应的营销服务，在产品质量服务效能方面进一步体现出良好的发展效果，进而从根本上满足消费者的客观需求。从根本上来讲，大数据是一种全新的资源，通过数据的可分离性，用数字表示的数据从产生数据的活动中分离出来，这种方式对下一步的活动起到应有的指导作用，从大数据中分离出相关数据，使其呈现出更大的商业价值，这样可以为企业创新发展和综合效益的提升提供必要保障。

（二）在长尾理论下进行边际效应递增

在管理学层面，传统的二八定律认为企业的绝大部分产品并不具备商业价值，只有20%的产品可以使企业有相对应的收益，因此该类产品在企业进行产品定位的环节往往被

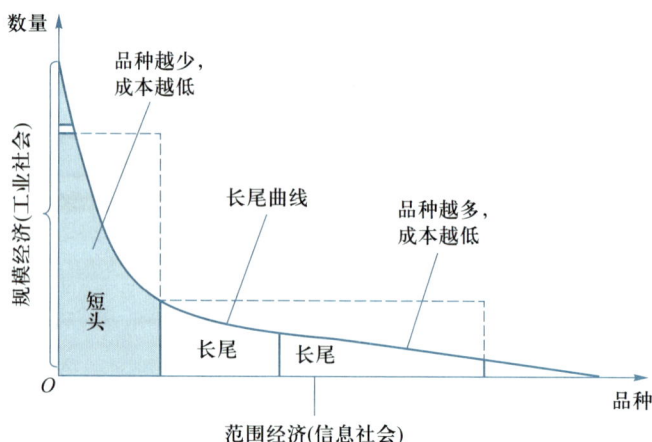

图 8-2-1 长尾理论

忽略。但长尾理论（图8-2-1）认为，销量不佳或需求不旺的产品共同占据的市场份额在流通渠道和储存量足够大的时候就可以和那些20%的产品占据差不多的市场份额，更有甚者，会占领更多的市场份额，在某种条件下可以使其价值得到更大的体现。在这种情况下，针对商业模式进行创新的过程中，需要充分把握长尾理论的核心内容，融入互联网思维，在商业模式的推进过程中进一步关注所有产品甚至被大多数人忽略的边缘产品，这样才能充分体现出互联网思维的创新优势和应用价值。

（三）借助互联网平台与客户实现更加紧密的沟通

通过互联网思维的有效推动，在商业模式创新方面需要进一步与客户进行密切的交流，缩短彼此之间的距离，这样可以使企业与顾客及时沟通，更加高效便捷，进而使传统的信息不对称所造成的消费双方利益失衡或者资源配置不够协调等方面的问题得到有效解决。除此之外，也可以更有效地体现出信息传递壁垒变低、信息获取变得更容易、交流更加快速等相关方面的优势。在这样的情况下，企业不会再打价格战，而是进一步加强客户的黏性，使客户的忠诚度得到提高，这样可以在充分的沟通和交流的基础上，在互联网资源整合方面体现出客户的个性化需求，进而在企业的营销模式方面更加精准有效，满足不同客户的客观需求，体现出个性化、创新化的营销成效。

总之，在商业模式的创新发展过程中，融入互联网思维和当前的市场变革机制有着非常重要的作用和价值。在互联网思维的推进下，要充分体现出商业模式的创新和完善，使互联网思维在企业的产品服务等方面更有效地融入，进而在更大程度上满足消费者的客观需求，这样才能更充分体现出企业的创新发展实效。

⚙ 创客行动

请完成《创新与创业教育实践手册》中模块八任务二"创客行动 绘制'互联网时代商业模式'鱼骨图"，并线上提交行动画布作业。

☰ 创海撷英

得物："社区＋电商"双业务模式助推首发经济

国潮新品、品牌球鞋、潮服潮玩、联名款潮物、限量版艺术品……来自国内外各地的有情怀、有个性的潮流消费品，在得物App一经首发就迅速售罄。年轻人在这个充满新鲜感和潮流之地，收获满足和喜悦。国内外品牌则在得物平台获取提升价值、驱动消费的重要引擎。其到底有着怎样的商业模式？为何国内外品牌都会选择在得物App进行新品首发？

究其原因，可归纳为三个方面：其一，平台八成用户是"90后"，年轻消费市场具有很强的购买力和消费预期；其二，平台在传统电商模式的基础上增加鉴别真假与查验瑕疵的服务，以"强中心化"定位深入管理把控全程，逐步成为年轻消费群体心中"品质""正品"电商代名词；其三，得物有强烈的社区属性，聚集了潮流消费达人、品牌方、爱好者等多元用户，具有持续输出优质专业生产内容（Professional Generated Content，PGC）、用户原创内容（User Generated Content，UGC）的能力，让年轻一代释放热爱讨论与分享的社交天性，从而有效提升品牌认知度。得物App商业模式如图8-2-2所示。

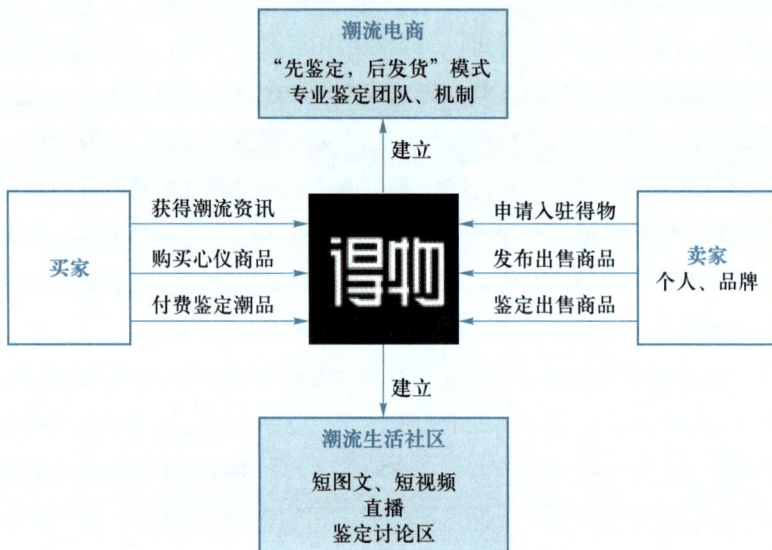

图 8-2-2　得物 App 商业模式

助推中国品牌，引领新一轮国潮消费热。为了持续推动国潮文化发展，得物App通过开设"国货之光"专区，对商品质量好且履约行为良好的国潮商家，在交易费率和流量上予以正向激励等措施，支持国潮品牌的同时，也增强年轻用户对中国传统文化的认同感。

赋能国际大牌，让多元化新品走向中国。除了吸引中国品牌，得物App同样也是国际大牌的"乐土"。百年灵、Alexander McQueen、The North Face等头部品牌，都将得物平台选为线上新品首发地。一些国际品牌不曾预料到，中国的潮流网购社区，聚集着大量消费力强劲的年轻人。他们通过"看评论—购物—再写评论"这个"热爱循环"，能迅速把单品和品牌同时带火。

"大数据+社区"用户内容，更灵活推出新品。在平台上，海量用户深切感知产品和服务，品牌方获得有商业价值的流量和关注。这背后，得物App正在运用创新思维，对"网购体验"做出重新诠释。"先鉴别，后发货"，平台率先推出的这套品控机制，正在推动线上商品的品质潮流。如今，一个"潮流商品数据大脑"，正在加持平台上的每件商品。得物App还率先建立了全行业最大的潮流商品模型数据库，覆盖球鞋、箱包、配饰等品类，以高还原、高精度、标准化的方式为每件商品构建"数字孪生"。

正如得物创始人兼CEO杨冰所说，平台所做的一切，都是希望更多用户通过得物"得到美好事物"，也希望平台能为上海乃至全国形成强大内需市场、构建新发展格局贡献一份力量。

（案例来源：佚名.得物App：潮从海上起，"社区＋电商"双业务模式助推首发经济.上观新闻，2021-05-07.有删改.）

【课后拓展】

请扫描下方二维码，自主学习相关知识。

商业模式未来将会迎来哪些变革

任务三 设计商业模式

【课前热身】

商业模式梳理

首先，用一句话描述你现有的商业模式。

然后，思考以下九道问题：谁是你的付费用户？你给用户带来什么好处？如何让用户知道你？如何将产品送达用户？你的核心任务是什么？你还缺少什么？谁能帮助你？你有多少种盈利的产品？你需要投入多少成本？

说明：

（1）每道题的答案都写在便利贴上，并将每道题上的项目按重要性程度进行排序。

（2）将每页上标为"1"的项目，单独写在黄色贴纸上（只写重要级为"1"的，一条即可）。

（3）把标为"1"的项目进行排队，仔细研究黄色纸上的要点之间的互相联系。

（4）根据黄色纸上的含义，用一句话总结出你的商业模式（它很可能与你原来的模式不一样，主要原因在于，这个活动帮助你把注意力全部集中在你最重要的用户身上，并以其为基础来发展你的核心商业模式）。

（5）请保存好黄色贴纸上的内容，这是你商业计划书的初稿。

最后，用一句话总结你梳理过的商业模式。

思考与探究：你的商业模式有没有发生变化？

【课中解码】

北京大学汇丰商学院教授魏炜曾经指出，真正能够盈利、价值增长率能达到两三倍甚至更高的企业，都是商业模式非常独特的企业。可见，企业要想获得成功，就必须从设计成功的商业模式开始，成熟的企业是这样，发展期的企业也是这样，新的企业更是如此。成功的商业模式是企业竞争制胜的关键，是商业的本质。

一、商业模式设计的思路

商业模式设计，是创业者在对商业模式本质认识的基础上，对商业模式的结构要素进行综合设计，形成新的商业模式结构的过程，其设计思路通常包括以下几个方面。

（一）找到用户的需求并提供解决方案

对于初创企业来说，其价值主张需要通过市场与消费者呈现出来。因此，设计商业模式首先要考虑的便是市场中各种不同消费者的需求。如何找到市场和用户的需求？到各种常见的社会场景转一圈，其实可以发现很多机会。例如，去餐馆吃饭，怎么样才能吃得安全放心就是一种需求；新入职场如何更快成长也是一种需求。开启创业之前，团队成员一起头脑风暴，可以收集几十种需求。面对这些需求，该怎么解决、提供什么样的解决方案才能更好地解决用户的痛点和麻烦？产品或者服务的核心就是要能够解决用户的这些问题，以及给用户更好的体验。

（二）分析用户规模与市场体量

对于初创企业来说，分析用户规模可以借助国家统计局的数据。目标用户规模就是市场体量，企业能够切入多大规模，一定程度上取决于企业的资源和能力。也可以根据相关专业分析网站发布的研报进行目标画像分析。用户画像分析就是根据不同地区人口、年龄、性别等特征进行关联性分析，有关内容已在本书模块六任务一做详细介绍，此处不再赘述。找准目标群体的特性和需求，解决目标群体的实际痛点，一般可以为企业带来一定的市场份额。

（三）结合市场需求确定行业和项目

根据团队的切身实际和观察，如果团队本身拥有丰富的资源，则可以考虑进入团队能够驾驭的行业，当然也要符合宏观环境的需要，切忌逆风而行，如涉及反垄断、课外培训及国家明令禁止的领域。如果团队的资源不足，则可以考虑选择低风险、低资产、低投入的行业，如自媒体、内容创作和"三农"（农业、农村和农民）扶持项目等。根据团队的实际能力选择对应的行业和项目，不要违逆宏观环境要求，更不要尝试灰色地带或者黑色产业，否则只会误入歧途。

（四）构思营销模式

营销模式主要就是让消费者和用户知道你的存在，同时，还能感知你的产品和服务。不同行业有不同的营销方式，营销的行业属性比较明显，每个行业都有潜在的运营规则和秩序，违反市场公平公正原则，很有可能造成不正当竞争。特别是一些很容易陷入垄断的行业，更要进行营销方式的设计。有些行业直接用产品作为营销工具；有些行业使用互联网广告；有些行业则使用户外广告。互联网产品大多数时候使用新品发布会、网络裂变营销或者饥饿营销等方式让消费者参与营销，勇于打破传统的商业营销模式。

（五）设计盈利模式

盈利模式就是企业的创收方式。对创业者来讲，提高创业利润和收益（提升创业项目的盈利能力）是重中之重。而衡量盈利能力最重要的指标就是净资产收益率（净资产收益率＝销售净利率×总资产周转率×权益系数）。在现代商业模式中，最主要的盈利模式有三种，分别是高销售净利率模式、高周转率模式和高杠杆模式。在设计企业盈利模式的时候，尽量想办法让自己的企业能有比较高的毛利率。如果实在做不到，就要想办法让自己的企业拥有比较高的周转率。此外，要尽量避免使用高杠杆的盈利模式，因为这种盈利模式风险巨大。

二、商业模式设计的方法

每个创业者都想为自己的企业设计一个独特的、全新的商业模式来覆盖产业内现有企业的商业模式。虽然商业模式创新非常困难，但是很多企业同样在模仿和改进现有商业模式的基础上收获了巨大的成功，如腾讯、百度、拼多多、抖音等。那么，如何去模仿和改进现有的商业模式呢？以下介绍几种商业模式设计的方法。

（一）全盘复制法

全盘复制法比较简单，即对经营状况良好的企业的商业模式进行简单复制，根据自身企业状况加以修正调整。全盘复制法主要适用于同行业的企业，特别是细分市场、目标客户、核心产品相同或相近的企业，甚至可以直接对竞争对手的商业模式进行复制。例如，当当网就是国内最早复制模仿亚马逊商业模式的企业；在当当网之后，卓越网又基本复制了亚马逊和当当网的商业模式。

全盘复制优秀企业的商业模式需要注意：一是复制不是生搬硬套，需要根据企业自身的区域、细分市场和产品特点进行调整；二是要注重对商业模式细节的观察和分析，不仅要在形式上进行复制，更要在流程和细节上进行微创新；三是为避免与复制对象形成正面竞争，可在不同的时间和区域对商业模式进行复制。

（二）借鉴提升法

借鉴提升法，即通过学习和研究优秀的商业模式，对商业模式中的核心内容或创新概念进行适当提炼和节选，并对这些创新点进行学习。如果这些创新点比企业现有商业模式当中的相关内容更适合企业的发展需要，企业就引用这些创新概念并使其发挥更大的价值。通过引用创新点来学习优秀商业模式的方法使用范围非常广泛，不同行业的企业都可以借鉴。

（三）逆向思维法

逆向思维法，即通过对行业领导者商业模式或行业内主流商业模式的研究学习，模仿者有意识地进行反向学习，即市场领导者商业模式或行业内主流商业模式如何做，模仿者则反向设计商业模式，直接切割对市场领导者商业模式或行业内主流商业模式不满意的市场份额，并为它们打造相匹配的商业模式。

采用逆向思维法时有三个关键点要注意：一是找到市场领导者商业模式或行业内主流商业模式的核心点，并据此制定逆向商业模式；二是企业在选择逆向思维法制定商业模式时，不能简单追求反向，需要确保能够为消费者提供更高的价值，并能够塑造新的商业模式；三是防范行业领导者的报复行动，评估行业领导者可能的反制措施，并制定相应的对策。

（四）关键因素法

关键因素法是以关键因素为依据来确定商业模式的设计方法。商业模式中存在多个因素影响设计目标的实现，其中若干个因素是关键的和主要的。关键因素法通过对关键因素的识别，找出实现目标所需的关键因素集合，确定商业模式设计的优先次序。采用关键因素法设计商业模式主要有五个步骤：一是确定商业模式设计的目标；二是识别所有关键因素，分析影响商业模式的各种因素及其子因素；三是确定商业模式设计中不同阶段的关键因素；四是明确各关键因素的性能指标和评估标准；五是制订商业模式的实施计划。

（五）价值创新法

价值创新法是对一些从未出现过的商业模式进行创新设计的方法，即通过价值要素的构建、组合等设计出新的商业模式。这点在互联网企业中表现得尤为明显。例如，拼多多上市之初就非常清楚电商巨擘淘宝和京东地位难以撼动，于是避开与传统电商硬碰硬，另辟蹊径开拓社交电商，通过拼团砍价、好友帮砍、游戏娱乐等为消费者在购买商品的同时带来更多乐趣；并创新C2M（Customer to Manufacturer）模式，反向定制商品，引领国内新消费。再如，小猪短租和蚂蚁短租创建的通过共享资源而获取收益的模式，也已成为现今非常流行的一种商业模式。

三、商业模式设计的工具

进行商业模式设计时，选择合适的设计模型好比架构搭建，采用恰当的设计方法好比轮廓的初建，接下来还需要一款实用的商业模式设计工具对整个商业模式仔细地进行刻画，商业模式画布就是这样一款工具。

商业模式画布是指能够视觉化呈现的，可以帮助创业者催生创意、梳理商业逻辑、合理解决问题的思维工具。对于企业家和创业者来说，这个由400多位实践者共同开发的设计模式非常简单好用，它不但能够提供灵活多变的计划，而且更容易满足消费者的需求，更重要的是，它可以将商业模式中的元素标准化，并强调元素间的相互作用。下面将介绍商业模式画布的基本要素和制作步骤。

（一）商业模式画布的基本要素

商业模式画布由九个模块组成，分别是价值主张、客户细分、关键业务、渠道通路、客户关系、核心资源、重要合作、成本结构、收入来源，画布可以方便地描述和使用商业模式来构建新的战略性替代方案。简单来说，画布就是描述商业模式的框架（图8-3-1）。

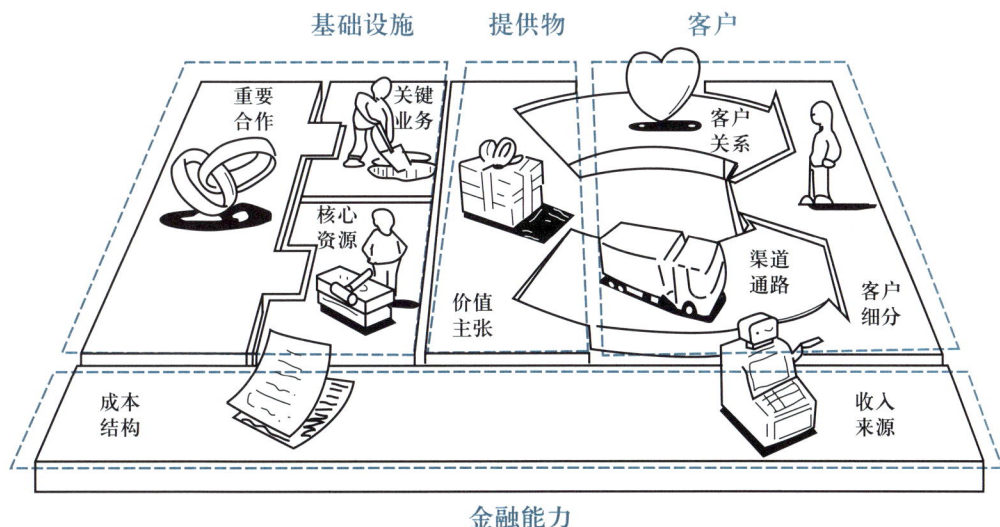

图 8-3-1 商业模式画布图示

该画布覆盖商业的四个主要方面，即客户、提供物（产品／服务）、基础设施和金融能力，对应需要解决的问题包括以下几个方面。

（1）客户——我们能为哪些客户提供产品和（或）服务？

（2）提供物——我们能够为客户提供什么样的产品和（或）服务？提供什么（独特的）价值？

（3）基础设施——我们如何为客户提供这些产品和（或）服务？

（4）金融能力——我们能够从为客户创造的价值中获得多少利润？成本需要多少？

把商业模式画布的九大模块与四个商业板块联系起来，它们之间的组成逻辑如图8-3-2所示。

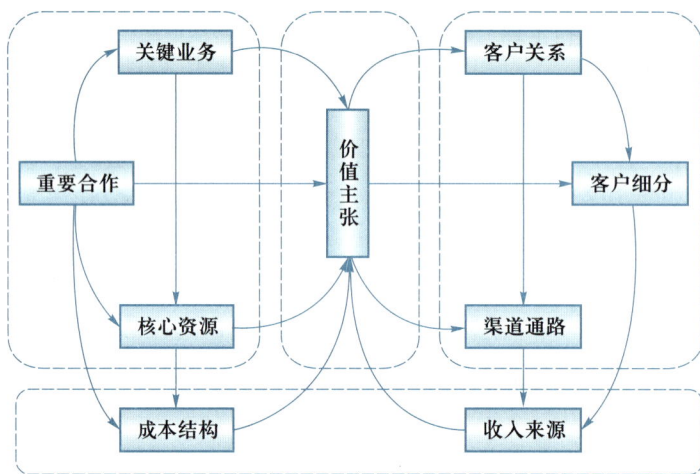

图 8-3-2　商业模式画布的组成逻辑

了解商业模式画布的构成及逻辑之后，可以通过头脑风暴法，将自己的想法用便利贴或海报的形式呈现出来，然后把九大模块的内容（图8-3-3）梳理好填到画布中，最后理顺每个模块之间的逻辑，这样一个初步的企业商业模式就呈现出来了。

（二）商业模式画布的制作步骤

将画布打印出来或者在一张大白纸上画出来，团队成员共同讨论和描绘商业模式画布中的九个模块，这样可以最大限度发挥画布的价值。下面介绍商业模式画布的制作步骤。

1. 描绘消费者细分市场

开始设计商业模式时，先描绘出企业所服务的消费者细分市场。根据消费者细分群体的不同，将不同颜色的便利贴贴在画板上，用来代表一个特定的群体，并描述特定需求。

2. 描述对价值主张的理解

描述对每个消费者细分群体所提供的价值主张的理解，应当使相同颜色的便利贴代表一个价值主张和对应的消费者细分群体。如果一个价值主张涉及两个差异大的消费者细分群体，那么应当分别使用这两个消费者细分群体对应颜色的便利贴。

8. 重要合作	7. 关键业务	2. 价值主张	4. 客户关系	1. 客户细分
用来描绘让商业模式有效运作所需的供应商与合作伙伴的网络 该模块主要解决以下问题：谁是我们的重要伙伴？谁是我们的重要供应商？我们正在从合作伙伴那里获取哪些核心资源？合作伙伴执行了哪些关键业务	用来描绘为了确保商业模式可行，企业必须做的最重要的事情 该模块主要解决以下问题：我们的价值主张需要哪些关键业务？我们的渠道通路需要哪些关键业务？我们的客户关系呢？收入来源呢	用来描绘为特定客户细分创造价值的系列产品和服务 该模块主要解决以下问题：我们应该向客户传递什么样的价值？我们正在帮助客户解决哪类难题？我们正在满足哪些客户需求？我们正在为客户细分群体提供哪些系列的产品和服务	用来描绘企业与特定客户细分群体建立的关系类型 该模块主要解决以下问题：每个客户细分群体希望我们与之建立和保持何种关系？哪些关系我们已经建立了？这些关系成本如何？如何将其与商业模式的其余部分进行整合	用来描绘企业想要接触和服务的不同人群或组织 该模块主要解决以下问题：我们正在为谁创造价值？谁是我们最重要的客户
	6. 核心资源 用来描绘让商业模式有效运转所必需的最重要的因素 该模块主要解决以下问题：我们的价值主张需要什么样的核心资源？我们的渠道通路需要什么样的核心资源		3. 渠道通路 用来描绘企业如何沟通接触其客户细分群体，传递其价值主张 该模块主要解决以下问题：通过哪些渠道可以接触我们的客户细分群体？我们如何接触他们？我们的渠道如何整合？哪些渠道最有效？哪些渠道的成本效益最好？如何把我们的渠道与客户的例行程序进行整合	

9. 成本结构	5. 收入来源
用来描绘运营一个商业模式所引发的所有成本 该模块主要解决以下问题：什么是我们商业模式中最重要的固定成本？哪些核心资源花费最多？哪些关键业务花费最多	用来描绘企业从每个客户群体中获取的现金收入(需要从创收中扣除成本) 该模块主要解决以下问题：什么样的价值能让客户愿意付费？他们现在付费买什么？他们是如何支付费用的?他们更愿意如何支付费用？每个收入来源占总收入的比例是多少

图 8-3-3 商业模式画布的九大模块

3. 用便利贴完成各个模块任务

使用便利贴将企业商业模式中所有的剩余模块标示出来。相关的消费者细分群体使用同一颜色的便利贴。

4. 评估商业模式的优劣势

映射出整个商业模式后，开始评估商业模式的优劣势。将代表优势的颜色和代表劣势的颜色的便利贴分别贴在商业模式中运行良好的模块和有问题的模块旁边。

5. 对现有商业模式进行改进

可以在步骤1到步骤4所产生的画布中对现有商业模式进行改进，也可以另外设计一个全新的商业模式。在理想情况下，可以使用一个或几个商业模式画布改进现有商业模式。

⚙ 创客行动

请完成《创新与创业教育实践手册》中模块八任务三"创客行动 绘制商业模式画布"，并线上提交行动画布作业。

📚 创海撷英

B站：以商业模式出圈

哔哩哔哩（bilibili，简称B站）是中国年轻世代高度聚集的文化社区和视频网站。该网站于2009年6月26日创建，早期是一个ACG（动画、漫画、游戏）内容创作与分享的视频网站，经过10年多的发展，围绕用户、创作者和内容，构建了一个源源不断产生优质内容的生态系统。截至2022年，B站已经发展成为涵盖7 000多个兴趣圈层的多元文化社区，月均活跃用户过亿人，吸引了腾讯和阿里巴巴的大量资本投入。

B站通过为用户提供UGC，即用户将自己原创的内容通过互联网平台进行展示或者提供给其他用户，同时经营游戏、直播、售卖周边服务，以游戏联运，收取会员费、广告费，售卖周边服务，进行众筹作为盈利模式。B站商业画布如图8-3-4所示。

8. 重要合作	7. 关键业务	2. 价值主张	4. 客户关系	1. 客户细分
● UP(uploader)主（上传者） ● 普通用户 ● 动画供应商 ● 漫画供应商 ● 游戏供应商 ● 电影供应商 ● 纪录片供应商 ● 会展主办方 ● 广告商 ● 淘宝店主 ● 风险投资方 ● IT技术服务商 ● 合作推广方	● 优质视频内容运营 ● 游戏联运 ● 直播与增值服务 ● 广告发放 ● 周边销售 ● 线下活动 **6. 核心资源** ● 生产优质原创内容的UP主 ● 优良的社区互动氛围和创作环境 ● 定位准确、黏性极高的年轻用户群体	● 为用户提供用户原创内容(将自己原创的内容通过互联网平台进行展示或者提供给其他用户) ● 营造年轻活力开放共享的文化社区 ● 提供优质视频内容、游戏入口	● 为用户提供文化社区，即文化聚集地 ● 为UP主提供视频内容发布平台 ● 为普通用户提供优质视频内容播放平台 **3. 渠道通路** ● App应用程序 ● 视频网站 ● 微信小程序 ● 公众号 ● 微博链接	● 主要是一批积极乐观、具有正能量的年轻人，大多受过高品质的教育，享受日益优厚的物质基础 ● 消费能力高、消费意愿好、活跃程度高、用户黏度稳定，用户选择更注重高素质、高修养

9. 成本结构	5. 收入来源
● 影视版权费 ● 人力成本、平台运营管理成本 ● 为UP主所提供原创视频内容进行付费等	● 游戏联运，视频内容吸引大量用户，手机网游将庞大用户流量变现 ● UP主直播打赏、视频充电分成 ● 与淘宝合作售卖周边服务 ● 收取会员费、广告费，进行众筹(让用户承包自己喜爱的新节目)

图8-3-4　B站商业模式画布

【课后拓展】

请扫描下方二维码，自主学习相关知识。

商业模式设计的基本要求

学习讲堂

创业企业如何设计商业模式

学习反馈

模块八 学习调查问卷

模块九

制订商业计划

凡事预则立，不预则废。言前定，则不跲；事前定，则不困；行前定，则不疚；道前定，则不穷。

——《礼记·中庸》

学习地图

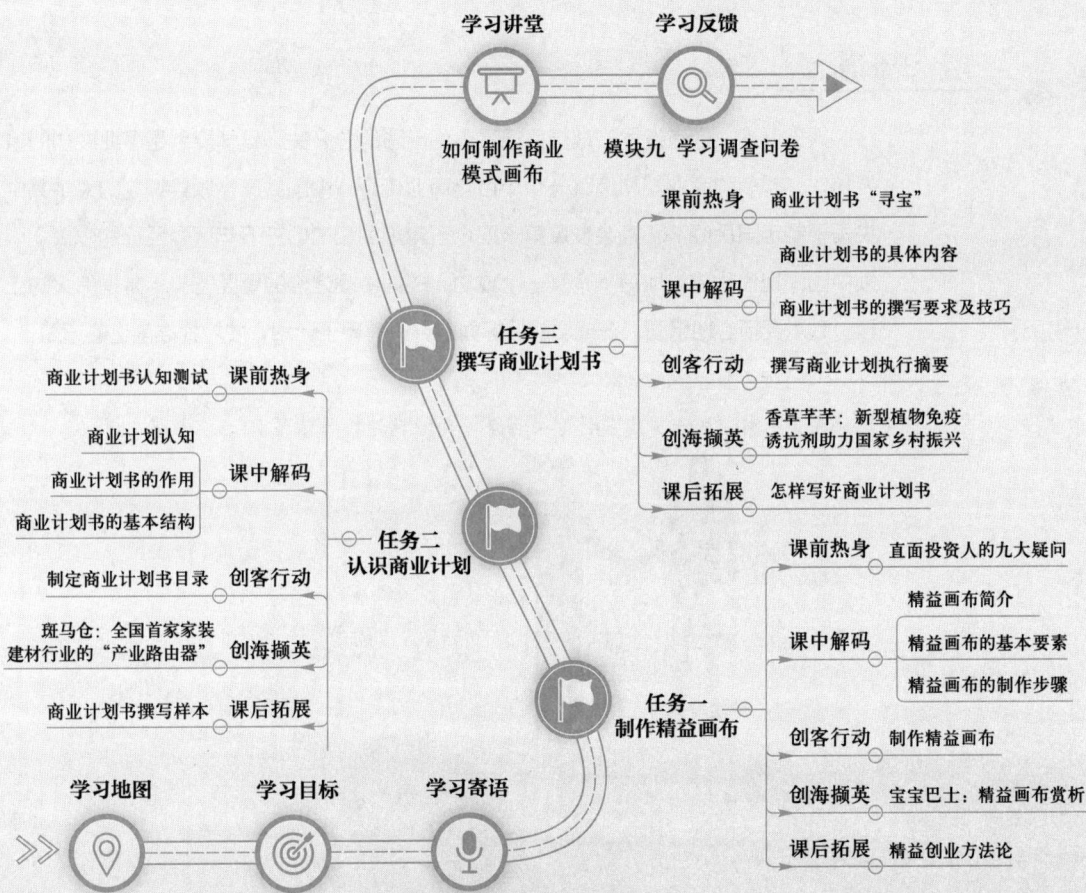

学习目标

>>知识目标

理解精益画布的九个基本要素；了解商业计划书的作用；理解商业计划书的基本结构；熟悉商业计划书的具体内容。

>>能力目标

能进行商业计划书相关信息的收集；能制作项目的精益画布；能撰写项目的商业计划书。

>>素养目标

培养归纳总结，以及通过网络获取知识的能力；培养团队精神；提升计划制订能力。

学习寄语

人无远虑，必有近忧，理想目标是人生出彩的总开关，科学规划是事业成功的重要秘诀，超前的商业规划造就一个个百年商业传奇。中国共产党领导编制的《中共中央关于制定国民经济和社会发展第十四个五年规划和二〇三五年远景目标的建议》引领中国式现代化建设取得一个又一个成功，成为中国之治的重要密码，越是伟大的工程，越需要精心地擘画。在成功的目标面前，只有善于计划，才能找准前进的道路。

模块成果：精益画布　商业计划书目录　商业计划执行摘要

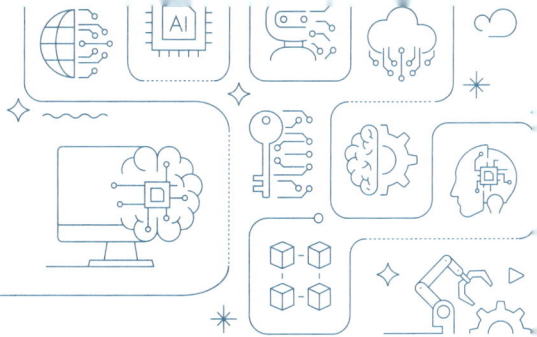

任务一 制作精益画布

直面投资人的九大疑问

对于表9-1-1中的九道题目，采取"你问我答"的方式作答。如果能回答，则得3分；如果不能回答，则得0分；如果不确定，则得1分。回答完这九题后，计算出总得分。

表9-1-1 "你问我答"题目

序号	问题	是	否	不确定	得分
1	你是谁（评估你的背景实力和人品）	3	0	1	
2	团队有谁？是怎么分工的（了解你们的管理模式和团队能力是否互补）	3	0	1	
3	你是做什么的（理解你们的产品与服务）	3	0	1	
4	为什么要做这个（是否有竞争切入点、市场前景）	3	0	1	
5	你什么地方比对手强（对竞争对手是否了解）	3	0	1	
6	这些优势有门槛吗（是否有对方无法短期复制的竞争优势）	3	0	1	
7	你如何让优势与需求对接（是否有打开市场的渠道）	3	0	1	
8	你满足这些需求能盈利多少（盈利模式是否成立）	3	0	1	
9	你能给我的回报及可能的风险是什么（你是否靠谱）	3	0	1	
总得分					

思考与探究：投资人关注的关键要素有哪些？

【课中解码】

硅谷企业家和作家莱斯在著作《精益创业》一书中提出了创业的最小成本试错方案，即创业者先向市场推出简单的最小可行产品，然后根据市场和用户的反馈，不断调整和学习，用最小的成本直接面向用户，通过用户的反馈去验证产品是否符合用户的需求，从而灵活地调整方向。如果产品不符合市场需求，那么就能"快速、廉价地失败"，从而减少初期投入；如果产品被用户认可，那么就可以不断地优化和迭代，不断地获得完善的产品，最终大规模投入市场。这便是"精益创业方法论"的核心思想。

一、精益画布简介

创业实战家阿什·莫瑞亚结合莱斯的精益创业思维在商业模式画布的基础上开发了精

测试点评

益画布工具。这种单页画布工具具有制作迅速、内容紧凑、方便携带、简单明了等优点，可以帮助初创企业团队梳理思路。对创业项目来说，它既是对项目商业模式的精准提炼，也是一个可视化的简化商业计划书，还能成为项目发展的战略指挥。

精益画布共有九个基本要素，如图9-1-1所示。

问题	解决方案	独特的价值主张	门槛优势	客户群体分类
最需要解决的三个问题	产品最重要的三个功能	用一句简明扼要但引人注目的话阐述为什么你的产品与众不同	无法被对手轻易复制或者买去的竞争优势	目标客户
1	4		9	2
	关键指标	3	渠道	
	应该考核哪些东西		如何找到客户	
	8		5	
成本分析			收入分析	
争取客户所需花费、销售产品所需花费、网站架设所需花费、人力资源费用等			盈利模式、客户终身价值、收入、毛利	
7			6	

图 9-1-1　精益画布的基本要素

二、精益画布的基本要素

（一）问题

问题其实就是需求，消费者的需求也称发现细分市场。消费者对于产品有痛点、痒点、需求点，创业者需要用敏锐的洞察力发现这些问题，寻求解决方案。这些问题肯定有主要和次要之分，创业者至少要解决一个主要问题、两个次要问题，产品才能立得住。

因此，制作精益画布的第一步是针对潜在的客户群体，列出他们最需要解决的三个问题，三个主要问题可以从以下方面考虑。

（1）产品的解决方案是否是客户想要的？（必要性）

（2）客户是否愿意为解决方案付费？如果不愿意，那么谁来买单？（发展性）

（3）解决方案是否能够真正地解决问题？（可行性）

针对问题，列出现存备选的解决方案，进行客户分类，并锁定潜在的早期接纳者。

（二）客户群体分类

每个客户群体都是有差异的，没有一种产品能够满足市场的所有群体。创业者只有足够准确定位消费者，推出的产品或服务的针对性才越强，越能贴近用户的核心需求，在此基础上才能较好地实现盈利。因此，需要进一步筛选潜在目标用户群体，定义2～3个特定的小型客户群，并为每个客户组创建一个单独的精益画布，找到他们，接近他们，更深入地去了解他们，挖掘他们更多的需求和价值。

（三）独特的价值主张

价值主张是对交付产品及服务价值的承诺，它代表潜在目标客户购买产品与服务的主要原因。在这一步，创业者可以从最需要解决的问题出发，去寻找提供给潜在目标客户的产品或服务的独特卖点，也可以针对种子用户来做设计。总之，要提供别人没有的或比别人更受消费者喜欢的产品或服务，更加强调与同类产品的差异化发展，这样才能获得客户，实现盈利。

（四）解决方案

创业者需要依据前面所完成的用户研究数据与分析结果，提出几个可能性的产品及服务解决方案，并可以开发与小范围推广最小可行产品来进行验证。如果消费者接受了最小可行产品，则说明创业者初期设计的解决方案是可行的。反之，则需要重新去挖掘消费者的需求，针对这些需求痛点，重新设计解决方案，再次投入市场加以验证与测试，并不断迭代更新。总之，解决方案需要精准地切中目标用户的需求及痛点，且具有独特性。

（五）渠道

渠道是企业产品或服务与消费者之间的桥梁。这里要考虑如何销售产品或服务，是通过直销的方式还是渠道的方式？是通过线上推广还是线下推广？如何触达客户来实现交易，从而产生收入和价值？这里需要考虑如何能够接近客户，如何与客户进行有效沟通，如何服务客户，从而让客户感知产品的核心价值定位等。通常来说，创业者可以选择利用个人媒体（微信、微博、抖音等），以及参加展销会、上门推销等低成本手段，有实力的则可以选择电视、网络等渠道的广告或者经销商渠道。

（六）收入分析

在这一模块，创业者需要定义整个产品与服务体系的收入来源。这里要考虑的问题有：项目靠什么盈利？产品如何创收？收入能大于成本吗？怎么持续发展到哪个时间点才可以达到盈亏平衡？收入分析对整个产品及服务设计项目的成果起到重要影响。目前主要的盈利模式包括销售商品、广告收费、会员服务收费、增值服务收费等。

（七）成本分析

在创业初期，对于成本要有严格的考量。成本结构及分析能帮助创业者计算出开发产品需要多少成本，包括固定成本和变动成本，然后把收入和成本结构结合起来分析，计算出一个盈利平衡点，以此来预估产品的售价、产品的利润，以及需要多长时间能够达到盈亏平衡点，进而检验设定的商业模式是否可行。成本结构通常可由以下几个方面来决定：企业和上游的关系；企业的运营管理效率和水平，以及融资成本。

（八）关键指标

任何一个企业，无论处于哪个行业或规模，都将具有一些用于监控绩效的关键指标，如用户数、用户留存率、用户活跃度、付费用户数、用户购买次数等。在这一模块，创业者需要定义监控产品及服务成效的具体衡量指标，尽可能让这些数据量化。

（九）门槛优势

企业推出产品或服务必然要面对市场竞争。门槛优势即无法被对手轻易复制或者买去的竞争优势。面对市场竞争，要么通过技术壁垒等手段让竞争对手无法模仿和超越，要么做好产品或服务的质量保证体系，做到人无我有、人有我优、人优我廉、人廉我变，始终做到快人一步、先人一招。

三、精益画布的制作步骤

精益画布可以帮助创业者厘清项目的商业模式。以客户为出发点，按照规定的顺序，制作项目的精益画布，可以从以下三个步骤进行。

（一）思考与挖掘

大多数创业者在项目开始之初，对于项目要达成的目标、项目的目标客户群体、项目的痛点问题及解决方案，以及项目的商业模式等内容，都是不明确的。他们并不希望在项目中投入了大量的资源、时间、资金后，发现项目并不是一个很好的商业模式，而造成大量的浪费。因此，项目开始之初，先要使用头脑风暴法寻找产品的潜在客户，挖掘能够为产品买单的客户。

（二）制作与实施

将精益画布打印出来或者在一张大白纸上画出来，然后按照图9-1-1中标注的先后顺序逐一完成精益画布的九个基本要素。

（1）描述问题和客户群体分类。先列出潜在客户群体1～3个最重要的问题，再列出现存备选解决方案，然后找出其他的用户群体，锁定潜在的早期接纳者。

（2）描述独特的价值主张。用一句简明扼要但引人注目的话阐述产品的应用场景，使其能够触发目标用户的痛点需求，从而激发目标用户的购买欲望。

（3）描述解决方案。针对每个问题，列出最简单的解决方案，不要急着把解决方案和问题对应起来，尽量把这个任务留到最后来做，因为所列出的问题都没有经过验证和测试，所以在经过几次客户访谈之后这些问题会被重新排主次，甚至被换掉。

（4）描述渠道。列出任何能把产品推给潜在客户的渠道，如博客、网络讲堂、传统媒体或者电视广告、展销会、电话营销、平台直销、战略式合作等。

（5）描述收入分析和成本分析。收入分析先是描述项目的收入点，再分析收入点的收入规模及收入点产生收入的时间。成本分析先是描述项目的支出项，再分析每项支出的成本规模及每项支出发生的时间。把收入分析和成本分析结合起来，计算出一个平衡点，然后估计需要花多少时间、资金和精力才能达到这个平衡点，从而确定商业模式优先级。

（6）描述关键指标。找到准确的指标来验证一个创业项目的运营状况，判断它是做得好还是不好。

（7）描述门槛优势。描述无法被对手轻易复制或者买去的竞争优势，如产品创新的门槛优势、资源价值的门槛优势、商业模式的用户优势、经营成效形成的品牌优势、规模优势、成本优势等。

（三）评估与改进

制作完精益画布后，针对各个环节进行参与式观察及深度访谈，有效地评价商业模式的可行性。如果遇到不合理的地方，则进行改进与迭代。

⚙ 创客行动

请完成《创新与创业教育实践手册》中模块九任务一"创客行动　制作精益画布"，并线上提交行动画布作业。

☰ 创海撷英

宝宝巴士：精益画布赏析

宝宝巴士（Baby Bus）是专注打造儿童启蒙数字产品的App。宝宝巴士秉承"快乐启蒙"的理念，依托奇奇妙妙的动画形象（原型：熊猫），专注于儿童数字启蒙产品研发，以蒙氏（蒙特梭利）理论为指导，用奇妙有趣的方式为儿童提供免费的数字内容，根据儿童不同时期成长需求量身定制"好听"（国学故事）、"好看"（儿歌动画）、"好玩"（互动App）等系列内容产品。

宝宝巴士的精益画布如图9-1-2所示。

1.问题	4.解决方案	3.独特的价值主张	9.门槛优势	2.客户群体分类
● 学龄前儿童的父母——工作繁忙，可支配时间少，缺少儿童教育经验 ● 优质儿童教育资源匮乏 ● 学龄前儿童在家缺少玩伴	● 根据不同年龄段推出细分产品：1~3岁启蒙阶段(包括认知篇、儿歌篇、游戏篇)和3~6岁探索阶段(包括百科馆、智力园、艺术宫) ● 与第三方合作推出资源库 ● 游戏化的教育形式，防沉迷设置	● 150位教育专家共同开发，80多种儿童教育模型 ● 海量儿童教育资源 ● 根据用户年龄与内容做精准细分 **一句话描述你的产品：** 一款寓教于乐的移动智能早教产品 **口号：** 坐上宝宝巴士，开启智慧之旅	● 先发优势(始于2010年) ● 教育专家授权 ● 儿歌专利 ● 中国音乐家协会独家授权	● 学龄前儿童的父母——"80后""白领""上班族" ● 学龄前儿童——1~2岁，基础认知启蒙；2~3岁，生活习惯养成，为入园做好准备；3~4岁，全面能力提升，注重社交培养；4~5岁，激发求知与创造，开发脑力潜能；5岁以上，幼小衔接，为入学打好坚实的基础
	8.关键指标 ● 日活跃用户数 ● 使用时长 ● 下载量 ● 留存率 ● 公众号用户数		**5.渠道** ● 应用市场 ● 智能硬件预装 ● 微信公众号 ● 口碑推荐	
7.成本分析 ● 人力成本 ● 硬件成本 ● 资源采购、授权 ● 推广费用		**6.收入分析** ● 广告 ● 付费购买 ● 线下产品，周边 ● 宝宝商城		

图9-1-2　宝宝巴士的精益画布

【课后拓展】

请扫描下方二维码，自主学习相关知识。

精益创业方法论

任务二　认识商业计划

【课前热身】

商业计划书认知测试

对于表9-2-1中的10个题目，如果符合你的情况，回答"是"；如果不符合，则回答"否"；如果拿不准，则回答"不确定"。填写各分项得分，并计算总得分。

表 9-2-1　商业计划书认知测试题

序号	问题	是	否	不确定	得分
1	听到商业计划书，你的第一反应是"好难"	1	4	2	
2	你不知道是谁需要商业计划书	1	4	2	
3	商业计划书很重要	4	1	2	
4	商业计划书可以随便写	1	4	2	
5	商业计划书都有一定的模板	3	1	2	
6	商业计划书需要写得"高大上"	1	4	2	
7	商业计划书可以使用夸大的数据以获得投资人的认可	1	4	2	
8	商业计划书的主要目的之一是获得融资	3	1	2	
9	成立公司是不需要商业计划书的	1	3	2	
10	商业计划书是不需要调研获得数据的	1	4	2	
总得分					

思考与探究：创业为什么需要商业计划？商业计划书的作用有哪些？

测试点评

【课中解码】

创业不是仅凭满腔热情和一个想法就能取得成功的，在创业之前，创业者必须思考怎样才能实现盈利，围绕盈利这个核心延伸出来的就是整套方法即商业模式，而实现商业模式的所有工作的集合就是商业计划。创业者只有拥有明确的商业模式及商业计划，才有可能创业成功。

一、商业计划认知

商业计划是指在战略导向下通过确定的商业模式实现阶段性战略目标的一切计划和行

动方案。创业者想要获得成功，则需对创办企业相关的背景知识、市场调研、企业管理、生产管理、成本构成、商业模式、融资方式、财务分析和风险等条件逐一进行规划分析，制定一个详细完整的计划方案，并开展行动。

将商业计划以书面文字的形式呈现出来，就是商业计划书。商业计划书也称创业计划书。商业计划书是创业者或企业为了实现未来增长战略所制订的详细计划，主要用于向投资方或风险投资商说明企业未来发展战略与实施计划，从而取得投资方或风险投资商支持的一份商业计划报告。同时，它也是展示企业有实现战略和为投资者带来回报的能力及拥有资源实力的商业计划报告。它是创业者在经过前期科学调研、分析及信息整合的基础上，根据一定的格式和要求完成的书面材料，是产品与服务、市场与客户、生产与营销、融资与风险等各种信息的整合及经营思想、战略的确定，是企业的行动纲领和执行方案。

二、商业计划书的作用

商业计划书必须由创业团队成员共同完成、共同确认，并把它作为项目发展的路标，是纲领性文件。

（一）项目运作主体的沟通工具

作为初创企业发展的整体规划，商业计划书阐述了创业的产品或服务、行业竞争、商业模式与运作策略等，能帮助创业者进行对外宣传，有效地吸引投资、信贷、员工、战略合作伙伴，包括政府在内的其他利益相关者，帮助创业者找到合作伙伴，获得资金及其他政策的支持。

（二）项目运作主体的管理工具

商业计划书作为创业项目运作主体的管理工具，其内容涉及企业（项目）运作的各个方面，具有战略性、全局性、长期性等特点，可以帮助创业者理清思路、凝聚人心，为项目运作提供全程指导，引导初创企业不断前行，走向成功。

（三）企业的行动纲领和执行方案

商业计划书是企业的行动纲领及创业项目的执行方案，可以帮助初创企业有计划地开展商业活动，分析目标客户，洞察市场需求，预防和降低创业风险，减少企业经营成本，合理地调整组织结构和分配资源，为初创企业开展商业活动提供有力依据与支撑，增加创业成功的概率。

（四）创业项目发展的总纲领

商业计划书是创业项目的产品与服务分析、市场与客户管理、生产与营销管理、融资与风险管理等各种信息的综合体，是创业项目发展的总纲领。通过商业计划书的编制，创业者可重新审视新创企业的经营情况、发展前景，深入了解企业的核心竞争力，评估企业的发展策略。

因此，一份理想的商业计划书，应具有表明行动的方针、优秀的团队、良好的财务预计、出色的计划概要等，要真实、科学地反映项目的投资价值，做到内容完整、意愿真诚、基于事实、结构清晰、通俗易懂，从而从众多的创业者所提出的商业计划书中脱颖而出。

三、商业计划书的基本结构

创业项目种类繁多、千差万别，因此，商业计划书的内容也不可能一成不变。但一份完整的、合格的商业计划书有基本相似的内容结构，通常包括封面、目录、执行摘要、正文和附录五大部分，其基本结构如图9-2-1所示。

```
┌──────────┐
│   封面    │
└──────────┘
      ↓
┌──────────┐
│   目录    │
└──────────┘
      ↓
┌──────────┐
│  执行摘要  │
└──────────┘
      ↓
┌──────────┐
│   正文    │
└──────────┘
      ↓
┌──────────┐
│   附录    │
└──────────┘
```

图 9-2-1　商业计划书的基本结构

（一）封面

封面应明确创业项目的名称，体现企业的经营范围，同时项目名称应以醒目的字体进行标示。封面上还应包含企业名称、商标、地址、电子邮件、电话号码、日期、主创业者的联系方式和企业网址等。

（二）目录

目录是正文的索引。建议按一级标题、二级标题、三级标题自动生成目录。

（三）执行摘要

执行摘要是指项目的概述，是风险投资者首先要看到的内容，它是商业计划书的精华所在，是商业计划书的核心内容。它必须吸引人的眼球，让风险投资者有兴趣，并渴望继续阅读下去从而获得更多信息。

执行摘要一般包括企业概述、产品或服务、研究与开发、市场与竞争分析、商业模式、产品制造与生产、管理团队、财务计划与分析风险因素、退出机制、发展规划等。执行摘要虽然放在最前面，但通常最后完成，因为它是其他部分的概述，需要等到其他部分写完之后再进行提炼升华。

（四）正文

正文是商业计划书的主要内容，包括主体和结论两大部分。正文的主要内容按照本模块任务三"撰写商业计划书"的主要内容编写；结论是对整个商业计划书内容的总结式概括，要和执行摘要首尾呼应，体现文本的完整性。

（五）附录

附录是对主体部分的补充。受篇幅限制，不宜在主体部分过多描述的，或不能在一个层面详细展示的，或需要提供更多参考资料或数据的内容，一般放在附录部分，以供参考，如专利证书或专利授权证书、相关的调研问卷、荣誉证书、营业执照等。

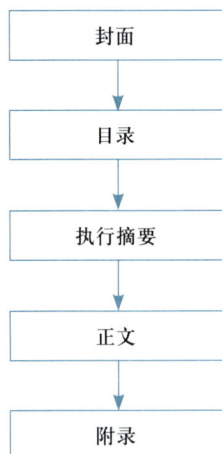

⚙ 创客行动

请完成《创新与创业教育实践手册》中模块九任务二"创客行动 制定商业计划书目录"，并线上提交行动画布作业。

创海撷英

斑马仓：全国首家家装建材行业的"产业路由器"

2018年"创青春"全国大学生创业大赛网络信息经济专项赛银奖项目"斑马仓"是由浙江大学学生林子翔带领团队开发的，该项目针对传统中小装企难以有效筛选、定位和接触目标客户及传统建材商只能提供单品类产品、无法满足消费者整装消费的新需求等痛点，为客户提供一站式整装的服务体验。其商业计划核心点如下。

公司简介

斑马仓公司（下文简称斑马仓）是杭州斑材科技有限公司旗下运营平台，成立于2017年7月27日，注册资本500万元人民币，斑马仓致力于从供应链端赋能中小家装企业，通过整合上游建材工厂和研发大数据爬虫、人脸识别、VR3.0、AR2.0、SaaS系统等高新科技共享与赋能助力千万中小装企的转型升级，打造家装建材产业全价值链，最终为客户提供一站式整装的服务体验，成为全国首家家装建材行业赋能型"产业路由器"。

商业模式

基于家装建材行业建材商和中小装企的痛点与C端消费者的整装新偏好，斑马仓创新性地建立S2B2C商业模式，持续赋能中小装企和建材商。斑马仓依托平台及当地运营中心（S）赋能中小企业（B），提升家装企业服务水平，持续推动用户体验（C）向节约化、精致化提升，通过深耕家装行业，在积累广泛上下游资源的同时，建立明确的S2B2C模式，与中小企业联动，持久创造社会效益。

主营业务

构筑建材联盟，全品类建材助力整装；城市合伙人制度，搭建全国城市运营中心；与城市合伙人共同搭建共享展厅。

（案例来源：中国国际"互联网＋"大学生创新创业大赛展示交流中心优秀项目库.有删改）

【课后拓展】

请扫描下方二维码，自主学习相关知识。

商业计划书撰写样本

任务三　撰写商业计划书

【课前热身】

商业计划书"寻宝"

以项目团队为单位，各团队负责人带领团队成员在网上搜索与本团队项目相关的创新创业项目商业计划书，分析商业计划书的优点与缺点，并记录可供借鉴的要点与内容。

思考与探究：如何才能撰写一份优秀的商业计划书？

【课中解码】

商业计划书是大多数创业者寻找投资的"敲门砖"，而撰写商业计划书的过程，也是创业者审视自身、分析自身的好机会。一份完整的、优秀的商业计划书不但能帮助创业者找到合作伙伴，而且能获得资金及其他政策的支持，因此，撰写商业计划书显得尤其重要。

一、商业计划书的具体内容

商业计划书应清晰简练，并且完整地提供有关初创企业关键部分的信息。图9-3-1设计了一份商业计划书的内容框架，为创业者撰写商业计划书提供参考（对于创业者而言，撰写商业计划书不用涵盖图9-3-1中的所有部分，可根据自身创业项目的特点合理选择）。

（一）企业概述

企业概述主要介绍企业基本情况，经营理念和目标，企业的发展历史，发展现状及未来发展计划。

1. 企业基本情况

企业基本情况主要描述企业名称、业务性质、注册地点、经营场所、经营范围、注册资金、法律形式（独资企业、合伙企业、公司制企业）。

2. 经营理念和目标

经营理念是指企业的使命和指导方针；经营目标是使命和方针的具体化与数量化，反映在一定时期内经营活动的方向和要达到的水平。

3. 企业的发展历史

企业的发展历史主要包括成立时间、成立背景、成长过程、重要阶段与重要事件等。

4. 企业的发展现状

企业的发展现状主要描述现有产品、规模、资产、人员、成果、竞争优势等。

```
┌─────────────┐
│  企业概述    │
└─────────────┘
       │
┌─────────────────────────────────────────────────────────────────┐
│              ┌─────────────┐                                     │
│              │  产品或服务  │                                     │
│              └─────────────┘                                     │
│   ┌──────┬──────┬──────┬──────┬──────┬──────┐                    │
│ ┌──────┐┌──────┐┌──────┐┌──────┐┌──────┐┌──────┐                 │
│ │背景  ││产品  ││产品  ││市场  ││产品  ││产品  │                 │
│ │分析  ││介绍  ││研发  ││前景  ││独特性││技术  │                 │
│ │(痛点 ││      ││过程  ││及竞争││分析  ││改进  │                 │
│ │分析) ││      ││      ││分析  ││      ││方案  │                 │
│ └──────┘└──────┘└──────┘└──────┘└──────┘└──────┘                 │
└─────────────────────────────────────────────────────────────────┘
       │
┌─────────────────────────────────────────────────────────────────┐
│              ┌──────────────┐                                    │
│              │ 市场与竞争分析│                                    │
│              └──────────────┘                                    │
│  ┌────────────┐  ┌────────────┐  ┌────────────┐                  │
│  │行业市场分析│  │竞争对手分析│  │目标市场分析│                  │
│  └────────────┘  └────────────┘  └────────────┘                  │
└─────────────────────────────────────────────────────────────────┘
       │
┌─────────────────────────────────────────────────────────────────┐
│              ┌──────────┐                                        │
│              │  商业模式 │                                        │
│              └──────────┘                                        │
│  ┌──────────┐    ┌──────────┐    ┌──────────┐                    │
│  │ 运营模式 │    │ 营销模式 │    │ 盈利模式 │                    │
│  └──────────┘    └──────────┘    └──────────┘                    │
└─────────────────────────────────────────────────────────────────┘
       │
┌──────────┐   ┌──────────────┐   ┌──────────┐
│ 产品研发 │←──│ 产品制造与生产│──→│ 产品生产 │
└──────────┘   └──────────────┘   └──────────┘
       │
┌──────────┐
│ 创业团队 │
└──────────┘
       │
┌──────────┐
│ 财务分析 │
└──────────┘
       │
┌──────────┐
│ 风险分析 │
└──────────┘
       │
┌──────────┐
│ 发展规划 │
└──────────┘
       │
┌──────────┐
│ 退出机制 │
└──────────┘
       │
┌──────────┐
│ 附件及附表│
└──────────┘
```

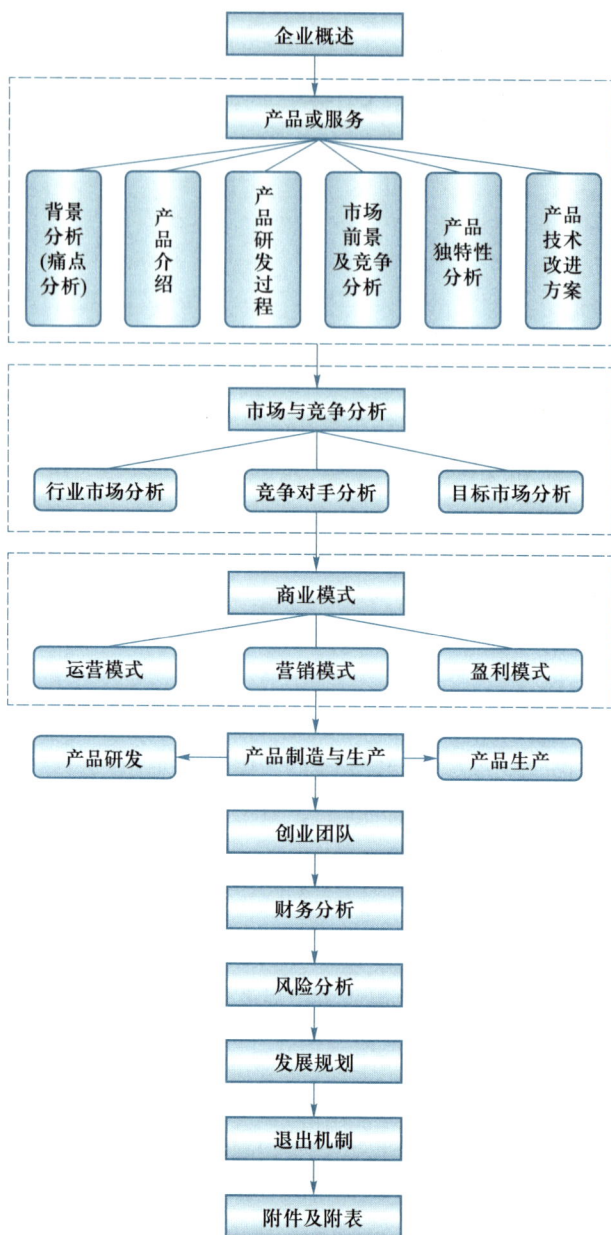

图 9-3-1　商业计划书的内容框架

5. 企业的未来发展计划

企业的未来发展计划主要包括企业的发展目标、发展阶段、实施步骤等。

（二）产品或服务

在进行投资项目评估时，投资者最关心的问题之一，就是企业的产品、技术或服务能在多大程度上解决现实生活中的痛点问题。产品或服务介绍应包括以下内容。

1. 产品研究与开发

产品研究与开发主要阐述企业已有的技术成果及技术水平，研发队伍技术水平、竞争力及对外合作情况，已经投入的研发经费及今后投入计划，以及对研发人员的激励机制等。

2. 具体的产品介绍

具体的产品介绍包括产品的名称、特征及性能用途；主要的技术指标和关键技术说明；产品的开发过程；产品处于生命周期的阶段；产品的市场前景和竞争力；产品的新颖性、先进性和独特性分析（如拥有的专门技术、版权、配方、品牌、销售网络、许可证、专营权、特许权经营等）；产品的技术改进和更新换代计划及成本等。

（三）市场与竞争分析

当企业要开发一种新产品或向新的市场扩展时，就要进行市场分析。简单来说，做市场分析的目的就是判断是否能盈利，是否可以带来利益。市场分析一般包括行业市场分析、竞争对手分析和目标市场分析。

1. 行业市场分析

行业市场分析主要是指对行业政策、行业竞争情况、行业龙头企业情况、行业发展的利弊、行业技术水平等进行分析。在行业分析的基础上确定目标市场。

2. 竞争对手分析

竞争对手分析是指对竞争产品及竞争厂家作出描述与分析。一是资源优势，如技术、研发、资金、供应保证等；二是产品或服务优势，如技术、成本、性价比等；三是营销能力优势，如品牌知名度、市场占有率、营销网络、顾客忠诚度等；四是管理能力优势，如决策者的素质、指挥的权威性、管理的有效性。

3. 目标市场分析

目标市场分析主要在行业历史和前景分析及预测的基础上，根据行业特点、竞争焦点、市场定位及需求分析细分目标市场，估计市场需求程度、规模及增长趋势、市场定位的合理性、未来市场销售预测、哪些行业的变化对产品利润和利润率影响较大，以及进入该行业的技术壁垒、贸易壁垒、政策限制等，从而判断产品具有的真正潜力。

（四）商业模式

商业计划书中商业模式的构成主要包括三个部分：运营模式、营销模式和盈利模式。

1. 运营模式

运营模式是对公司经营过程的计划、组织、实施和控制，是与产品生产和服务创造密切相关的各项管理工作的统称。运营模式的构成强调的是产品、价格、渠道、销售。所有部门的业务核心都是围绕如何销售来实现利润的。

2. 营销模式

营销模式主要就是让消费者和用户知道产品或服务的存在，同时，还能感知产品和服务的方式，应包括以下内容：市场机构和营销渠道的选择；营销队伍和管理；促销计划和广告策略；价格决策等。

3. 盈利模式

盈利模式是企业在市场竞争中逐步形成的企业特有的赖以盈利的商务结构及其对应的

业务结构，是企业的一种获利方式。盈利模式的构成主要包括成本结构和收入结构。

（五）产品制造与生产

通过生产制造计划，创业者对生产过程进行梳理，以增加创业项目评估的价值。因此，生产制造计划应尽量详细，并尽可能提供工艺流程图、生产设备等辅助资料。商业计划书中的生产制造计划应包括以下内容：企业生产制造所需的厂房、现有生产设备情况、产品生产制造方式、产品的生产制造过程及工艺流程、生产成本管理及控制、技术提升和设备更新的要求、产品质量控制和质量改进计划。

（六）创业团队

创业团队是指在项目初期，一群才能互补、责任共担、有着共同的创业目标的人员所组成的团体。一支好的创业团队对新创企业的成功起着举足轻重的作用。在商业计划书中，创业团队主要阐述核心成员的从业经历、擅长的领域、与项目有关的能力或现有的成就，除了核心创始人，最好还包括技术（或产品）、销售、运营等方面的核心骨干成员。

（七）财务分析

财务分析主要是描述公司过去的基本财务数据，包括主营收入、主营成本、主营利润、管理费用、财务费用、净利润、补贴收入、总资产、总负债和净资产，以及主营产品的盈亏平衡点、毛利率和净利率等。本部分需要说明财务预测数据编制的依据，同时在此依据下，提供未来3～5年的项目盈亏平衡表、资产负债表、损益表、现金流量表、项目销售计划表、项目产品成本表等。

（八）风险分析

一般来说，风险分析主要包括以下两个方面的内容。

1. 风险的类型

风险的类型如政策风险、研发风险、市场开拓风险、运营风险、财务风险、对公司关键人员依赖的风险等。

2. 风险的应对措施

风险的应对措施主要是指针对风险评估中可能遇到的各种情况，有的放矢，详细地提出克服和改进的措施。任何一家企业都面临一些潜在的风险，特别是新创企业。创业者必须对创业项目进行风险评估，以便及早制定有效的策略来应对。

（九）发展规划

本部分需在假设融资到位的情况下（特别注意此假设），编写公司未来3～5年的发展规划，并以图表的形式直观说明公司在各阶段的目标市场、拓展区域、商业模式等战略计划。

（十）退出机制

投资的本质就是一个投资—退出—再投资的循环过程。作为投资的一环，退出是投资人所投资的企业发展到一定阶段后将股权转化为资本形式而使股权持有者获得利润或降低损失的过程。资本的退出不仅关系到投资人的收益，更体现了资本循环流动的活力特点，因此退出方式的选择及操作显得尤为重要。投资人退出资本的方式主要有四种，包括企业上市、股权转让、回购、清算等。商业计划书应明确退出机制，让投资人知道什么情况下可以退出，这是投资人比较关心的关乎自己利益的一个部分。

（十一）附件及附表

一般来说，附录的内容可分为附件和附表两个部分。

1. 附件

附件主要包括：营业执照副本；董事会名单及简历；公司章程；产品说明书；市场调查资料；专利证书和鉴定报告；注册商标；工艺流程图；产品展示图；产品市场成长预测图。

2. 附表

附表主要包括：主要产品目录；主要客户名单；主要供应商和经销商名单；主要设备清单；市场调查表；预估分析表；现金流量预测表；资产负债预测表；损益预测表。

二、商业计划书的撰写要求及技巧

（一）撰写要求

（1）准确把握商业计划书的各个要素，且内容完整。

（2）充分体现创业项目的特色。

（3）整体逻辑清晰，阅读流畅。

（4）分析透彻，论据充分、客观。

（5）针对性强，根据不同的读者能突出要表达的重点信息。

（6）突出优秀的团队能力与具体行动方案。

（二）撰写技巧

1. 执行摘要撰写技巧

执行摘要是商业计划书的浓缩，是计划书的核心。篇幅不宜过长，以一页A4纸为宜。要求以最精练的语言、最有吸引力和冲击力的方式突出重点。

2. 企业概述撰写技巧

必须如实说明情况，如企业是否有对外担保、法律协议与诉讼等。不仅要做一般的企业说明，更要说明企业的特殊性。例如，是否从事政府特殊授权或法律法规有特殊要求的业务，如污染物处理、军备武器、遗传工程、爆破工程等。突出企业良好的发展前景，如专利与商标、重要客户、重要合作伙伴等。

3. 产品或服务撰写技巧

在产品或服务介绍部分，要对产品或服务做出详细的说明，说明要准确，也要通俗易懂，使不是专业人员的投资者也能明白。描述用什么样的技术实现什么样的功能，该功能又解决了市场痛点中的哪个问题。一般地，分点介绍清楚，具体明确，附上产品原型、照片或其他介绍。

（1）站在客户的立场进行说明，说明产品主要的功能、价值或价值增值，避免过多的技术细节。

（2）强调产品或服务独具的特性，同时重点强调相对于竞争对手而言，本产品或服务有哪些竞争优势。

（3）从动态发展的角度考虑产品或服务的生命周期与升级拓展，强调企业的研发能力和创新能力。

（4）不要太苛求细节，不要夸大其词，不要追求大而全。

4. 市场与竞争分析撰写技巧

（1）行业市场分析。在行业市场分析中，应该正确评价所选行业的基本特点、竞争状况及未来的发展趋势等内容。突出对行业的理解和认知，而不是简单地罗列数据。

（2）竞争对手分析。尽量列出与竞争对手的对比分析，表明当前的商业机会。重要的是与创业产品或服务直接相关的市场数据，即微观市场、力所能及的市场，越详细越好。

（3）目标市场分析。根据产品和定价来估算的真实有效收入市场。切忌通篇讲产业、讲概念，不务实、不落地。

5. 商业模式撰写技巧

以核心产品为中心构建切实可行的商业模式，将项目涉及的对象及关系有效地结合，形成商业模式图。在运营模式中，具体哪个环节可以盈利，分点逐一讲清楚。如果该盈利点已有数据，则可进行说明，增强可信度，丰富内容。

6. 产品制造与生产撰写技巧

在寻求资金的过程中，为了增大企业在投资前的评估价值，创业者应尽量使生产制造计划更加详细、可靠。

7. 创业团队撰写技巧

需要介绍团队主要成员的从业经历、擅长的领域、与项目有关的能力或现有的成就。强调个人的能力适合该岗位，团队的组合适合创业项目。稳定的团队利于融资，互补的管理团队是企业的核心。撰写内容要有取舍，突出重点，不展示与团队专业无关的成员内容，重点在于团队优势，体现组织框架，凸显创业团队的专业性。

8. 财务分析撰写技巧

（1）制作明细表（负责人将已经发生的未发生预测的所有收入、支出的项目名称、发生时间、数量、对应金额，按照年份制作明细表，财务人员根据明细表制作资产负债表、现金流量表等各财务表格）。

（2）财务数据合理范围内膨胀，不要图方便凑整数。

（3）财务数据要符合规律。

（4）财务流水、缴税证明、转账截图可以作为辅助，增强可信度，丰富内容。

9. 风险分析撰写技巧

对资金、交易、人才、管理等在现实运营中已经出现的风险或者对可预见的风险进行客观、深入分析，不要流于形式，正确看待风险存在，及时做好应对方案，一个风险分析对应一个应对措施。抗风险方案不仅使计划书更加真实，同时有效的解决措施更可以用于指导实践，及时规避各种风险。抵抗风险能力是团队强大与否的表现。

10. 发展规划撰写技巧

撰写短期、可实现的发展规划，不用三五年甚至更长时间段的长远规划。短期能实现的目标，更容易调动团队的积极性和奋进心。直接用具体的方法实现具体可量化的目标。

⚙ 创客行动

请完成《创新与创业教育实践手册》中模块九任务三"创客行动　撰写商业计划执行摘要"，并线上提交行动画布作业。

📚 创海撷英

香草芊芊：新型植物免疫诱抗剂助力国家乡村振兴

贵州大学学生张建及其团队自主研制出新型植物免疫诱香草硫缩病醚，并形成创新创业项目"香草芊芊"，以"科技兴农"为农业现代化和乡村振兴贡献力量。张建项目团队于2021年参加第七届中国国际"互联网＋"大学生创新创业大赛，并获得国赛金奖。该项目商业计划核心要点如下。

项目概要

"香草芊芊"项目以自主研发的植物免疫诱抗剂——香草硫缩病醚为主要活性药剂，致力于产品商业化和使用推广，自2018年取得专利授权之后，项目团队在专家及指导教师的带领下使用香草硫缩病醚及其复配药剂在贵州、湖南、浙江等地的43个地区的试验点进行抗病抗逆增产集成试验示范，解决了植物病毒无有效防治药剂的难题，为我国粮食安全提供了保障。

产品概述

植物免疫诱抗技术作为一种新型的绿色植保防控技术，可通过提高作物自身免疫力抵御外界不良因素的危害，对作物生长具有独特的影响。大量的试验结果表明，植物免疫诱抗剂适用于粮食、果蔬等不同类型的作物，对作物具有多种作用，可减轻作物病毒的危害，减少低温寒害影响，促进作物生长，保证质量和产量的提升。

市场分析

关于植物生长调节剂的使用情况，2019年中国非零售植物生长调节剂免疫诱抗，绿色发展口数量为328吨，同比增长92.3%；2019 年中国非零售包装植物生长调节剂进口金额为1 242万美元，同比增长90.2%。因此，发展防治病毒病的绿色环保药剂及防治技术措施拥有可观的市场空间。

（案例来源：中国国际"互联网＋"大学生创新创业大赛展示交流中心优秀项目库.有删改.）

【课后拓展】

请扫描下方二维码，自主学习相关知识。

怎样写好商业计划书

学习讲堂

如何制作商业模式画布

学习反馈

模块九　学习调查问卷

开展路演活动

必先知致弊之因，方可言变法之利。

——欧阳修

学习地图

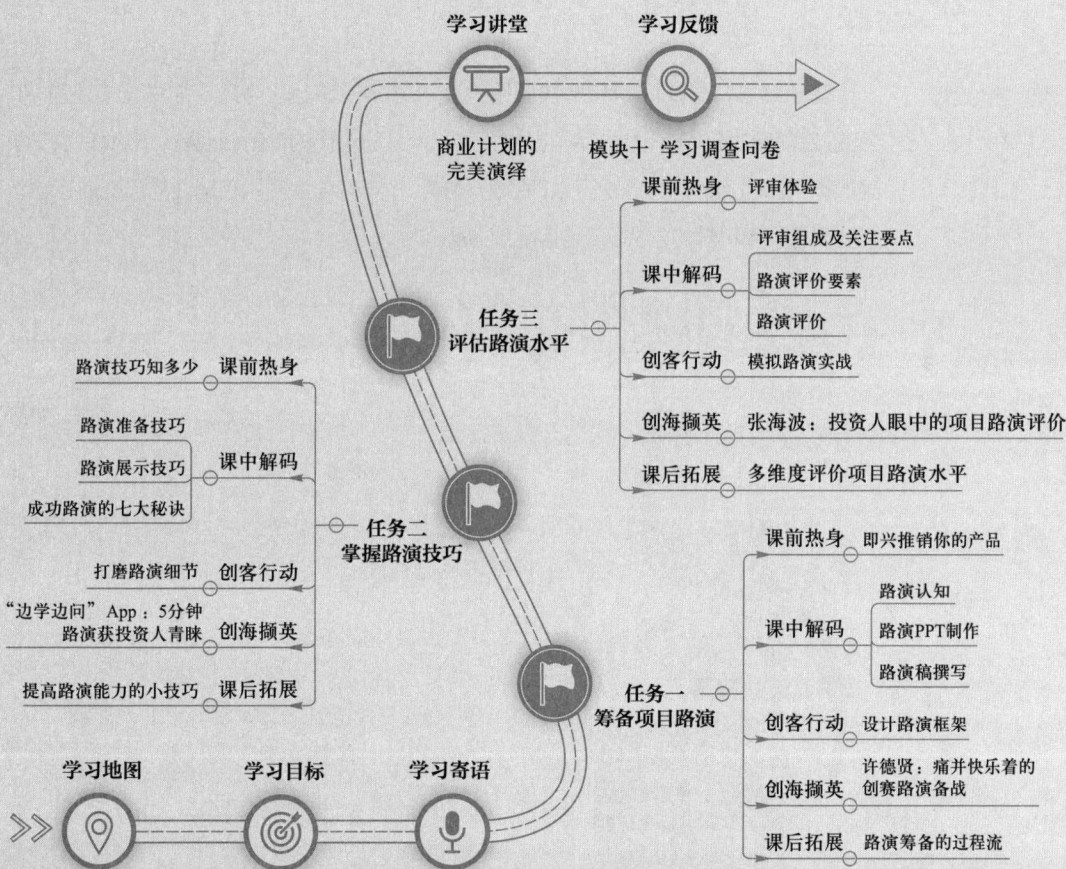

学习讲堂　　　学习反馈

商业计划的　　　模块十 学习调查问卷
完美演绎

课前热身　评审体验

评审组成及关注要点

课中解码　路演评价要素

路演评价

创客行动　模拟路演实战

创海撷英　张海波：投资人眼中的项目路演评价

课后拓展　多维度评价项目路演水平

任务三
评估路演水平

路演技巧知多少　课前热身

路演准备技巧

路演展示技巧　课中解码

成功路演的七大秘诀

打磨路演细节　创客行动

"边学边问"App：5分钟
路演获投资人青睐　创海撷英

提高路演能力的小技巧　课后拓展

任务二
掌握路演技巧

课前热身　即兴推销你的产品

路演认知

课中解码　路演PPT制作

路演稿撰写

创客行动　设计路演框架

许德贤：痛并快乐着的
创海撷英　创赛路演备战

课后拓展　路演筹备的过程流

任务一
筹备项目路演

学习地图　　　学习目标　　　学习寄语

学习目标

>>知识目标

了解创新创业项目路演评价要素；理解路演的展示技巧及注意事项；理解路演的概念和路演PPT制作要领。

>>能力目标

能描述创新创业项目展示的逻辑要素；能设计创新创业项目展示的逻辑框架；能结合路演PPT介绍项目。

>>素养目标

培养合作共赢的意识；培养稳定的心理素质；培养团队意识和团队精神。

学习寄语

基于疑思，寻找问题和解决问题为变革之常规路径。习近平总书记多次强调："问题是创新的起点，也是创新的动力源。"作为新时代的创新创业者，必须有敢于质疑的勇气和强烈的问题意识，以问题为导向，于不疑处生疑，用理性的思维捕捉创新创业灵感，用科学的方法演绎创新创业实践。

模块成果：项目路演框架　路演实务画布　路演实战画布

任务一　筹备项目路演

即兴推销你的产品

首先，所有参加的学生围成一圈，间距30厘米左右；然后，每个人从预先准备的箱子中抽取一个纸条；接下来，抽到纸条的学生尽自己最大可能地推销纸条中的产品；最后，结合学生对纸条中产品描述的情况选取"路演体验之星"。活动时间为10分钟，要求每个人即兴展示，不与其他同学交流，作出快速描述。

思考与探究： 在活动中，如何才能第一时间想到产品的最大亮点？如何赋予产品最大的卖点？通过什么样的形式展示产品更能被人接受？

【课中解码】

路演是大学生创新创业的重要一环，既可帮助大学生获取资金及资源支持，也可帮助其梳理项目及优化解决方案。

一、路演认知

（一）路演的概念及目的

1. 路演的概念

路演（Roadshow）最初是国际上广泛采用的证券发行推广方式，是指证券发行商通过投资银行家或者支付承诺商的帮助，在初级市场上发行证券前针对机构投资者进行的推介活动。早期华尔街股票经纪人在兜售手中的债券时，为了说服别人，总要站在街头声嘶力竭地叫卖。路演一词就是由此而来的。到后来，虽然有了交易大厅和先进的电子交易手段，但路演的习惯还是保留了下来，而且路演已经成为国际上广泛采用的股票发行推介方式。路演是在投资、融资双方充分交流的条件下促进股票成功发行的重要推介、宣传手段，能够促进投资者与股票发行人之间的沟通和交流，以保证股票的顺利发行，并有助于提高股票潜在的价值。

现代路演已经不仅仅是为发行新股而进行的推介活动，进一步拓展到希望通过现场演示的方法，引起目标人群的关注，使他们产生兴趣，最终达成销售。例如，可以在公共场所进行演说、演示产品、推介理念，以及向他人推广自己的公司、团体、产品、想法等。

路演同样被企业成功地应用，成为包括媒体发布、产品发布、产品展示、产品试用、优惠热卖、以旧换新、现场咨询、填表抽奖、礼品派送、有奖问答、文艺表演等多项内容的现场活动。现在很多企业的产品或服务都开始积极采用路演的形式通过和消费者面对面交流来宣传推广产品，相对动辄几十万元、上百万元的广告费用来讲，路演的费用要低廉得多，但对提高产品知名度和促进产品销售却有着不可估量的作用。

2. 路演的目的

路演在不断发展和向其他领域延伸后主要有以下几个目的。

（1）资源整合与资金支持。初创企业在项目运营过程中多会陷入资源匮乏、商业链条不完整、资金不足等困境，为了吸引投资者注入，通过项目的路演展示获得投资人和合伙人的认同，获得相关行业资源和资金的融入，并利用投资者的资金和资源通过发展企业迅速实现商业目标。

（2）产品宣传与品牌打造。项目路演是一种常用的产品营销方式，通过路演引起目标商家和用户的注意，对产品的展示和营销方式的展示，促使目标商家和用户对项目产品及服务开始关注，获得认可和共鸣，并最终认可，以实现产品及服务的输出。

（3）个人声望与集体荣誉。路演也提供了一个展示个人技能和集体形象的机会，为创业者的发言提供最好的空间。个人或集体通过展示，学习相关的关注和赞誉，提升个人和集体的知名度，实现对创业主体的宣传，助力创业者和创业团队的成长。

（二）路演的类型

路演的类型主要有首次公开募股（Initial Public Offerings，IPO）路演、电梯路演、融资路演、业绩说明会、股东大会、新闻发布会、调研沟通会、重大事件说明会、投资策略/专家会、新三板路演、金融产品发行路演、论坛及行业峰会、金融培训等。

目前项目路演从形式上一般分为线下和线上两种类型。

1. 传统线下路演的类型

（1）精准度、私密度最高的一对一模式。从投递商业计划书，到被投资机构代表约至投资机构受邀参观企业深度沟通，再到投资机构邀约创始人至投资办公室详谈，以一对一、私密性、节奏强为特点，可以快马加鞭地促成项目，特别是优质项目的成交。

（2）精准度、私密度较高的私董会模式。三五联投的基金或偏好一致的垂直细分行业的机构，将精挑细选的项目组织起来，类似私董会，结合不同的基金投向侧重点，由合伙人、投资总监发问，问题往往非常尖锐，从业务进展、市场开拓方式、成本结构、资本结构到配偶是否支持创业，不一而同。当然，效果也是非常明显的，一般有机会"上会"的案子，其质量非常高，被投的概率非常大。这种圈子，非圈内浸淫多年的投资人和创业者不得而入。这种形式也往往以桥牌俱乐部、高尔夫俱乐部、户外俱乐部、投资俱乐部的形式呈现，私密而高端。

（3）由政府部门、知名机构或平台线下组织的项目路演会或专场路演会。随着各地招商热情的一路高涨和孵化器的密集涌现，由当地政府或科技部门、当地机构定期组织一系列的项目路演，有的孵化器也冠之毕业季、Demo Day（演示日）等。这种情形下的项目演示，相比较而言，有机构背景或机构托管运营的孵化器承办的成功率更高些。因为大家都在同一个圈子里，硬伤太过明显的一般也不会展示，所以相当于提前筛选了一遍，而在路演准备、路演形式方面大多也会做一些辅导，而且创业者在演示项目过程中比较专业，创投双方沟通非常容易。

（4）带有大赛和推广性质的创业大赛或创业TV秀模式。因为组织的目的不同，所以参会的企业往往目标有三：一是求名次，有奖金或奖励；二是求名声，免费的品牌传播；三是求资金，遇到对路的资金方。这种往往会历经海选和优选环节，因此登台的项目普遍质量较高，很多的优质项目和顶级的投资机构会聚拢过来。在这种平台上，对创业者而言，可谓名利双收。

2. 结合技术和信息手段而升级的线上路演

随着视频技术和移动互联网的应用，这几年许多项目路演也搬到了线上，如QQ群路演、电话会议、远程视频路演、微信群路演等。商业计划书会提前发布，互动时候的语音根本不给创业者以组织、修饰的时间，通过这种直接的类似头脑风暴的形式，投资人比较容易判断是否值得跟进这个项目。商业计划糟糕的项目，群内万籁俱寂，只有有吸引力的项目才会让投资人纷至沓来。这个时候的创业者要学会判断对自己感兴趣的投资人，以期转移到线下继续沟通。

（三）路演原则

1. 框架性思维

框架性思维能帮助路演人尽快找到问题关键点，为解决问题提供基础。框架性思维作为一种思维方式，可以通过不断学习、练习来获得。进行框架性思维训练只有不断地推导演绎，才能尽快将框架搭建起来，将内容丰富起来。

2. 形象化表达

心理学家曾指出，人类通过视觉印象吸收了85%以上的知识。路演人要善于调动语言、利用各种表达手段去增强视听效果。

3. 说服式逻辑

路演是一个说服人的过程，而不是简单的信息传递。要把项目准备表达的内容有效地传递给听众。要达到这个目标，路演人要按照以下要点认真准备讲稿。

（1）归纳现象。通过归纳现实中的基本情况，总结现状和原因，帮助听众找到自身痛点。

（2）放大痛点。要让听众产生一种急于了解痛点并亟待解决的迫切感，要让听众意识到问题的严重性。

（3）明确方案。结合痛点问题的根本原因，针对性设计解决方案，明确解决方案的可行性，以及与痛点的契合性。

二、路演 PPT 制作

一场优秀的项目路演，路演 PPT（课件）的呈现尤其关键，路演 PPT 的视觉和内容展示将直接关系到路演的好与坏。

（一）路演 PPT 的作用

1. 信息传递

路演是一场集视觉和听觉于一体的对项目全面的展演，在视觉上，除了对于路演人的观察，更多地从路演 PPT 中获取信息。图文并茂、文字凝练、数据准确的路演 PPT 往往能加深投资人或专家对项目的认同感，为项目提供必要的支撑和佐证信息，展示项目运营的成功案例，以进一步增强投资人对项目发展前景的信心，提升项目的可信度和展演的观赏性。

2. 逻辑引导

项目的路演会按照不同的逻辑线或者故事线来展开，而路演 PPT 则起到很好的展示引导作用，能够明确路演展示内容的核心要素和关键点，同时也能够引导和提醒路演人的展示逻辑。

（二）路演 PPT 的要素及内容

制作路演 PPT 最重要的原则是"长话短说，深入浅出"，整体风格要简洁大方，内容逻辑要清晰，页数一般控制在 20 页以内。具体来说，路演 PPT 应该包括以下内容。

1. 问题/痛点

问题的提出是路演 PPT 中最重要的内容之一，要尽可能简洁地说明以下问题。

（1）问题/痛点是什么？

（2）如何判断这是一个问题/痛点？有一手或者二手的研究数据来支持这个问题/痛点吗？

（3）项目要为谁解决这个问题？

2. 解决方案

解决方案的内容要与痛点相契合，这部分内容需要回答以下问题。

（1）人们现在正在使用的其他解决方案是什么？为什么这些解决方案都没有解决问题？

（2）项目的解决方案是什么？

（3）项目的解决方案为什么比其他解决方案更好？最终能带来的好处是什么？

（4）项目的解决方案有什么专利或者独特之处作为核心壁垒吗？

3. 数据验证

解决方案是项目的呈现，仍需通过市场或用户的反馈来证明解决方案的有效性和价值性。数据验证的内容应包含以下内容。

（1）项目的解决方案是否经过实际应用场景的验证？是否达到预期效果？

（2）有多少付费客户或用户？项目每月/每年有多少收入？

（3）项目每月的增长是多少？是否已经实现盈利？项目是否有重要的合作伙伴和核心资源作为支撑吗？

4. 产品及服务

产品部分内容要区别于解决方案，在不透露过多细节的同时向投资人和专家解释产品的类型、结构和功能或者服务的类型、应用场景和收费标准等内容，结合产品示意图或服务流程图，尽量用简洁的语言来解释不同应用场景下的产品应用及给用户带来的价值。

5. 市场分析

项目的市场细分要精确，清晰呈现可服务的行业领域的市场容量。这部分需要回答以下问题。

（1）理想用户的画像是什么？谁是项目的早期使用者？

（2）客户的生命周期价值和获得成本是多少？项目的客户流失率是多少？

6. 竞争分析

在这部分，需要聚焦行业细分领域的竞争对手，针对主要的竞争对手进行对比分析。竞争分析需要考虑以下问题。

（1）项目的市场定位是什么？

（2）如何防止竞争对手夺走项目的市场份额？

（3）项目如何实现比竞争对手更有竞争力？

7. 项目成果

项目在实际运营过程中的经济收益和社会收益更能直观体现项目的价值，已有的运营数据可以证明项目是可行的，流程是合理的，产品及服务是被用户接受的。项目业务的可行需要的不只是用户的测试，而要与合作伙伴、上下游资源形成完整的产业链条和商业闭环，在运营过程中取得的成果、荣誉和资质等信息均能支撑项目的展示。

8. 商业模式

商业模式的内容不仅包括盈利模式，还包括项目开展的运营模式、营销模式和团队的管理模式等，具体内容包括：价值体系由哪些要素构成，如何形成商业的闭环，盈利方式、盈利场景的确立。项目具有明确的目标市场定位，应对目标市场的特征、需求等情况有清晰的了解，并据此制订合理的营销、运营、财务等计划，设计出完整、创新、可行的商业模式，展现团队的商业思维。

9. 市场推广策略

市场推广策略对于项目尤为重要，应明确如何获得市场份额，通过哪些有效的渠道和方式获取用户。项目的市场推广策略应该在小范围内已经得到验证，并已经确定最有效的客户获取渠道。这部分内容需要回答以下问题。

（1）项目将如何在客户面前呈现产品？

（2）基于当前的资源，更加关注哪些渠道？通过哪些方法来验证这些是最有效的渠道?

（3）最有竞争力的分销策略是什么?

10. 财务数据和融资需求

财务数据和融资需求对于一个创业项目而言是最为直观的商业价值或商业潜力的展示，不同阶段的项目都应明确该部分内容。投资人和专家通过财务数据可以判断投资机会，这部分内容需要回答以下问题。

（1）需要多少资金来进一步验证商业模式?

（2）当前运营的成本和利润是多少?

（3）融资多少? 稀释多少股权? 如何使用资金?

（4）获客成本是多少?

11. 团队

这部分介绍项目负责人和团队成员的职务职责及个人履历。要向投资者解释为什么团队能创业成功。这部分内容需要回答以下问题。

（1）团队里有哪些人? 他们有什么相关技能和经验?

（2）如何搭建创业团队? 团队的创业经历和项目的历史沿革是怎样的?

（3）有哪些专家顾问? 他们的经验与项目的关系如何?

12. 愿景规划

愿景是路演PPT中重要的宣传标语，用来提醒投资人和专家项目的投资价值及商业潜力，规划则是项目未来的发展计划。这部分内容需要回答以下问题。

（1）项目愿景是什么?

（2）是什么激励项目实现这个愿景的?

（3）未来3～5年的发展规划是什么? 产品研发、市场、营收等不同维度的发展计划是什么?

（三）路演PPT制作原则

1. 同理心展示要点

在短暂的演示过程中，投资人往往更关心产品的类型、功能和特点，以及如何解决消费者的痛点问题，需围绕以上内容进行重点展示与讲述。

2. 明晰的商业价值

演示过程设计者要多考虑风险投资者的利益和风险，所阐述的每个观点都必须连接风险投资者的利益。

3. 言简意赅且文字凝练

路演人想要获得投资人或专家的青睐，必须快速简单地说清楚创业项目的商业思路，删繁就简，惜字如金，多用数据、图片、动图说话。

（1）PPT图表。应用准确，文字凝练，突出关键词。

（2）PPT模板。简单大气，风格前后统一，不添加太多特效，确保5分钟展示时间能聚焦到项目的核心要素和关键要点上。

（3）配色。PPT整体风格不超过三种颜色，避免鲜艳色彩喧宾夺主，让观众眼花缭乱，弱化PPT重点内容的呈现。

三、路演稿撰写

（一）路演稿的作用

项目路演的语言内容会直接影响到投资人或专家对项目的评价，路演的内容需要提前设计、撰写和演练，因此路演前务必写好路演稿。路演稿不仅能帮助项目路演人顺利完成路演，还可避免因现场紧张而出现内容不清、逻辑混乱等情况，甚至无话可讲的状况。可以通过对项目路演稿内容的精心设计，让路演更精彩，更能打动投资人和专家。因此，路演人务必高度重视路演稿的准备工作。

（二）路演稿的结构

路演稿的结构可划分为开场白、项目介绍和结尾词三大部分，项目介绍为整个路演的主体内容，包括项目摘要、市场痛点、商业模式、现状及规划、团队介绍及社会价值等内容。

1. 开场白

路演的开场非常关键，它决定了听众对项目的第一印象。路演的开场白一般有以下几种方式。

（1）开门见山式（最常见）。首先向听众问好，紧接着介绍自己或项目情况，主要采用"公司+路演人+学校+项目"介绍形式展开项目介绍。例如，"各位评审老师、专家好！我是来自××公司的项目负责人××，今天带来的项目是……"

（2）设置悬念式。通过设置悬念来牢牢抓住听众的注意力，这个悬念可以是一个问题/一句话，也可以是现场做一个实验，还可以是其他创新方式。

（3）情景代入式。讲个故事，用情怀让听众产生情感的共鸣，吸引并带动听众进入故事场景中。在这个层面产生共鸣后，能为后续的路演奠定认同基础。

（4）视频导入式。简单问好后，通过视频介绍，先引起听众兴趣且让听众对项目有直观的了解，后续介绍时会更得心应手。

2. 项目摘要

项目摘要是路演稿最重要的内容，是听众了解项目并作出认可的重要依据和参考。高质量的项目摘要，能让听众对项目有清晰的了解，不仅能够引领听众继续关注，更能使听众清晰把握项目的核心要素。内容要做到与路演PPT呼应，切勿出现信息的不对称或不匹配，逻辑要做到清晰明了。

3. 市场痛点

市场痛点部分的路演稿是项目介绍不可或缺的部分，通过项目切中的社会痛点，在某种程度上也判定了项目的层次，要做到让投资人和评审专家认可，肯定项目存在的价值及意义，并对后续的解决方案等内容有一定的期待。

可结合报告及调研的数据等统计信息（背景说明），整理出行业存在的问题，痛点切勿过大，聚焦问题更佳，并阐述解决问题的必要性和亟待解决的程度（痛点介绍），进而引出本项目提出的解决方案、核心技术及具备的独特优势等信息（解决方案及优势）。

4. 商业模式

商业模式是赛道评审要点明确的考核内容，好的商业模式是决定项目长效发展的因素之一。项目运营模式、盈利模式和营销模式等元素可放在商业模式板块介绍。注意，有些项目的商业模式以模型展示，需在路演稿中逻辑清晰地阐述商业逻辑，明确自己的上下游资源、目标客户群体及价值主张，避免路演时因"即兴发挥"而出现"看图忘字"的情况。

5. 现状及规划

现状及规划也是路演稿必备的内容，其能让听众清晰地看到项目已获得价值、团队已做努力，当前围绕痛点展开后的实际成果和效益，同时要有较为合理的规划，也能侧面反映团队成员的商业思维。

这部分内容主要包括融资需求（体现估值）、股权分配、营收现状、财务预测、未来规划等。需注意大多融资情况均以图示表达，路演稿中要有针对图示的讲解，明确数据的来源和依据。

6. 团队介绍

优秀、凝聚力强的团队是项目的核心竞争力来源，也是项目中不能复制的存在，其重要性不言而喻。除了项目团队，专家顾问团队同样对项目影响巨大。如果团队由首席科学家、创业顾问等人员组成，且有较契合项目的身份背景、工作经历，建议详细介绍以凸显项目的专业性。

7. 社会价值

社会价值是评定一个项目的关键要素。例如，直接和间接带动的就业情况，给社会文明、生态文明、民生福祉等带来的积极影响，更让人相信项目的影响力及成就。

8. 结尾词

与开场白类似，结尾词的作用也不容忽视，一场高分路演一定是有头有尾、头尾分明的。避免感谢和批评指正的页面呈现，可以结合项目实际喊出项目口号与愿景。

⚙ 创客行动

请完成《创新与创业教育实践手册》中模块十任务一"创客行动　设计路演框架"，并线上提交行动画布作业。

创海撷英

许德贤：痛并快乐着的创赛路演备战

第四届中国"互联网+"大学生创新创业大赛国赛银奖获得者、广东省外语艺术职业学院许德贤同学回忆起当初的大赛情景，至今还是兴奋不已。2018年，许德贤通过省赛银奖复活赛进入国赛决赛现场，最终成为广东省唯一荣获银奖以上的高职院校学生。许德贤自豪地说："高考我的艺考成绩排名清华大学第一，但因为文化课成绩与清华大学失之交臂，这一次终于可以和清华大学学子站在一起对决，这是一种荣耀。"一路走来，痛苦与快乐并行。2018年8月中旬，当接到省赛银奖复活机会时，许德贤与指导教师钟之静、陈楚瑞、高东梅斩钉截铁地一起大喊一句："好，打好这场漂亮仗！"自此，备赛的车轮战开始。首先备赛团队逐字逐句地分解评审要点的每个字，结合项目内容，深入挖掘项目重点和亮点。白天，指导教师除了完成学校工作，还要兼顾项目指导，与此同时，项目团队按照指导意见继续修订项目；晚上，钟之静老师再与团队继续奋战，完善创业计划书、网评PPT和路演PPT、视频制作、视频脚本撰写、演示文稿撰写、问题库设计与答辩等环节。差不多两个月来，钟之静老师和团队成员每天奋战到凌晨才各自回家，尤其是面对原本杂乱无章的创业计划书，钟之静老师发挥作为创业教育管理者和新闻学博士的经验优势，与许德贤创业团队重新梳理商业逻辑结构，全部推翻、重新撰写，具体到每个标点符号都没放过。600多页的创业计划书改了20多稿，PPT改过50余次，视频一帧一帧剪辑核对10余遍，视频脚本和演示文稿一字一句斟酌的修改10余遍，路演演练一天最少15遍……尤其是演示文稿和演讲的配合成了一个难题，演讲者甚至产生了情绪，但最后发挥了团队力量，得以顺利过关。对此，许德贤认为参加大赛是创业的一个起点，它为今后的创业之路打下了牢固基础。

（案例来源：钟之静."互联网+"大学生创新创业大赛蓝宝书［M］.广州：暨南大学出版社，2020.）

【课后拓展】

请扫描下方二维码，自主学习相关知识。

路演筹备的过程流

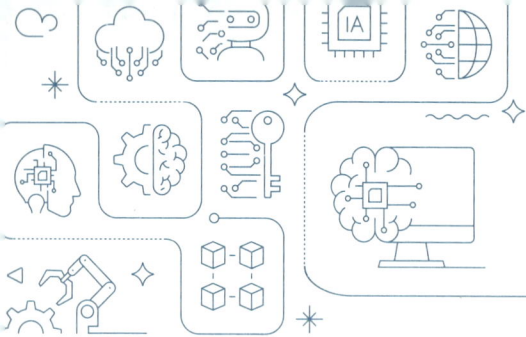

任务二 掌握路演技巧

【课前热身】

路演技巧知多少

每个小组派出 1 ~ 2 人参与本次活动。首先，所有参加人员围成一圈，间距 30 厘米左右；然后，教师随机点一名学生说出一项影响路演效果的因素或提升效果的做法；接下来，按照顺时针的顺序，每名学生依次说出一项；最后，结合学生的反馈，评选出"路演万事通"。活动时间为 10 分钟，要求快速反应，不相互交流，只表达自己的观点，对他人不做评价。

思考与探究：结合团队的项目实际，思考路演需要注意的问题，讨论路演呈现方式可改进之处。

【课中解码】

项目的路演展示对于创业项目的呈现至关重要，掌握路演技巧可以大大提升项目展示的效果。

一、路演准备技巧

（一）了解评委对象

"知己知彼，百战不殆。"创业团队要想成功推介创业计划书，首先要了解与分析投资人和专家对象，因为要针对不同的投资人和专家对象，确定哪些内容是投资人和专家对象感兴趣与认为重要的，以及他们可能会提出什么特殊或尖锐的问题，然后根据了解的信息再做后面的准备工作。

（二）找准演讲切入点

路演的"卖点"是创业团队、投资人和专家感兴趣的重点。路演要避免普通平扁的论调，寻找准确和新颖的切入点，提炼出 3 ~ 5 个亮点，用别人意想不到的见解引出话题，以独特的视角让路演显得新颖、震撼人心。同时用自己的热情去点燃评委或投资人的激情，让他们随着推介的思路一起思索，从而达成共识。

（三）路演人准备

1. 路演人选择

创始人是路演的主角和领袖，如果创始人在项目演示过程中无法唱主角，则投资人和专家会质疑创始人统驭项目运营的能力。创始人演示内容应占全部演示的80%以上，其他团队成员（不宜超过两位）可就他们各自专业领域讲述相关内容或回答有关问题，不宜出现创业团队多个人轮流坐席的局面。路演主讲人应保持思路清晰，逻辑思维有条不紊，加强路演针对性，尤其要突出市场前景以吸引投资人的注意。

2. 服装准备

男士以深色西服为主，衬衣浅色搭配；衣着平整干净，领带不要太短或太长；鞋要和衣着相配，袜子要深色；头发要整齐。女士穿着要保守，裙子的长度以稍过膝为宜；鞋和衣着要搭配协调；发型要适合职业需要。

3. 表达练习

创业计划书是创业计划的文本表现。路演则主要通过口头表达来呈现创业计划书的精华，因此要快速地切入主题，恰当地解释创新创业项目，尤其是在语言结构和表达顺序上要充分体现出逻辑性和系统性，并引入新鲜的一手素材作为论证材料，产生具有冲击性的表达效果。

二、路演展示技巧

路演内容在路演技巧中同样重要，内容是根基，根基打不好，整个路演则难有亮点。路演的内容从整体上要做到抓住要点，具备强逻辑性；内容紧扣项目主题；提前多排练，保证对内容的熟悉和精准控制。

（一）路演形体

1. 路演动作

（1）站姿。面对观众，不要挡住观众的视线；挺直地站立，脚尖朝向观众，两脚间距不要过大，以个体舒适为宜。

（2）手势。契合项目展示的肢体语言尤为重要，不仅展现对项目的自信，更能让听众感到自然。多用手掌，少用手指；运用手势时，勿挡住与他人进行眼神接触；充分伸展，勿动作过小；双手自然下垂在身体两侧，或交贴式放在身体前面，或者采用其他舒适和恰当的方式。

（3）移动。在开放的空间适当移动，配合眼神进行，有效地贴近观众，勿背对观众。

2. 路演神情

（1）表情。坚定的眼神、自信的神情、适时的微笑都能够很好地为整个路演助力，这种自信源自对项目的深度了解，与说话的内容相配，面带微笑。

（2）眼神。缓慢而平均地与现场每位观众接触眼神，目光停留在每位观众身上3～5秒，保持适度的暂停。

（二）路演语言

语音、语速、语调大概占据路演技巧的38%，足见其重要性。

（1）语音和语调。要发音准确，语调要有感情，语音和语调的限制主要目的在于路演人需要声情并茂地将路演信息和要点传达给听众，更易于听众接受和理解。

（2）语速。一是听众能够清楚地了解路演人传达的信息要点；二是保持路演时的节奏感，在指定时间内不急不缓地完成一场完整的路演。

在语速方面需要注意两点：一是将语速保持在正常语速130字/分钟左右，做到抑扬顿挫，同时契合展示内容调整语速，快慢结合。二是精准评估路演的时间，如果做一场8分钟的路演，就一定要根据时间准备内容，然后根据要点调整语速，以使整场路演看起来完整且完美。

总之，路演人要以正确的语音、语调与语速传递出自己的信息，做到抑扬顿挫、全力以赴地表达自己的内容，信息的准确性、节奏的适中性和音调的合理性都将决定路演的感染力。

（三）路演呈现

1. 掌控时间

在路演过程中要严格把控时间，提前反复练习准备，明确项目每个模块内容的时间安排，合理分配路演展示时间，同时注意断句和重音以体现重点信息。

2. 声情并茂

在路演过程中创业者及其团队的热情和感染力至关重要，展示过程要有项目的独有风格，既要符合项目的行业属性，也要契合项目团队的展示风格。

3. 自信自然

对于投资人或专家提出的问题，要有作为项目成员的自信，即使有些问题是团队没有答案的，也要表达出如"谢谢您的建议，这个问题确实是我们一直在思考的，但是还没有理想的答案。您的提议，让我们有了新的思路"这类想法。自然是指要避免过于形式化的回答，如背诵式的回答。

4. 谦逊有礼

在路演的整个过程中都需要彬彬有礼、落落大方，避免任何不尊重评委的行为，避免"刚才PPT中我说过！""不方便告诉你！""你听说过吗？""你可能还不知道！"等语言描述。

（四）路演答辩

1. 答辩准备

在沟通与答辩环节，把握好投资人和专家评审的心理、掌握沟通的方法极其重要。在沟通与答辩环节应注意以下要点。

（1）保持安全距离。很多参赛者在与投资人和专家评审沟通的过程中会不自觉地靠近对方，但是这反而会让倾听者感到压抑；相反，表情诚恳，不打断投资人或专家的提问，先听后说，不要急于反驳，保持礼貌则呈现一种舒适的沟通氛围。

（2）保持正确心态。保持良好稳定的积极情绪；首先感谢投资人或专家的提问，对于"不理解"的问题，进行详细耐心的解释；善于从原有的、大众比较熟悉的概念出发来解释自己的观点，深入浅出；对于无法理解的"比较刁难"的问题，尝试定位问题，明确问题再进行回答；切不可直接否认投资人或专家的观点或是认为问题没有意义和价值。

（3）预设模块化问题。模块化问题是指事先对一些基础问题进行前期思考和准备，将回答思路和要点逐项列出，形成基础问题模块。在回答模块中的问题时，可以单个问题逐一回答，也可以将问题模块化组合后再回答。通过预设基础问题模块，结合项目内容准备答题思路和要点，开展组合式的基础问题答题训练，这能提高答辩的准确性和有效度。

2. 答辩问题

路演答辩不仅会按照投资人或专家评审关注的问题展开，也会结合路演和材料展示内容的漏洞展开提问，主要集中在以下几个方面。

（1）考察创新性。

第一，项目有哪些创新（创新成果如何）？当前处在哪一阶段？

第二，和当前的产品／竞品比，差异在哪里（优势是什么）？你是如何做到的？

第三，满足了用户哪些需求？实现了什么价值？

第四，取得了哪些专利？核心专利是什么？专利归属如何？专利的第一作者是谁？

（2）考察商业性。

第一，项目是否经过市场调研？采用什么调研方式？具体调研数据如何？

第二，营销推广策略是什么？目前哪个渠道取得了哪些成效（数据支撑）？

第三，产品成本构成如何？前期研发成本的来源有哪些？合作案例的情况如何？

第四，市场规模有多大？是如何估算的？可服务的市场空间有多大？

（3）考察项目团队。

第一，项目团队有多少人？具体分工如何？团队的专业背景怎样？

第二，举例说明各团队成员在项目中的贡献度和参与度。

第三，你的项目团队有哪些优势？在项目中是怎么体现的？

第四，团队具备的资源和能力是否能支撑项目后续发展？

（4）考察公益性。

第一，这个项目的公益性体现在哪里？如何实现公益价值？

第二，服务了多少人？服务的区域在哪里？多少人从中受益？

第三，如何让更多人从项目中受益？能否列举案例？

第四，项目的服务模式是怎样的？有何创新和优势？

（5）考察可持续性。

第一，如何解决项目持续发展中的资金、资源和人员问题？

第二，项目的复制性怎样？是否结合区域发展？

第三，项目是否形成了成熟的运营模式？不同区域的情况如何调整？

第四，项目可持续性具体体现在哪里？

（6）考察实效性。

第一，项目对区域的贡献是什么？是否符合当地发展需要？

第二，项目进行前后，当地最大的改变是什么？对用户群体有什么价值？有无数据证明？

第三，整合了哪些社会资源？

（7）考察社会价值。

第一，项目中直接就业和带动就业的数字是怎么算出来的？

第二，目前有多少员工？将来团队情况如何？

第三，项目间接能带来哪些就业新岗位？带动多少人就业？带动的是哪些人？

（8）其他问题补充。

第一，一句话说清楚你们的项目，一句话描述产品的优势。

第二，项目名称是怎么来的？

第三，未来几年盈利预期如何？

3. 答辩技巧

在回答问题时，要做到口齿清晰，有逻辑、有重点地回答，可以从定位问题本质及熟悉回答问题的技巧两个方面出发。

定位问题本质主要从以下三点出发。

（1）抓关键字。找到问题关键字，结合项目实际情况进行作答。

（2）换位思考。思考提问者问题的出发点，快速思索并组织语言回答。

（3）追溯本质。明确问题的本质所在，不能仅依附于问题表面进行回答。如"客户的哪个需求只有你们满足了"，这个问题回归本质就是对项目的核心竞争力进行提问，以核心竞争力为关键词回答即可。

三、成功路演的七大秘诀

（一）全

在路演过程中要做到"三全"，即项目商业模式全、项目审核要点全和路演的故事全。

1. 项目商业模式全

客户、产品、渠道、盈利模式等内容要讲全。客户部分需要明确以下内容。

（1）客户。目标客户群体是谁？

（2）产品。产品介绍、核心技术、创新优势、独特卖点等。

（3）渠道。需要明确营销推广渠道、运营成果成效等。

（4）盈利模式。需要明确盈利方式、具体数据等。市场体量通过具体数据呈现。

2. 项目审核要点全

审核要点是投资人和专家打分的主要依据，一个创业项目的内容展示包含四个要点。

（1）创新的可行性。其中，包括对问题原因的分析、对现状方案的理解、对项目创新的描述等。可以从实用性、经济性等方面阐述项目可行。

（2）市场的可行性。其中，包括市场的现状、市场的容量、市场的细分、竞争分析等内容。

（3）商业的可行性。其中，包括项目的运营模式、盈利模式、营销模式等内容。

（4）优秀团队的支撑。所有的可行性都需要团队人员去执行，团队是项目审核的关键要点。

3. 路演的故事全

在路演过程中要有开头、结尾、高潮，路演人要用有感染力的演讲技巧讲好项目。

（二）细

路演呈现是整个项目的凝练，项目相关的每个内容细节都需要关注和严谨，唯有细节才能打动人，才能体现创业者的投入度。具体内容如下。

1. 故事的细节

故事的细节包含调研的细节、研发的细节、奋斗的细节、突破困难的细节、客户使用的细节、公益对象的细节等，路演人要以点带面地进行路演，不仅要讲全，还要讲细。

2. 路演的细节

路演人要注意行走、站位的姿态细节，站在演讲台上时，要面对专家评审团，不遮挡PPT，自信大方地进行路演。

3. 路演PPT中的细节

高水平项目的比拼，最终胜负往往在细节方面，如标题是否对齐、字体是否统一等。路演前，项目团队成员须对路演PPT进行多次检查和校对。

（三）简

项目路演不仅要关注细节，也要做到简明扼要、言简意赅，主要体现在以下两个方面。

1. 简洁

路演的铺垫切勿过于烦琐，要直入主题。特别是针对项目背景的叙述内容，不要过多描述，直接切入项目主题引出要点内容。

2. 简单

在路演中要做到通俗易懂，尽量减少专业词汇，尽量做到深入浅出，即把高深的专业词汇用普通人能听懂的词汇表达出来。简单明了的表达，恰恰能表现出路演人对项目的深刻理解和把握。

（四）准

项目的展示务必做到精准，路演人要学会使用数据，尽量少用形容词来表达，如成本低、效益好、速度快、难度大，可用数字表达，如成本降低50%、效益提升85%、速度快了3倍、难度增加5个数量级，以上表述更能让人直观地感受到项目的准确性。

（五）信

路演是提升项目可信度和说服力的重要途径，路演人可通过使用专利证书、查新报告、权威鉴定、科技成果奖励、竞品对比、官方检验、行业推荐、客户证言等系列佐证材料来提升项目的可信度，做到有理有据让听众信服。

（六）真

项目路演一般要考察项目材料的真实性、团队与项目的关联性，一切虚假的、不真实的项目，即使路演表现很完美，也必然会在答辩环节出现漏洞，影响路演效果。

（七）情

每个项目都有初心和愿景，都希望在社会和用户层面实现价值，因此项目路演要做到以情动人，实现情感和价值共鸣。

⚙ 创客行动

请完成《创新与创业教育实践手册》中模块十任务二"创客行动 打磨路演细节"，并线上提交行动画布作业。

📚 创海撷英

"边学边问"App：5分钟路演获投资人青睐

2015年，两名在校大学生在考研复习过程中发现商机，开发出"边学边问"App，掘金"大学学霸圈"。3月15日，在中国创业服务峰会暨中国创业咖啡联盟年会上，"边学边问"App项目在"挑战120秒"环节亮相，吸引了众多投资人的目光。就在不到两个月前，他们还通过5分钟的项目路演，获得了来自武汉博奥投资有限公司的300万元投资。

考研复习中发现创业商机

李凯是武汉纺织大学大四学生，与他同龄的古望军就读于湖北工业大学。两人是高中同学，双双由外地考到武汉读书。2014年，两个好兄弟决定一起考研。在复习数学时，古望军每当遇到难题不会解答时，就会上网搜索，但常常找不到答案。各大考研资料社区大多是文本材料下载，没有题库搜索能力；论坛发问，得到的答案却并不权威……古望军和李凯碰面交流时发出疑问：为什么中小学都有这样的问答类App，唯独在大学这一块是空白？两人灵光一闪：能不能做一个大学生的学习问答社区，方便大家在考研、英语四六级，乃至各种资格证书的过程中实现互助学习？"边学边问"应运而生。他们开发的这款App是针对大学生群体打造的问答平台，使用者可以将问题发到App，由系统、网上高手或老师给出解答过程和思路。同时，还可以为用户提供高质量的考试考证经验、课程视频、学习笔记等干货内容及周边院校的讲座、选课指南及老师在线课程等。同时，App附加社交功能，设有"学霸圈""留学圈""四六级圈"等多个圈子，供大学生交流互鉴。

5分钟路演吸引投资人

当年1月考研结束后，李凯、古望军正式开始创业。李凯回忆，创业初期，他们没有贸然开发App，而是进行充分的市场调研。他们将市面上可以找到的所有问答类App都下载在手机上试用；最后，选择5个进行详细"解剖"逐一分析各自的优劣。1个月后，他们决定在采用文字录入模式的同时，加入一键拍照的方法采取图像识别技术，从图片中提取文字，再匹配题库。

1月中旬，项目团队正式入驻光谷创业咖啡，准备参加首场青桐汇路演，路演时间为5分钟。为了准备路演，他们特地撰写了创业计划书并制作了PPT，并在光谷创业咖啡工作人员的指点下，对PPT进行了三次修改。

1月24日，古望军登上路演舞台，由于创业"角度刁钻"、项目特点突出，当场就有投资人向其表达了投资意向。

（案例来源：黄奕，李想，薛靖.创新创业基础教育［M］.北京：中国言实出版社，2020.）

【课后拓展】

请扫描下方二维码，自主学习相关知识。

提高路演能力的小技巧

任务三　评估路演水平

【课前热身】

评 审 体 验

首先，所有参加学生手里均有三张打分卡（材料好、路演好、材料与展示融合好）；然后，每个人在观看路演展示之后只能选择一张打分卡，并亮分给教师；接下来，亮分的学生结合路演的案例说明投票理由；最后，结合学生对路演案例评价的描述情况，选取"路演评价之星"。活动时间为10分钟，要求不相互交流，仔细观看，快速评分，并表达观点。

思考与探究： 在活动中，如何能做到准确地从客观出发？如何精准发现路演中的欠缺和亮点？如何判断路演的好与坏？观看路演视频案例与真实路演场景的差异何在？

【课中解码】

影响项目路演评估的因素有很多，诸多要素的成功组合才能成就一场完美的项目路演。

一、评审组成及关注要点

（一）评审组成

投融资或创新创业大赛现场评审一般由创投行业著名人士、知名创业企业家、行业著名专家及来自金融机构、孵化机构、大学科技园、公益组织、高校和科研院所的专家组成。

（二）评审关注要点

1. 创新可行性

（1）技术因素。产品技术的历史情况；产品技术目前的水平；产品技术未来发展趋势；产品技术的理论依据和在实际生产中的可行性；产品技术的竞争力，产品技术的专利、许可证、商标等无形资产状况；产品技术在同行业所处的地位；政府对产品技术的有关政策。

（2）经济因素。项目方案是否成本最低，效益和利润最大。

（3）社会因素。是否符合国家科技政策和国家发展规划目标；是否符合劳动环境和社会环境；是否有助于人民生活水平的改善和提高。

2. 市场可行性

（1）市场容量。是否有足够大的市场容量。

（2）市场份额。直接市场份额及相关市场份额的大小。

（3）目标市场。是否定位好目标客户，目标市场规模是否庞大。

（4）竞争情况。竞争对手的数量有多少，行业内部是否存在占绝对优势地位的竞争者，一般性竞争方式和策略有哪些。

（5）市场进入障碍。是否有较高的规模经济性，是否有核心知识产权，能保证多久不被竞争对手复制。

3. 商业可行性

商业模式影响着项目的发展前景，也体现了项目的核心竞争力。商业可行性中要明确实现商业闭环的价值链条、可支撑项目运营的上下游资源及可推行的营销模式。

4. 项目团队合理性

（1）领导者素质。是否有支撑其持续奋斗的禀赋，是否熟悉所从事的行业，是否有很强的领导能力。

（2）管理队伍的团队精神。是否已组建分工明确、合理的管理团队。

（3）管理队伍的年龄范围。既有丰富的实际经验，又有活跃的思想，能较快吸收新知识和新信息。

（4）管理队伍的个人素质。管理队伍应包括精通每个主要部门业务的、能力很强的个人。

（5）退出方式。退出依据是否可靠，最可能的退出方式及各种方式的可能性程度，合同条款中有无保护投资权益的财务条款及财务保全措施等。

二、路演评价要素

投资人和专家一般通过项目路演人的表现和项目材料来进行路演评价，其评价的要素主要有以下七个方面。

（一）资料准备有学问

目前路演最主流的方式就是针对商业计划书的讲解介绍。其中，商业计划书是路演最重要的支撑材料，而路演是商业计划书最主要的对外应用场景。但除了商业计划书，一场完备的路演还需要做许多其他的准备。

PPT版商业计划书是商业计划书的演示形式，具有结构化、要点化、纲领化、可视化的特点。Word版是较为标准化、规范化的完整报告形式，是对项目进行充分翔实论证的文本。两相比较，功能不同，各有优势，应用场景不同。材料的准备要看需求。在没有相关要求时，通常只需要做PPT版商业计划书。

在路演过程中，还经常会播放视频。视频的多媒体性质具有不可替代的优势，是对商业计划书的有益补充。许多人不知道该怎么做，甚至做成了视频版的PPT展示。其实很简单，Word、PPT、视频的属性和功能不同，要发挥各自差异化、互补的优势。视频的优势在于给人以真实场景的直观感受，从而增强理解和信任。因此，视频应该注重场景性（有人、有物、有过程），直观地呈现产品原理属性、优势特色、应用场景、实际效果、各方评价等。

此外，在路演过程中，现场展示项目的产品、服务或解决方案，也是一种很有说服力的方式，路演效果会更好。

（二）路演人选有标准

在大量路演中，经常会出现这种情况：项目的创始人或核心高管因忙碌或不重视而未到路演现场。当然在大学生项目中，更希望通过有播音主持经验的学生来呈现。如果路演人员对项目了解不足，则会使路演效果大打折扣，甚至适得其反。

路演人如果不是创始人或核心高管，讲不清楚PPT中的内容，只能展示材料传达的信息，对公司的初心、历程、战略、业务、财务、细节及行业认知、前沿趋势等并不熟悉，相关认知很难达到创始人或核心高管应有的高度。

每年的创赛和投融资现场，经常出现项目路演人回答评审问题时含混不清也无法自洽的情况，台下的创始人主动上台来回答评审的疑问，但讲的内容与路演人回答的内容完全不同，甚至南辕北辙。这就说明，路演人除了熟悉PPT，根本不了解公司战略、经营情况、历史沿革及商业模式，这是非常典型的不合适的路演人选。

路演人不但应是熟悉项目的全部业务、发展历程、商业模式及价值理念的项目成员，而且具有能够代表整个项目的前沿认知，最合适的人选就是创始人，退而求其次是联合创始人（核心高管）。

路演最重要的是传递一种相信与自信。在路演中，如果创业者对自己的项目极为熟悉，信手拈来，条理清楚，能顺畅回答评审的任何问题，本身就说明对行业和项目有长期深度的研究、认知和实践，能够传递给投资人强烈的信号。

另外，从原则上来说，项目路演通常应由一个人完成，但也有很多项目通过团队配合的方式去创新呈现效果，即每个人讲一部分，除非有特殊要求，否则这种安排不可取。这种安排看似有分工，让相关负责人讲各自的模块，体现团队精神，但真实的效果是让项目支离破碎。

（三）演讲准备有态度

参加路演，不仅仅是个人能力的展示，更加承载着项目团队的使命，要心存敬畏之心，态度端正、认真准备、反复演练，这样才能达到最好的效果。敷衍了事、滥竽充数，既不尊重自己，也不尊重评审。

路演过程不是竞争普通话标准，不是从播音主持的角度去评选，而是项目的实际和创业者的完美融合。很多创始人充满激情的讲演重点突出、要素完整、激情四射，这充分说明路演人付出了巨大的努力，做足了准备。唯有反复斟酌、千锤百炼，才能达到效果。

（四）现场表现有状态

路演人的现场表现有两种代表性风格：一种是激情活泼的，现场具有很强的煽动性、表演性，特别是文创和情怀类的项目；另一种是质朴沉稳的，许多专业性、技术性背景的或年龄稍长的多属于这种类型，特别是科创类的项目。

无论是激情洋溢的还是低调朴实无华的，无论是语言地方色彩浓郁还是抑扬顿挫标准无误，每个人都有自己的风格，展现最真的团队和项目即可。路演中表演痕迹过重，会适得其反。

路演人在现场路演应展现其积极向上的精神状态和创业应有的素质品质。路演的关键在于传递一种信任。这是打动观众和投资人的利器，通过路演可以呈现路演人的自信、务实、精通、坦诚、自然。所有的状态都直接影响项目的展示效果。

（五）语言表达有分寸

路演人的现场演说是项目展示的重要一环，需通过语言提供全方位、多角度、更丰满的信息。

（1）路演与材料要完美结合。项目展示不是对项目材料的阅读和演讲，而是对项目所在行业领域的全面解读，不是简单复述PPT的内容，而是对照PPT运用语言和肢体动作，强调项目来源、创新亮点、商业逻辑、项目价值、发展规划等内容。

（2）现场表达要简单直接、逻辑清晰、重点突出、详略得当。情绪状态、语气声调、吐字发音、肢体动作等都需要注意恰当的分寸。

（3）项目答辩要尊重评委、沉着冷静、有问有答。路演人切忌抢话，反驳投资人或评审专家，长篇大论、答非所问、逻辑混乱等。

（六）时间控制有尺度

众多项目路演会、投融资对接会或创新创业大赛，通常对每个项目的路演和答辩会有明确的时间限定，一般为5～10分钟项目展示，3～7分钟项目答辩。

路演中常见的问题一般有两种：第一种是路演过于简洁，路演提前结束，要素没有表达完整；第二种是路演过于冗长，很多关键点在规定时间内未提及。因此，路演人应避免上述两种问题，根据比赛要求做好路演前的准备和演练，确保能够在多种时间标准下完成项目路演。

（七）回答问题有技巧

针对路演中的问答环节，路演人应该注意以下几点。

（1）做准备。提前预估评审可能提出的问题，做好如何回答的准备。对自身项目的优势、问题，以及应对这些问题的办法心中有数。

（2）听问题。学会倾听，听清楚问题的关键，理解提问者的意图，这样才能回答精准，避免答非所问。

（3）实回答。做到实事求是，强词夺理、牵强附会，反而会给项目挖坑，影响整体路演效果。

（4）重协作。答辩环节通常由路演人完成，必要时路演人可邀请团队相关专业成员进行补充回答，但要注意协作，避免出现前后不通、相互否定的情况。

三、路演评价

一般来讲，投资人或评审专家会从项目材料、项目路演及路演与项目的结合度三个层面进行路演评价。

（一）项目材料

项目材料评价一般从项目材料的完整性和逻辑合理性来展开。其中，项目材料的完整性是指项目的展示要素是否完整；项目材料的逻辑合理性是指展示的逻辑是否合理，如解决方案与痛点的契合度、技术创新的可行性、市场和商业模式设计的可行性、团队对项目的支撑价值等。

（二）项目路演

项目路演则是考评路演人对项目的阐释情况，主要考量项目是否说得通、做得通，以及路演人是否在规定时间内完成项目展示。项目路演应包括项目解决的问题、项目做法、市场规模、商业模式、团队支撑、发展规划等内容，很多路演人重视项目的技术呈现，但切勿因过度追求解决方案而忽略项目的其他要素。

（三）路演与项目的结合度

很多项目的路演展示与材料出入较大，这样就给项目带来了很多疑问，会大大降低项目的可信度。

综上，对于项目路演的评价而言，还要结合路演的目的和场景，不同维度的大赛或者投融资场景，评价的倾向性也各有不同，因此路演人要结合实际情况针对性做好路演准备。

⚙ 创客行动

请完成《创新与创业教育实践手册》中模块十任务三"创客行动　模拟路演实战"，并线上提交行动画布作业。

📚 创海撷英

张海波：投资人眼中的项目路演评价

作为中国新能源汽车产业的领军人物，锦程新能源创始人、新能源汽车专家、集团董事长，投资人张海波进入投融资领域10年有余，在智能制造、新能源、新材料以及区块链、元宇宙等诸多领域均有项目投资经历，大大小小的融资对接会和创新创业大赛参与了几百场，面对创新创业项目，他说："并不是每个项目都值得投资，但是每个项目都有自己的创新点，这是作为投资人希望看到的国内创新创业的美好画面。"

他喜欢把项目路演比作创业者获得投资的敲门砖，如何把这块"敲门砖"打造得真诚真实、可信感人，最终赢得投资人的青睐是一门学问，他以投资人眼光看项目的经历和角度讲述了对于项目评价的几个关键点。

投资人不会为"想法"买单

创新创业的热潮促使大批创业者带着项目来邀请其投资或者参加创赛。那些"不靠谱"的项目最大的一个特点就是创业者空谈情怀和想法，作为一个投资人，是不会为创业者的一个想法就欣然买单的。这些仅怀抱着一个项目创意就兴冲冲地前来兜售项目未来的创业者，和投资人对话时往往三两个问题就被问住了，核心就是项目仍然停留在创意空想的阶段，没有围绕创意展开必要的创新实践去验证创意的可行性，项目展示内容华而不实、外强中干，难以博得投资人的关注。

路演的目的是"连接"

项目路演就如同创业者和投资人的一次"连接"，只有双方的关注点、需求、信任度等元素都得到了匹配，这次"连接"才是有成效的。路演的内容要分场合进行调整，需要推广和需要资金的路演，其着眼点是截然不同的。创业者不能仅凭一套话语打天下，所有的话语形式都应该是为路演的内容服务的。

作为投资人观摩路演时，关注点主要包括创业团队情况、清晰的商业模式、清晰的企业规划、合适的投资条件和退出机制。另外，投资人也很想了解创业者除了资金，对投资人还有哪些要求。如今的资本合作，不只是金钱上的合作，投资人所拥有的其他资源，往往可以帮助项目在发展的过程中少走弯路。因此创业者要有这种意识，懂得充分利用资源，资源整合、协同创新同样是项目路演展示的目的之一，在项目展示后寻求合伙人。

项目路演展示要用心用情

项目路演的概念中就包括了展演、表演，投资人不会关注一个平平无奇的项目路演，项目的故事线和逻辑线需要设计，要通过声调起伏、感情波动吸引投资人。除了项目路演材料的设计，也要结合路演人的展示。整个路演过程是对人和事的汇报，投资人关注的也是这两项内容，好人好事是投资人认可的标准。

项目展示要实事求是

项目展示最基本的要求就是要真实和可信，创业者如果夸夸其谈和虚无缥缈地画饼，这将直接影响到投资人对于项目的综合印象。

对于项目路演的评价，不同维度的投资人或专家都会有自己的观点，但即便观点发散不统一，关注项目的内核也是一致的，无外乎项目切入是否准确、项目方案是否可行、项目市场是否足够大、商业模式是否合理、成果成效是否体现、团队支撑是否合理等。好的项目展示仍然要以项目落地的做法为根基，以实际价值作为评价标准。

（案例来源：根据采访稿整理而成．）

【课后拓展】

请扫描下方二维码，自主学习相关知识。

多维度评价项目路演水平

| 学习讲堂 | 商业计划的完美演绎 | 学习反馈 | 模块十　学习调查问卷 |

经受大赛历练

千淘万漉虽辛苦，吹尽狂沙始到金。

——刘禹锡

学习地图

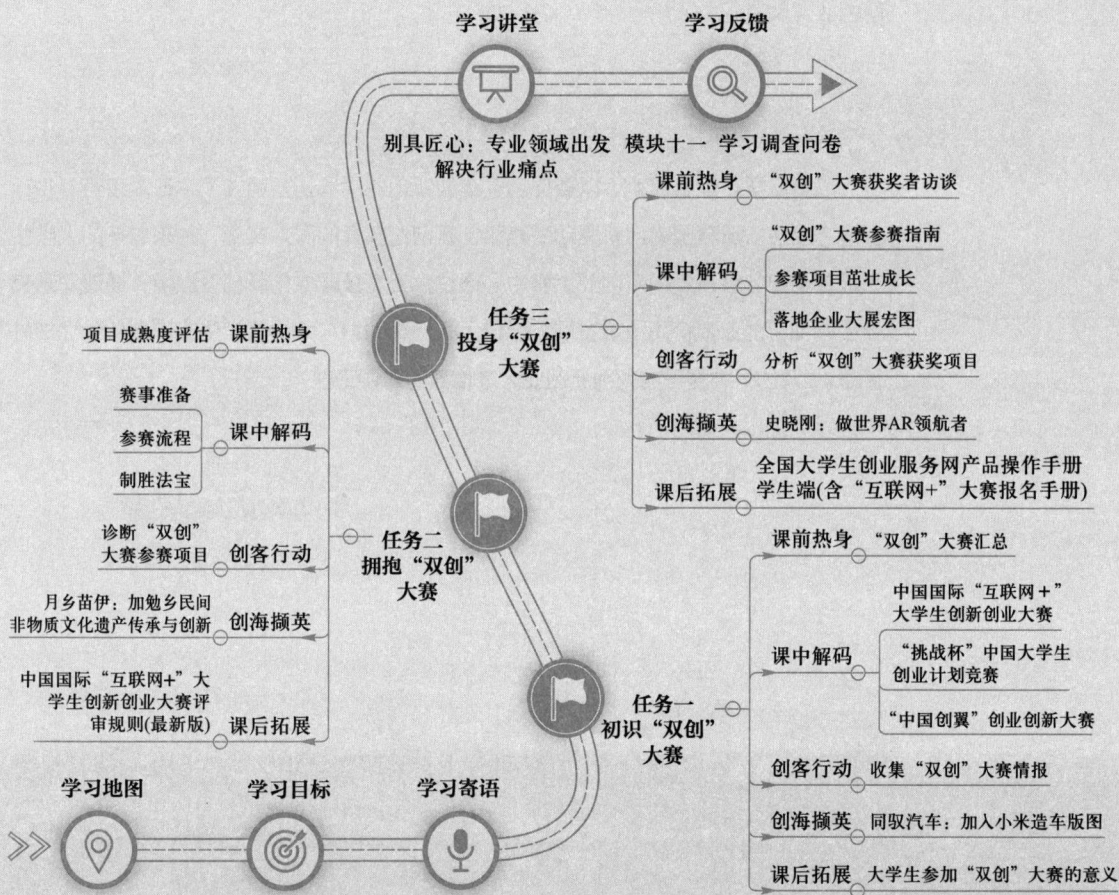

学习目标

>>知识目标

了解中国国际"互联网+"大学生创新创业大赛、"挑战杯"中国大学生创业计划竞赛、"中国创翼"青年创业创新大赛等"双创"大赛比赛赛制、参赛流程；掌握大学生创新创业大赛的参赛方法与技巧。

>>能力目标

能运用备赛技巧及参赛策略，在赛事上积累创新研发、团队协作、项目展示的经验。

>>素养目标

培养创新意识，在创新创业大赛中成长为具有敢闯素质、会创本领和家国情怀的创新创业型人才。

学习寄语

以赛促学、以赛促教、以赛促创，在创新创业中增长智慧才干，在艰苦奋斗中锤炼意志品质。随着国家创新驱动战略和创新创业教育的深入实施，越来越多的大学生积极参与到各级各类创新创业大赛中。通过大赛竞技释放创新创业激情，通过深入交流引领创新创业教育高质量发展，通过大赛历练助力广大青年学生实现创新创业成才梦想。"双创"大赛已成为创新创业人才培养的重要工程。

模块成果：大赛情报表　项目诊断画布　大赛获奖项目分析表

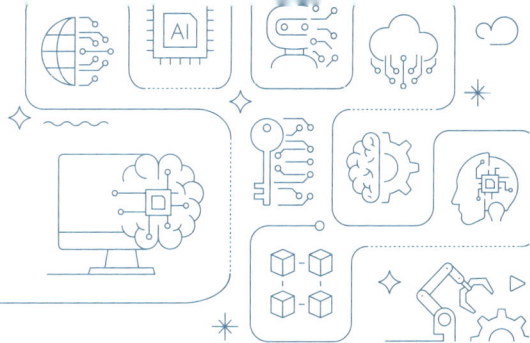

任务一 初识"双创"大赛

【课前热身】

"双创"大赛汇总

为响应国家"大众创业、万众创新"号召,形成万众创新、人人创新的新势态,国家各部委实施了一系列有力举措,建基地、办大赛、强实践,为大学生创新创业提供了广阔的平台。各级各类创新创业竞赛众多,以小组为单位,在课前运用网络工具查询哪些"双创"大赛是在校期间可以参与的,具体报名要求有哪些,参赛的时间段是什么时候,以及评审规则如何,最后将主办方及参赛主体进行大赛归类。

思考与探究:参加"双创"大赛的意义何在?

【课中解码】

创新创业是大学生从学子到创业者的转变,也是一场从校园到社会职场的加速竞赛。大赛是创新创业教育实践平台,将专业教育与创新创业教育深度融合,作为新时代的大学生应该将创新创业实践与科技创新、乡村振兴紧密结合,积极参加各类创新创业大赛,在参赛实践中充分激发聪明才智,从区块链技术、低碳项目到社区公益、乡村美术等注重学科交叉和跨行业创新,在创新创业的赛道上扬帆追赶,奋勇争先。

由于每届大赛的主体、赛道、参赛组别、评审规则有所不同,本任务所介绍的创新创业大赛均以最近一届大赛的概况为准。

一、中国国际"互联网+"大学生创新创业大赛

(一)大赛简介

中国国际"互联网+"大学生创新创业大赛(现更名为中国国际大学生创新大赛)是由教育部与地方政府、各高校共同主办的一项技能大赛。大赛旨在深化高等教育综合改革,激发大学生的创造力,培养造就"大众创业、万众创新"的主力军;推动赛事成果转化,促进"互联网+"新业态形成,服务经济提质增效升级;以创新引领创业,以创业带动就业,推动高校毕业生更高质量创业就业。

(二)大赛目的

大赛以"更中国、更国际、更教育、更全面、更创新"为目标,传承和弘扬红色基

因，聚焦"德育、智育、体育、美育、劳动教育"五育融合创新创业教育实践，激发青年学生创新创造热情，线上线下相融合，打造共建共享、融通中外的国际创新创业盛会，开启创新创业教育改革新征程。

（三）比赛赛制

大赛主要采用校级初赛、省级复赛、总决赛三级赛制（不含萌芽赛道及国际参赛项目）。校级初赛由各院校负责组织，省级复赛由各地负责组织，总决赛由各地按照大赛组委会确定的配额择优遴选推荐项目。大赛组委会将综合考虑各地报名团队数（含邀请国际参赛项目数）、参赛院校数和创新创业教育工作情况等因素分配总决赛名额。

大赛总决赛入围项目及金奖数量由当年的大赛实施方案确定。例如，第八届大赛共产生 3 500 个项目入围总决赛（港澳台地区参赛名额单列），其中，高教主赛道 2 000 个（国内项目 1 500 个、国际项目 500 个）、"青年红色筑梦之旅"（以下简称"红旅"）赛道 500 个、职教赛道 500 个、萌芽赛道 200 个、产业命题赛道 300 个。其中，高教主赛道每所高校入选总决赛项目总数不超过 5 个，"红旅"赛道、职教赛道每所院校入选总决赛项目各不超过 3 个。产业命题赛道每道命题每所院校入选项目总数不超过 3 个；萌芽赛道每所学校入选全国总决赛的项目总数不超过两个。

二、"挑战杯"中国大学生创业计划竞赛

（一）大赛简介

"挑战杯"中国大学生创业计划竞赛是由共青团中央、中国科协、教育部、全国学联主办的大学生课外科技文化活动中一项具有导向性、示范性和群众性的创新创业竞赛活动，每两年举办一届。"挑战杯"中国大学生创业计划竞赛借用风险投资的运作模式，要求参赛者组成优势互补的竞赛小组，提出一项具有市场前景的技术、产品或者服务，并围绕这一技术、产品或服务，以获得风险投资为目的，完成一份完整、具体、深入的创业计划。

（二）大赛目的

深入学习贯彻习近平新时代中国特色社会主义思想，聚焦为党育人功能，从实践教育角度出发，引导和激励高校学生弘扬时代精神，把握时代脉搏，将所学知识与经济社会发展紧密结合，培养和提高创新、创造、创业的意识和能力，并在此基础上促进高校学生就业创业教育的蓬勃开展，发现和培养一批具有创新思维和创业潜力的优秀人才。

（三）比赛赛制

根据参赛对象，分普通高校、职业院校两类。设科技创新和未来产业、乡村振兴和农业农村现代化、社会治理和社会服务、生态环保和可持续发展、文化创意和区域合作五个组别。

大赛分校级初赛、省级复赛、全国决赛。校级初赛由各校组织，广泛发动学生参与，遴选参加省级复赛项目。省级复赛由各省（自治区、直辖市）组织，遴选参加全国决赛项

目。全国决赛由全国组委会聘请专家根据项目社会价值、实践过程、创新意义、发展前景和团队协作等综合评定金奖、银奖、铜奖等项目。大赛期间组织参赛项目参与交流展示活动。

大赛设金奖、银奖、铜奖，分别约占全国决赛获奖项目的10%、20%、70%。全国组委会可视各省（自治区、直辖市）、各学校、学生参与情况，设置组委会活动单项奖。

三、"中国创翼"创业创新大赛

（一）大赛简介

党中央、国务院高度重视青年创业创新工作，要求全社会营造理解、重视、支持青年创业创新的良好氛围，为青年创业创新提供有利条件，搭建广阔舞台，大力发现、培育、选树青年创业创新人才。

为使公益慈善事业与政府促进青年创业创新工作有机结合，中国宋庆龄基金会与人力资源和社会保障部密切合作，在2015年举办"中国创翼"创业创新大赛。大赛以"共圆中国梦、青春创未来"为主题，包括"创业创新路演赛"主体赛事和"'欧格玛'杯大学生营销策划赛"专项赛事。参赛对象为年满18周岁但不超过40周岁的境内高校青年学生、社会青年、港澳台青年及海外留学青年。大赛分八大赛区，覆盖全国31个省、自治区、直辖市。

（二）大赛目的

大赛坚持公益原则，通过比赛，发现和选拔一批优秀青年创业创新项目，建立青年创业创新项目库；合理运用政府公共资源和充分动员社会其他资源，为优秀青年创业创新项目提供创业培训、创业指导、风险投资、园区孵化等对接服务，加速项目的落地和发展壮大；营造政府鼓励创业、社会支持创业、青年奋发创业的良好环境，推动以创新引领创业，以创业带动就业。

大赛贯彻党的二十大精神，落实国家创新驱动发展战略、就业优先战略及人才强国战略，以创新引领创业、创业带动就业、推进乡村振兴为核心价值和重点评价指标，大力营造全社会鼓励支持创新创业的浓厚氛围和良好环境，推进"大众创业、万众创新"向高质量纵深发展。

（三）比赛赛制

两项赛事采取不同的赛制分别组织实施。创业创新路演赛分为初赛、复赛、半决赛和总决赛。大学生营销策划赛分为初赛和决赛。

入围半决赛项目可获得大赛设立的奖金；优先向大赛投资基金和创业投资机构进行推荐；当地人力资源和社会保障部门对符合条件的参赛团队和企业，在入驻创业园区、贴息贷款、培训辅导、资金扶持等方面给予优先扶持。

入围决赛项目可享受大赛合作机构提供的创业创新公益基金支持、创业培训辅导及创业孵化服务；大赛合作金融机构为符合授信标准的入围决赛的团队和企业提供贷款授信支持；向大赛投资基金和创业投资机构优先推荐入围项目；通过大赛提升创业团队和企业的知名度，拓宽营销渠道。

⚙ 创客行动

请完成《创新与创业教育实践手册》中模块十一任务一"创客行动 收集'双创'大赛情报"，并线上提交行动画布作业。

🗐 创海撷英

同驭汽车：加入小米造车版图

上海同驭汽车科技有限公司（以下简称同驭汽车）于2022年发生工商变更，新增小米关联公司海南极目创业投资有限公司为股东。至此，同驭汽车成为小米生态造车版图的一员。

成立于2016年，同驭汽车身上带着浓厚的同济大学色彩——这是由同济大学科研团队发起组建的一家汽车智能驾驶系统研发商，也是同济大学科技成果转化重点孵化企业。"90后"创始人舒强，毕业于同济大学汽车学院。研究生期间，他发现了线控底盘技术的创业机会，创立同驭汽车，至今产品已打破海外垄断。

舒强跟大多数男生一样从小对汽车很感兴趣。"物理也是我中学时的强项，在填报高考志愿的时候，我就坚信一定能把车辆工程学好，以后成为一名优秀的汽车工程师。"舒强曾回忆。

2014年，国内掀起一波新能源"PPT造车"浪潮，结束本科学业的舒强也按捺不住。但造车是一个看资历、资源和资金的行业，自己及团队的实力和号召力还远远不足以做成一家整车厂。因此，舒强第一次创业历时大半年便宣告失败。两年后，正在读研的舒强找到了新的创业方向——线控底盘技术。线控底盘属于汽车自动辅助驾驶的执行系统，是整车产业长远发展的根基，但核心技术长期被国外零部件厂商把持。当时身边的朋友和前辈都劝他："先去大公司工作历练两三年，学习产品开发流程和管理体系后，再来创业较为稳妥。"但舒强觉得创业时机稍纵即逝，于是在2016年成立了同驭汽车，专注于线控底盘核心零部件的研发和产业化。初出茅庐，这支年轻团队遭遇不少质疑。当时，一个智能驾驶汽车示范工程项目急需改装线控制动系统的供应商，看中了同驭汽车的同济大学背景便赶来接洽合作，却没想到舒强和团队成员如此年轻，便心生顾虑。再三协商后，舒强提出"不满意不收费"的保证，勉强拿到改装一台车的机会。在1个月期限内，他们完成了第一台车的改装，顺利拿下了剩下几台车的订单。随后几年，同驭汽车渐渐打开知名度，其自研的线控电子液压制动（Electro-

Hydraulic Braking，EHB）系统可以替代传统的真空助力器，使整车成本降低 5 000 ～ 8 000元，是行业公认的下一代汽车制动系统主流解决方案之一。

（案例来源：根据中国国际"互联网+"大学生创新创业大赛展示交流中心资料改写.）

【课后拓展】

请扫描下方二维码，自主学习相关知识。

大学生参加"双创"大赛的意义

任务二　拥抱"双创"大赛

【课前热身】

项目成熟度评估

请各小组根据项目成熟度量表（表11-2-1）评估本小组创业项目的成熟度。

表 11-2-1　项目成熟度量表

成熟度	成熟度评判标准	支撑材料	达标情况
一级	完成行业调研及市场需求识别	调研报告	□是 □否
二级	提出三条以上行业痛点，并针对痛点给出相应的解决方案，由产品或服务作为核心支撑，完成关键资源筹备	商业计划书	□是 □否
三级	验证解决方案并有下一步行动计划	验证报告	□是 □否
四级	制作最小可执行产品原型，产品核心明确，取得比较优势	研制报告	□是 □否
五级	产品或者服务的核心功能可用	产品说明书、实物照片	□是 □否
六级	初代产品投入天使用户，完成市场试用与反馈	产品试用反馈报告	□是 □否
七级	进行产品或成果多轮迭代改良，获用户或第三方认可，并完成公司注册	迭代报告、第三方鉴定结论、营业执照	□是 □否
八级	完成知识产权保护并签署第一份重要合同	专利、合同	□是 □否
九级	完成知识产权转让或完成第一次销售	专利授权书、银行流水	□是 □否

思考与探究：本小组的项目成熟度到达哪个等级？如何进一步提升项目成熟度？

【课中解码】

经过多年的发展和完善，中国国际"互联网+"大学生创新创业大赛（现更名为中国国际大学生创新大赛）已成长为覆盖全国所有高校、面向全体大学生、影响最大的高校创新创业盛会，以及世界青年创新创业交流与展示的顶级平台。对大学生创新创业而言，在校园创新创业的温室里很难走进市场，亟须构建一个多方共建、智力共享、共赢开放的创新创业生态，而大赛平台为广大学生提供了聚集各方资源、创造真实创业实践的机会，众多学校积极整合校内外资源，支持广大学子参加比赛，帮助其创新创业项目进行团队组建、打造产品、获取市场资源、推进公司运营等，支持创新创业生力军走出校园，以适应VUCA时代所带来的机遇和挑战，通过快速试错和迭代，开展高质量、高效率的创新创业。

本任务以中国国际"互联网＋"大学生创新创业大赛为例，介绍赛事准备、参赛流程及制胜法宝。

一、赛事准备

（一）项目发掘

许多大学生刚开始接触创新创业教育课程及大赛会感到迷茫，就项目挖掘而言，通常脑海中一闪而过的是"奶茶店""米粉店""跑腿帮"等常见的校园创业项目，而真正有创意的项目则需要教师的引导和学生的深入发掘。总的来说，好的项目就像千里马，而师生就是伯乐。项目来源可以从以下几个方面考虑。

（1）家庭产业。可以借助家庭创业项目进行资源再优化创新，如来自农村的学生可对传统产业进行现代化的转型升级。

（2）个人的兴趣爱好。将个人的爱好做到极致，赋予新的生命，也能成为优质的创新创业项目。

（3）各类的社团活动和公益活动。在活动中发现社会的需求与痛点，以青春的力量，解决社会中的各种难题，帮助他人，提升自我，把各种活动转换为创新创业项目。

（二）项目实施

一个创意变成市场上成熟的产品需要项目团队的系统开发和转化实践。首先，一个好的项目需要有一支好的团队来支持，而这支团队就包括了学生团队、指导教师团队、企业导师团队，团队的构建一定是多学科的相互交叉融合的，而每个成员必须掌握自己专业的核心知识和技能，集团队的力量将创意变成样品，通过市场验证，把样品变成产品，这样项目的雏形就渐渐呈现。再者，项目形成的产品还需要通过团队成员、指导教师、企业导师的资源进行推广试用，并基于这个市场应用获得的用户反馈及时更新迭代，形成可在更大市场上推广的定型产品。最后，项目产品经过一次次的市场验证和迭代，形成市场认同的产品并积累足够数量的客户群体，成为一种成熟的商品，并为项目团队带来经济效益和社会效益。项目团队只有经历一个完整的项目实施过程，才能更深刻地阐释项目的价值和效益。

（三）项目呈现

项目的呈现方式主要有项目PPT、商业计划书、路演。项目PPT是简约版的商业计划书，它把整个项目的结构、亮点以精简的形式呈现出来，让人简单易懂、一目了然地了解项目是做什么的、解决了什么问题、面向的客户是谁等内容。商业计划书是一份全方位的项目计划，其主要意图是递交给投资商，以便于他们能对企业或项目作出评判，从而使企业获得融资。商业计划书有相对固定的格式，它几乎包括反映投资商所有感兴趣的内容，从市场的痛点、企业成长经历、产品介绍、商业模式、团队管理、股权结构、组织人事、财务分析、运营到融资方案。只有内容翔实、数据丰富、体系完整、装订精致的商业计划书才能吸引投资商，让他们看懂项目商业运作计划，才能使得融资需求成为现实。商业计划书的质量对项目融资至关重要。路演是对项目产品的宣传，主要面对消费者，同时，也要引起目标商家的注意（目标经销商），通过对产品的展示和宣传，促使他们感兴趣，并最终认可并选择产品。

总而言之，正准备参加大赛的项目团队，可以通过八字备赛诀（图11-2-1）来把项目逐步做成型。在这个过程中，特别要重视项目的结构完整，逻辑主线合理清晰，细节呈现真实可信，内容表达简明扼要，能让用户或评委秒懂，辅以数据和证据来支撑项目达到的效果，并通过实践实干积累项目运营数据和事实，夯实项目价值基础，融入价值故事赢得情感共鸣，升华项目内涵。

全	细	简	理
完整	细节	秒懂	逻辑
准	信	真	情
数据	证据	实干	故事

图 11-2-1　八字备赛诀

二、参赛流程

（一）时间线

大赛的参赛报名时间为4～8月，根据大赛的时间线可以更好地规划参赛节奏，首先在大赛启动前，就要做好项目初始创意和准备；4～6月为校赛的初赛阶段，是项目雏形打造、作品打磨的阶段，此时应该丰富项目内容，以实践为主；各省（自治区、直辖市）初赛复赛时间为6～8月，这个阶段属于亮点打造阶段，全力在省赛阶段争金夺银；总决赛时间为10月，若入围总决赛，则要奋力冲刺，项目要做得扎实且融入真情实感。

（二）事件线

整个参赛过程按照事件的发生串联起来就是动员、摸底、选种、组队、辅导、遴选这六个环节。

（1）动员。通过学校、二级学院、学生社团多个途径动员广大学生积极参加创新创业大赛，创造足够数量的项目基数，营造浓厚的创新创业实践氛围。

（2）摸底。从众多报名参赛项目中评估遴选高价值、高潜力的项目，形成培育项目库。

（3）选种。对标大赛各赛道的评审标准，从培育项目库中进一步优选金种子项目，纳入重点培育库。

（4）组队。为金种子项目团队组建和优化提供支持，特别是跨专业、跨学校、跨校企整合优质人力资源，建设一支优秀项目团队。

（5）辅导。指导教师团队要针对项目和团队的现状及发展需求，制订辅导计划，收集、整理、撰写辅导资料并下发给项目团队，实时跟进辅助，不断提升项目质量。

（6）遴选。建立校赛选拔机制，通过校赛遴选出最优的项目参加创新创业大赛。

（三）人物线

在整个参赛过程中，最核心的要素是人，按照人物线可分为参赛学生、指导教师、专家顾问、产业导师、创业导师。其中，参赛学生是核心，参赛的目的是培养学生的创新意识、创业精神和创新创业能力，因此，在整个备赛和参赛过程中，学生团队的培养和成长不可或缺；一支优秀的指导教师团队能为项目指明方向、提升质量，给予学生专业技术及商业逻辑的支撑；除此之外，专家顾问、产业导师、创业导师则为创业团队的项目保驾护航，对接真实产业链，提供企业孵化，有效实现校企深度合作，促进产教研的深度融合。

三、制胜法宝

（一）资源整合

能在省赛及以上大赛中突围的项目都不是凭空而来的，在创新创业原则中就有一条手中鸟原则，手中一只鸟，胜过林中千万只鸟，这就是资源，各团队所掌握的资源将会成为参赛制胜的关键。主要需整合的资源分学术资源、技术资源、产业资源、政策资源、媒体资源，结合项目特性与需求，借助资源更有效地完成项目打磨。简单举例说明：第七届中国国际"互联网＋"创新创业大赛新增产业赛道，这就要求项目必须和产业对接，项目处在产业生产链什么位置、与产业什么模块进行对接交互，这都需要学校整合自己的产业资源再做具体准备。在资源的助推下，即便是小小的寝室创意，也能从创意变成产品，走出校园，进入市场。

（二）项目指导

在校大学生还处于创新创业的萌芽阶段，对创业的了解大多停留在一些创新创业的基本概念和别人创业故事的听闻，或者一些模拟创业项目的初步实践，若要真枪实弹走上创业实战，则需要更多的支持和指导。因此，项目团队要从层层赛事中突围，一定要做强项目的竞争力。这就需要项目团队活学活用创新创业思维，坚持精益创业导向，以开放创新、整合优化、勇于试错、快速迭代来推动项目精进发展和效益提升。同时，要用好指导教师团队资源，在项目的整体逻辑、亮点打造、网评材料、路演答辩等关键环节及时请教指导教师、企业导师、创业导师，从教育、产业、投融资、创新、效益等多维度获得精准指导，通过对标大赛评审标准，对接社会和企业创新创业需求，对比历年优秀创业项目，逐一破解项目在创业过程中遇到的堵点、难点、痛点。项目指导可以采用"线上＋线下"

结合和一对一交流等方式，有利于实时解决项目遇到的问题。项目指导应采用模拟项目决赛的方式，由项目团队先路演答辩，指导教师担任评委，从项目整体逻辑优化、产品技术实现、商业模式设计、教育价值凸显、路演展示答辩等方面给出存在问题、修改建议、迭代方向等。指导教师团队是引导并支持项目团队把小创意变成一个落地的项目的最强外力，用好用足导师们的资源是项目团队脱颖而出的重要支撑。

（三）项目实践

每年报名参加中国国际"互联网＋"大学生创新创业大赛、"挑战杯"中国大学生创业计划竞赛的项目超百万，但最后能拿奖的却屈指可数。分析被淘汰的项目发现，竞争力不够强是一大主要原因，但还有大部分项目，虽然商业计划书写得很好，但是缺乏实践，注定走不远。

项目实践是参加"双创"大赛的制胜法宝之一，在"红旅"赛道（青年红色筑梦之旅赛道），项目必须开展实践，这也是评审规则中"实效性"的考核所在。即使项目不是"红旅"赛道，也要通过不同类型的实践来验证项目可行性等，仅有想法与实验室数据对参赛没有明显促进效果，学校尽量多提供实践机会。

（四）赛后总结

在大赛总结交流会上就有国赛评委总结过参加大赛的注意事项：入局比结局重要；完成比完美重要；迭代比等待重要；成长比成绩重要；务实比务虚重要；集体比个体重要；心态比状态重要；目标比对标重要。每次参与创新创业大赛后都有许多值得反思的地方，主要归结为以下几点。

（1）不去了解评审规则就开始备赛。评审规则作为评委评分的依据，不懂评审规则备赛等于无效备赛，项目完成后应该对照评审规则逐一核对，哪些内容能体现项目的亮点，项目需要丰富哪些材料，如何更好体现、呈现都是项目团队要重点思考的内容。

（2）认为材料上写了就能得分。在省赛及以上层级比赛网评中，评委通常会先看项目PPT，对项目重点、亮点有基本了解，如有疑问再在计划书中找答案，因此项目网评材料（尤其是PPT）一定要重点突出、亮点明确，能体现出项目核心竞争力。

（3）认为参赛重点是写计划书。大赛重点是培养学生的创新创业能力，看中项目落地性、实践效果，要从产品创新、服务创新、商业模式创新等方面着手开展创新创业实践，这也是评审规则中创新维度明确规定的。

⚙ 创客行动

请完成《创新与创业教育实践手册》中模块十一任务二"创客行动 诊断'双创'大赛参赛项目"，并线上提交行动画布作业。

创海撷英

月乡苗伊：加勉乡民间非物质文化遗产传承与创新

贵州交通职业技术学院参赛项目《月乡苗伊——月亮山下加勉苗绣与牙舟陶的古艺新生》从全国200多万个项目中脱颖而出，以决赛小组第一的成绩获得第七届中国国际"互联网＋"大学生创新创业大赛金奖。

"月乡苗伊"民族手工艺合作社是一个基于月亮山腹地黔东南州从江地区苗族文化的传承与保护为基础的民族文创项目。项目以月亮山下从江地区保存完好的苗族加翁支系文化、加翁支系特色苗绣等为基础进行研发与创新，形成各种特色苗族文创产品，以满足现代民族、民间文化爱好者对文创类产品的需求；同时项目团队还创新性地将苗绣与贵州的牙舟陶结合，开发出具有贵州代表性的陶绣制品，突破贵州与云南、湖南等地区在少数民族文化上的相似性导致的本土民族文化无代表性的困局，形成符合当地苗族文化特点的文创产品，填补了从岜沙4A级旅游景区无地域特色文创产品的空白，促进当地村民的创收及就业岗位的增加。并且在疫情期间，项目团队反思旅游文化市场中存在的风险与弊端，积极地开发黔东南地区的民族文化用品市场，通过对技术的研发、设备工艺的改良，使得当地特色的民族服饰批量生产，扩大市场份额。在提高产品品牌与创造力、适时扩大本土需求的同时，项目还积极开展国际合作，提升当地绣工的技能水平，促进当地非物质文化遗产的传承。

"月乡苗伊"项目是贵州交通职业技术学院创新性地将非遗苗绣进行跨界融合，推出陶绣、染绣、银绣等产品，走出了一条非遗产业破局焕发新生之路。此举不仅保护了民族文化，而且发展了绣娘200余名，直接经济收入20余万元，带动了贵州省36个民族村寨500多户村民，其中"妈妈美绣娘，娃娃读书郎"的案例成功入选了教育部脱贫攻坚典型案例。

（案例来源：袁航.贵州交通职业技术学院《月乡苗伊》惊艳中国国际"互联网＋"大学生双创大赛.天眼新闻，2021-10-21.有删改.）

【课后拓展】

请扫描下方二维码，自主学习相关知识。

中国国际"互联网＋"大学生创新创业大赛评审规则（最新版）

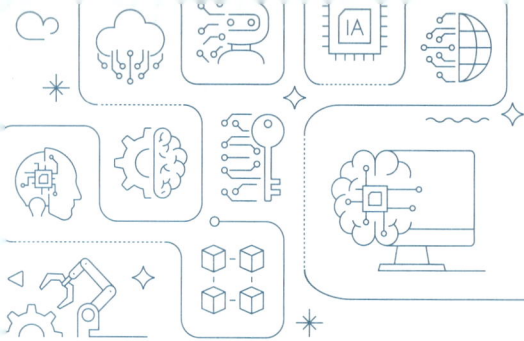

任务三　投身"双创"大赛

【课前热身】

"双创"大赛获奖者访谈

截至2023年年底，中国国际大学生创新大赛、"挑战杯"中国大学生创业计划竞赛等大学生"双创"大赛已经举办了数届，每届大赛都精彩纷呈。各小组可以应用之前学习的访谈法，访谈历年来参加创新创业大赛获奖的学长/学姐，了解他们如何开展项目，在项目实践过程中学到了哪些知识，在参赛过程中哪些能力得到了提升，并绘制访谈对象的成长旅程图（图11-3-1）。

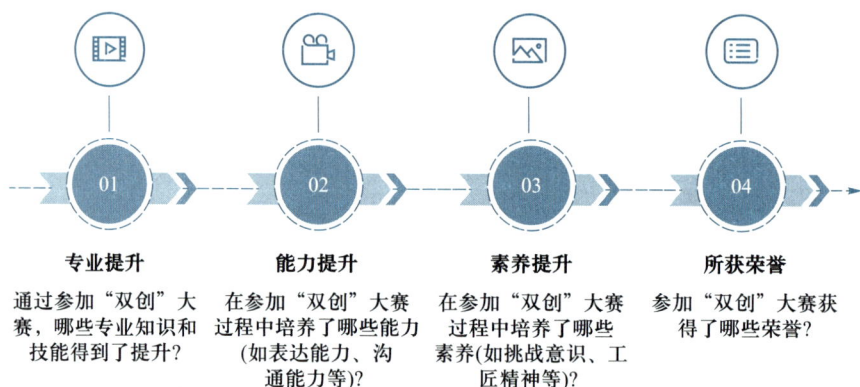

专业提升	能力提升	素养提升	所获荣誉
通过参加"双创"大赛，哪些专业知识和技能得到了提升？	在参加"双创"大赛过程中培养了哪些能力（如表达能力、沟通能力等）？	在参加"双创"大赛过程中培养了哪些素养(如挑战意识、工匠精神等)？	参加"双创"大赛获得了哪些荣誉？

图 11-3-1　成长旅程图

思考与探究： 参加"双创"大赛能获得哪些方面的成长机会？

【课中解码】

"双创"大赛众多，本任务以第八届中国国际"互联网＋"大学生创新创业大赛（现更名为中国国际大学生创新大赛）为例，介绍从参赛到创业项目成长再到企业落地的全过程。大赛是深化创新创业教育改革的重要载体和平台，自2015年启动以来，大赛产生了巨大的社会影响，逐渐发展成为"全球最大最好的路演平台"，被国内外媒体誉为惊艳非凡的全球"双创"盛会。

一、"双创"大赛参赛指南

（一）报名流程

参赛团队通过登录全国大学生创业服务网或其微信公众号，进入"用户登录"界面，在其中填写账号、密码等基本信息，单击"登录"按钮。若未注册账号，则需填写手机号、身份证号、邮箱等进行注册，完善个人信息，单击"立即注册"按钮提交申请。注意，目前学信网（中国高等教育学生信息网）账号可用于登录全国大学生创业服务网平台。注册成功后可进行身份选择，参赛者务必单击"立即创建项目（或命题对策）"按钮成为创业者，请勿单击"立即认证专家"按钮，身份选择前请再次确认所选身份，身份选择后将无法进行身份转换。选择"创业者"身份，单击"立即创建项目"按钮后，需完善个人信息并进行学籍学历信息验证。填写的相关信息包括个人头像、电子邮箱、学历层次、所在院校、入学时间及毕业时间、专业名称等。个人信息填写成功后，可单击"提交申请"按钮，申请成功后可进行项目的创建、报名参赛等操作。

（二）参赛项目组别及对象

大赛根据参赛对象划分为高教主赛道、"红旅"赛道、职教赛道、萌芽赛道和产业命题赛道，各赛道下划分为创意组、创业组、初创组、成长组、公益组五个组别。具体参赛条件如下。

1. 职教赛道创意组

参赛项目具有较好的创意和较为成型的产品原型、服务模式或针对生产加工工艺进行创新的改良技术，在大赛通知下发之日前尚未完成工商等各类登记注册。参赛申报人须为团队负责人，须为职业院校的全日制在校学生或国家开放大学学历教育在读学生。学校科技成果转化项目不能参加本组比赛（科技成果的完成人、所有人中参赛申报人排名第一的除外）。

2. 职教赛道创业组

参赛项目在大赛通知下发之日前已完成工商等各类登记注册，且公司注册年限不超过5年。参赛申报人须为企业法定代表人，须为职业院校全日制在校学生或毕业5年内的学生、国家开放大学学历教育在读学生或毕业5年内的学生。企业法人在大赛通知发布之日后进行变更的不予认可。在项目的股权结构中，企业法定代表人的股权不得少于1/3，参赛团队成员股权合计不得少于51%。

3. 高教赛道初创组

参赛项目工商等各类登记注册未满3年。参赛申报人须为项目负责人且为参赛企业法定代表人，须为普通高等学校全日制在校研究生或毕业5年以内的全日制研究生学历学生。企业法定代表人在大赛通知发布之日后进行变更的不予认可。在项目的股权结构中，企业法定代表人的股权不得少于1/3，参赛团队成员股权合计不得少于51%。

4. 高教赛道成长组

参赛项目工商等各类登记注册3年以上。参赛申报人须为项目负责人且为参赛企业法定代表人，须为普通高等学校全日制在校研究生或毕业5年以内的全日制研究生学历学生。企业法定代表人在大赛通知发布之日后进行变更的不予认可。在项目的股权结构中，企业法定代表人的股权不得少于10%，参赛团队成员股权合计不得少于1/3。

5. "红旅"赛道公益组

参赛项目不以营利为目标，积极弘扬公益精神，在公益服务领域具有较好的创意、产品或服务模式的创业计划和实践。参赛申报主体为独立的公益项目或社会组织，注册或未注册成立公益机构（或社会组织）的项目均可参赛。

（三）评审内容

无论是创意组还是创业组、初创组、成长组，其项目内容的核心都不应仅是一个想法、一项发明或是一个实验室的成果。参赛团队应该从项目的"教育""商业""团队""创新""社会价值"这五个维度进行思考，并进行自查，明确项目的短板。另外，对于参赛项目的评审规则，参赛团队也应该有所了解，这样才能做到有的放矢。不同的组别，其评审规则有所差别，表11-3-1总结了创业组、初创组、成长组项目的评审要点供参赛团队参考。

表 11-3-1　创业组、初创组、成长组项目的评审要点

评审要点	评审内容	分值
教育维度	（1）项目应弘扬正确的价值观，体现家国情怀，恪守伦理规范，有助于培育创新创业精神 （2）项目符合将专业知识与商业知识有效结合并转化为商业价值或社会价值的创新创业基本过程和基本逻辑，展现创新创业教育对创业者基本素养和认知的塑造力 （3）体现团队对创新创业所需知识（专业知识、商业知识、行业知识等）与技能（计划、组织、领导、控制、创新等）的娴熟掌握与应用，展现创新创业教育提升创业者综合能力的效力 （4）项目充分体现团队解决复杂问题的综合能力和高级思维；体现项目成长对团队成员创新创业精神、意识、能力的锻炼和提升作用 （5）项目能充分体现院校在职业教育建设方面取得的成果；体现院校在项目的培育、孵化等方面的支持情况；体现多学科交叉、专创融合、产学研协同创新、产教融合等模式在项目的产生与执行中的重要作用	20
商业维度	（1）充分掌握所在产业（行业）的产业规模、增长速度、竞争格局、产业趋势、产业政策等情况；具有明确的目标市场定位，充分掌握目标市场的特征、需求等情况；具有完整、创新、可行的商业模式 （2）经营绩效方面，重点考察项目存续时间、营业收入（合同订单）现状、企业利润、持续盈利能力、市场份额、客户（用户）情况、税收上缴、投入与产出比等情况 （3）经营管理方面，是否有清晰的企业发展目标；是否有完备的研发、生产、运营、营销等制度和体系；是否采用先进、科学的管理方法，以确保企业具有较强的竞争力 （4）成长性方面，是否有清晰、有效、全方位的企业发展战略，并拥有可靠的内外部资源（人才、资金、技术等方面）实现企业战略，以建立企业的持续竞争优势 （5）现金流及融资方面，关注项目融资情况、获取资金渠道情况、企业经营的现金流情况、融资需求及资金使用情况是否合理 （6）项目对促进区域经济发展、产业转型升级的情况	30
团队维度	（1）团队的组成原则与过程是否科学合理；团队是否具有独特的支撑项目成长的知识、技能、经验及成熟的外部资源网络；是否有明确的使命愿景 （2）公司是否具有合理的组织构架、清晰的指挥链、科学的决策机制；是否有合理的岗位设置、分工协作、专业能力结构；是否有良好的内部沟通机制；是否有合理的股权结构、激励制度等 （3）团队对项目的各项投入情况及团队成员的稳定性情况 （4）支撑公司发展的合作伙伴等外部资源的使用，以及与公司关系的情况	20

续表

评审要点	评审内容	分值
创新维度	（1）具有原始创意、创造 （2）具有面向培养"大国工匠"与能工巧匠的创意与创新 （3）项目体现产教融合模式创新、校企合作模式创新、工学一体模式创新 （4）鼓励面向职业和岗位的创意及创新，侧重加工工艺创新、实用技术创新、产品（技术）改良、应用性优化、民生类创意等	20
社会价值维度	（1）项目直接提供就业岗位的数量和质量 （2）项目间接带动就业的能力和规模 （3）项目对社会文明、生态文明、民生福祉等方面的积极推动作用	10

（四）提交资料

大赛要求提交的资料有1分钟短视频、商业计划书和路演PPT。其中，商业计划书与路演PPT在不同的参赛阶段，其内容也会有所差别。在各省赛或全国总决赛的网评阶段，评委一般先看1分钟短视频，因此在制作视频时一定要简单介绍产品功能，重点突出项目亮点，用有限的时间将项目的整体概貌和所获成果展示出来，打动评委。其次评委会重点看路演PPT，如果对项目有疑惑，则会打开商业计划书。因此，参赛团队所提交的路演PPT应做到内容全面，不遗漏信息点，但是篇幅不宜过长。商业计划书结构要清晰，方便评委可以在短时间内找到想要查看的信息。

二、参赛项目茁壮成长

大赛以"我敢闯、我会创"为主题，不断推动"以赛促教、以赛促学、以赛促创"，呈现出"红旅"及"七个一百"系列活动持续吸睛、大赛赛道及分组不断创新、总决赛入围项目和奖项同步增加等特色。许多参赛项目在创新创业实践过程中催生一些小微供应链，可为农民工、家庭主妇、残障人士、退役军人等就业重点帮扶人群提供信息咨询、技术指导、产业辅导等帮助，让普通人群能快速学习掌握数字技能，投身新经济领域，并提供了更多可选择的就业机会，有效带动了当地就业，为当地社会经济建设贡献了力量。

（一）青藏高原文旅公益项目

2009年，为助力青海省青南三州"两基"攻坚战，着力解决青海省青南艰苦地区中小学教师数量和质量双提升难题，青海师范大学积极践行师范教育的初心使命，开始了本专科师范生为期半年的青南少数民族自治州9县的"顶岗支教"，支教地区均为"两基"攻坚县，平均海拔达3 700米。2010年，服务于顶岗支教项目的青海师范大学格桑梅朵团队应运而生。

10多年来，团队牵手社会教育机构，探索开发农牧区艺术教育课程，助力农牧区基础教育改革发展。早在2016年，青海师范大学与北京乐平公益组织千千树合作，启动青海农村幼儿教师素质提升项目，为多个州县构建全面提升青海农村幼儿教育质量的活动方案。随后又对接北京的小橡树幼儿园、社会企业谷雨千千树教育公司、中国音乐家协会奥尔夫专业委员会等多家组织，开展专业领域合作，探索适合农牧区幼儿教师的培训课程体系及策略。

团队全程参与组织青海师范大学13 984名师范生和386名驻县教师在37个县市、260所中小学校进行支教，受益学校历年累计2 155所，受益人数近30万人，受到了当地师生及家长的一致好评。青海师范大学置换被顶岗教师参加"国培计划"培训，为各州县置换脱产研修教师1 148名。依托国培项目和省培项目，为州县培训骨干教师3 200余名，招录函授教育学生1 039名、社会教育学生600人。此外，还致力加强农牧区在职教师学历教育，通过函授教育和社会教育，促进了农牧区教师更新教育理念，提升教育教学水平，助力农牧区教师学历提升。

（二）柑橘扶贫项目

长期以来，柑橘种植存在育种周期长，新品种小苗种植见成效慢，大量老品种成为鸡肋阻碍新品种推广；种植技术要求相对较高，投资风险较大，地方政府缺乏正确引导等行业痛点，正确把控品种走向、把握市场形势显得尤为重要。而多数种植户在品种把控和市场形势的分析方面缺少相关的专业知识，急需专业机构和专业人才进行引导。为响应国家号召，贯彻落实精准扶贫、精准脱贫战略，助力乡村振兴，推动四川内江市及周边地区柑橘产业发展，提高当地农户经济效益，西南大学柑橘扶贫团队结合自己的专业特长，研发柑橘新品种，打造柑橘全产业链发展，通过创新实践为地方产业转型升级，以知识的力量在祖国大地书写青春华章。

项目通过"党建引导＋公司＋科研院校＋基地"模式，以高产优质新品种产业带动绿色农业和观光旅游业发展，建设了一个集"产、学、研、销"于一体的新品种示范基地，打造了"线上＋线下"的销售方式，已在四川、湖南等地推广柑橘新品种3.5万余亩，每年产值超过7亿元，带动10 000余人再就业，每户增收达5.4万元，共计增收超1.2亿元，为打赢脱贫攻坚战、全面推进乡村振兴贡献了高校智慧与力量。

三、落地企业大展宏图

依托大赛平台，历届众多获奖项目获得地方政府、天使投资人、企业家、科学家等社会各方人员的广泛关注，聚合了创业项目落地的优势资源，初创企业获得了迅速成长的机遇，呈现出良好的发展态势，帮助创业项目团队实现价值，促进科研成果转化，有效带动社会就业。

（一）成为一颗改变世界的螺钉

2014年，即将从清华大学航空航天学院博士毕业的李京阳，开始构建自己的未来。已经10篇SIC论文在握，又是两次国家奖学金获得者，这个从小热爱航天器的年轻人决定不再把书斋当作归宿，而是在广阔天地中寻求更大梦想，把论文写在祖国的大地上。他用了1年时间找方向，直到看见美国国防部批准开展的未来垂直起降飞行器（Future Vertical Lift，FVL）计划，他才决定将创业目标锚定在无人直升机领域。

2019年，李京阳率队代表清华大学参加第五届中国"互联网＋"大学生创新创业大赛，获总决赛冠军。在其办公地，有一面墙挂满专利证书。创业6年来，李京阳带领团队共获得专利软件著作权120余项，其中，发明专利50余项。团队已完成60千克、120千克、300千克、500千克级交叉双旋翼无人直升机研制；完成直升机三大运动部件核心技术突破，并构建直升机软硬件测试体系，开展了旋翼空气动力学实验分析、计算流体动力学（Computational Fluid Dynamics，CFD）模拟仿真分析并拥有核心技术，提出世界首架交叉双旋翼复合推进无人直升机概念。旗下有高原型交叉双旋翼无人直升机、系留无人直升机、仿生人工智能飞行器等多款产品。

2014年筹划创业，2015年创办北京清航紫荆装备科技有限公司（以下简称清航装备）。2019年10月，清航装备迁入北京中关村科技园延庆园，正式入驻北京市延庆区。清航装备在八达岭长城的环抱中，开始新的征程。目前，清航装备获评国家高新技术企业、北京市"专精特新"中小企业、北京市入库科技型中小企业、北京市知识产权试点单位、中关村金种子企业、中关村高新技术企业，无人直升机装备入选首批北京市应急科技先进装备。清航装备完成基地建设120亩，获批试飞空域52.7万亩，获批中国民用航空局颁发民用无人驾驶航空器驾驶员培训许可证。清航装备党支部先后被评为延庆区、北京市"先进基层党组织"。李京阳荣获清华大学优秀博士毕业生、优秀博士学位论文一等奖，入选第九批"北京市优秀青年人才"，受聘担任中国青年创业联盟、中国青年创业就业基金会评选的第五批中国青年创业导师，并获教育部、中国教师发展基金会"创新创业英才奖"。

（二）扛起科技创新创业大旗

来自南京大学的"Insta 360全景相机"团队，荣获第二届中国"互联网＋"大学生创新创业大赛全国总决赛亚军。

从小对计算机技术着迷的刘靖康，2010年考入南京大学，攻读软件工程专业。大学期间，他凭借一手高超技术成了校园风云人物，联手另一位"90后"陈永强，做了一款视频产品"名校直播"。1年内，两人带领20余人的团队，在全国六大城市、九大名校举办了200多场直播，成功将业务拓展至企业领域，成立"V直播"。毕业后，嗅到机会的刘靖康入局全景相机领域，在2015年成立了影石创新科技股份有限公司（以下简称影石创新），凭借相机1年营收8.5亿元。

2015年，正是VR元年。当刘靖康入局全景相机领域时，竞争对手已有不少。其中，来自加拿大创客团队的Bublcam和德国创业公司的Panono均有这类产品。但是这个曾经的"创业少年"不再只有对技术的膜拜，更多地产生了对产品、对市场的现实考量。刘靖康曾说："现在关于全景，VR的概念很热，是很好的赚快钱时期。比如，我去网上找一些教程，帮一些广告拍一些全景的短片。但是它不可能标准化和规模化，我们看中的是将来爆发的需求，踏踏实实做实业。"

影石创新目前距离上市只有一步之遥，一旦其成功上市，刘靖康就有望成为首位登上科创板敲钟舞台的"90后"。这样的一幕极具历史意味，背后是眼下中国科技创新的大潮正涌现无数"90后"的身影。他们是一股更加大胆的青春力量,正从前辈们手中接过火炬,成为这一代人的科技主力军。

(三)回馈社会促就业

随着大批大赛获奖项目的落地和发展,释放出大量岗位需求,直接带动社会就业。

第二届大赛金奖项目"Medlinker"医生联盟学术交流平台成立于2014年,大赛过后,经过6年的发展,从一个医生实名制专业学术交流平台成长为独角兽企业,公司员工已达1 780人,平台上汇聚了全国超过80万名实名认证医生和5万余名签约医生,带动了大量就业。

第三届大赛金奖项目编程猫成立于2015年,专注少儿编程在线教育,经过5年的发展,采用线上线下、校内校外生态闭环模式,目前已成长为潜在独角兽,直接带动了4 800人实现就业。

第六届大赛银奖项目"布拖金凤凰"致力于布拖苦荞价值全面开发,一方面通过布拖苦荞产品研发提高苦荞产量及附加值,另一方面采取新兴直播带货模式,打造扶贫助农网络IP,通过网络销售渠道搭建解决苦荞销售端问题,帮助企业年销量增长410万元,带动1 852人直接就业,并以农户自主直播、企业招募农户等方式,间接带动更多人就业,最终助力布拖县打赢脱贫攻坚战,迈向乡村振兴新征程。

⚙ 创客行动

请完成《创新与创业教育实践手册》中模块十一任务三"创客行动 分析'双创'大赛获奖项目",并线上提交行动画布作业。

☰ 创海撷英

史晓刚:做世界AR领航者

史晓刚,北京理工大学2019级博士研究生,2013届本科毕业生。正高级工程师、全国青联委员、北京市第十三次党代会代表、北京2022年冬奥会火炬手。曾获第四届中国"互联网+"大学生创新创业大赛金奖,入选国家级人才计划、科技部"创新人才推进计划",曾获"全国五一劳动奖章"、团中央"中国青年创业奖"、全国向上向善好青年、全国最美基层高校毕业生、北京市劳动模范、北京市优秀青年人才、首都精神文明建设奖、北京市就业创业工作先进个人、"2021北京榜样"年榜人物、第27届"中国青年五四奖章"等荣誉。

2013年本科毕业后,史晓刚积极发挥大学毕业生在基层创业就业中的带头示范作用,开展系列创新创业实践。2015年创立北京枭龙科技有限公司(以下简称枭龙科技),

依托北京市产业发展规划，深入基层，开展前沿科技创新创业工作。史晓刚带领团队完成多项AR核心技术突破，巩固了我国在AR产业的先发主导优势，推动我国AR产业光学显示、虚实融合等技术的快速发展，提升我国AR产业在国际市场的核心竞争力，为我国的经济建设提供强有力的技术支持。在史晓刚的带领下，枭龙科技已成为近年来国内发展速度最快、技术实力最强的AR企业之一。

（案例来源：中国国际"互联网+"大学生创新创业大赛展示交流中心.有删改.）

【课后拓展】

请扫描下方二维码，自主学习相关知识。

全国大学生创业服务网产品操作手册学生端（含"互联网+"大赛报名手册）

学习讲堂

别具匠心：专业领域出发
解决行业痛点

学习反馈

模块十一 学习调查问卷

青年人是全社会最富有活力、最具有创造性的群体，也是推动创科发展的生力军。要为青年铺路搭桥，提供更大发展空间，支持青年在创新创业的奋斗人生中出彩圆梦。

——习近平

学习地图

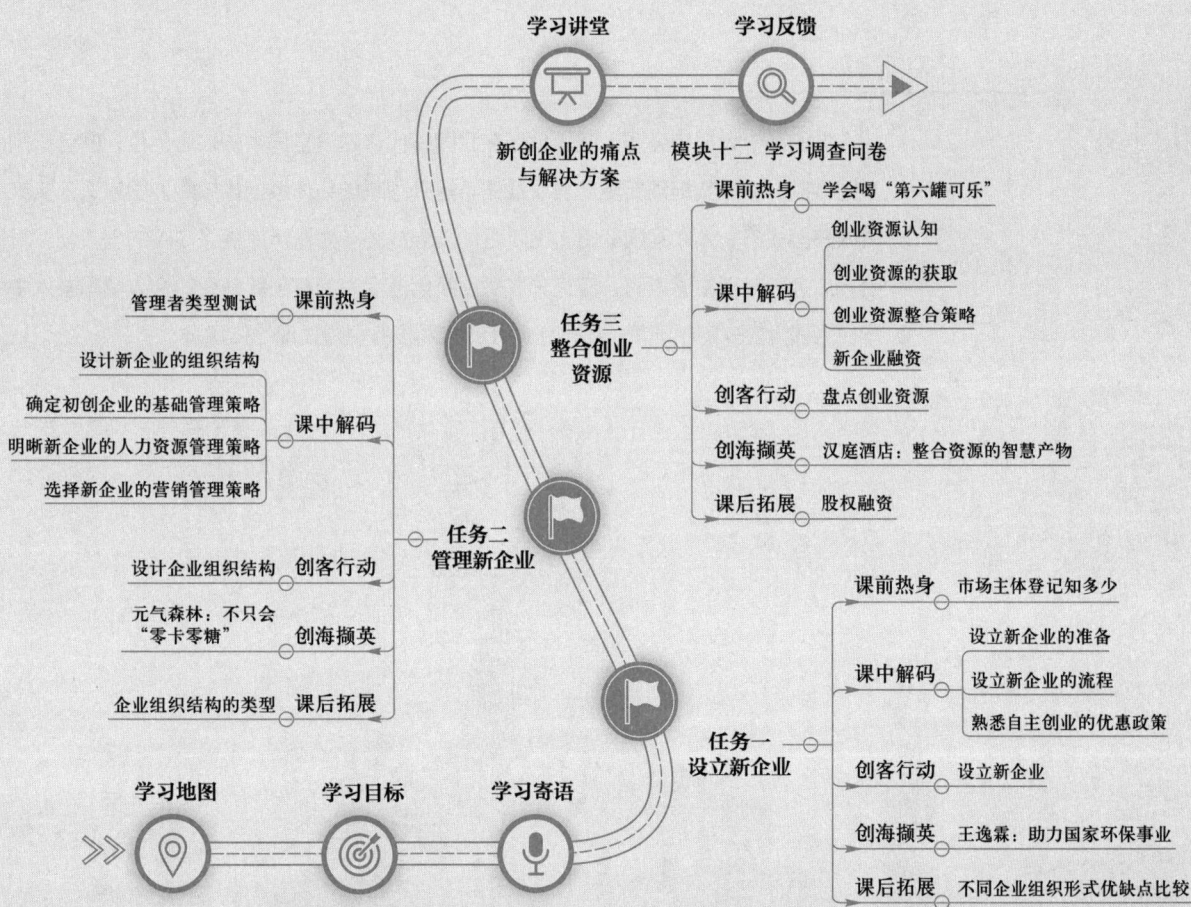

学习目标

>>知识目标

了解设立新企业的准备、登记流程；熟悉有关新企业的相关优惠政策；了解新企业基础管理与人力资源管理策略；熟悉创业资源整合策略、创业常见的融资方式。

>>能力目标

能根据企业的类型和特点选择新企业组织形式；能为新企业选择合适的管理策略；能选择恰当的创业资源整合策略为新企业整合资源；能选择适合新企业的筹资方式和渠道。

>>素养目标

培养合理合法经营、依法纳税、履行社会责任等意识。

学习寄语

党的二十大报告强调，坚持创新在我国现代化建设全局中的核心地位，健全新型举国体制，加快实施创新驱动发展战略，提升国家创新体系整体效能。国家深入实施科教兴国战略、人才强国战略、创新驱动发展战略，为青年提供了广阔的创新创业舞台，广大青年正生逢其时，应充分发挥创新创业活力，将创新创业的个人梦想融入中华民族伟大复兴的中国梦，用创新创业的实践投身中国式现代化建设。

模块成果：设立新企业行动画布　新企业组织结构图　创业资源盘点行动画布

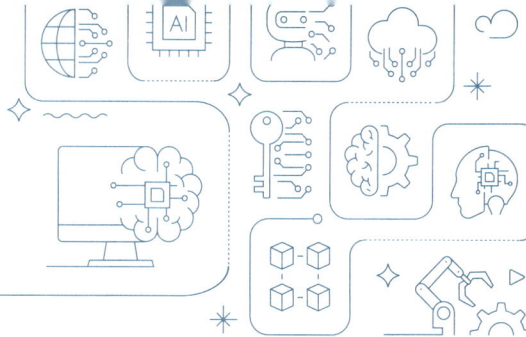

任务一 设立新企业

【课前热身】

市场主体登记知多少

2022 年 3 月 1 日，《中华人民共和国市场主体登记管理条例》正式施行，明确了市场主体的概念及范围，对在我国境内以营利为目的从事经营活动的各类企业、个体工商户、农民专业合作社等登记管理做出统一规定。该条例实施后，申请材料更便捷了，登记和备案统一了，办事流程更加简化了。

请扫描二维码，阅读《中华人民共和国市场主体登记管理条例》十问十答，并抓取企业在登记设立过程中的关键点。

十问十答

思考与探究： 设立新企业有哪些要点和注意事项？

【课中解码】

一般而言，企业是指以营利为目的，运用各类生产要素（土地、劳动力、资本、技术和企业家才能等），向市场提供商品或服务，实行自主经营、自负盈亏并独立核算的法人或者企业业社会经济组织。设立一个新企业，创业者应该在把握环境和识别商机的基础上，明确新企业的类型、组织形式，了解设立新企业的流程，并且熟悉并善用国家对于企业和新企业的相关政策。

一、设立新企业的准备

（一）认识新企业的类型

新企业根据创业资金的不同来源或者主创人员的不同结构，可以分为独立创业、合伙创业、家族创业等创业类型。了解并选择合适的企业类型是创业者需要面对的重要问题。

1. 独立创业

独立创业是创业者依靠自身的力量进行的创业活动，主要有个体工商户、自由职业等基本类型。其优势在于利益驱动力强、运用成本低、工作效率高且灵活性较强，但由于是依靠创业者自身，也存在经营规模小、方式单一、随意性大的劣势，并且创业者有可能会经常处于孤军奋战的境地。其中，个体工商户是指在法律允许范围内，依法经核准登记，生产资料归个人所有，从事工商经营活动的自然人或者家庭；自由职业是指不受企业或者公司管辖，以个人能力或特长为劳动力的一种职业，如律师，自由撰稿人，独立的演员、歌手等。

2. 合伙创业

合伙创业是指由两个以上的创业者订立合伙协议，共同出资、合伙经营、共负盈亏、共担风险，同时对合伙企业的债务承担无限连带责任的创业模式。根据合伙人出资形式和承担责任的不同分为普通合伙和有限合伙，也可以依据合伙人身份特点分为个人合伙和法人合伙。团队创业也是合伙创业常见的一种类型，它是指创业者组织人员形成创业团队（由研发、技术、市场、融资等组成），进行优势互补，依靠团队的力量进行创业活动的形式。合伙创业的优势在于资金比较充足，经营规模较大，可以发挥集体智慧，同时多元化利益主体能自然形成企业内部监督制度，有承担市场压力和风险能力的同时容易产生效益。但是合伙人对风险的偏好和承受度不同，容易影响企业的发展决策，导致合伙人之间矛盾的产生，进而制约企业发展甚至导致企业内部分裂。因此，这种类型适合有协作意识、宽容精神及信义品格的创业者。

3. 家族创业

家族创业是指依靠血缘或者亲情关系将创业成员团结起来，共同创设并经营企业的组织形式，如夫妻创业、父子创业、兄弟姐妹创业等，具有成员关系伦理性、企业关系非确定性、创业动机非功利性等特点。该种创业方式最大的优势在于以情感力量团结、鼓励成员，不需要雇用大量核心员工，队伍稳定等，而局限性则体现在创业风险与家庭命运捆绑在一起，成员之间缺乏明确责任、权利和义务，角色容易被替代，从而影响企业运转。因此，家族创业比较适合小企业、中老年创业、异地创业或者农村环境创业。

（二）选择新企业的组织形式

不同的企业组织形式对创业者的要求不同。根据《中华人民共和国市场主体登记管理条例》相关规定，创业者可以依法申请登记的市场主体类型主要包括有限责任公司、股份有限公司、个人独资企业、合伙企业（普通合伙企业或者有限合作企业）、个体工商户、全民所有制企业、集体所有制企业、农民专业合作社等。其中，个体工商户和农民专业合作社不属于企业组织形式，但其作为重要的市场主体类型是大学生创业的重要选择。需要指出的是，《促进个体工商户发展条例》第十三条规定，个体工商户可以自愿变更经营者或者转型为企业。

1. 有限责任公司

有限责任公司简称有限公司，由50位以下的股东出资设立并以其所认缴的出资额为限对公司承担有限责任，而公司以其全部资产对公司债务承担全部责任的经济组织。

2. 股份有限公司

股份有限公司是指将公司资本划分为股份，每股金额相等，股东以其认购的股份为限对公司承担责任的企业法人，股票作为股东持股的凭证。《中华人民共和国公司法》规定，设立股份有限公司，应当有2人以上200人以下为发起人。

3. 个人独资企业

个人独资企业是指由一自然人投资经营、其全部资产为该投资人所有的营利性经济组织。投资者对企业债务负无限责任。按照我国现行税法有关规定，个人独资企业不缴纳企业所得税，而是缴纳个人所得税。

4. 合伙企业

合伙企业是指由两人或两人以上按照所签订的协议投资，共同经营、共负盈亏、共担风险的企业。合伙人对企业债务承担连带无限清偿责任。

5. 全民所有制企业

全民所有制企业是指财产属于全民所有的，依法自主经营、自负盈亏、独立核算的商品生产和经营单位。它又称为国有企业，但广义的国有企业还包括国家控股的股份有限公司、有限责任公司和国有独资公司，全民所有制企业只是国有企业的一种。

6. 集体所有制企业

集体所有制企业是指部分劳动群众集体拥有生产资料的所有权，共同劳动并实行按劳分配的经济组织。集体所有制企业又包括城镇和乡村的劳动群众集体所有制企业。

二、设立新企业的流程

（一）"五证合一"注册登记

企业登记注册是企业依法成立的法定程序，注册登记机关是国家市场监督管理总局和地方各级市场监督管理部门。在国家完成"五证合一、一照一码"[①]改革后，新企业注册登记流程主要包括以下几个步骤。

（1）公司核名。我国公司注册不允许存在重名情况，因此创业者确定符合政策要求的公司名称后，需要及时到市场监督管理部门或者线上提交核名申请。

（2）提交申请。核名通过后，创业者确定新企业的地址信息、高管信息、经营范围等相关"五证合一"材料后，通过网上登记系统填写申请表，将相关材料提交至管辖的市场监督管理部门，由市场监督管理部门统一受理并办理。

（3）申领营业执照。"五证"联合材料经市场监督管理部门审核通过后，创业者可以持本人身份证、准予设立登记通知书等相关材料到市场监督管理部门领取纸质营业执照正、副本，实现"五证合一"。

（4）印制刻章。新企业应在领取营业执照后，持营业执照复印件、法定代表人和经办人身份证复印件各一份，以及由企业出具的刻章证明，及时到公安局指定的机构印制公章、合同专用章、财务章、发票章等。

---

① "五证合一、一照一码"即营业执照的注册号、组织机构代码证号、税务登记证号、统计证号及社保登记证号统一为一个登记码，标注在营业执照上。该制度于2016年10月1日起正式实施。

（二）企业银行账户开立

企业需要通过银行账户进行资金周转和结算，这是企业经营管理和投融资活动中不可缺少的部分。企业银行账户种类主要有基本存款账户、一般存款账户、专用存款账户及临时存款账户。在办理银行账户开户手续时，还需要提供企业营业执照正本、企业同意开户证明等相关材料。

（三）涉税登记

自2015年10月1日起，"五证合一、一照一码"登记制度正式实施后，新设立企业由市场监督管理部门核发"五证合一"的营业执照，不需要再次进行税务登记，不再领取税务登记证，但仍需要到税务部门办理相关涉税事宜，这样才能进行正常缴税。新企业注册登记一般流程如图12-1-1所示。

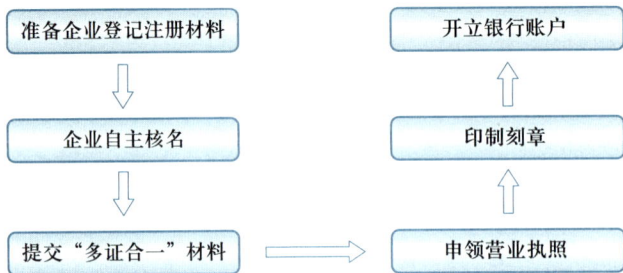

图 12-1-1　新企业注册登记一般流程

（四）企业开办/变更新通道

为响应并落实国家"大众创业、万众创新"号召及有关文件精神，优化电商环境、降低创业门槛、简化办证流程，近年来多地陆续推出企业开办"一窗通"网上服务平台，简化企业开办环节，压缩企业开办时间。例如，广西壮族自治区市场监督管理局在2020年6月开通了广西企业开办"一窗通"平台，并在"智桂通"App上开发"企业开办一窗通"应用模块，让创业者足不出户就可以完成企业的开办和变更等手续。

三、熟悉自主创业的优惠政策

近年来，随着创新带动创业、创业带动就业活力的不断呈现，为支持大学生自主创业、灵活就业，国家和各级政府出台了多项优惠政策，了解这些政策，对大学生创办企业大有裨益。2022年4月，教育部高校学生司、教育部学生服务与素质发展中心发布《普通高校学生自主创业政策公告》，内容包括税收优惠政策、担保贷款和贴息政策、资金扶持政策、工商登记政策、户籍政策、创业服务政策、学籍管理政策等。

（一）税收优惠政策

（1）持人力资源和社会保障部核发《就业创业证》的高校毕业生在毕业年度内创办个体工商户的，可按规定在3年内以每户每年12 000元为限额（最高可上浮20%，具体由各省、自治区、直辖市人民政府根据本地区实际情况确定）依次扣减其当年实际应缴纳的增值税、城市维护建设税、教育费附加、地方教育附加和个人所得税。

（2）对高校毕业生创办小微企业的，可按规定享受小微企业普惠性税费政策；创办个体工商户的，对其年应纳税所得额不超过100万元的部分，在现行优惠政策基础上减半征收个人所得税。

（二）担保贷款和贴息政策

（1）创业担保贷款和贴息支持。可在创业地申请创业担保贷款，最高贷款额度为20万元，对符合条件的个人合伙创业的，可根据合伙创业人数适当提高贷款额度，最高不超过总额的10%。对10万元及以下贷款、获得设区的市级以上荣誉的高校毕业生创业者免除反担保要求；对高校毕业生设立的符合条件的小微企业，最高贷款额度提高至300万元，财政按规定给予贴息。

（2）创业担保贷款申请程序。申请创业担保贷款贴息支持的个人和小微企业应向当地人力资源和社会保障部申请资格审核，通过资格审核的个人和小微企业，向当地创业担保贷款担保基金运营管理机构和经办银行提交担保及贷款申请，符合相关担保和贷款条件的，与经办银行签订创业担保贷款合同。

（三）资金扶持政策

（1）免收有关行政事业性收费。毕业两年以内的普通高校毕业生从事个体经营的，3年内免收管理类、登记类和证照类等有关行政事业性收费。

（2）求职创业补贴。对在毕业学年有就业创业意愿并积极求职创业的低保家庭、贫困残疾人家庭、原建档立卡贫困家庭和特困人员中的高校毕业生，残疾及获得国家助学贷款的高校毕业生，给予一次性求职创业补贴。

（3）一次性创业补贴。对首次创办小微企业或从事个体经营，并且所创办企业或个体工商户自工商登记注册之日起正常运营一年以上的离校两年内的高校毕业生，试点给予一次性创业补贴。

（4）享受培训补贴。对大学生在毕业年度内参加创业培训的，按规定给予培训补贴。

（四）工商登记政策

简化注册登记手续。创办企业，只需填写一张表格，向一个窗口提交一套材料，登记部门直接核发加载统一社会信用代码的营业执照，"多证合一"。

（五）户籍政策

取消落户限制。高校毕业生可在创业地办理落户手续（直辖市按有关规定执行）。

（六）创业服务政策

（1）免费创业服务。可免费获得公共就业和人才服务机构提供的创业指导服务。

（2）技术创新服务。各地区、各高校和科研院所的实验室及科研仪器、设施等科技创新资源可以面向大学生开放共享，提供低价、优质的专业服务。

（3）创业场地服务。鼓励各类孵化器面向大学生创新创业团队开放一定比例的免费孵化空间。政府投资开发的孵化器等创业载体应安排30%左右的场地，免费提供给高校毕业生。有条件的地方可对高校毕业生到孵化器创业给予租金补贴。

（4）创业保障政策。加大对创业失败大学生的扶持力度，按规定提供就业服务、就业援助和社会救助。毕业后创业的大学生可按规定缴纳五险一金。

（七）学籍管理政策

（1）折算学分。各高校要设置合理的创新创业学分，建立创新创业学分积累与转换制度，探索将学生开展自主创业等情况折算成学分。

（2）弹性学制。学校可以根据情况建立并实行灵活的学习制度，可放宽学生修业年限，保留学籍休学创新创业。

⚙ 创客行动

　　请完成《创新与创业教育实践手册》中模块十二任务一"创客行动　设立新企业"，并线上提交行动画布作业。

📚 创海撷英

王逸霖：助力国家环保事业

　　王逸霖，天津轻工职业技术学院光伏发电技术与应用专业学生，也是第五届中国"互联网＋"大学生创新创业大赛职教赛道金奖项目"BlueWind-全新烟气治理解决方案"的创始人，他创办的天津天星高科技有限责任公司，被授予"中国新兴环保行业百强"等荣誉称号。

　　王逸霖认为，我国正在大力推行清洁生产、绿色生产，很多企业在生产过程中会面临环保超标排放问题。而为了解决这方面问题，企业往往需要依赖美国、德国等国外进口设备，这些设备对中小企业来讲，设备费用和改造成本较高。于是，他深耕专业领域发展，专注解决企业环保超标排放问题，突破国内技术瓶颈，大幅降低企业成本，注重自主研发创新，获得多项发明专利。2017年7月，王逸霖成立了天津天星高科科技有限责任公司，该公司专注于为工业客户提供大气环保设备与解决方案，引进了德国、法国等国外技术的同时，注重自主研发创新，进行技术改良，不仅突破了国内技术瓶颈，还大幅降低了企业成本。

　　目前，天星高科已深入部分城市，针对以往处理性能比较低的环保装备制造厂商，通过技术入股的方式，帮助厂商实现整体技术上的转型升级。同时，天星高科已建好产线并投入生产，建设及运营管理过的项目达30余家，业务布局国内华北、华中等地区，年产值已达近5 000万元。

　　（案例来源：中国"互联网＋"大赛交流中心记者团.天星高科：环保超标排放？国产技术更高性价比解决企业问题.创业者说，2021-01-07.有删改.）

【课后拓展】

请扫描下方二维码，自主学习相关知识。

不同企业组织形式优缺点比较

任务二　管理新企业

管理者类型测试

DISC测试是企业广泛应用的一种人格测试，用于测查、评估和帮助人们改善其行为方式、人际关系、工作绩效、团队合作、领导风格等。

DISC测试由24组描述个性特质的形容词构成，每组包含四个形容词，这些形容词是根据支配性（Dominance）、影响性（Influence）、服从性（Compliance）、稳定性（Steadiness）和四个测量维度，以及一些干扰维度来选择的，要求被试者从中选择一个最适合自己和最不适合自己的形容词。

测验大约需要10分钟。请扫描二维码进行测评，并做好统计。

思考与探究：管理者需要具备哪些个性特质？

【课中解码】

成功设立新企业后，创业者需要设计企业的组织结构，确定初创企业的基础管理策略，明晰初创企业的人力资源管理策略，选择新企业的营销管理策略，保障企业健康稳步发展。

一、设计新企业的组织结构

（一）组织结构设计的基本原则

组织结构设计是指建立或改造一个组织的过程，是将任务、流程、权力和责任进行有效组合和协调的活动。

在长期的企业组织变革实践中，西方管理学家曾提出一些组织设计基本原则，如目标原则、相符原则、职责原则、组织阶层原则、管理幅度原则、专业化原则、协调原则和明确性原则。

我国的企业在组织结构的变革实践中也逐步积累了丰富的经验，相应地提出了一些设计原则，具体归纳如下。

1. 任务与目标原则

组织结构的设计，必须有利于组织任务与目标的实现。如果没有明确的任务与目标，不但会使组织机构的工作盲目无序，而且将丧失组织机构存在的理由。

2. 专业分工和协作原则

组织机构的设计，需要坚持分工和协作原则，要做到分工合理、协作明确，对每个部门及岗位的工作内容、工作范围、工作关系、协作方式等都应有明确规定。

3. 有效管理幅度原则

管理幅度，是一名上级领导者能够有效地直接指挥和监督下级人员的数量界限，也称有效管理幅度。管理幅度是影响企业管理层次的决定性因素。企业中的每个部门、每位管理者都需要有合理的管理幅度。管理幅度太大，则无暇顾及；管理幅度太小，则可能没有完全发挥作用。因此，在组织结构设计的时候，要制定合理恰当的管理幅度。

4. 集权与分权相结合原则

组织结构设计时，权力的集中与分散应该适度。集权与分权要相结合控制在合适的水平上，既不能影响工作效率，又不能影响工作积极性。

5. 稳定性和适应性相结合原则

稳定性和适应性相结合原则要求组织设计时既保证组织在外部环境和企业任务发生变化时能够有序地正常运转，又保证组织在运转过程中能够根据变化了的情况作出相应的变更，使企业具备一定的弹性或适应性。因此，企业应在组织中建立明确的指挥系统、责权关系及规章制度；同时选用一些灵活的组织形式和措施，使组织在变动的环境中具备内在的自动调节机制。

（二）创业企业的组织架构设计

企业的组织架构设计是创业企业发展成长过程中的一个必要环节。企业的组织架构有多种分类方式，常见的有三种形式：职能型组织结构、事业部制组织结构、矩阵型组织结构。

1. 职能型组织结构

职能型组织结构（图12-2-1）是企业在实践过程中最简单的组织形式，是一种高度集权，以职能为中心的组织结构，其特点是管理层级的集中控制。此组织结构的优势体现在总部的战略决策可以在下属公司中得到较好的贯彻执行，管理控制严格，组织效率高。但随着企业业务活动差异性不断增大，职能型组织结构的管理优势越难以实现，不便于各部门整体协作，容易造成生产管理秩序混乱。这种组织结构适用于规模较小、产品品种较少、生产连续性强和专业性强的企业集团，如矿业、能源、物流类企业等。

2. 事业部制组织结构

事业部制组织结构（图12-2-2）又称分公司制组织结构，是企业为满足规模扩大和多样化经营的要求而产生的一种组织结构形式，即在总公司领导下设立多个事业部，每个事业部都有自己的产品和特定的市场，能够完成某种产品从生产到销售的全部职能。此组织结构有利于调动各事业部的积极性和主动性，并且有利于公司对各事业部的绩效进行考评。但是由于机构重复，容易造成管理资源浪费，且由于分权，各事业部之间可能发生内耗，易造成整体组织的利益受损。这种组织结构适用于产品多样化和从事多元化经营的组织，也适用于面临市场环境复杂多变或所处地理位置分散的大型企业和巨型企业。

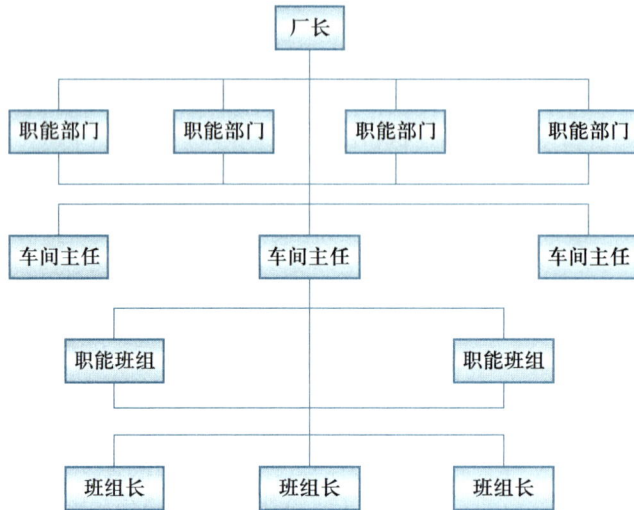

图 12-2-1 职能型组织结构

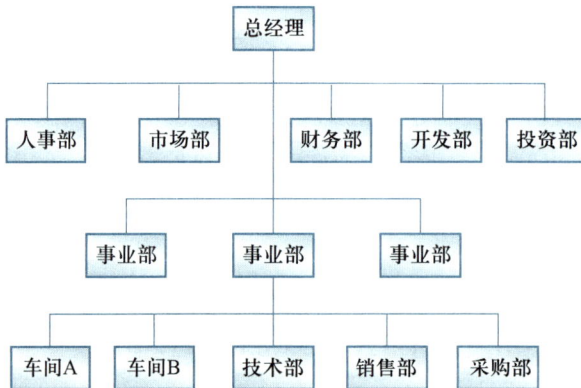

图 12-2-2 事业部制组织结构

3. 矩阵型组织结构

矩阵型组织结构（图12-2-3）是将按职能划分的部门同按产品、服务或工程项目划分的部门结合起来的组织形式。每个成员既要接受垂直部门的领导，又要在执行某项任务时接受项目负责人的指挥。此组织结构有利于加强各职能部门之间的协作和配合，并且有利于开发新技术、新产品和激发组织成员的创造性。但是其组织结构稳定性较差，双重职权关系容易引起矛盾冲突，同时还可能导致项目经理过多、机构臃肿。这种组织结构主要适用于科研、设计、规划项目等创新性较强的工作或者单位。

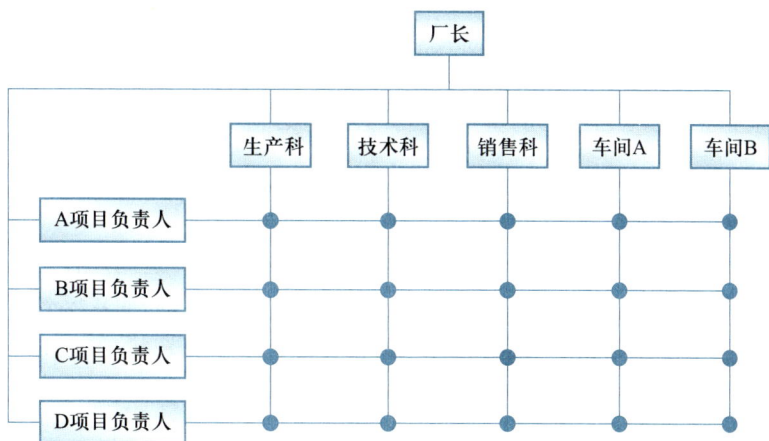

图 12-2-3　矩阵型组织结构

二、确定初创企业的基础管理策略

（一）初创企业的关键管理任务

初创企业在资金、人才和实力等方面往往都不具备优势，被大量不确定性事务围绕，初创企业的可持续生存是当务之急。对于初创企业而言，只有经过大量的实践后，结合企业自身的实际情况，才能形成独立的管理风格和企业文化特色。

因此，初创企业的生存面临以下几个重要的管理任务。

（1）生产运营能够稳定开展，有效控制成本、质量和效率。

（2）市场开拓低耗高效，积极开拓渠道、建立销售机构，实现销售利润。

（3）财务现金流控制保障可靠，有效控制成本、保障资金需求。

（4）新产品研发中顾客价值定位准确，保障企业的新产品研发能力和水平。

（5）发挥初创企业优势，持续管理创新，塑造企业竞争优势。

（二）初创企业的基础管理策略

基础管理是企业开展专业和综合管理活动的最基础的工具与方法，是维持企业日常运转的必要工作，是实现管理任务的关键。企业要实现良好的经营管理，必须先做好基础管理工作，主要涵盖以下五个方面。

1. 规章制度

规章制度是企业维持日常运转的规则。企业必须贯彻执行国家的法令、法规与政策，根据实际需要制定必要且严格的企业规章制度。使各部门在考勤、交接班、操作、质量检验、财务出纳等环节都有章可循，有法可依。建立制度时要民主，执行制度时要严格，保证企业规章制度合理、可行、有威信，尤其是领导和管理人员要身体力行，不能例外，这样才能凝聚人心，促进企业稳步发展。

2. 原始记录

原始记录是对企业生产经营管理活动中的具体事实所做的最初的书面记载，包括生产、销售、劳动、原材料、设备动力、财务成本、技术等内容，常以产品设计任务书、设计图纸、工艺操作规程、产品品质鉴定报告，以及各种计划大纲和定额资料等来体现。原始记录是健全企业经营管理工作的重要内容，其信息必须准确，坚决不能主观估计，更不能凭空捏造。

3. 统计工作

统计工作是指运用统计方法及时对原始记录加以统计分析，进而开展决策、计划和定额等工作，并将其作为考核的依据。统计工作以原始记录为基础，涉及整个企业，因而统计工作必须及时、全面、准确。做好统计工作有利于各级管理人员处理问题，作出决策，进行检查、控制和指挥。

4. 定额工作

定额工作是指企业在一定的生产技术和生产组织条件下规定人、财、物消耗应当达到的定额标准，通常涉及生产、人工、物资消耗、机器设备、成本费用、财务资金等方面。科学的定额管理制度对企业的组织劳动、推动经济责任制度、贯彻按劳分配、提高劳动生产率、加强经济核算、降低产品成本都有重大作用。

5. 员工培训

初创企业应将员工培训作为一项基本建设任务，进行员工培训的第一步就是结合企业的实际条件和决策目标确定培训目标。初创企业根据一定标准招收员工后，员工要有一个熟悉业务、认同企业形象的过程，企业可以为员工讲授企业文化、企业历史、经营思想、管理技巧、行为科学、公共关系等内容。进行员工培训是有进取精神的企业的自我发展成长之路。

三、明晰新企业的人力资源管理策略

（一）初创企业的人力资源管理原则

人力资源管理是指以从事社会劳动的人为对象，通过组织、协调、控制、监督等手段，谋求人与事，以及共事人之间的相互适应，实现充分发挥人的潜力，使企业有效运作的管理活动。创业初期，企业人力资源管理原则需要遵循以下四个方面。

1. 优化原则

优化原则是指创业初期通过科学选聘、合理组合，实现人员配备的最优化。具体从以下几个方面着手。

（1）要择优选拔，使优秀的人才担任重要的工作。

（2）要量才适用，使不同类型的人才与不同性质的工作相适应，实现人与事之间的科学配置。

（3）要用人所长，善于充分发挥人的优势、特长。

（4）要人才互补、优化组合，发挥人才组合的整体效应。

2. 竞争原则

人员的选聘、组合、使用与发展不能在封闭和僵化的环境下进行，必须引入竞争机制，公开、公正、公平竞争，并形成有利于人才脱颖而出的有效机制。

3. 激励原则

激励原则是指创业初期通过人员配备，最大限度地调动员工的积极性和创造性，从而助力初创企业更快实现目标。具体从以下几个方面着手。

（1）要充分授权，信任下级。

（2）要科学合理地安排工作职位和进行工作设计，提升下级对所从事工作的兴趣。

（3）要实行科学的考核，公正地对组织成员作出客观的评价。

（4）要将奖励与贡献紧密联系，物质奖励与精神奖励结合使用。

4. 开发原则

开发原则是指在人员配备和使用的过程中，通过各种形式进行智力开发，不断提高人员的素质，最大限度地发挥人的潜力，将促进人的全面发展作为组织的重要目标。

（二）初创企业的人力资源管理策略

初创企业的特点是小巧、灵活，因而在人力资源管理上，初创企业不必像大企业那样做到面面俱到，只需要根据自身特点，充分发挥优势即可。初创企业的人力资源管理工作涵盖以下五个方面。

1. 突破任人唯亲

初创企业多半是创业者白手起家，一点一滴做起来的。有些企业领导人把企业财产视为私有财产，将家族成员或朋友安排在企业要职，在升迁、奖励等方面也偏向有关系的员工。这样无疑会造成员工对立，削弱企业的凝聚力，不利于企业的长期发展。初创企业要加快制度变革的步伐，早日走出家族制的藩篱。

2. 制定科学的管理标准

管理标准是履行管理职能时必须遵循的权责标准、程序标准、法律标准、制度标准及实施标准，具有明确的规定性和较强的约束力。初创企业要站在管理科学化、法制化的高度来认识管理标准的重要性，建立并贯彻执行明确而具体的管理标准。

3. 制定严密的管理制度

企业的管理制度一经制定，就是企业至高无上的"法"，每个人必须依法办事，不得凌驾其上。管理制度在执行时必须具有时效性、可操作性、明晰性。

4. 管理方法与手段的多样性和综合性

管理方法与手段是随着社会和科技发展而不断丰富、发展的，管理方法与手段的应用将直接影响管理效果。作为企业的管理者，应当善于管理，将思想文化的管理作为管理基础，综合运用各种管理方法和手段。

5. 提升企业文化

企业创业初期，对员工的吸引主要靠人性化的管理和机会牵引。维系员工，保持企业良好运作，除了合理的薪酬激励和公平分配原则，还有企业文化的吸引，即企业必须提供共同奋斗的愿景、价值观念和文化氛围，激发员工目标与企业目标的一致性。

四、选择新企业的营销管理策略

（一）加强营销管理措施

对于初创企业来说，要想快速地获得客户、开拓市场，就需要采取各种营销手段。制定营销策略是为了更好地应对市场变化、获得更多的客户、提升销售业绩，最终获取利润。但是初创企业在资金、知名度和营销手段上都较为薄弱，因而尤其需要实施科学的营销管理。加强营销管理工作的措施如下。

1. 完善营销战略管理过程

初创企业要加强对员工营销管理知识的宣传和系统培训。营销管理的顺利实施建立在全体员工了解营销管理对企业和自身发展的重要性的基础上。同时，企业要完善市场分析、市场定位、营销计划和营销行动的整个营销战略管理过程（图12-2-4）。

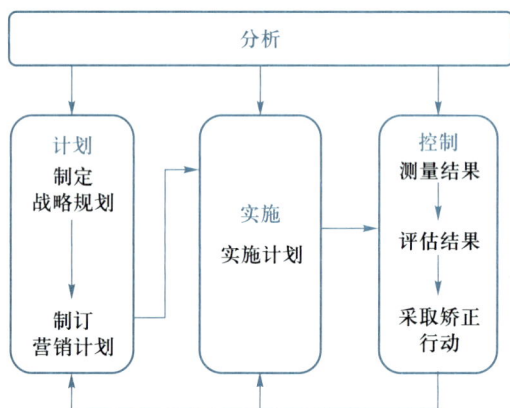

图 12-2-4 营销战略管理过程

2. 建立完整的销售管理体系

完整的销售管理体系包括结果管理、销售管理和客户管理三个方面，结果管理是指注重营销过程中的业绩评价，关注产品的销量和销售收入，以便对营销管理工作进行优化升级；销售管理是指合理地分解销售过程，对每个销售环节分别进行严格的控制；客户管理是指通过各种手段留住客户，建立稳定的客户群。

3. 善用营销管理工具

使用营销报表、述职报告、营销看板和营销沙盘等，初创企业可以实现对营销工作的全方面分析、管理、控制、协调、监督、指导和提升，有利于达成销售目标，提高营销人员的工作技能，从而获得对营销工作的更大掌控力。

4. 构建核心品牌

在营销管理中，品牌的管理是关键。初创企业在品牌培养方面没有基础，不能被动地等待品牌积累和演化，应该通过包装和营销来尽快构建与推广核心品牌。

（二）初创企业如何做好推广营销

初创企业在做推广营销时，不能参照大企业大投入、广覆盖的模式，应选择精准投放、成本低廉的方式。具体包括以下措施。

1. 销售终端的品牌推广

（1）现场导购。采用和消费者面对面沟通的方式，详细讲解产品特点，提高品牌美誉度。促进品牌试用率及扩大购买消费群体，增加购买数量和频率。

（2）终端陈列。注重终端陈列的位置和陈列面积大小、整洁度、美感设计，提升品牌形象和忠诚度。

（3）店头卖点广告（Point of Purchase，POP）宣传。加大终端宣传力度，对抗竞争品牌的攻击，争取流量，拦截竞争品牌的消费者。

2. 渠道的品牌推广

（1）协助、配合、培训、支持经销商。提高经销商的经营积极性和忠诚度，提高渠道的铺货率和加大渠道渗透力度。

（2）加大渠道促销力度。加大经销商进货力度，鼓励经销商主动加强品牌推广，保障经销商库存，对抗竞争品牌。

3. 消费者互动推广

（1）考察生产现场。带领消费者实地参观生产场地，提高其品牌形象和忠诚度。

（2）直接促销活动。不定时举办主题活动、派送、展示、优惠券、赠送礼品、价格折扣、退费优待等，以此提高品牌试用率及扩大购买群体，增加购买数量和频率。

4. 传媒品牌推广

（1）软文推广。首先，把握好软文的特点：淡化商业痕迹，做到在商不言商，先交朋友后谈生意；细水长流，滴水穿石，不求功于一役。其次，要弄清楚优秀的软文应具备的要素；标题足够吸睛，文章生动有趣，内容精彩可靠。

（2）小众媒体推广。中小企业的销售区域小而集中，媒体的选择必须考虑媒体的受众与目标顾客群体的吻合程度，从而针对性地进行广告宣传，这样可以直接渗透到潜在客户群体。在推广过程中，企业要注意几个关键性问题：一是小众媒体的选择要以当地消费者喜欢接受的媒体为转移；二是加强与潜在客户群体的双向沟通，可以通过设计有奖问答等方式与客户互动，以便得到潜在客户的信息及增进了解。

⚙ 创客行动

请完成《创新与创业教育实践手册》中模块十二任务二"创客行动　设计企业组织结构"，并线上提交行动画布作业。

创海撷英

元气森林：不只会"零卡零糖"

2022年"天猫618"活动期间，元气森林以226万瓶的销售额成为水饮品类的销售冠军；2022年"双十一购物狂欢节"，元气森林全网销量排名第二，超过了可口可乐、百事可乐；市场研究机构调查数据显示，2023年元气森林的预计总收入将达1.5亿美元左右。2022年北京冬季奥运会期间，元气森林屡屡登上微博、抖音热搜；五四青年节期间，元气森林实现低成本高曝光，电商销量环比上涨超过200%。截至2022年3月，成立不到6年的元气森林估值已达到了150亿美元。

元气森林是怎样以低成本撬动高流量，立起"元气新青年"的品牌形象？元气森林的成功，似乎有一些在传统的营销视角之外的东西。

从品牌建立至今，元气森林在营销上一直是大手笔。元气森林创始人唐彬森曾言："我们敢在创造20亿元收入时，就掏出18亿元去做策划投放。"面对新旧品牌对市场空间的持续挤压，元气森林在营销策略上也不得不更进一步。例如，元气森林2020年的广告营销预算总体达到4亿元，按其全年预测销售额20亿元来计算，成本占比从2019年唐彬森对外提及的2%，迅速增至20%——这正是传统饮料品牌营销费用的一个普遍水平。来看看这些钱的去向：截至2022年6月，元气森林接连冠名四个电视综艺节目和B站上的纪录片，又参加了ChinaJoy、FIRST青年电影展等年轻人较为聚集的市场活动；邀请知名演员担任苏打气泡水品牌大使，并大幅增投楼宇电梯、地铁及户外广告。在线上营销方面，元气森林在微博、微信、小红书、抖音等社交平台上都进行了大规模推广。

元气森林在巨头林立的饮料快消品市场依靠数字整合营销传播来大获成功。具体体现在以下方面。

（1）差异化市场定位，打造社交货币型产品，将健康养生、颜值主义至上等因素应用得淋漓尽致，直击Z世代痛点。

（2）分别从关键意见领袖（Key Opinion Leader，KOL）种草内容分发、直播带货、品牌跨界联名等场景营销来制造意想不到的品牌新体验，借助平台输出衍生内容，以内容种草模式提升消费者决策效率，以跨界联名营销精准直达垂直领域用户流量池。

（3）相比传统快消品企业，元气森林则是自带互联网基因的新兴品牌，因此元气森林将互联网企业的用户思维及流量思维展现得淋漓尽致；它像做App一样做饮料，而所有的数字化元素都与创始人的理科生和游戏创业者背景息息相关。

（案例来源：安安.如何抓住Z世代的心？看元气森林玩转数字整合营销传播.安安物语公众号，2022-04-24.有删改.）

【课后拓展】

请扫描下方二维码，自主学习相关知识。

企业组织结构的类型

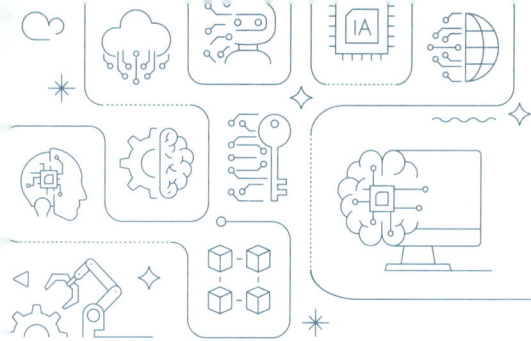

任务三　整合创业资源

学会喝"第六罐可乐"

假设2元钱可以买一罐可乐，每两个空罐可以换一罐新的可乐，每个创业小组有6元钱。请各创业小组开展以现有6元钱购买可乐的游戏。

思考与探究：以现有资源能换几罐可乐？如何能喝到"第六罐可乐"？

【课中解码】

著名的管理学家彼得·德鲁克认为："企业家就是赋予资源以生产财富能力的人。"创业不是天马行空，不是无本之木，没有真正意义上的白手起家。创业的本质是创业者能够发现其他人未能发现的价值，每一个创业者，都必然有其凭依的条件，也就是资源。企业的创立与发展，需要创业者持续、积极并有效地吸收并整合各种资源，以不断形成竞争优势，在市场竞争中得以持续发展。

一、创业资源认知

（一）创业资源的概念

创业资源是创业者前进过程中的"燃料"，创业者进行创业活动的前提条件之一就是拥有或者能够支配一定的资源，对资源进行优化整合，进而创造出更大的价值。

所谓创业资源，是指企业创立和经营发展过程中有所帮助的各种生产要素和支撑条件。

（二）创业资源的分类

对于企业而言，创业资源可以按照控制主体不同分为内部资源和外部资源，按照资源形态不同分为有形资源和无形资源，也可以按照资源性质分为人力资源、社会资源、财务资源、技术资源等。企业应当积极拓展各类创业资源的渠道，使资源进行互相组合作用，变成企业的产品或服务，产生新的价值。

（三）创业资源与创业过程的关系

在创业过程中，创业者不仅要广泛地获取资源，更要懂得如何发挥资源在企业成长过程中的作用。创业资源与创业过程的关系如图12-3-1所示。

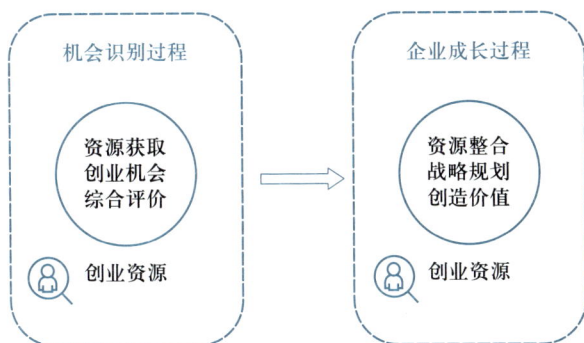

图 12-3-1　创业资源与创业过程的关系

二、创业资源的获取

创业资源对创业者而言必不可缺，在整个创业活动中，创业者的目标就是尽可能获取多的创业资源来创造更高的企业价值。对于新设立的企业而言，创业资源显得尤为重要。一般而言，创业资源的获取途径主要有购买、合作、外部吸收和内部积累。

（一）购买

购买是运用资金从市场购入所需的外部资源，购买物品包括厂房、生产设施、办公设备、专利技术、人力资源等。购买是创业资源集聚的主要方式，原因在于通过市场购买方便快捷，建立在交易双方达成意向的基础上。

（二）合作

对于创业者自身尚不能独立购买或者开发的资源（如昂贵的设备、专业技术等），初创企业可以通过共同开发或者合作的方式来获取。例如，对于高科技创新公司而言，可以选择和科研机构、高校机构进行合作，不但能够获取前沿的技术信息，而且能够减少设备场所等开支，是获取技术资源的较好路径。

（三）外部吸收

外部吸收是指创业者通过公司未来的发展前景吸收外部个人或者组织来投资公司，进而获取资源的一种方式。

（四）内部积累

内部积累是指通过企业内部自行积累的方式获取资源，如通过培训学习提高管理能力获得的管理资源、技术开发获取的技术资源。

三、创业资源整合策略

在创业情境下，资源约束是创业者面临的首要问题。在获取创业资源的同时，如何对现有的、零散的创业资源进行有效整合，使其相互作用协调得到充分利用，提高资源利用率和组合效果是关键。整合创业资源是一个复杂而持续动态的过程。对于初创者而言，因自身拥有的资源少、抗风险能力差，更要注意资源整合的方法策略。

（一）创造性拼凑策略

法国人类学家列维·斯特劳斯在《野性思维》中提出了"拼凑"的概念。资源拼凑理论在自身的发展过程中形成了凑合利用、突破资源约束、即兴创作三个与资源紧密相关的核心概念，从不同角度反映了创业过程的资源拼凑特点。其中，"凑合利用"是指利用现有的资源来实现新目的和开发新商机，重在对资源的创新性利用；"突破资源约束"是指创业者不为资源、环境或者制度约束屈服，在有限资源下积极主动地突破束缚，通过进行资源创造性拼凑来实现创业目标，凸显了创业者的创新意识，以及创造创业价值所必需的可持续创业能力；而"即兴创作"与前面两个概念紧密相关，是指创业者在时间紧迫和资源不足的情况下，综合利用手头资源、突破资源约束的过程中的即兴发挥。

（二）步步为营策略

步步为营策略可以用学术界的"Bootstrapping"（靴子的鞋带）一词来表达，意思是创业者在缺乏资源的情况下，分多个阶段投入资源，在每个阶段或者决策点投入最少的资源的一种资源整合策略，因此也被称为"步步为营法"。该种方法的最终目的就是应对"只见支出不见收入"的创业初期境遇，本质是通过尽量降低开销来实现收支平衡。步步为营法的主要策略是成本最小化，而实际应用的"度"较难把握，因此创业者应该遵循节俭原则和自力更生原则，减少对外部资源的支持和依赖，最大限度地发挥企业内部的资金的作用。

（三）发挥资源杠杆策略

资源的杠杆效应是指以较小的付出获取较大收获的现象，通常有利用一种资源换取其他资源、创造性地利用他人认为无用的资源、能比别人用更长的时间占用资源、借用他人或其他公司的资源达成自身的目的及用富余资源弥补稀缺资源五种表现形式。对于创业者而言，最易产生杠杆效应的资源就是自身的素质、能力及其他非物质资源。例如，创业者能够识别一种没有被完全利用资源的能力或者能将某种资源运用于特殊方面的能力，以及说服资源拥有者让渡使用权的能力，这些都属于资源发挥出的杠杆效应。对于初期资金缺乏、时间紧迫的企业，杠杆效应对推动创业活动具有重要的意义，因此创业者要在创业过程中训练自己发挥资源杠杆效应的能力。

四、新企业融资

创业融资是指创业企业根据自身发展的要求，结合生产经营、资金需求现状，通过科学的分析和决策，借助一定的渠道筹集资金，以保证企业正常生产与经营管理活动有效进行的经济行为，也就是创业者获取财务资源的行为。

（一）创业融资准备

1. 制定科学的融资决策

融资的必要前提是融资后企业的经营或投资总收益必须大于融资所发生的融资费用、利息和不确定的风险成本，否则就应该放弃融资。

2. 准确预测资金需求量

企业组织生产经营和投资活动，需要一定数量的资金来及时、适度地满足生产经营或投资的需要。企业需要确定合理的融资规模，因为资金不足会影响生产经营和投资活动的正常进行，而资金过剩则会影响资金的使用效果，增加融资成本，增大财务风险。因此，企业必须根据生产经营和投资需要，秉承合理、必需的原则，确定筹集资金的总额，做到既保证生产经营和投资的顺利进行，又不造成资金的浪费。

3. 合理选择融资的渠道和方式以降低资金成本

公司筹集资金的渠道和方式是多样的，但是无论利用哪种渠道和方式去筹措，都会产生一定的融资成本。不同的资金来源形成不同的融资成本，而融资成本又是影响企业融资效益的重要因素。因此，企业在融资前应认真地比较各种资金来源的融资成本，合理选择融资渠道和方式，力求以尽可能低的融资成本获得尽可能高的资金效益。

4. 注意资金构成的比例关系以减少融资风险

融资风险主要来源于创业资金的性质、用途、期限和效益。因此，初创企业融资必须研究资金需求情况，并根据项目生产经营的特点、市场供求状况的好坏、资金使用效率的高低、利息变动的程度等因素，合理确定自有资金与借入资金、流动资金与固定资金、长期资金与短期资金的比例，趋利避害，提高资金的增值能力，减少融资风险。

5. 关注媒体以了解最新的创业政策

由于劳动力供求过剩，大学生失业率有升无降，近年来全国各地政府相继出台了许多鼓励创新创业的政策。除了有与创业贷款和基金有关的政策，还有与减税免税、减少申请流程和手续、减免手续费等有关的政策。

（二）创业常见的融资方式

1. 亲情融资

个人筹集创业启动资金中最常见、最简单且最有效的途径就是向亲友借钱，它属于负债融资的一种方式。创业者与这些人之间有一定的亲情、友情关系，容易建立起信赖感。亲情融资的优势是筹措资金速度快，风险小；局限性是向亲友借钱创业会给亲友资金带来风险，同时这种融资方式所能筹到的资金有限，不能满足较大数额资金的需求。

2. 大学生创业贷款

近年来，国家各级政府相继出台了许多优惠创业贷款政策来支持大学生创业，助力大学生实现创业梦想。根据各地政策及大学生创业项目的区别，大学生创业贷款的金额与年限稍有不同，但是所有符合条件的大学生创业项目都可以享受减息甚至免息的优惠政策。因此，大学生创业贷款是一种理想的创业融资渠道。

（1）大学生创业贷款申请条件。

第一，申请者年满18周岁，具有合法、有效身份证明和贷款行所在地合法居住证明，有固定的住所或营业场所。

第二，申请者持有市场监督管理机关核发的营业执照及相关行业的经营许可证，从事正当的生产经营活动，有稳定的收入和还本付息的能力。

第三，申请的投资项目已有一定的自有资金。

第四，贷款用途符合国家有关法律和银行信贷政策规定，不允许用于股本权益性投资。

第五，在银行开立结算账户，且营业收入经过银行结算。

（2）大学生创业贷款申请资料准备。

第一，申请者及配偶身份证件包括居民身份证、户口簿或其他有效居住证原件和婚姻状况证明。

第二，申请者个人或家庭收入及财产状况等还款能力证明材料。

第三，申请者营业执照及相关行业的经营许可证，贷款用途中的相关协议、合同或其他资料。

第四，申请者担保材料，包括抵押品或质押品的权属凭证和清单，有权处分人同意抵（质）押的证明，银行认可的评估部门出具的抵（质）押物估价报告。

（3）大学生创业贷款申请流程。

第一，在当地人力资源和社会保障部门领取《就业失业登记证》等相关必要证件并准备好创业项目的相关资料。

第二，到当地人力资源和社会保障部门申请贷款支持，人力资源和社会保障部门审核通过后就可以将该项目推荐到相关银行。

第三，银行在审查完担保条件并实地进行项目考察后，认定全部合格就可以发放贷款。如果手续齐全，整个贷款流程大约需要1个月时间。如果创业项目可行性大、前景好，创业者也可以通过申请商业贷款筹措资金。

综上，大学生创业贷款的申请流程如图12-3-2所示。

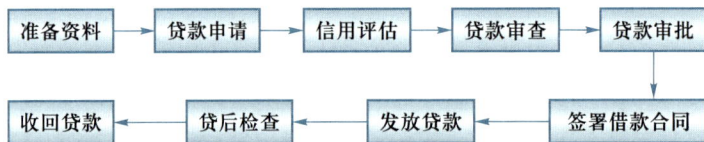

图 12-3-2　大学生创业贷款的申请流程

（三）商业银行贷款

如果创业者需要的创业启动资金无法通过创业优惠贷款的方式满足，也可以向银行申请商业贷款，商业银行贷款是比较常见的一种企业融资手段。商业银行贷款主要有以下五种形式。

1. 担保贷款

担保贷款是指以担保人（第三人为借款人）的信用为担保而发放的贷款。随着国内中小企业信用担保体系的健全，目前全国各地均有专业化的信用担保机构。

2. 抵押贷款

抵押贷款是指按照《中华人民共和国担保法》规定的抵押方式，借款方提供一定的抵押品作为贷款的担保，以保证贷款的到期偿还。办理抵押贷款时，由银行保管抵押物的有关产权证明。其中，所有权不变更，并且抵押贷款的金额一般不会超过抵押物估价的70%。

3. 质押贷款

质押贷款是指贷款人按《中华人民共和国担保法》规定的质押方式以借款人或第三人的动产或权利为质押物发放的贷款。大学生创业者可用自己甚至亲朋好友未到期的存单、国债、国库券等（需本人书面同意）作为抵押物，从银行申请贷款数额为有价证券面值80%～90%的贷款。与抵押贷款相比较，在质押贷款中，借款人或第三方的动产或权利凭证被转移给了银行。

4. 贴现贷款

贴现贷款是指借款人在急需资金时，银行以持票人持有未到期票据为对象所发放的贷款。贴现贷款的特点是流动性高、安全性强、自偿性强、用途确定且信用关系简单。贴现贷款与质押贷款的区别在于贴现是由银行购买借款人的未到期票据，而质押则是转移了动产或权利的占有权。

5. 信用贷款

信用贷款是指银行仅凭对借款人资信的信任而发放的贷款，无须提供担保。信用贷款具有无抵押、手续便捷的优点，借款人的门槛相对也比较低，只要工作稳定、征信记录良好就能获得贷款。信用贷款的局限性在于银行对其的信用审核严格，贷款额度相对较低，只适合于创业者的短期小额贷款。

⚙ 创客行动

　　请完成《创新与创业教育实践手册》中模块十二任务三"创客行动　盘点创业资源"，并线上提交行动画布作业。

☰ 创海撷英

汉庭酒店：整合资源的智慧产物

　　与如家、7天、锦江之星等快捷酒店采用统一时尚现代风彰显酒店连锁品牌不同，汉庭（全称上海汉庭酒店管理集团有限公司）的每一家连锁酒店都各具特色，是什么原因导致这样的差异化？原来汉庭的创始人季琦（中国携程网的创立者、如家快捷酒店的创办者）深谙获客之道，并熟知酒店管理方法。在创办汉庭时，他选择了不采用资本扩张的发展路径，而是通过整合携程网的会员资源和已有的酒店管理系统，在保留各连锁酒店个性化的同时，进行标准化管理和品牌化运作。

　　例如，对于一家投资800万元的新建酒店，汉庭酒店会先寻找社会上估值接近且经营状况不理想的酒店，通过为该酒店导入携程网上大量的会员资源来迅速提升酒店的住店客源，并提供一整套成熟的酒店管理体系，确保客源迅速增长后的管理水平和服务质量同步提升。同时，汉庭将导入的会员资源和酒店管理系统作为新建酒店的投资股份，无须新增投资就可以帮助新建酒店快速实现持续良好运转。相比较正常建设1 000家这种类型的酒店需要80亿元资金，汉庭整合已有资源后就无须再投资了，同时还免去了找店面、做装修的工作和时间成本。所以每一家汉庭酒店，都会有各自的装修风格，却有统一的品牌管理和服务标准。

所谓资源整合，就是"拿来主义"：盘点清楚做一件事现有资源是什么，还缺少什么，通过发掘已有资源的最大化利益，去交换或低价购买所缺少的资源，形成一个完整的资源拼盘。通过资源共享，实现利益均分，达成多方共赢。

换言之，整合资源就是用"借"的方式整合所缺的东西。就像诸葛亮的"借"，借天时、借地利、借人和、借荆州、借东风、借箭、借火、借雨等，这就是资源整合的智慧。

（案例来源：王侯.创业/赚钱/商业思维之：资源整合.创收方法论微信公众号，2019-10-21.有删改.）

【课后拓展】

请扫描下方二维码，自主学习相关知识。

股权融资

学习讲堂 → 新创企业的痛点与解决方案

学习反馈 → 模块十二 学习调查问卷

| 参考文献 /

［1］邰葆清，梁明亮，李江涛.创新创业教育（配行动手册）［M］.北京：高等教育出版社，2022.

［2］高丽华，王蕊.创新创业基础［M］.北京：高等教育出版社，2021.

［3］杨京智.大学生创新创业基础（大赛案例版）［M］.北京：人民邮电出版社，2020.

［4］姚波，吉家文.大学生创新创业基础（项目式）［M］.北京：人民邮电出版社，2020.

［5］滕飞，冉春秋.创新创业管理［M］.北京：首都经济贸易大学出版社，2018.

［6］林燕清.放飞梦想 筑梦未来：大学生就业与创业指导（含微课）［M］.北京：航空工业出版社，
2020.

［7］吕爽，李欣怡，蒋超.创业基础［M］.北京：清华大学出版社，2022.

［8］张敏华，李栋.大学生创新创业基础［M］.北京：人民邮电出版社，2021.

［9］王文利，许丽洁.创业大讲堂：大学生创业的八堂必修课［M］.2版.西安：西安电子科技大学出版社，
2019.

［10］吕爽，杨娟，陈迎阳.创业行动［M］.北京：清华大学出版社，2022.

［11］王振杰，刘彩琴，刘莲花，等.大学生创新创业基础［M］.2版.北京：高等教育出版社，2023.

［12］刘晓莹，杨诗源."互联网＋"时代艺术类大学生创新创业基础教程［M］.厦门：厦门大学出版社，
2019.

［13］张建军，王崇国.创新与创业［M］.合肥：安徽大学出版社，2016.

［14］郭元新.创新创业案例分析与仿真训练［M］.镇江：江苏大学出版社，2019.

［15］胡华成，丁磊.商业计划书编写实战［M］.2版.北京：清华大学出版社，2020.

［16］潘卡基·马斯卡拉，陈耿宣.为创业而生：写给创业者的创业书（干货版）［M］.北京：中国人
民大学出版社，2017.

［17］黄华.如何赢得创新创业大赛［M］.北京：化学工业出版社，2019.

［18］刘华强，仇志海.创新创业教育实践［M］.北京：高等教育出版社，2019.

［19］丁昶，王栋.设计思维下的大学生创新创业教程［M］.武汉：武汉大学出版社，2019.

［20］朱燕空，罗美娟，祁明德.创业如何教：基于体验的五步教学法［M］.北京：机械工业出版社，
2018.

［21］蔡中华.创新教育与创业基础［M］.北京：人民邮电出版社，2020.

［22］张敏华，李栋.大学生创新创业基础（微课版）［M］.北京：人民邮电出版社，2021.

［23］李雨锦，张春生，王新文.大学生创新创业教育与实践（微课版）［M］.北京：人民邮电出版社，
2022.

［24］邓文达.大学生创新创业（微课版）［M］.3版.北京：人民邮电出版社，2022.

［25］周鸣争，刘三民.互联网＋导论［M］.北京：中国铁道出版社，2016.

［26］焦晓波.大学生创新创业教程：思维、原理与实践［M］.北京：人民邮电出版社，2021.

［27］郑懿，熊晓曦.大学生创新创业基础（微课版）［M］.北京：人民邮电出版社，2020.

［28］苏广文，雷刚跃.移动互联网产品策划与设计［M］.西安：西安电子科技大学出版社，2018.

［29］吴臻，俞雅琴.新媒体运营［M］.武汉：武汉理工大学出版社，2019.

［30］贾京鹏.全流程界面设计［M］.北京：中国青年出版社，2019.

［31］李剑波，李小华.大数据挖掘技术与应用［M］.延吉：延边大学出版社，2018.

［32］孙洪义.创新创业基础［M］.北京：机械工业出版社，2016.

/ 附录　大学生创新创业政策导学及典型案例分析 /

大学生创新创业政策导学

大学生创新创业政策导学由"国家给予大学生创业的政策支持""部分省市大学生创业优惠政策（摘选）""政府给予大学生创业补贴"三个部分组成，旨在帮助大学生了解和掌握国家、地方政府支持大学生创新创业的政策法规，助力大学生实现创新创业成才梦。具体内容通过扫描下方二维码获取。

大学生创新创业政策导学

大学生创新创业典型案例分析

此处提供的大学生创新创业典型案例分别引自北京高校大学生创业园优秀项目、中国创新创业优秀项目及中国国际"互联网＋"大学生创新创业大赛展示交流中心大赛国金项目。通过分析大学生创新创业典型案例，旨在让学生了解真实的大学生创新创业项目，汲取他人的有益经验和失败教训，为自己开展创新创业实践奠定坚实基础。具体内容通过扫描下方二维码获取。

大学生创新创业典型案例分析

郑重声明

高等教育出版社依法对本书享有专有出版权。任何未经许可的复制、销售行为均违反《中华人民共和国著作权法》，其行为人将承担相应的民事责任和行政责任；构成犯罪的，将被依法追究刑事责任。为了维护市场秩序，保护读者的合法权益，避免读者误用盗版书造成不良后果，我社将配合行政执法部门和司法机关对违法犯罪的单位和个人进行严厉打击。社会各界人士如发现上述侵权行为，希望及时举报，我社将奖励举报有功人员。

反盗版举报电话 （010）58581999 58582371

反盗版举报邮箱 dd@hep.com.cn

通信地址 北京市西城区德外大街4号 高等教育出版社法律事务部

邮政编码 100120

读者意见反馈

为收集对教材的意见建议，进一步完善教材编写并做好服务工作，读者可将对本教材的意见建议通过如下渠道反馈至我社。

咨询电话 400-810-0598

反馈邮箱 gjdzfwb@pub.hep.cn

通信地址 北京市朝阳区惠新东街4号富盛大厦1座
高等教育出版社总编辑办公室

邮政编码 100029

防伪查询说明

用户购书后刮开封底防伪涂层，使用手机微信等软件扫描二维码，会跳转至防伪查询网页，获得所购图书详细信息。

防伪客服电话 （010）58582300

资源服务提示

授课教师如需获得本书配套教学资源，请登录"高等教育出版社产品信息检索系统"（http://xuanshu.hep.com.cn/）搜索下载，首次使用本系统的用户，请先进行注册并完成教师资格认证。

高教社高职就业创业教育研讨群（QQ：1035265438）

“十四五”首批广西壮族自治区职业教育规划教材

高职学生核心素养培育系列教材
高等职业教育新形态一体化教材

主 编 康冰心 王嘉玲

副主编 潘知南 李 静

创新与创业教育实践手册

中国教育出版传媒集团

高等教育出版社·北京

内容提要

本书作为"十四五"首批广西壮族自治区职业教育规划教材、高等职业教育新形态一体化教材《创新与创业教育》的配套实践手册，是主教材教学内容的重要补充。本书立足职业教育创新创业教育教学实际，以学生模拟创新创业项目为主线，依据创新创业活动流程设置活动任务，借鉴创新创业项目的呈现方式设计实践作业，参照创新创业大赛的评价维度制定成果评价标准，突出思想引领、能力本位、结果导向，实用性、适用性强，能够有效指导学生开展创新创业实践活动。

本书内容设计与主教材一一对应，由走进创新创业、激发创新活力、提升创业本领、把握创业机会、建设创业团队、探索用户需求、锚定项目产品、确定商业模式、制订商业计划、开展路演活动、经受大赛历练、开启创业之旅12个模块和36个任务构成，每个任务均包含"创客行动"和"行动画布"两大特色实践栏目。本书采用活页式设计，便于记录并呈现实践活动成果，固化学以致用的成效。

本书既可作为不同层次职业院校和应用型本科院校创新创业教育课程教材，也可作为社会创业者的自学辅导用书。

图书在版编目（CIP）数据

创新与创业教育实践手册／康冰心，王嘉玲主编
.－－北京：高等教育出版社，2023.8（2024.8重印）
　ISBN 978-7-04-060830-4

　Ⅰ.①创… Ⅱ.①康… ②王… Ⅲ.①大学生-创业
-高等职业教育-教材 Ⅳ.①G717.38

中国国家版本馆CIP数据核字（2023）第131241号

Chuangxin yu Chuangye Jiaoyu Shijian Shouce

策划编辑	陈　磊	责任编辑	陈　磊	封面设计	贺雅馨	版式设计	杜微言
责任绘图	于　博	责任校对	刘丽娴	责任印制	高　峰		

出版发行	高等教育出版社	网　　址	http://www.hep.edu.cn
社　　址	北京市西城区德外大街4号		http://www.hep.com.cn
邮政编码	100120	网上订购	http://www.hepmall.com.cn
印　　刷	廊坊十环印刷有限公司		http://www.hepmall.com
开　　本	787mm×960mm 1/16		http://www.hepmall.cn
印　　张	5.5		
字　　数	90千字	版　　次	2023年8月第1版
购书热线	010-58581118	印　　次	2024年8月第4次印刷
咨询电话	400-810-0598	总 定 价	54.80元

创新是一个国家、一个民族发展进步的不竭动力，是推动人类社会进步的重要力量。21世纪以来，全球科技创新进入空前密集活跃期，新一轮科技革命和产业变革突飞猛进，各国纷纷将科技创新作为国际战略博弈的主战场，在激烈的国际竞争中，惟创新者进，惟创新者强，惟创新者胜。党的二十大报告强调，必须坚持"创新是第一动力""坚持创新在我国现代化建设全局中的核心地位""深入实施创新驱动发展战略"。

2015年起，国家先后印发了《国务院办公厅关于深化高等学校创新创业教育改革的实施意见》《国务院关于推动创新创业高质量发展打造"双创"升级版的意见》《国务院办公厅关于进一步支持大学生创新创业的指导意见》等一系列文件，各高等学校、职业院校纷纷开展创新创业教育，着力培养大学生的创新精神和创新创业能力，支持大学生投身创新创业，以创业带动大学生高质量就业。

本书作为"十四五"首批广西壮族自治区职业教育规划教材、高等职业教育新形态一体化教材《创新与创业教育》的配套实践手册，坚持"思想引领、能力本位、行动导向"原则，以"项目载体、实践贯穿、素质提升"为目标，针对创新创业教育教学"理论灌输多、实践实训少、创新驱动力不足"等问题，基于对主教材理论知识的认知，采取"个人＋团队"相结合的行动导向模式，以大学生创新创业项目为载体，一体化设计了"创客行动"和"行动画布"两大特色实践栏目，让学生在实践活动中体验创新、模拟创业，增强创新创业教育课堂教学的趣味性和参与感，提高学生创新创业的积极性和主动性，于无形中提升学生的创新创业素质，以及目标确定、行动筹划、抉择制定、沟通合作、机遇把握、风险防范、逆境奋起的七大关键创新能力。

本书由广西电力职业技术学院康冰心、广西工商职业技术学院王嘉玲担任主编；广西电力职业技术学院潘知南、李静担任副主编。各模块的实践活动设计分工如下：模块一由广西电力职业技术学院康冰心、潘知南、李静，广西工商职业技术学院王嘉玲完成；模块二由广西电力职业技术学院康冰心、潘知南、李静，广西工商职业技术学院王嘉玲完成；模块三由广西电力职业技术学院康冰心、李静、韦柳丝完成；模块四由广西工商职业技术学院王嘉玲完成；模块五由广西电力职业技术学院韦柳丝、潘知南、康冰心、李静完成；模块六由广西电力职业技术学院李静完成；模块七由广西电力职业技术学院康冰心完成；模块八由广西电力职业技术学院周勇燕完成；模块九由广西电力职业技术学院周丽琴完成；模块十由北京中关村智酷双创人才服务股份有限公司朱广超完成；模块十一由广西电力职业技术学院潘知南完成；模块十二由广西大学陈伟，广西工商职业技术学院黄玉丽完成。

本书在编写和出版过程中，参阅了大量创新创业教育领域的相关书籍、实训手册和网络资源等，并得到广西电力职业技术学院张海燕、四川旅游学院吕爽等有关专家的悉心指导，以及高等教育出版社的大力支持和帮助，在此一并表示衷心感谢。

因编者水平有限，书中难免存在疏漏和不足之处，恳请广大读者批评指正，以期更加完善。

编　者

2023年3月

/ 目录 /

V

实现全面建成小康社会奋斗目标，实现社会主义现代化，实现中华民族伟大复兴，需要一批又一批德才兼备的有为人才为之奋斗。艰难困苦，玉汝于成。今天，我们比历史上任何时期都更接近实现中华民族伟大复兴的光辉目标。祖国的青年一代有理想、有追求、有担当，实现中华民族伟大复兴就有源源不断的青春力量。希望你们扎根中国大地了解国情民情，在创新创业中增长智慧才干，在艰苦奋斗中锤炼意志品质，在亿万人民为实现中国梦而进行的伟大奋斗中实现人生价值，用青春书写无愧于时代、无愧于历史的华彩篇章。

——习近平

走进创新创业

任务一　洞悉"双创"时代

【创客行动】

你我说"双创"

◆ 行动目标

通过"传球发言"活动，让学生了解"双创"（创新创业）时代的背景及相关知识，引导学生认知创新创业。

◆ 行动内容

围绕"双创"相关的主题词（如大众创业、万众创新、创新中国等），以计时传球的形式引导学生进行主题发言。

◆ 行动时长

15 ~ 20分钟。

◆ 行动工具

球（种类不限）、移动白板、大白纸、便利贴、马克笔、铅笔、水性笔等。

◆ 行动步骤

（1）教师设定"双创"相关主题词，学生围坐一圈。

（2）教师随机设定闹钟计时，学生依次传球。闹钟铃响，持球学生选择一个"双创"主题词进行发言，发言时间为1分钟（此步骤可根据教学实际安排循环次数）。

（3）教师点评总结，学生提交行动画布。

【行动画布】

"传球发言"行动画布

班级：	学号：	姓名：

"双创"主题词：
大众创业、万众创新、创新中国、创新驱动发展战略、科技创新、互联网+、大数据、人工智能等

活动启示：

任务二　揭示"双创"密码

【创客行动】

品"世界咖啡"①

◆ 行动目标

通过品"世界咖啡"活动，引导学生认识创新、创业，厘清创新与创业的关系，培养学生思考探究、沟通表达的能力。

◆ 行动内容

学生以世界咖啡的形式，相互发表对创新创业的认知，分享身边的创新创业案例。

◆ 行动时长

15 ~ 20分钟。

◆ 行动工具

移动白板、大白纸、便利贴、马克笔、铅笔、水性笔等。

◆ 行动步骤

（1）教师将班级所有学生随机分成6 ~ 8个小组，组内讨论对创新创业的认知，分享身边真实的创新创业故事，形成本组讨论结果并记录在行动画布上。

（2）各小组选定一名学生留守本组大本营，其他学生分别前往其他小组品"咖啡"（交流讨论）。

（3）本组留守学生向来访学生介绍本组的讨论结果。

（4）走访结束后，各小组成员回归本组，汇总整理交流讨论结果并将其记录在行动画布上。

（5）教师抽选小组进行分享，其他小组给出意见或建议。

（6）教师点评总结，各小组提交行动画布。

---

① 世界咖啡（World Cafe）会议模式的主要精神就是"跨界"（crossover），不同专业背景、不同职务、不同部门的一群人，针对数个主题，发表各自的见解，互相交流意见，激发出意想不到的创新点子。

【行动画布】

"世界咖啡"行动画布

班级：
小组全体成员名单（学号及姓名）：
组内讨论结果： 1.对创新创业的看法   2.创新创业案例启示
组间讨论结果： 1.对创新创业的看法   2.创新创业案例启示

任务三 感受"双创"魅力

【创客行动】

"飞"得更远

◆ 行动目标

通过折纸飞机活动，引导学生尝试创新方式方法，激发创新意识，感受创新魅力。

◆ 行动内容

学生根据自己的想法，创新性地折纸飞机，比拼飞机飞行的距离。

◆ 行动时长

15～20分钟。

◆ 行动工具

移动白板、大白纸、便利贴、马克笔、铅笔、水性笔等。

◆ 行动步骤

（1）教师将班级所有学生随机分成6～8个小组，每位学生根据自己的想法，创新性地折纸飞机。

（2）各小组学生组内开展飞机飞行比赛，飞行距离最远者为组内冠军。

（3）各小组组内冠军之间开展飞机飞行冠军赛，飞行距离最远者为"创造之星"。

（4）"创造之星"分享飞机创造经验，教师点评并予以嘉奖。

【行动画布】

"折纸飞机"行动画布

班级：	学号：	姓名：

模块二

激发创新活力

任务一　涵养创新意识

【创客行动】

为家乡代言

◆ 行动目标

通过"为家乡代言"创新活动，激发学生的创新意识，为后续的任务学习打下坚实基础。

◆ 行动内容

以"为家乡代言"为主题，在1分钟内创新介绍自己的家乡，展现形式可为视频、唱歌、跳舞、快板、绘画、解说等多种形式。

◆ 行动时长

15 ～ 20分钟。

◆ 行动工具

移动白板、大白纸、便利贴、马克笔、铅笔、水性笔等。

◆ 行动步骤

（1）教师介绍活动的规则与要求。

（2）学生根据活动要求进行策划和准备。

（3）教师随机抽选学生上台展示。

（4）学生投票选出最佳创新代言人。

（5）教师点评总结，学生反思改进，提交行动画布。

【行动画布】

"为家乡代言"创新活动设计画布

班级：	学号：　　　　　　　　姓名：
代言对象 （代言的产品、文化等）	
代言方式 （视频、唱歌、跳舞、快板、绘画、解说等）	
创新之处 （亮点，如内容、方式等方面的创新）	
优化方案 （反思改进）	

任务二　开拓创新思维

【创客行动】

绘制发散地图[1]

◆ 行动目标

根据创新思维方式、创新思维工具等相关知识，完成"发散地图练习"，培养学生的创新思维。

◆ 行动内容

学生选定一个主题，运用头脑风暴法制作一份发散地图。

◆ 行动时长

15 ～ 20分钟。

◆ 行动工具

移动白板、大白纸、便利贴、马克笔、铅笔、水性笔等。

◆ 行动步骤

（1）教师将班级所有学生随机分成6 ～ 8个小组。

（2）每组以自荐或者推荐的方式选定一个临时组长。

（3）临时组长带领组员讨论确定一个主题词（地域、行业、某事、某人、用户等），并围绕该主题绘制发散地图。

（4）各组完成发散地图并进行展示，其他小组对展示小组的画布进行评价。

（5）教师点评总结，各小组根据教师建议完善发散地图并提交行动画布。

---

① 发散地图是指围绕某一特定主题，各成员进行头脑风暴，并将头脑风暴结果以思维导图形式呈现。

【行动画布】

发　散　地　图

班级：
小组全体成员名单（学号及姓名）：
小组选定的主题词：
小组发散地图：

任务三　掌握创新方法

【创客行动】

策划"金点子"沙龙

◆ 行动目标

运用5W2H分析法策划"金点子"沙龙活动，通过该活动使学生灵活运用和掌握创新方法。

◆ 行动内容

学校计划开展"金点子"沙龙活动，学生运用5W2H分析法进行具体策划。

◆ 行动时长

15 ～ 20分钟。

◆ 行动工具

移动白板、大白纸、便利贴、马克笔、铅笔、水性笔等。

◆ 行动步骤

（1）教师将班级所有学生随机分成6 ～ 8个小组。

（2）每组以自荐或者推荐的方式选定一个临时组长。

（3）临时组长带领组员运用5W2H分析法策划"金点子"沙龙活动。

（4）各组完成行动画布并进行展示，其他小组对展示小组的画布进行评价。

（5）教师点评总结，各小组根据教师建议修改完善，并提交迭代后的行动画布。

【行动画布】

"金点子创客沙龙"活动策划画布

班级：	
小组全体成员名单（学号及姓名）：	

5W2H	内容
what（做什么）	
when（何时）	
where（何地）	
why（为什么）	
who（何人做）	
how（如何做）	
how much（做多少）	

任务一　认识创业思维

【创客行动】

展示"创业逐梦"脱口秀

◆ 行动目标

根据创业思维五大原则，通过制作创业逐梦画布，激发学生的创业意识，培养其创业思维。

◆ 行动内容

每位学生从"我的创业梦想""我所拥有的资源""我要做什么"三个方面制作创业逐梦画布。

◆ 行动时长

15 ～ 20分钟。

◆ 行动工具

移动白板、大白纸、便利贴、马克笔、铅笔、水性笔等。

◆ 行动步骤

（1）每位学生按照画布内容逐步写出"我的创业梦想""我所拥有的资源""我要做的事"。

（2）教师随机抽选学生围绕自己的创业逐梦画布展示"脱口秀"，其他学生就该学生演说内容进行发言交流。

（3）教师点评总结，每位学生修改完善行动画布并提交。

【行动画布】

"创业逐梦"活动画布

班级：	学号：	姓名：

我的创业梦想（一直想做却没有做的事情）：

我所拥有的资源（我是谁、我知道什么、我认识谁）：

我要做的事（为了实现创业梦想，我的计划）：

任务二　运用创业思维

【创客行动】

分析互联网思维案例

◆ 行动目标

各小组开展案例分析活动，发掘案例中具体体现的互联网思维。

◆ 行动内容

制作案例分析画布。

◆ 行动时长

15 ～ 20分钟。

◆ 行动工具

移动白板、大白纸、便利贴、马克笔、铅笔、水性笔等。

◆ 行动步骤

（1）教师将班级所有学生随机分成6 ～ 8个小组，每组以自荐或者推荐的方式选定一个临时组长。

（2）根据案例内容（扫描右侧二维码），分析案例中体现和运用了哪些互联网思维。

拼多多的
互联网思维

（3）各组完成案例分析并进行成果展示。

（4）教师点评总结，各小组根据教师建议完善行动画布并提交。

【行动画布】

互联网思维案例分析画布

班级：	
小组全体成员名单（学号及姓名）：	
互联网思维类型	**具体体现**
用户思维	
简约思维	
极致思维	
迭代思维	
流量思维	
社会化思维	
大数据思维	
平台思维	
跨界思维	

任务三　锤炼创业能力

【创客行动】

探索个人创业能力

◆ 行动目标

识别自身已有能力，发觉自身的能力不足，引导学生重视并培养个人有关创业能力。

◆ 行动内容

制作个人能力画布。

◆ 行动时长

15 ～ 20分钟。

◆ 行动工具

移动白板、大白纸、便利贴、马克笔、铅笔、水性笔等。

◆ 行动步骤

（1）每个人用5分钟夸赞自己，尽可能多地写下自己拥有的能力。

（2）每个人用5分钟反思自己，尽可能多地写下自己不具备的能力或者能力不足的地方。

（3）分析哪些能力能够支持自己创业，哪些能力是自己创业所缺失的。

（4）学生分享自己的个人能力画布。

（5）教师点评，鼓励学生发现自身特长，取长补短，有意识地培养和提升自己的创业能力。

【行动画布】

个人创业能力探索画布

班级：	学号：	姓名：

夸赞自己：	反思自己：

创业能力优势体现：	创业能力弱势存在：

提升创业能力，我需要付出的努力：

模块四

把握创业机会

任务一　挖掘创意

【创客行动】

创意项目挖掘

◆ 行动目标

启迪学生的创意想象能力，为后续的任务学习及团队创新项目的确定打下坚实基础。

◆ 行动内容

每位学生结合实际思考创意项目。

◆ 行动时长

10分钟。

◆ 行动工具

移动白板、大白纸、便利贴、马克笔、铅笔、水性笔等。

◆ 行动步骤

（1）每位学生结合自身专业、身边痛点、个人兴趣、家庭资源等思考创意项目。

（2）教师随机抽选学生进行创意项目分享，其他学生给出意见和建议。

（3）教师点评总结，学生提交行动画布。

【行动画布】

创意项目挖掘行动画布

班级：	学号：	姓名：

创意来源：

创意项目：

已有资源：

任务二　识别创业机会

【创客行动】

创意项目SWOT分析

◆ 行动目标

运用SWOT工具分析创意项目，帮助学生判断创意项目是否能转化为创业机会。

◆ 行动内容

对创意项目进行SWOT分析。

◆ 行动时长

15 ～ 20分钟。

◆ 行动工具

移动白板、大白纸、便利贴、马克笔、铅笔、水性笔等。

◆ 行动步骤

（1）每位学生运用SWOT分析法分析创意项目的优势、劣势、机会和威胁。

（2）教师随机抽选学生进行"创意项目的SWOT分析画布"分享，其他学生给出意见和建议。

（3）教师点评总结，学生修改完善行动画布并提交。

【行动画布】

创意项目 SWOT 分析行动画布

班级：	学号：	姓名：

创意项目：

优势（S）：

劣势（W）：

机会（O）：

威胁（T）：

任务三　防范创业风险

【创客行动】

创意项目风险发掘

◆ 行动目标

通过绘制"创意项目风险"画布，让学生熟悉各类创业风险，提升创业风险防范能力。

◆ 行动内容

绘制"创意项目风险"画布，预测创意项目潜在的财务风险、竞争风险、技术风险等非系统风险。

◆ 行动时长

15 ~ 20分钟。

◆ 行动工具

移动白板、大白纸、便利贴、马克笔、铅笔、水性笔等。

◆ 行动步骤

（1）每位学生分析创意项目潜在的财务风险、竞争风险、技术风险等非系统风险。

（2）教师随机抽选学生进行"创意项目风险"画布分享，其他学生给出意见和建议。

（3）教师点评总结，学生修改完善行动画布并提交。

【行动画布】

创意项目风险发掘行动画布

班级：	学号：	姓名：
创业风险	风险因素分析	防范措施
财务风险		
竞争风险		
技术风险		
市场风险		
团队风险		
其他风险		

任务一　解码创业者

【创客行动】

竞选CEO

◆ 行动目标

学生结合自身优势参加CEO竞选活动，以培养自身的创业领袖特质及领导力。

◆ 行动内容

有意愿担任CEO的学生自主上台发表"1分钟竞选演说"。

◆ 行动时长

15 ～ 20分钟。

◆ 行动工具

移动白板、大白纸、便利贴、马克笔、铅笔、水性笔等。

◆ 行动步骤

（1）教师根据班级学生人数自行设定CEO候选人数。

（2）每位学生思考是否参加竞选，并做好竞选演说的准备，准备内容包含项目介绍、个人特长、领导经验、获奖经历、创业展望等。

（3）拟竞选CEO的学生自主上台发表"1分钟竞选演说"。

（4）教师引导学生开展"我最看好的'CEO'"投票活动，根据投票结果确定CEO人选。

（5）教师点评总结，学生提交行动画布。

【行动画布】

CEO 竞选会行动画布

班级：	学号：	姓名：
项目介绍：		
个人特长：		
领导经验：		
获奖经历：		
未来展望：		
其他：		

任务二　组建创业团队

【创客行动】

因 才 施 用

◆ 行动目标

通过组织开展"创业团队双选会"活动，引导学生自我认知和价值定位，培养学生的领导决策能力、团队合作能力、沟通表达能力、组织协调能力等。

◆ 行动内容

CEO招募并面试创业团队成员，完成项目团队组建；各团队参考互联网时代的团队角色进行合理分工。

◆ 行动时长

25 ～ 30分钟。

◆ 行动工具

移动白板、大白纸、便利贴、马克笔、铅笔、水性笔等。

◆ 行动步骤

（1）CEO选择场地开展创业团队双选会，选定创业团队成员。

（2）各团队按CTO（首席技术官）、CMO（首席市场官）、COO（首席运营官）、CFO（首席财务官）、CBO（首席品牌官）、CIO（首席信息官）等角色对团队成员进行分工。

（3）分团队展示，由CEO介绍自己的团队成员（CTO、CMO、COO、CFO、CBO、CIO等）及其能力特点。

（4）观摩组的CEO对展示效果进行评价并打分。

（5）教师点评总结，学生提交行动画布。

【行动画布】

创业团队双选会行动画布

班级:			
团队名称:			

序号	姓名	角色分工	能力特点
1			
2			
3			
4			
5			
6			
7			
8			

任务三　管理创业团队

【创客行动】

展示团队风采

◆ 行动目标

通过绘制团队画布，形成独具特色的团队文化，增强团队凝聚力。

◆ 行动内容

构建团队视觉识别系统，打造团队文化。

◆ 行动时长

15 ～ 20分钟。

◆ 行动工具

移动白板、大白纸、便利贴、马克笔、铅笔、水性笔等。

◆ 行动步骤

（1）各团队CEO组织本团队成员商讨项目名称、团队愿景、团队使命、团队价值观，设计项目LOGO（标志），拍摄团队创意照。

（2）各团队抽签并按照顺序上台展示。

（3）观摩组对展示效果进行评价并打分。

（4）教师点评总结，学生提交行动画布。

【行动画布】

团队风采展示行动画布

班级：	
团队全体成员名单（姓名和学号）：	
项目名称：	
团队愿景：	
团队使命：	
团队价值观：	
项目LOGO：	
团队创意照：	

任务一　定位目标用户

【创客行动】

找到天使用户

◆ 行动目标

项目团队尝试进行用户细分并确定项目天使用户。

◆ 行动内容

各团队围绕本团队项目，细分用户并确定项目天使用户。

◆ 行动时长

15 ～ 20分钟。

◆ 行动工具

移动白板、大白纸、便利贴、马克笔等。

◆ 行动步骤

（1）各团队围绕本团队项目首先列举各种潜在的目标用户，其次从潜在目标用户中筛选三个核心目标用户，最后投票选出一个天使用户。

（2）各团队抽签并按照顺序进行展示。

（3）观摩组对展示效果进行评价并打分。

（4）教师点评总结，各团队修改完善行动画布并提交。

【行动画布】

"找到天使用户" 行动画布

班级：	项目名称：

团队全体成员名单（姓名和学号）：

列举各种潜在的目标用户（依据产品、服务、技术或创意定义项目团队创业项目所属行业，项目团队进行头脑风暴，列举这个行业所有想到的、尽可能多的目标用户）：

筛选三个核心目标用户（在列举的目标用户中，运用属性细分法对用户进一步细分，缩小范围筛选出三个核心目标用户）：

投票选出一个天使用户（根据产品、服务、技术或创意从三个目标用户中投票选出一个天使用户）：

任务二　开展用户调研

【创客行动】

绘制同理心地图

◆ 行动目标

在开展用户调研的基础上绘制项目目标用户同理心地图。

◆ 行动内容

绘制同理心地图。

◆ 行动时长

15 ~ 20分钟。

◆ 行动工具

移动白板、大白纸、便利贴、马克笔、铅笔、水性笔等。

◆ 行动步骤

（1）各团队在大白纸上画出同理心地图的四象限框架，在中间的圆圈中写上天使用户的名字。

（2）每个团队成员结合用户调研中观察和感受到的信息，站在用户的角度，从看、听、说和做、想法与感受四个维度去剖析用户并记录在贴纸上，将贴纸贴到与象限对应的区域；各团队综合所有信息整理归纳出目标用户的痛点和需求。

（3）各团队抽签并按照顺序进行展示。

（4）观摩组对展示效果进行评价并打分。

（5）教师点评总结，各团队修改完善行动画布并提交。

【行动画布】

同理心地图

班级：	项目名称：
团队全体成员名单（姓名和学号）：	

听

想法与感受

说与做

看

用户需求

用户痛点

任务三　绘制用户画像

【创客行动】

为天使用户画像

◆ 行动目标

结合项目团队定位的目标用户群体，绘制出项目的天使用户画像。

◆ 行动内容

绘制天使用户画像。

◆ 行动时长

15 ～ 20分钟。

◆ 行动工具

移动白板、大白纸、便利贴、马克笔、铅笔、水性笔等。

◆ 行动步骤

（1）各团队聚焦项目天使用户，根据用户画像四要素寻找天使用户特征标签，并在贴纸上写下不少于15个用户标签。

（2）在用户画像画布上绘制天使用户形象，将标签贴在周围；用一句话概括天使用户的最主要特征，并为画像命名，最终形成天使用户画像。

（3）各团队抽签并按照顺序进行展示。

（4）观摩组对展示效果进行评价并打分。

（5）教师点评总结，各团队修改完善行动画布并提交。

【行动画布】

天使用户画像

班级:	项目名称:
团队全体成员名单（姓名和学号）:	

锚定项目产品

任务一　设计产品原型

【创客行动】

设计项目产品原型

◆ 行动目标

通过设计最小可行产品原型，培养学生的团队协作能力、创新实践能力等。

◆ 行动内容

各团队讨论确定产品核心功能，以手绘或CAD（Computer Aided Design）画图形式设计最小可行产品原型。

◆ 行动时长

30～40分钟。

◆ 行动工具

移动白板、大白纸、便利贴、马克笔、铅笔、水性笔等。

◆ 行动步骤

（1）以班级项目团队为单位，各团队成员进行头脑风暴，在便利贴上写出不多于5个项目产品的功能。

（2）各团队CEO组织本团队成员首先就自己写出的产品功能进行发言，其次进行归类和投票，最终选定2～3个项目产品核心功能。

（3）各团队CEO组织团队成员讨论产品原型概貌。根据产品核心功能，以手绘或CAD画图形式制作最小可行产品原型。

（4）各团队抽签并按照顺序进行展示，观摩组对展示效果进行评价并打分。

（5）教师点评总结，各团队修改完善行动画布并提交。

【行动画布】

项目产品原型设计行动画布

班级：	项目名称：
团队全体成员名单（姓名和学号）：	

任务二　改进原型设计

【创客行动】

迭代项目产品原型

◆ 行动目标

通过迭代项目产品原型，培养学生科学严谨、实事求是的态度和精益求精的精神，提升学生的逻辑思维能力、果断决策能力、临场反应能力等。

◆ 行动内容

各团队就设计的产品原型进行展示、评价和迭代。

◆ 行动时长

30 ～ 40分钟。

◆ 行动工具

移动白板、大白纸、便利贴、马克笔、铅笔、水性笔等。

◆ 行动步骤

（1）各团队抽签并按照顺序展示和答辩。

（2）观摩组结合展示和答辩情况，依据产品原型评价标准，对展示组的产品原型进行打分。

（3）教师对各团队产品原型及展示情况进行点评并打分。

（4）教师公布各团队产品原型打分结果，获胜团队发言。

（5）教师点评总结，各团队迭代产品原型并提交行动画布。

【行动画布】

产品原型展示行动画布

班级：		项目名称：
团队全体成员名单（姓名和学号）：		

项目名称	分数	修改建议

说明：采取百分制计分。

任务三　保护创新成果

【创客行动】

模拟保护创新成果

◆ 行动目标

各团队依据设计的产品原型模拟保护创新成果，使学生熟悉商标权、专利权等申请流程，培养学生的维权意识。

◆ 行动内容

制定创新成果保护方案。

◆ 行动时长

30 ～ 40分钟。

◆ 行动工具

移动白板、大白纸、便利贴、马克笔、铅笔、水性笔等。

◆ 行动步骤

（1）各团队CEO组织讨论项目产品原型创新之处，选择创新成果保护方式，设计创新成果保护方案。

（2）各团队抽签并按照顺序展示和答辩，观摩组进行评价并打分。

（3）教师点评总结，各团队修改完善行动画布并提交。

【行动画布】

模拟申请专利行动画布

班级：	项目名称：

团队全体成员名单（姓名和学号）：

讨论项目产品原型创新之处：

选择创新成果保护方式：

设计创新成果保护方案：

任务一　探析商业模式

【创客行动】

厘清项目盈利逻辑

◆ 行动目标

通过制作项目盈利逻辑画布，激发学生的商业思维，增强学生的商业创新意识。

◆ 行动内容

绘制项目盈利逻辑画布，明确项目盈利点。

◆ 行动时长

15 ～ 20分钟。

◆ 行动工具

移动白板、大白纸、便利贴、马克笔、铅笔、水性笔等。

◆ 行动步骤

（1）各团队结合商业模式盈利逻辑，分析本项目的盈利点。

（2）各团队抽签并按照顺序展示和答辩，观摩组进行评价并打分。

（3）教师点评总结，各团队修改完善行动画布并提交。

【行动画布】

项目盈利逻辑画布

班级:	项目名称:
团队全体成员名单（姓名和学号）：	

盈利逻辑	盈利点
产品盈利	
规模盈利	
服务盈利	
品牌盈利	
渠道盈利	

任务二　解构互联网时代商业模式

【创客行动】

绘制"互联网时代商业模式"鱼骨图

◆ **行动目标**

通过绘制"互联网时代商业模式"鱼骨图，梳理互联网时代商业模式的发展历程及特征，增强学生的商业创新意识。

◆ **行动内容**

梳理互联网时代商业模式演变规律，绘制"互联网时代商业模式"鱼骨图。

◆ **行动时长**

15 ～ 20分钟。

◆ **行动工具**

移动白板、大白纸、便利贴、马克笔等。

◆ **行动步骤**

（1）各团队借助教材及互联网查阅互联网时代商业模式的发展变迁及趋势，收集整理互联网1.0时代至互联网4.0时代四个阶段商业模式的时间划分、特征、特点及典型商业模式。

（2）分析预测互联网商业模式的发展趋势，并绘制"互联网时代商业模式"鱼骨图。

（3）教师抽选团队进行鱼骨图分享。

（4）教师点评总结，各团队修改完善行动画布并提交。

45

【行动画布】

"互联网时代商业模式"鱼骨图

班级：	项目名称：

团队全体成员名单（姓名和学号）：

未来预测
- 未来发展趋势：
- 商业模式推测：

互联网3.0时代
- 时间：
- 特征：
- 举例：

互联网4.0时代
- 时间：
- 特征：
- 举例：

互联网1.0时代
- 时间：
- 特征：
- 举例：

互联网2.0时代
- 时间：
- 特征：
- 举例：

互联网时代商业模式演变

任务三　设计商业模式

【创客行动】

绘制商业模式画布

◆ 行动目标

通过绘制商业模式画布，激发学生的商业思维，增强学生的商业创新意识，同时培养学生的团队合作精神和正确的商业价值观。

◆ 行动内容

从重要合作、关键业务等九个模块绘制项目商业模式画布。

◆ 行动时长

15 ～ 20分钟。

◆ 行动工具

移动白板、大白纸、便利贴、马克笔等。

◆ 行动步骤

（1）各团队查阅教材或网络的优秀商业模式画布案例，并从重要合作、关键业务等九个模块绘制项目商业模式画布。

（2）各团队抽签并按照顺序进行展示，观摩组对展示效果进行评价并打分。

（3）教师点评总结，各团队修改完善行动画布并提交。

【行动画布】

商业模式画布

班级：	项目名称：

团队全体成员名单（姓名和学号）：

8. 重要合作	7. 关键业务	2. 价值主张	4. 客户关系	1. 客户细分
	6. 核心资源		3. 渠道通路	

9. 成本结构	5. 收入来源

任务一　制作精益画布

【创客行动】

制作精益画布

◆ 行动目标

各团队通过制作精益画布，提升团队成员的逻辑思维能力和计划执行能力。

◆ 行动内容

结合团队项目制作精益画布。

◆ 行动时长

20 ～ 30分钟。

◆ 行动工具

移动白板、大白纸、便利贴、马克笔、铅笔、水性笔等。

◆ 行动步骤

（1）各团队按照精益画布框架，从问题、客户群体分类、独特的价值主张等9个方面依次完成精益画布内容。

（2）各团队抽签并按照顺序进行展示，观摩组对展示效果进行评价并打分。

（3）教师点评总结，各团队修改完善行动画布并提交。

【行动画布】

精 益 画 布

班级：	项目名称：

团队全体成员名单（姓名和学号）：

1. 问题 最需要解决的三个问题	4. 解决方案 产品最重要的三个功能	3. 独特的价值主张 用一句简明扼要但引人注目的话阐述为什么你的产品与众不同	9. 门槛优势 无法被对手轻易复制或者买去的竞争优势	2. 客户群体分类 目标客户
	8. 关键指标 应该考核哪些内容		5. 渠道 如何找到客户	
7. 成本分析 争取客户所需花费；销售产品所需花费；网站架设所需花费；人力资源费用等			6. 收入分析 盈利模式；客户终身价值；收入，毛利	

任务二 认识商业计划

【创客行动】

制定商业计划书目录

◆ **行动目标**

通过制定商业计划书目录，使学生理解商业计划书的基本结构，为学生后续撰写商业计划书奠定坚实基础。

◆ **行动内容**

各团队结合自身项目，以思维导图等形式制定商业计划书目录，目录级别不少于三级。

◆ **行动时长**

15 ～ 20分钟。

◆ **行动工具**

移动白板、大白纸、便利贴、马克笔、铅笔、水性笔等。

◆ **行动步骤**

（1）各团队参考历届中国国际"互联网＋"大学生创新创业大赛（现更名为中国国际大学生创新大赛）获奖项目的商业计划书，为本项目制定不少于三级标题的商业计划书目录。

（2）各团队抽签并按照顺序进行展示，观摩组对展示效果进行评价并打分。

（3）教师点评总结，各团队修改完善行动画布并提交。

【行动画布】

商业计划书目录

班级：	项目名称：
团队全体成员名单（姓名和学号）：	

商业计划书目录：

任务三　撰写商业计划书

【创客行动】

撰写商业计划执行摘要

◆ 行动目标

通过撰写商业计划执行摘要，使学生理解商业计划书的撰写规范和内容要求，为学生后续完成项目商业计划书奠定坚实基础。

◆ 行动内容

各团队结合自身项目，以图文结合的形式撰写执行摘要，概括项目要点，突出项目的创新特色和优势。

◆ 行动时长

15 ~ 20分钟。

◆ 行动工具

移动白板、大白纸、便利贴、马克笔、铅笔、水性笔等。

◆ 行动步骤

（1）各团队参考历届中国国际"互联网＋"大学生创新创业大赛（现更名为中国国际大学生创新大赛）获奖项目的商业计划书执行摘要，为本项目撰写执行摘要。

（2）各团队抽签并按照顺序进行展示，观摩组对展示效果进行评价并打分。

（3）教师点评总结，各团队修改完善行动画布并提交。

【行动画布】

商业计划执行摘要

班级:	项目名称:
团队全体成员名单（姓名和学号）:	

商业计划执行摘要：

任务一 筹备项目路演

【创客行动】

设计路演框架

◆ 行动目标

各团队通过设计项目路演框架，确定项目展示的故事线和逻辑线，培养团队成员的团队协作能力、逻辑思维能力和创新设计能力等。

◆ 行动内容

结合团队项目设计项目路演框架。

◆ 行动时长

20 ～ 30分钟。

◆ 行动工具

移动白板、大白纸、便利贴、马克笔、铅笔、水性笔等。

◆ 行动步骤

（1）各团队通过头脑风暴的方式确定路演展示的要素、核心内容及亮点。

（2）教师抽选团队进行分享，观摩组给出意见和建议。

（3）教师点评总结，各团队修改完善行动画布并提交。

【行动画布】

项目路演框架

班级：		项目名称：	
团队全体成员名单（姓名和学号）：			
序号	要素	核心内容	亮点
1			
2			
3			
4			
5			
……			

任务二　掌握路演技巧

【创客行动】

打磨路演细节

◆ 行动目标

通过制作路演实务画布，助力创业项目团队做好项目路演的准备，培养团队成员科学严谨、精益求精的精神，提升其的统筹协调能力。

◆ 行动内容

制作路演实务画布。

◆ 行动时长

20 ～ 30分钟。

◆ 行动工具

移动白板、大白纸、便利贴、马克笔、铅笔、水性笔等。

◆ 行动步骤

（1）各团队从路演前、路演中、路演后三个阶段综合分析项目路演的影响因素（如设备），以及路演全流程中可能遇到的问题（如PPT放映卡顿）和应对措施（如提前做好调试和对环境的了解），并填入画布。

（2）教师抽选团队进行分享，观摩组学生给出意见和建议。

（3）教师点评总结，各团队修改完善行动画布并提交。

【行动画布】

路演实务画布

班级：		项目名称：	
团队全体成员名单（姓名和学号）：			
路演阶段	项目路演的影响因素	路演全流程中可能遇到的问题	应对措施
示例	设备	PPT放映卡顿	提前做好调试和对环境的了解
路演前			
路演中			
路演后			

任务三　评估路演水平

【创客行动】

模拟路演实战

◆ 行动目标

通过项目路演实战，推动学生不断优化本项目路演材料和路演设计，培养学生科学严谨、追求卓越的精神，提升学生的组织协调和临场反应能力。

◆ 行动内容

结合本团队项目开展路演实战。

◆ 行动时长

40分钟。

◆ 行动工具

移动白板、大白纸、便利贴、马克笔、铅笔、水性笔等。

◆ 行动步骤

1. 路演准备

（1）各团队制作路演PPT，选定路演人和学生评委各一人。

（2）教师准备路演评分表，并在班级内选定主持人、计时员、统分员各一人，组织各团队抽签确定路演顺序。

2. 路演实战

（1）各团队按照抽签顺序进行路演。

（2）观摩组的学生评委对路演人进行提问。

（3）观摩组的学生评委对路演效果进行评价并打分。

（4）教师点评总结，各团队修改路演PPT，学生评委提交行动画布。

【行动画布】

路演实战画布

班级：		项目名称：
团队全体成员名单（姓名和学号）：		
项目名称	分数	修改建议

经受大赛历练

任务一　初识"双创"大赛

【创客行动】

收集"双创"大赛情报

◆ **行动目标**

通过本任务，让学生了解各类大学生创新创业大赛，对大赛有初步认知，激发学生的参赛兴趣。

◆ **行动内容**

收集大学生创新创业大赛资料。

◆ **行动时长**

10 ~ 15分钟。

◆ **行动工具**

移动白板、大白纸、便利贴、马克笔、铅笔、水性笔等。

◆ **行动步骤**

（1）每位学生查找3 ~ 4个创新创业大赛，并罗列大赛的名称、目的和赛制。

（2）教师抽选学生进行分享，其他学生可补充完善。

（3）教师点评总结，学生修改完善行动画布并提交。

【行动画布】

大赛情报表

班级：	学号：	姓名：
赛事1	大赛名称：	
	大赛目的：	
	大赛赛制：	
赛事2	大赛名称：	
	大赛目的：	
	大赛赛制：	
赛事3	大赛名称：	
	大赛目的：	
	大赛赛制：	
赛事4	大赛名称：	
	大赛目的：	
	大赛赛制：	

任务二　拥抱"双创"大赛

【创客行动】

诊断"双创"大赛参赛项目

◆ 行动目标

通过制作项目诊断画布，让各团队对自身项目进行自查和完善，为参加创新创业大赛做好准备。

◆ 行动内容

各团队应用本任务中提及的八字备赛诀，分析本团队项目是否符合规范并进行修改和完善。

◆ 行动时长

10 ～ 15分钟。

◆ 行动工具

移动白板、大白纸、便利贴、马克笔、铅笔、水性笔等。

◆ 行动步骤

（1）各团队对照八字备赛诀完成项目诊断表，并写出诊断理由。

（2）教师抽选团队进行分享，观摩组学生给出意见和建议。

（3）教师点评总结，各团队修改完善行动画布并提交。

【行动画布】

项目诊断画布

| 班级： | 项目名称： |

团队全体成员名单（姓名和学号）：

项目内容是否完整？

全

▲ 完整 ▲

项目是否注重细节？

细

▲ 细节 ▲

项目能否让非专业人士一目了然？

简

▲ 秒懂 ▲

项目逻辑是否合理？

理

▲ 逻辑 ▲

项目是否有数据支撑？

准

▲ 数据 ▲

项目是否有材料佐证？

信

▲ 证据 ▲

项目是否真实？

真

▲ 实干 ▲

项目价值故事能否引发共情共鸣？

情

▲ 故事 ▲

任务三　投身"双创"大赛

【创客行动】

分析"双创"大赛获奖项目

◆ 行动目标

通过观看历届创新创业大赛获奖项目路演视频，让学生分析获奖项目的成功之处，汲取有益经验，激发学生的参赛热情。

◆ 行动内容

各团队应用网络平台集中观看1 ~ 2个历届创新创业大赛获奖项目路演视频，讨论并分析获奖项目的教育意义、创新之处、团队结构、商业价值和社会价值。

◆ 行动时长

15 ~ 20分钟。

◆ 行动工具

移动白板、大白纸、便利贴、马克笔、铅笔、水性笔等。

◆ 行动步骤

（1）各团队搜索1 ~ 2个历届创新创业大赛获奖项目路演视频并集中观看。

（2）各团队分析获奖项目的教育意义、创新之处、团队结构、商业价值和社会价值，并完成行动画布。

（3）教师抽选团队进行分享，观摩组学生给出意见和建议。

（4）教师点评总结，各团队修改完善行动画布并提交。

【行动画布】

大赛获奖项目分析表

班级：	项目名称：
团队全体成员名单（姓名和学号）:	

获奖项目名称	分析
获奖项目的教育意义	
获奖项目的创新之处	
获奖项目的团队结构	
获奖项目的商业价值	
获奖项目的社会价值	

开启创业之旅

任务一　设立新企业

【创客行动】

设立新企业

◆ 行动目标

各团队模拟设立新企业，让学生了解新企业设立的流程及相关政策。

◆ 行动内容

结合本团队项目讨论确定企业名称、企业LOGO、注册地址、经营地址、经营范围，并收集整理可享受的优惠政策。

◆ 行动时长

20 ～ 30分钟。

◆ 行动工具

移动白板、大白纸、便利贴、马克笔、铅笔、水性笔等。

◆ 行动步骤

（1）各团队通过网络搜索设立新企业的相关材料，讨论并确定企业名称、企业LOGO、注册地址、经营地址、经营范围，并收集整理可享受的优惠政策。

（2）教师抽选团队进行分享，观摩组学生给出意见和建议。

（3）教师点评总结，各团队修改完善行动画布并提交。

【行动画布】

设立新企业行动画布

班级：		项目名称：
团队全体成员名单（姓名和学号）：		

项目	设计
企业名称	
企业 LOGO	
注册地址	
经营地址	
经营范围	
可享受的优惠政策	

任务二　管理新企业

【创客行动】

设计企业组织结构

◆ 行动目标

通过模拟设计企业组织结构，让学生理解企业的结构布局及相关管理策略，培养学生的组织规划、经营管理能力。

◆ 行动内容

各团队结合自身项目，模拟设计企业组织结构。

◆ 行动时长

15 ～ 20分钟。

◆ 行动工具

移动白板、大白纸、便利贴、马克笔、铅笔、水性笔等。

◆ 行动步骤

（1）各团队根据自身项目特点，选择合适的组织结构类型并完成本团队的组织结构设计。

（2）教师抽选团队进行分享，观摩组学生给出意见和建议。

（3）教师点评总结，各团队修改完善行动画布并提交。

【行动画布】

新企业组织结构图

班级：	项目名称：
团队全体成员名单（姓名和学号）：	

任务三　整合创业资源

【创客行动】

盘点创业资源

◆ 行动目标

通过创业资源盘点，培养学生的资源整合能力。

◆ 行动内容

各团队运用头脑风暴法盘点自有资源和外部资源。

◆ 行动时长

20 ～ 30分钟。

◆ 行动工具

移动白板、大白纸、便利贴、马克笔、铅笔、水性笔等。

◆ 行动步骤

（1）各团队运用头脑风暴法盘点自有资源和外部资源，分析资源缺口并有针对性地提出解决措施。

（2）教师抽选团队进行分享，观摩组学生给出意见和建议。

（3）教师点评总结，各团队修改完善行动画布并提交。

【行动画布】

创业资源盘点行动画布

班级：	项目名称：
团队全体成员名单（姓名和学号）：	

资源	盘点
自有资源	
外部资源	
资源缺口	
资源缺口解决措施	

郑重声明

高等教育出版社依法对本书享有专有出版权。任何未经许可的复制、销售行为均违反《中华人民共和国著作权法》，其行为人将承担相应的民事责任和行政责任；构成犯罪的，将被依法追究刑事责任。为了维护市场秩序，保护读者的合法权益，避免读者误用盗版书造成不良后果，我社将配合行政执法部门和司法机关对违法犯罪的单位和个人进行严厉打击。社会各界人士如发现上述侵权行为，希望及时举报，我社将奖励举报有功人员。

反盗版举报电话 （010）58581999　58582371

反盗版举报邮箱　dd@hep.com.cn

通信地址　北京市西城区德外大街4号
　　　　　　　高等教育出版社知识产权与法律事务部

邮政编码　100120

读者意见反馈

为收集对教材的意见建议，进一步完善教材编写并做好服务工作，读者可将对本教材的意见建议通过如下渠道反馈至我社。

咨询电话　400-810-0598

反馈邮箱　gjdzfwb@pub.hep.cn

通信地址　北京市朝阳区惠新东街4号富盛大厦1座
　　　　　　　高等教育出版社总编辑办公室

邮政编码　100029

高教社高职就业创业教育研讨群（QQ：1035265438）